표준어의 음운현상에 대한 연구

엄 태 수

박문사

물리적 파동에 불과한 음성을 통해서 인간의 희노애락이 전달되는 것이 너무나 신비해서 언어학에 입문하게 되었다. 의미의 전달이 언어의 핵심이지만 소리가 없었다면 아마도 언어는 존재하지 않았을 것이다. 필자가 우리말의 음운론, 구체적으로 음운규칙에 대한 관심을 가진 것은 대학원에 진학해서부터였다. 처음에 한국어의 경음화규칙의 연구에서부터 시작했다. 버스를 타고 가다가 우연히 금은방을 지나치면서 이제 막의 의미를 가지는 '금방'과 '금은방'의 의미를 가지는 '금방'의 소리가 다름을 이상하게 생각했다. 같은 표기를 하면서도 다른 소리에 의해서 의미차이가 나는 것에 관심을 가진 것이 음운론의 첫 발을 디딘 계기가 되었다. 이후로 음운규칙이 어떻게 되어 있고, 원인은 무엇인지, 어떻게 분류하는 것이 올바른 방법인지를 탐구하면서 오랜 세월을 지나온 것이다.

체언의 조사와 용언의 어미가 발달한 국어는 다양한 곡용형과 활용형으로 인해서 많은 음운현상이 발생한다. 이에 대한 연구방법으로는 촘스키의 생성음운론적 방식이었다. 필자가 대학원에서 공부하던 80년대 초에만 해도 구조주의 방식으로 음운현상을 접근하는 학자들이 상당수 존재했다. 그 당시에 생성음운론식 접근은 첨단의 방식이었다. 필자의 한국어 음운론 탐구의 과정은 때마침 발전하는 새로운 이론에 대한 공부가 대부분이었다. 새로운 이론을 이해하고 한국어에 적용하는 순간에 다시 새로운 이론이 나오고, 이것을 공부해서 적용하는 것을 여러 번 반복했다. 이러한 과정 속에서 과연 한국어가 보편적인 언어 이론과 통합될 수 있는 것인지 의문이 들기도 했다. 나아가 모든 언어를 설명할 수 있는 추상적인 어떤 이론이 있다고 해도 한국어만의 특징을 드러내는 현상도 상당히 존재한다는 확신이 점점 강해져 갔다.

어휘음운론의 도입과 이에 대한 한국어의 적용은 상당히 의미가 있었다고 본다. 비록 한국어의 음운규칙에 적용하는 단계의 구분이 어휘음운론과 정확하게 일치하지 않지만 곡용과 활용에서의 음운현상을 구분하는 것이 한국어 음운현상을 올바르게 기술하는 핵심이라는 사실만은 더욱 확고하게 자리 잡게 되었다. 소위 어절이라고 부르는 이러한 단위는 통사론이나 형태론에서 하나의 단위로 자리 잡기 힘들다. 음운론에서 그것을 '단어'라고 명명한다면 의미 있는 단위가 될 것이다. 그것은 두 개의 어절 사이에 휴지가 분명하게 개입되는 단위이고, 그것에 기초해서 띄어쓰기 단위가 되는 것이 국어의 특징이다. 단어는 통사론이나 형태론의 핵심적인 문법 단위이다. 어절을 음운론적 단어로 확정한다면 음운론은 이러한 어절을 중심으로 논의하는 것이 마땅할 것이다.

국어는 다른 언어에서 보기 어려운 소위 복수기저형이 다수 존재한다. 이는 국어가 조사나 어미의 교체에 의해서 문법을 나타내는 교착어이기 때문에 패러다임의 규칙화를 위해서 발생하는 필연적인 결과이다. 이에 대한 논의는 최적성이론과 같은 보편문법에 통합되기 힘들다. 복수기저형의 도출과 같은 한국어에 특이한 규칙이 바로 국어음운론의 특징이 된다고 본다. 최적성이론이 비록 현시대에 주류를 이루는 음운이론이기는 하지만 국어의 특징을 모두 설명할 수 없다고 본다. 차라리 어휘음운론적인 단계의 구분을 변경하여 국어에 원용하는 것이 적절하다고 믿는다.

필자는 이 책에서 국어의 공시적 음운규칙을 두 가지 부문으로 나누어서 논의했다. 하나는 조사와 어미와의 결합에서 발생하는 현상으로 통사음운부를 설정해서 논의했다. 이는 통사규칙이 적용되고 나서 음운부에 들어오기 전에 형성되는 것으로 전통적으로 재조정부에 해당하는 것이다. 어휘부의 어휘삽입과 통사규칙의 적용 후에 음운론이 시작될 것인데, 국어는 이 과정에서 어절, 즉 음운론적 단어를 형성하는 것이다. 음운단어 형성과정에서 소위 복수기저형 도출이 처음으로 적용된다. 또한 체언과 용언과 같은 형태·통사적 범주에 의존하는 많은 음운규칙들이 여기에서 적용된다고 가정한다. 나머지 하나는 순수음운부로서 음절을 형성하고 음절연결제약이 적용되는 것이다.

이 책은 다음과 같이 구성된다. 먼저 제1장은 도입부로 표준어와 국어음운부의 조직에 대해서 논의했다. 제2장은 어휘부와 관련된 음운현상이다. 어휘부는 기억되어야 할 어휘들의 집합이다. 한자어의 차용과정에서 여러 음운현상이 발생하는데 이와 어휘부의 관계에 대해서도 논의했다. 또한 규칙의 소멸로 어휘화 과정에 있는 음운현상들에 대한 논의도 있다. 제3장은 통사음운부의 규칙들이고 제4장은 순수음운부의 음운현상에 대한 논의이다.

국어의 다양한 음운규칙을 하나의 원리로 설명하는 것은 쉬운 일이 아니다. 이 책은 순서화된 규칙의 적용을 옹호하고 국어음운부가 두 단계에 걸쳐서 적용되는 것으로 가정했다. 표준어에 대한 이러한 표준화된 규칙의 논의는 국어교육과 외국인을 위한 한국어교육에도 필요하다. 이 논의가 국어음운론의 발전에 작은 보탬이 되기를 기원한다.

이 책이 나오기까지 도움을 주신 박문사 윤석현 사장님과 이신 선생님께 감사의 마음을 전한다. 또한 지금까지 학문의 길에 언제나 격려를 아끼지 않은 아내 이숙경과 아들 성민, 그리고 멀리 외국에서도 항상 아빠와 엄마를 염려하고 사랑하는 딸 현주에게 감사의 마음을 전하고 이 책을 바친다.

目 次

제1부

국어의 음운현상은 음성언어에서 발생하는 것으로 그 대상을 명확하게 하는 것이 중요하다. 언중이 발화하는 음성언어는 물리적으로 구체적인 발화 현장에서 포착되지만 그것을 대상화하고 이론화하기 위해서는 추상적인 언어를 가정해야 한다. 추상적인 언어를 가정했을 때 각 지역 방언으로 대상을 잡는 것이 보편적이다. 물론 오늘날 이동이 심하고 방송통신의 발달로 지역 언어의 특징이 예전에 비해서 심하게 드러나지 않지만 아직까지는 지역을 중심으로 한국어를 구분하는 것이 잘못된 것이라고 볼 수 없다.

특히 서울말은 한국어의 중심으로 이에 대한 연구는 한국어 연구의 핵심이라고 말할 수 있다. 지역 방언으로서 서울말의 특징은 이제 메스컴의 영향과 인구의 급격한 이동으로 그 특징을 드러내기 쉽지가 않다. 오히려 표준어라고 말할 때 더 많은 합리성과 타당성을 가지고 연구될 수 있을 것이다. 표준어는 서울말을 중심으로 이루어지지만 지역 방언으로서의 서울말이 노년층을 대표해서 이루어지는 것과는 대조적이다. 표준어를 표준어 규정에 있는 것처럼 현재 서울에 사는 사람 대다수가 사용하는 말로 정의한다면 전통적인 지역 방언으로서의 서울말과는 차이가 있다. 표준어

서울말과 차이를 위해서 지역방언으로서의 서울말을 '전통서울말'이라고 한다면 전통서울말은 '표준어 서울말'보다는 사용하는 인구가 현저히 적다. 표준어 서울말의 영향은 전통서울말과 비교할 수 없을 정도로 크다.

표준어에 대한 연구는 이처럼 서울이라는 지역을 중심으로 하면서도 전통적인 지역방언의 개념과 차이가 난다. 표준어는 국어교육, 외국인을 위한 한국어 교육, 각종 국어정책, 정서법 등과 밀접한 관계가 있다. 이 글은 표준어의 공시적인 음운현상에 대한 연구이다. 대상이 되는 표준어는 표준어 규정을 중심으로 논의되었다. 물론 이상적인 표준어 화자를 대상으로 해야 하지만 필자가 40년 이상 서울에 살았기 때문에 구체적인 발음의 판정은 필자의 직관을 많이 사용했다. 표준어에 대한 논의를 먼저 하고 이어서 국어 음운부의 조직에 대해서 논의를 전개하고자 한다.

국어 음운부는 규칙적인 음운현상을 어떻게 분류하는가 하는 점에서부터 시작한다. 전통적으로 형태소의 교체를 형태론적으로 조건된 교체와 음운론적으로 조건된 교체로 구분해 왔다. 형태소의 기본형을 소박하게 생성음운론의 기저형과 유사한 것으로 이해한다면 생성음운론식의 음운규칙도 형태론적으로 조건된 음운규칙과 음운론적으로 조건된 음운규칙으로 구분해 볼 수 있다. 그러나 그 교체의 조건, 즉 교체 환경만을 따져보았을 때는 두 가지이지만 변화하는 것이 무엇이냐에 따라서 다시 두 가지로 나누어질 수 있다.

생성음운론의 음운규칙은 'A→B/X-Y'의 방식을 취한다. 여기서 앞쪽, 즉 'A→B'는 교체의 내용을 의미하고 뒤쪽, 'X-Y'는 교체의 환경을 의미한다. 위에서 말한 대로 교체의 환경이 두 가지이지만 교체의 내용도 형태소냐 음소냐에 따라 다시 두 가지로 나누어질 수 있다. 교체를 이렇게 구분한다면 (1)음운론적으로 조건된 음운의 교체, (2)음운론적으로 조건된 형태소의 교체, (3)형태론적으로 조건된 음운의 교체, (4)형태론적으로 조건된 형태소의 교체로 구분될 수 있다. 이 중에서 (4)는 형태론의 소관사항이 될 것인데 문제는 (2)와 (3)을 어디에서 다루어야 하는지 문제가 된다. 형태론을 연구하는 사람들 중에는 (2)와 (3)을 형태론의 영역에 두기를 주장하는 경우도 있다. 그러나 이들의 교체가 그 어휘의 의미나 기능과는 아무런 관계가 없이 순수히 음운론적 상황에서 발생하고 그 결과도 음운과 관련되기 때문에 당연히 음운론의 영역에 두어야 할 것이다.

第1章

표준어와 관련된 문제

우리의 어문 정책은 말과 글자에 대한 규정을 가지고 있다. 이는 자연스럽게 형성되는 방언과 비교해 보면 국가가 특정한 언어를 대상으로 규정한다는 점에서 인위적인 면을 가지고 있다. 말이란 물 흐르듯이 연속적이어서 시간과 지역의 연속으로 이루어져 있다. 이것을 표준어라는 이름과 맞춤법이라는 이름으로 한정하고자 하는 것은 인공적인 것이다.[1] 국가가 정책적인 이유로 정서법과 표준어를 정했지만 이는 부자연스러운 면을 처음부터 가지고 있음을 내포하고 있다.[2] 그러나 우리가 교육이나 국가의 여러 가지 효율적인 면을 고려하여 이왕에 정서법과 표준어 정책을 시행하기로 했다면 가장 완벽한 것이 만들어지도록 끊임없이 노력해야 할 것

---

[1] 표준어의 인공적인 점과 문제점에 대해서는 이상규(2003;32-7), 이승재(2004;22-34)참고.

[2] 표준어라는 개념은 표준이 되는 언어라는 뜻으로 자연적인 언어의 느낌보다는 규범적인 느낌이 강하다. 공통어니 공용어니 하는 용어도 자주 사용된다. 서울말을 아우르는 개념으로 중앙어라는 용어도 있다. 이 글은 이러한 개념의 규정과 용어의 설정문제는 다루지 않기로 한다. 여기서는 표준어를 포괄적으로 '국어정책의 대상이 되는 언어'라는 의미로 사용하고자 한다.

이다.[3] 이러한 목적에 맞게 이글은 국어교육이나 한글 정서법 등 국어정책의 근간이 되는 표준어에 대해서 문제점을 지적하고 이를 보완하려는데 있다.[4] 나아가 어떻게 표준어를 규정하는 것이 가장 합리적이고 효율적인지 논의하는 것이 이 장의 목적이다.[5]

'한글맞춤법'은 1933년에 조선어학회의 결의로 만들어진 '통일안'을 기초로 '문교부 고시 제88-1호'로 1989년에 공포되어 지금에 이르고 있다.[6] 모든 나라가 정서법을 가지고 있는 것은 아니지만 정서법을 가지고 있다는 것은 그만큼 그 나라의 여러 가지 문자 생활에 통일을 이룰 수 있기 때문에 잃는 점보다는 얻는 점이 많을 것이다. 우선 무엇보다도 교육적인 면에서 통일된 정서법은 지대한 영향을 미친다고 보아야 한다. 특히 우리의 '한글 맞춤법'은 우리말이 소멸될 위급한 일제시대에 만들어졌다는 점에서 더욱 가치가 있는 것이다. 오늘날 인터넷 시대에 어휘의 혼란은 극심한 지경에 이르고 있어서 더욱 정서법과 이의 근간이 되는 표준어에 대한 이론적 기반을 튼튼히 하는 것도 의미가 있다고 생각한다.

---

3) 맞춤법의 역사는 이기문(1963;148-165), 안병희(1988), 이익섭(1992;357-414) 등을 참고.
4) 정서법, 혹은 맞춤법, 표기법, 철자법의 용어가 있다. 이에 대한 개념의 규정과 용어의 설정문제도 다루지 않는다. 다만 경우에 따라 맞춤법, 표기법, 정서법 등을 혼용해서 쓰기로 한다.
5) 이익섭(1983;7-46)에 표준어 규정에 대한 여러 문제에 대해 언급하고 있다. 그곳에서는 '중류사회'를 포함한 예전의 표준어 규정의 문제점, 표준어는 자연스러운 변화를 반영해야 된다는 점, 한자어에 대한 문제, 등등 여러 문제를 언급하고 있는데 특히 어휘에 대한 문제에 집중하고 있는 점이 특징이다. 이 글은 어휘를 넘어서 표준어의 설정 등에 대한 기본적인 원칙과 이와 정서법의 차이와 정서법의 기본적인 원칙 등을 다루게 된다.
6) 이희승·안병희 공저(1989/1994;164-170)에 통일안에서 한글맞춤법에 이르는 역사적 사실을 자세히 기록하고 있어서 참고가 된다.

1.1 기본적인 원칙

여기서는 한글 맞춤법의 대상이 되는 표준어와 그것을 적는 정서법이 원리적으로 분리되어 있음을 인식하는 것에서부터 논의를 시작하기로 한다.[7] 맞춤법은 문자에 대한 규칙이고 표준어는 말에 대한 규칙이다. 문자란 우선 말이 있어야 가능하다는 점에서 일차적으로 표준어 규정이 우선적으로 논의되어야 할 것이다. 한글맞춤법 제1항에서도 '한글 맞춤법은 표준어를 소리대로 적되, 어법에 맞도록 함을 원칙으로 한다'고 명시함으로써 표준어가 그 대상임을 밝히고 있다. 그러므로 표준어의 혼동과 맞춤법의 혼동은 다른 의미를 가진다. 예를 들어 '오또기 − 오뚜기 − 오똑이 − 오뚝이'의 네 가지가 주어질 때, 이들에 대한 문제가 맞춤법의 문제인지 표준어의 문제인지 분간하는 것이 중요하다. 말이 우선된다는 점에서 '오또기와 오똑이'는 동일한 어휘이다. 또한 '오뚝이와 오뚜기'도 동일한 어휘이다. 즉 형태론적으로 말하면 전자는 '오똑＋이'의 구조를 가지는 것이고 후자는 '오뚝＋이'의 구조를 가지는 어휘이다. 여기서 정서법이 우선되는 것이 아니라 그 대상이 되는 표준어가 먼저 결정되어야 정서법이 그것을 어떻게 적을 것인지를 나중에 결정한다는 선후관계가 성립하는 점을 이해하는 것이 중요하다. 현행 표준어를 보면 '오똑＋이'를 버리고 '오뚝＋이'를 표준어로 선택하고 있다. 즉 정서법은 이제 '오똑이'든 '오또기'는 관심의 대상이 될 수 없다. 정서법의 대상은 오직 '오뚝＋이'를 어떻게 적는 것이 합리적인가에 놓이게 된다.

이상의 논의를 통해서 다음과 같은 기본적인 원칙이 세워질 것으로 보인다.

---

7) 이글은 이희승·안병희 공저(1989/1994)의 〈한글 맞춤법 강의〉에 나오는 맞춤법과 표준어의 규정과 해설 등을 참고로 논의한다.

(1)기본 원칙

가. 한글 맞춤법은 문자에 대한 규정이다.

나. 표준어는 말에 대한 규정이다.

그런데 이러한 원칙을 통해서 다음과 같은 사실도 자연적으로 도출되는 것으로 보인다. 즉 한글 맞춤법이 문자 이외의 문제 즉 말에 대한 규정을 한다거나 거꾸로 표준어 규정이 문자에 대한 규정을 하고 있다면 이는 합리적인 규정이라고 보기 힘들다는 것이다. 즉 이러한 비합리적인 규정이 존재한다면 이는 잉여적인 문제이거나 적어도 다른 곳에서 규정되어야 할 문제이기 때문에 시급히 개선되어야 함은 자명할 것이다.[8] 이제 아래에서 표준어에 대한 문제점과 그에 대한 방안을 먼저 논의하고 다음에 한글맞춤법 문제에 대해서도 간단히 언급하고자 한다.

1.2 표준어 선정의 원칙

국어 정책의 대상이 되는 언어를 어떻게 정해야 하는가 하는 문제는 그 나라의 처한 상황에 따라 다르기 마련이다. 다양한 방언이 균등하게 존재하거나 여러 언어가 하나의 나라에 비슷한 세력을 가지고 있을 경우에 하나의 언어나 방언으로 표준어를 정하게 되면 국가 통일을 목적으로 하는 언어정책적인 면에서 오히려 방해가 되는 일이 될 것이다. 국어정책의 대상이 되는 언어를 어떤 것으로 할 것인가는 명시적이던 명시적이지 않던 간에 반드시 존재해야 되지만 그것이 반드시 하나의 방언이어야 한

---

8) 우리가 《표준어 규정》이나 《표준말 모음》이 없던 시절에 '한글 맞춤법' 규정 속에 말과 글자에 대한 규정 모두를 가지고 있었다는 것은 비합리이라고 말하기 힘들다. 그러나 이것을 구분하고 있는 현재에도 이러한 규정이 있다면 이는 시급히 개선되어야 할 문제다. 이희승·안병희(1989;183)에 《표준어 규정》은 개정이 아니라 새로운 제정에 가깝다고 말한다.

다거나 수도의 언어여야 한다거나 하는 지역적이거나 계층적이거나 시대적인 기준이 존재하는 것은 아니다. 국어정책을 정하는 것이 의사소통의 원활함에 있고, 그것을 국가가 정한다는 면에서 보면 더욱 통치의 목적이 강하다. 그러므로 어떤 언어를 대상으로 국어정책을 규정하는 것이 가장 경제적인가 하는 점이 기준이 될 것이다. 우선 하나의 언어로 통일하는 것이 가장 경제적이겠지만 그 나라의 언어 사용인구가 두 개 이상의 언어나 방언으로 동등하게 분류된다면 하나로 하는 것은 오히려 노력이나 비용이 더 들게 되어 비경제적일 것이다.

그러나 우리나라는 서울 사람들이 오랫동안 정치 경제의 중심으로 활동해 왔다. 그러므로 서울 방언을 표준어의 핵심 언어로 규정한다고 해도 큰 저항이 없을 뿐만 아니라, 오히려 서울말 중심으로 표준어를 정하는 것이 가장 경제적이라고 할 수 있다. 이상을 통해서 우리는 다음과 같은 표준어 선정의 원칙을 추가할 수 있을 것이다.

> (2) 원칙
> 국어정책의 대상이 되는 언어(우리의 경우는 표준어)는 여러 방언 중에서 언어정책의 목표를 가장 효율적으로 달성할 수 있는 방언으로 선정되어야 한다.[9]

이러한 원칙 (2)를 우리는 '표준어 선정의 경제적 원칙'이라고 할 수 있다. 이러한 원칙이 세워지면 시대에 따라 국어정책의 대상이 되는 방언이 교체되기도 한다는 것을 인정하는 셈이 된다. 만일 지금이 통일신라시대

---

[9] 만일 각국이 지역 연합의 시대가 되어 여러 개의 언어를 사용하는 시대가 도래할 때도 이러한 원칙은 지켜져야 한다고 본다. 어떤 언어를 사용하는 것이 가장 경제적인가의 문제가 반드시 하나의 언어를 사용해야 함을 의미하지는 않는다. 여기서 경제적이라 함은 '최소의 노력으로 최대의 효과를 달성함'을 의미한다.

라면 경주말이 표준어가 될 것이다. 미래에 있어서도 서울말이 영원히 표준어가 되라는 법은 없기 때문에 이러한 원칙이 필요하다.

1.3 현행 표준어 규정의 문제

국어정책의 대상이 되는 현행 표준어 규정 제1장 총칙의 제1항에 보면 '표준어는 교양 있는 사람들이 두루 쓰는 현대 서울말로 정함을 원칙으로 한다'로 규정되어 있다. 이러한 규정은 우선 자연스러운 방언인 서울말 중에서 특정한 언어만을 대상으로 하겠다는 의미를 담고 있다. 우선 국어 정책의 대상이 되는 언어가 하나일 경우에는 구태여 그 대상이 되는 언어를 명시할 필요가 없을 것이다. 그러나 우리나라의 경우에 여러 방언이 존재하기 때문에 어떤 방언으로 할 것인지를 규정하는 것은 당연한 일이다. 그러나 방언학의 관점에서 한 지역의 언어를 규정짓는 일은 그렇게 간단한 일이 아니다.

이승재(2004;22-34)에 의하면 우리의 표준어 규정은 '서울말, 교양 있는 사람, 두루 쓰는 말, 현대말, 등의 네 가지 조건이 있음을 말하고 있다. 이러한 조건에 대해서 어떤 문제가 있는지 우선 '서울말'의 개념부터 살펴보자. 방언은 이론적인 면에서 언어적 현상에 의해서 구분이 된다. 문법의 하위 부분인 통사론, 형태론, 음운론, 의미론의 각 영역에 의해서 방언이 구분될 것인데, 이는 이론에 따라서 다양한 구분이 가능하다. 그러므로 무엇을 기준으로 하느냐에 따라서 서울말을 경기방언에 넣기도 하고 더욱 넓은 범위를 가지는 중부방언권에 넣기도 한다.[10] 특별히 언어 이론의 측면에서 서울말이라는 방언의 범주는 무엇을 기준으로 하느냐에 따라 달라

---

10) 이상규(2003;435-58)에 의하면 여러 학자들의 다양한 기준에 의해 우리나라 방언권이 다양하게 구분됨을 보여주고 있다. 이익섭/박경래(1988)에서도 서울·경기지역의 방언설정에 대한 명확한 기준을 제시하기 힘들다고 말한다.

진다고 보아야 한다.[11]

　그렇다고 서울말이 의미가 없는 것은 아니다. 말이란 일차적으로 지역
보다도 사람이 중심이 되는 개념이다. 서울에 이미 대략 천만 명이 거주하
고 서울 생활권을 기준으로 하면 수도권이라는 개념을 가지게 되는데, 여
기에 대략 남한 인구의 절반이 해당한다. 이렇게 현실적으로 우리나라에
서 가장 중요한 위치를 차지하는 서울을 중심으로 하는 수도권의 말은
전통적인 지역방언학의 개념이 아닌 새로운 개념으로 정의할 필요가 있
다.[12] 지역방언학에서 그 지역을 대표하는 방언 화자를 설정할 때, 3대
이상을 그 지역에 거주하는 사람으로 정하는 것이 일반적인데 서울의 급
속한 발전에 비추어 보면 이러한 이론적인 기준은 수정되어야 하거나 서
울의 경우에는 예외적으로 적용되어야 할 것이다.[13] 이러한 의미에서 두

---

11) 지역방언을 대표하는 모어 화자는 일반적으로 3대나 4대에 걸쳐서 이동 없이 그 지역
　　에 사는 사람이라고 말한다. 제보자에 대한 자세한 내용은 이익섭(1984;68-74)참고.
　　현실적으로 천만 명의 인구 중에 여기에 해당하는 사람은 극소수이다. 그러한 결과
　　이같은 사람들을 기준으로 조사된 서울방언은 대부분의 서울사람들의 말과는 상당한
　　괴리를 가지고 있다. 서울방언에 대해서는 송철의/유필재(2000), 유필재(2006)참고.
12) 기존의 방식과는 다른 기준으로 조사한 표준발음실태는 송철의/유필재(2000), 유필재
　　(2006)에 보이는 서울 방언과 전혀 다른 모습을 보여주고 있다. '애'와 '에'의 구분이
　　70% 이상의 화자에게서 변별력이 없어지고 제1음절에서조차 장단의 구분은 무의미
　　하다. 최혜원 연구(2002) 참고.
13) 지역 방언의 대표 화자의 개념은 사실 전통적인 역사언어학의 개념이라고 보아야
　　한다. 생성문법에서는 존재하지 않는 이상적인 화자를 가정한다. 지역 방언의 구체적
　　인 화자와 생성이론은 근본적인 모순을 가지지만 규칙과 어휘부로 구분되는 생성
　　이론은 방언의 기술에 훌륭하게 수용할 수 있었다. 기존의 지리방언학의 지역성을
　　대표하는 화자의 개념을 수정하고 생성문법의 이상적인 화자의 개념을 보충하여 그
　　지역 언어의 '완전한 화자'의 개념을 여기서 제안하고자 한다. '완전한 화자'란 우리가
　　논리적으로 어떤 지역 언어를 완벽하게 구사하는 화자라는 개념으로 정의할 수 있다.
　　'이상적인 화자'의 개념이 추상이어서 존재 불가능을 염두에 두고 있지만 '완전한 화
　　자'의 개념은 달성 가능하다는 점에서 차이가 있다. 결정적인 차이점은 이상적인 화자
　　가 추상적인데 반해서 '완전한 화자'는 구체적이다. 그러므로 '완전한 화자'의 개념이
　　주어지면 그 지역에 3대를 살지 않고 이사 온지 얼마 되지 않더라도 열심히 노력해서
　　그 지역을 대표하는 언어적 특징을 완전히 습득하면 그 지역을 대표하는 화자라고

루 쓰는 말이란 조건은 중요하다. 서울에 살고 있는 사람들의 출신지별, 거주기간별, 연령별, 계층별, 등의 다양한 기준으로 통계적 조사가 선행되어야 할 것이다.

여기서는 방언의 전반적인 이론을 수립하는 것이 목적이 아니기 때문에 자세한 논의는 불가능하지만 지금까지 귀납적인 방법으로 이루어진 방언학의 연구 방식이 가설을 설정하고 이를 추론하는 방식으로 바뀌는 것이 중요하다. 귀납적인 방법이란 '이러이러한 사실을 종합하니까 이 방언은 이러이러한 특징을 가지게 된다'라고 결론을 짓는 방식이다. 그것보다는 '이러이러한 특징을 가지는 것은 이 방언이다'라고 규정하는 방식이다. 물론 이러한 추론의 방법은 귀납적인 방법이 이루어진 다음에 다시 분석을 통하여 결론지어지는 것이다. 여기에는 세부적인 모양이 복잡해질 것이다.

우리가 언어를 어휘부와 문법으로 규정짓고 문법이란 규칙들의 집합이라는 개념으로 정의할 때, 서울말이라는 규정은 서울지역을 특징짓는 규칙이 있다는 것을 의미한다. 지역을 대표하는 것을 규칙이나 언어현상의 관점에서 보았을 때 여러 가지가 있을 수 있다.[14] 그것은 아마도 다음과 같이 분류될 수 있을 것이다.

(3) 규칙의 종류
가. 어떤 규칙이나 언어현상이 다른 지역에는 없고 서울말에만 존재한다.
나. 어떤 규칙이나 언어현상이 서울지역을 포함한 몇 개의 지역에 공통적으로 존재한다.
다. 어떤 규칙이나 언어현상이 전국에 공통적으로 존재한다.

해야 한다.
14) 여기서 언어현상이란 음운의 체계나 어떤 구조 등이나, 규칙의 소멸이나 생성과 같은 통시적 현상 등을 아울러 일컫는 말로 공시적 규칙과 다른 개념으로 사용했다.

라. 어떤 규칙이나 언어현상이 서울말과 일부 지역에는 없고 다른 지역에
　　는 존재한다.
마. 어떤 규칙이나 언어현상이 서울말에만 없고 다른 지역에는 전부 존재
　　한다.

　그런데 (3)은 이론적인 문제이고 현실적으로 (3가,마)는 존재하기 힘들
다. 왜냐하면 서울을 포함한 수도권의 인구가 절반이 넘는 현실적인 상황
에서 수도권의 언어에서 자유로운 방언이 현시점에서 존재하기 힘들다.
그렇다 해도 (3)의 이론적인 문제는 중요하다. 진정으로 어떤 언어 현상이
지역을 대표하기 위해서는 (3가, 마)의 현상이 해당될 것이기 때문이다.
　서울말을 대표하는 어떤 규칙이나 언어현상이 없다고 '서울말'이란 규
정을 폐기하는 것이 온당한 일인가는 다시 음미해 보아야 한다. 왜냐하면
국가가 국어정책을 정하고자 하는 것은 자연스런 것이라기보다 인위적인
면이 강하다. 이러한 바탕 위에서 국어정책의 대상이 되는 언어는 어느
정도 자연성을 넘어서는 규범성을 가지지 않을 수 없다. 현실적으로 서울
을 배제하고 어느 말을 대한민국의 국어정책의 대상 언어로 할 수 있을
것인가? 중앙어라는 개념도 있겠지만 결국 서울을 중심으로 하는 말이다.
우리는 이처럼 방언학적인 관점과 사회학적 관점에서 서울말을 절충적으
로 쓰는 것이 합리적이고 타당하다고 본다. 즉 '서울말'은 언어학적인 개념
이라기보다는 국어정책의 대상을 설정하기 위하여 인위적으로 만든 방언
학과 사회학의 절충적인 개념이라고 보아야 한다.
　이러한 개념 아래에서 서울말을 대표하는 화자가 누구인가를 구태여
방언학의 이론적인 관점에서 접근하려는 태도는 지양되어야 한다. 왜냐하
면 서울의 급속한 발전 속에서 3대 이상을 거주지의 이동 없이 서울에서
살아온 사람은 서울의 인구 중에서 극소수에 불과하기 때문이다.[15] 그러

한 극소수가 쓰는 말을 가지고 인구의 대부분을 차지하는 수도권을 대표한다고 말하기 힘들기 때문이다. 물론 그렇다고 이제 막 지방에서 이사 온 사람을 서울말 화자라고 볼 수도 없다.16) 우선 인구조사의 통계상에서 서울에 어느 정도 살아왔는지를 경험적으로 파악하는 것이 중요하다고 본다. 현시점에서 서울의 인구가 가파른 상승을 멈추고 정체기에 들어갔기 때문에 이제는 어느 정도 고정적인 말이 형성되어가고 있다고 볼 수 있다. 통계적 기법을 최대한 활용하여 과연 어떤 사람으로 서울말을 대표하는 것이 합리적인지 계속 논의되어야 한다. 이러한 의미에서 서울말 화자는 개념상으로 누구인지 아직도 정확하게 확정되지 않은 것이다.17)

서울말이 정확하게 확정되지 않은 상태에서는 서울 지역만의 언어적 특성을 찾는 것보다는 다른 지역과 공통적 언어현상에 주목하는 것이 더욱 중요하다. 나아가 그러한 관점이 국어정책의 애초의 목표에 일치되는 것이다. 오히려 서울만의 특징이 있다면 국가의 언어정책을 위해서 그것을 버려야 할지도 모른다. 그러므로 현실적으로는 표준어라는 용어보다는 '공통어'라는 용어가 더욱 합리적이라고 보아야 한다.18)

---

15) 언어학에서 방언화자란 일반적으로 모어화자가 되기 위해서는 대체로 3대 이상이 그곳에 이동 없이 거주하는 것을 의미한다. 즉 어떤 아이가 그곳에서 태어났다고 해서 바로 그 방언의 화자가 될 수 없다는 의미다. 그러한 이유는 말을 배우는 유아 시기에 가장 많은 영향을 받게 되는데 일반적으로 어머니의 말에 영향을 많이 받을 것이다. 인간이 3-4세에 거의 완벽한 언어를 구사한다는 것은 이시기의 언어습득이 평생을 좌우한다는 것을 의미한다. 그런데 어머니나 아버지가 서울사람이 아니라면 그 아이의 말이 진정한 서울방언이라고 하기 어려울 것이다.

16) 유필재(2006;7)에는 서울말을 대표하는 제보자로 서울에서 3대이상 거주한 1930년이 이상의 사람을 선정하고 있다. 여기서 서울말은 다른 방언의 영향으로 '에'와 '애'의 구분이 없어지고 음장이 사라진다고 하면서 모음체계를 기술할 때는(47쪽-50쪽) 이들 제보자를 중심으로 했기 때문에 이들을 변별적으로 존재하는 것으로 기술하고 있다.

17) 이기문(1998;222)에도 서울말은 현재 과도기적 특징을 가지고 있다고 말한다.

18) 민현식(1999;313-320)에 표준어, 공용어, 공통어의 개념에 대해서 자세히 나와 있다. 여기서는 소박하게 공통어의 개념을 '각 지역에 공통으로 통용되는 언어'의 의미로 사용하고자 한다.

다음으로 '교양 있는 사람'에 대해서 생각해 보자. 화자를 '교양 있는 사람과 교양 없는 사람'으로 구분하는 것이 언어학적으로 과연 의미 있는 구분인지 심각하게 논의해 보아야 한다. 사실 화용론적인 면에서 상황에 따라 문체의 차이를 보이기도 한다. 사회언어학에서 이를 반영하여 격식체와 비격식체로 구분하기도 한다. 그러나 교양 있는 사람과 교양이 없는 사람의 구분은 언어학적 구분이라고 하기 어렵다. 이렇게 구분되어서 나타나는 언어적 사실이 구체적으로 없기 때문이다. 그리고 실제적으로도 맞춤법이나 표준어 사정 어디에서도 이러한 구분이 실제적으로 이용되지도 않기 때문에 이러한 구분은 시급히 폐지되어야 한다. 사회학적으로도 현대 서울에 교양 있는 사람과 없는 사람이 구체적으로 어떤 사람을 지칭하는지 의미를 찾기 어렵다. 한 개인도 상황에 따라 교양이 있기도 하고 없기도 할 것이고, 교육을 많이 받은 사람이나 경제적으로 부유하여 문화적 혜택을 많이 받은 사람도 교양이 없을 수 있다. 학력이 미천하다고 교양이 없다고 볼 수도 없다.[19]

다음으로 '현대'라는 기준을 보자. 자연의 시간은 연속적이라는 것은 주지의 사실이다. 인간이 관념적으로 시간을 나누었을 뿐이다. 언어학적으로 의미가 있기 위해서는 문법적인 특징이 어느 시기에 변화를 가져와야 하는 것이다. 즉 언어사적으로 의미 있는 시간이 중요하다. 국어사에서 근대와 현대의 구분은 대체로 조선말에서 시작하는 것으로 본다.[20] 그런

---

19) 교양어에 대해서는 민현식(1999;329-32)에 설명이 있다. 그곳에서는 교양어로 볼 수 없는 언어로 비속어 등, 다양한 어휘를 제시하고 있다. 한편 이승재(2004;30-3)에 '교양 있는 사람'에 대해서 설명한 부분이 있다. 그곳에서는 필자와는 달리 긍정적으로 해석했다. 즉 교양있는 사람의 말이란 비속어를 가려서 쓰는 사람, 맞춤법 규정을 잘 이해해서 정확하게 사용하는 사람 정도로 이해해야 한다고 말한다. 우리는 표준어의 이론적 바탕을 마련하려는 입장이기 때문에 이를 수용하는 입장과는 다르게 비판적으로 해석했다.
20) 이기문(1998;221-229)에 현대국어는 20세기초부터 시작되는 것으로 규정하고 있다.

데 정작 표준어로 규정된 어휘를 보면 이 시기에 사용된 수많은 어휘가 용도 폐기되고 있다. 즉 표준어규정에 있는 '현대'의 의미를 너무 자의적으로 해석하여 지금과 아주 가까운 시간으로 한정하는 오류를 범하는 것으로 보인다. 이렇게 특정한 시기를 구태여 규범에 정할 필요가 없을 것이다. 옛날에 쓰던 단어도 사극이나 교육적 목적으로 지금에 다시 쓸 수 있다. 또한 지금 막 시작된 신조어도 표준어로 규정해야 하는지도 문제다.

시간에 대한 특정한 말이 없다면 현대의 언어가 기준이 된다는 점을 부록이나 다른 항에서 밝히면 되고 전체적인 의미를 갖는 총칙에서는 보류하는 것이 좋을 것이다. 이상의 논의를 바탕으로 표준어 규정을 다음과 같이 바꾸는 것이 합리적이라고 본다.

(4)한글 맞춤법의 대상 언어에 대한 규정
한글 맞춤법의 대상 언어는 서울말을 중심으로 두루 사용하는 공통어로 한다.

1.4 표준어 규정에 포함되어야 할 내용

우리나라는 1989년부터 '표준어 규정'과 1990년 '표준어 모음'이 발표되어 시행되고 있다. 이제 이들을 살펴보고 국어정책을 위해서 표준어 규정에 어떤 것이 포함되어야 하는지 이론적 기반을 마련하기로 하자. 우선 표준어 규정과 표준어 모음의 내용을 요약해서 어떤 이론적 기반 위에서 이들이 설정되었는지 추리해 보기로 하자.

≪표준어 규정은 다음과 같다.≫
제1부 표준어 사정의 원칙

앞(184쪽)에서 근대국어는 19세기말까지로 본다고 말한다.

제1장 총칙

제2장 발음 변화에 따른 표준어 규정

　　　제1절 자음, 제2절 모음, 제3절 준말, 제4절 단수 표준어,

　　　제5절 복수 표준어

제3장 어휘 선택의 변화에 따른 표준어 규정

　　　제1절 고어, 제2절 한자어, 제3절 방언, 제4절 단수 표준어,

　　　제5절 복수 표준어

제2부 표준 발음법

　　　제1장 총칙, 제2장 자음과 모음, 제3장 음의 길이, 제4장 받침의

　　　발음, 제5장 음의 동화, 제6장 경음화 제7장 음의 첨가

≪표준어 모음은 다음과 같다.≫

제1부 어휘 선택

제2부 발음

　　　제1절 장단 제2절 경음

　위의 내용은 전체적으로 단어에 대한 것이고, 그 중에서도 특히 단어의 발음에 관한 부분이 대부분이다.[21] 이론적인 면에서 위의 내용 대부분이 음운론에 관한 것이라고 결론지을 수 있다. 생성문법으로 대표되는 현대 언어학은 언어를 연구하기 위해서 크게 어휘부와 문법으로 구분하고 있다.[22] 여기서 어휘부란 심리적인 개념이지만 일반적으로 사전의 개념으로

---

21) 이익섭(1988;19)에 표준어 사정의 궁극적인 목표는 국어 사전으로 귀결되어야 한다고 말한다.

22) 고재설(1994;6-18)에 어휘부에 관한 저간의 역사적 과정을 상세히 논의하고 있다. 형태론이 독립된 것으로 가정한다면 이 글에서 인식하는 어휘부는 단순한 사전의 의미를 넘지 않고 있다. 이 글은 어휘부에 대한 이론적 탐구를 하는 것이 아니기 때문에 이는 다른 형태론 개론서로 미룬다. 앤드루 래드포드(1984;129-159)에도 어휘부와 다른 문법 부분과에 대해서 자세히 설명했다. 그러나 여기는 단어형성부분을 어휘부에

이해할 수도 있다. 우리가 언어에 대해서 배우는 것은 많은 부분 어휘에 대한 것이다. 어휘는 그 의미와 소리를 배우지 않고는 알기 어렵다. 대부분의 방언 차이란 사실 어휘의 차이에 의해서 더욱 명확해진다. 그러나 국어정책의 대상언어를 규정할 때 어휘부분만을 규정한다면 이는 본말이 전도된 것이다. 현대 언어학은 음운론, 통사론, 형태론 등으로 대표되는 언어의 규칙적 현상부분을 더욱 중요시 여기고 있다. 방언의 차이란 어휘의 차이보다는 이러한 규칙의 차이에 의해서 더욱 두드러진다.[23] 이러한 사실을 고려하여 다음과 같은 표준어 규정에 대한 원칙을 확정할 수 있을 것으로 보인다.

(5)표준어 규정의 원칙
가. 어휘부분과 문법부분으로 나눈다.
다. 문법부분은 다시 음운론, 형태론, 통사론 등으로 하위 구분할 수 있다.
라. 문법부분이 어휘부분보다 우선한다.

(1) 문법부분에 관한 내용

문법부분 중에서 현재의 표준어 규정과 가장 관련이 깊은 음운론에 대한 것을 중심으로 논의해 보자. 음운론은 구조주의 시대부터 체계를 중시해 왔다. 그러한 의미에서 대상언어의 자음체계, 모음체계를 밝히는 것이 우선일 것이다. 여기서 변화의 과정에 있어서 사라지는 음소가 존재한다면 이것도 명시하는 것이 중요하다. 또한 새롭게 생겨나는 변화도 명시해

포함하고 있어서 이 글의 관점과는 다르다.
23) 구개음화 규칙이 방언에 따라 현저한 차이가 있음을 우리는 잘 알고 있다. 이러한 기준으로 보면 남부방언 은 'ㄷ,ㄱ,ㅎ,구개음화'를 모두 적용 받지만 중부방언은 다르다. 또한 이러한 기준으로 북한의 방언도 다르게 분류될 수 있다.

야 한다. 예를 들면 '외'나 '위'를 이중모음으로 인식하는 화자가 있다면 이를 반영해야 할 것이다. 또한 '애'나 '에'를 구분하지 못하는 것도 새로운 변화로 반영되어야 한다. 이처럼 말에 대한 규정에는 체계에 대한 규정을 넣는 것이 중요하다.

예를 들면 현행 표준어 규정에는 자음체계나 모음체계에 대한 내용이 아주 모호하다. 표준발음법 제2장에 자음은 19개로 한다고 하고, 모음은 21개인데, 그 중에 10개를 단모음으로 한다고 되어 있다. 이는 체계적인 설명이기보다는 그 숫자를 나열하고 있어서, 자음이나 모음의 변별적 자질을 표기하고, 이중모음의 구체적 음성기호 등이 필요하다. 이러한 규정은 한글 한글맞춤법 제2장 자모 부분에 자음과 모음 부분의 설명과 겹치고, 또한 분명하지 않다. 이는 역사적으로 한글맞춤법을 정하고 나중에 표준어 규정을 정했기 때문에 발생한 것이겠지만 원칙적으로 다시 수정이 요구된다. 위에서 이미 언급했듯이 한글 맞춤법은 문자에 대한 규정으로 대상 언어 즉 표준어를 어떻게 문자로 표시하는가에 있다. 그것은 예를 들어 표준어 규정 중에서 서울말의 자음체계에 /k/를 인정한다고 규정하면, 한글 맞춤법 규정에는 /k/는 한글로 'ㄱ'으로 나타낸다고 규정하는 것처럼 되어야 한다.

또한 모음에서도 예를 들어 표준어에 /에/와 /애/의 구분이 없어지고 하나의 단모음 /E/로 합류된다는 규정을 한다면 표준어에서는 음소가 하나이지만, 정서법에서는 '에'와 '애'를 구분하여 표기하기로 한다고 명시해야 한다. 우리의 맞춤법과 표준어 규정은 이러한 말과 글에 대한 구분이 분명하게 되어 있지 않은 것이다.

다음으로 규칙에 대해서 명시해야 할 것이다. 가장 많은 어휘에서 가장 광범위하게 공통적으로 사용되는 규칙을 제일 먼저 명시해야 한다. 예를 들면 비음동화는 현대국어에도 활발하게 쓰이면서 국어의 음운규칙 중에서 가장 오래되고 가장 광범위한 방언에 사용되고 있다. 이러한 규칙부터 우선적으로 규범에 넣는 것이 중요하다. 체계와 마찬가지로 사라지는 규칙과 새로 생기는 규칙도 넣어야 한다.

예를 들어 '물놀이'에서 나타나는 유음화현상도 현대국어에 나타나는 현상이다. '소나무'에서 보듯이 중세국어에서는 이러한 환경에서 'ㄹ'이 탈락되었다. 현대국어에 나타나는 유음화는 새로운 단어 '솔나무'를 만들어내고 있다. 이 단어가 표준어가 아니라고 규정하는 것은 이러한 사실을 모르는 사람들의 규정인 것이다. 이처럼 규칙 중심으로 언어를 바라볼 때 어떤 것을 대상 언어로 해야 하는지 분명해지는 것이다.

'ㄴ과 ㄹ'이 만나서 발생하는 비음화나 유음화도 세밀하게 명시해야 한다. 여기에는 형태론도 개입한다. 우선 2음절 한자어와 3음절 한자어를 구분할 필요가 있다. 즉 '신라'에서 보여주는 유음화현상을 어떻게 보아야 하는가 하는 점이다. 이를 해석하기 위해서는 형태론적 지식도 아주 중요하다. 노명희(1998;11-3), 김창섭(1999;1-15), 안소진(2005) 등에서 보듯이 현대국어를 다루는 대부분의 논의에서 2자어 문법과 3자어 문법을 구분하고 있다.[24] 무엇보다 중요한 것은 2자어 문법보다는 3자어문법이 우선한다는 사실이다. 3자어문법을 대상으로 할 때 현대국어의 화자의 심리적 어휘부는 '신라'는/실라/로 어휘 표시되어 있다고 해야 한다. 그러므로 여기에는 유음화현상이 통시적으로는 존재해도 공시적으로 존재하는 것이

---

24) 2자어 문법은 한문 구조의 문법을 의미하고 3자어 문법은 고유어를 포함한 국어의 문법을 의미한다. 예를 들어 '愛國'은 2자어 문법에서 '서술어+목적어'로 분석되지만 3자어 문법에서는 분석할 수 없다고 본다. 3자어 문법이란 이처럼 한자나 한문구조를 모르는 사람의 문법이다. 그런데 국어화자는 모두 3자어 문법을 가지고 있기 때문에 2자어 문법을 가지는 사람은 당연히 3자어 문법을 가지게 되고 2자어 문법이 3자어 문법을 간섭하게 된다.

아니다. 그러한 면에서 '노근리'가 만일 [노글리]로 발음된다면 이는 사라지는 음운규칙을 반영하는 것이고 [노근니]로 발음된다면 현대국어에 이미 존재하는 비음화 규칙을 반영하는 것으로 기술해야 한다.[25] 이는 음운규칙을 모르고서는 알기 힘든 것이다.

그런데 우리의 표준어 규정 제2부 표준 발음법 제5장 음의 동화 제20항에 보면 2음절과 3음절을 구분하지 않고 단어마다 나열하고 있다. 2음절어는 분석할 수 없기 때문에 이 규정은 여러 가지 이론적인 모순을 안고 있다. 우선 거기서 '신라'를 [실라]로 발음해야 한다고 규정하고 있다. 이는 2자어 문법적인 관점에서 분석한 것을 전제한 것이다. 우리가 표준어를 상정할 때 대부분의 서울말 화자를 대상으로 해야 한다는 전제가 있다. 그런데 2자어 문법에 익숙한 화자는 소수에 불과한 것이다. 규정을 만드는 사람의 입장에서가 아니라 표준어를 사용하는 화자의 입장에서 규정을 만들어야 하는 것이 자명하다. 그렇다면 '신라'의 기저형은 발음 그대로 '실라'인 것이다. 표준어가 '실라'이지만 표기법이 통시적 사실을 반영하여 '신라'로 적기로 한다면 이는 합당한 것이라고 할 수 있다. 즉 현실적으로 존재하지 않는 기저형 '신라'를 만들어낼 필요가 없는 것이다. 여기서는 모든 항목이 문제이지만 하나하나 열거하면서 지적하기에는 지면의 부족으로 보류하고 중요한 것은 이론의 수립이 우선이라는 것을 강조하고자 한다.[26]

모든 음운규칙에 대해서 논의하는 것이 이 글의 임무가 아니기 때문에 여기에서 음운론에 대한 논의는 그치기로 한다. 요약하면 문법부분 중에

---

25) 배주채(2003;271)에서 인용함. 3음절에서 유음화가 일어난 발음이 고형이고 비음화가 일어난 발음이 신형임을 언급하고 있다. 거기에 많은 한자어의 발음에 대해서 참고할 수 있다.
26) 민현식(1999;333-47)참고.

서 음운론에 관한 것에 대한 표준어 규정은 자음체계, 모음체계와 음운규칙에 관한 것을 규정하고 단어의 발음에 관한 부분은 사전으로 이관한다는 것이었다.

다음으로 형태론과 통사론도 마땅히 반영해 두어야 한다. 통사론의 경우는 방언 간에 차이가 많지 않지만 그것을 규정해 두는 것은 중요하다고 본다. 지금까지의 국어학계의 이론을 집대성한다는 면에서도 의의가 크다. 또한 외국인이 한국어를 배우는 것에 대비해서도 국어의 형태론과 통사론에 대한 국가의 규정을 마련하는 것이 시급하다. 이는 이미 우리가 익히 알고 있는 모국어 화자를 대상으로 할 때도 중요하다. 우리말을 외국어로 번역하거나 외국어를 우리말로 번역할 때도 기준 역할을 하게 될 것이다.

(2) 어휘부분에 관한 내용

어휘부분은 사실 위의 문법부분보다는 중요하지 않지만 지금의 한글맞춤법과 표준어규정은 대부분 여기에 초점을 맞추고 있다고 해도 과언이 아니다. 이제 어휘에 대해서 생각해 보자. 단어란 크게 의미와 소리부분으로 나누어질 것이다. 또한 형태론적인 측면에서 단일어와 복합어로 나누어지고 다시 복합어는 합성어와 파생어로 구분되어 진다.[27] 이 모든 것이 어휘부분의 대상이 될 것이다. 그런데 현행 규정은 어휘부분 중에서 주로 소리에 크게 관심을 가지고 있는 듯이 보인다. 우선 단어란 대상이 되는 관념이나 사물이 새로 생기거나 사라지거나 변경된다면 소리나 의미적인 측면에서 변화가 일어났다고 보아야 한다. 즉 소리의 변화와 의미의 변화

---

27) 이러한 구분은 이익섭(1975)의 논의를 따른다. 그러나 용어는 다르다. 거기에서는 단어를 단일어와 합성어로 구분하고 합성어는 복합어와 파생어로 구분했다. 여기서는 학교문법에서 쓰는 용어를 사용했다.

는 다르게 나타난다고 보아야 한다. 그런데 여기서 무엇을 언제 어떻게 규정할지 원칙이 세워져야 하는 것이다. 소리의 약간의 변경을 보고 바로 규정에 넣어야 하는가? 아니면 의미가 얼마나 변경되면 규정에 반영해야 하는가? 그리고 이러한 규정을 사전이 아닌 정서법의 대상에 넣어야 하는 것인가?

장단에 대해서 논의해 보기로 하자. 표준어규정에 보면 장음으로 발음해야 하는 어휘를 수록하고 있다. 무려 600개 이상의 어휘를 열거하고 있다. 이러한 규정이 들어간 것을 우리의 논의와 비교해서 역으로 추리해 보면 다음과 같을 것이다. 첫째, 모음체계를 기술해야 한다. 둘째, 장단이 변별적으로 쓰이기 때문에 기술해야 한다. 셋째, 장단이 어휘적으로 변별되기 때문에 변별되는 어휘를 규정해야 한다. 첫 번째 규정은 우리의 논의와 일치한다. 모음체계를 표준어규정에 기술해야한다는 것은 우리도 인정하는 바다. 그러나 두 번째와 세 번째는 논쟁이 필요한 부분이다. 음운론에서 음소와 음성을 구분하고 그 차이는 의미적 변별의 역할을 하는가 아닌가에 놓여 있다. 현대국어에서 음장이 변별적이냐 아니냐는 논쟁의 여지가 있지만 대체로 노년층에서는 아직도 변별력이 있고 젊은 세대로 갈수록 변별력이 떨어진다는 것이 인정되고 있다.[28] 이러한 현실을 존중한다면 다른 변별적인 것을 기술하는 것이 우선이다. 이러한 변화의 과정에 있는 것은 참고나 부록의 부분에 '음장은 변별력을 첨차 상실해 가고 있다'는 정도만 넣고 필요한 어휘는 한두 개 정도만 예로서 추가하면 될 것이다. 어휘의 소리는 사전에 수록하면 된다. 무엇보다도 언급한 어휘들

---

28) 2002년, 2003도에 국립국어연구원에서 실시한 표준발음실태조사에 보면 이 지역은 2,30대와 6,70대의 말이 많이 다르다는 것을 보여준다. 대부분의 젊은이와 장년층들은 '애, 에'의 구분이 없어지고 장단을 제1음절에서 조차 상실해 가고 있음을 보여주고 있다. 최혜원(연구)(2002;1-7, 38-52), 김선철(연구책임)(2003) 참고.

대부분의 단음을 장음으로 발음하고 장음을 단음으로 발음한다 해도 아무런 변별력이 없다는 사실이다. 이렇게 전혀 효용이 없는 규정을 왜 해야 하는지 심각히 논의해야 한다.

어휘의 분포는 일정하지 않다. 많이 사용하는 어휘가 있고, 적게 사용되는 어휘가 있다. 사회언어학적으로 보면 계층에 따라 나이에 따라 상황에 따라 다양한 어휘가 분포한다. 소수가 사용한다고 해서 의미가 없는 것이 아니다. 통시적으로도 다양한 모습을 띠게 될 것이다. 이러한 다양한 어휘의 모습을 다양한 사전 속에 어휘들을 모두 수집하는 것이 중요하다. 어휘를 버리기보다는 저장한다는 개념이 필요하다. 사전에 저장해 두었다가 필요할 때 다시 꺼내어 쓰면 되기 때문이다. 소리가 변한 것은 변한 것대로 저장할 필요가 있다. 표준어라고 구태여 어휘별로 규정하여 딱지를 붙여서 사용하지 못하게 할 필요가 없는 것이다.

옷에 비유해 보자. 오늘 필요가 없어 장롱에 넣어둔 옷이 내년에 다시 필요할지 모른다. 결혼식 때 한번 입은 옷은 일생 필요 없다고 버릴지 모르지만 어떤 사람에게는 저장해 두는 것이 의미 있는 일이 될 수 있다.

한 차이를 보기로 하자. 표준국어대사전을 국가가 주도해서 이미 발간했다. 여기에 표준어규정을 두어 또 한 번 사전에 있는 것을 규정해야 하는가는 생각해볼 문제다. 어휘의 소리나 의미가 바뀌면 사전을 바꾸면 될 것을 헌법이나 다름없는 국어정책의 대상이 되는 규정을 매번 바꾼다면 사전의 일과 중복이 될 뿐만 아니라 표준어규정 자체를 무력화시키는 일이 될 것이다. 현행 표준어규정 중에서 어휘의 변경에 관련된 것은 사전이 맡아야 하기 때문에 많은 부분은 삭제되는 것이 바람직하다.[29] 방언사전

---

29) 현행 표준어 규정 자체도 심각한 문제를 안고 있다. 제2장 발음변화에 따른 표준어 규정 제5절 복수표준어 제19항에 '고까, 꼬까'를 모두 표준어로 인정한다고 하고 있다. 그런데 제3장 어휘 선택의 변화에 따른 표준어 규정 제5절 복수표준어 제26항에 동일

과 표준어 사전을 구분해서 국가가 표준어 사전 부분을 주도적으로 관리한다면 현행 표준어 규정이나 표준어 모음은 사전에 들어가야 할 부분이 상당히 많다.[30]

(6) 어휘에 대한 원칙

가. 어휘에 대한 것은 사전을 참고한다.

1.5 사례로 본 표준어 규정과 한글 맞춤법의 관계

한글 맞춤법은 여러 사람들에 의해서 다양한 면에서 해석되고 여러 문제점과 그에 대한 대안을 제시하고 있다.[31] 이 글은 위에서 논의한 표준어에 대한 원칙들을 바탕으로 다만 다음 몇 가지 점을 여기에 보태고자 한다.

훌륭한 정서법이란 가장 보편적 원칙이 있으면서 가장 제약적인 조항이 있어야 할 것이다. 1.1절의 기본적인 원칙에서 이미 논의했듯이 말에 대한 규정은 표준어 규정으로 넘기고 맞춤법은 표준어 규정에서 논의된 말에 대해서 어떻게 문자로 표현할 것인가를 주로 논의해야 할 것이다. 이미 유음화와 비음화에 대해서는 위에서 논의했기 때문에 그것을 참고하기로 하고 이번에는 사이시옷 문제를 가지고 어떻게 규정해야 하는지 보기로

하게 '고까/꼬까'를 모두 표준어로 삼는다고 하여 중복적으로 다루고 있다. 이러한 것은 제2장과 제3장의 구분이 이론적으로 심각한 문제를 안고 있다는 것을 반영한다. 어휘의 변화란 소리와 의미의 변화를 포함하는 것이므로 당연한 것이다.

30) 현행 '표준어 규정'과 '표준어 모음'의 각 항목에 대한 자세한 문제점을 민현식 (1999;333-47)에 논의하고 있다. 이 글에서 결론적으로 표준어 연구는 단어별 연구로 옮겨 가야 한다고 말한다.

31) 민현식(1999)은 국어 정서법의 전반적인 면을 검토하고 있어서 좋은 참고가 된다. 엄태수(2001)에서도 한글맞춤법에 대해 설명하면서 여러 가지 대안을 제시했다. 이러한 점은 강창석(1995,1997), 이기문(1983), 이상억(1991/1994), 등에서도 논의되어 참고가 된다.

하자.

한글맞춤법 제4장 제4절 제30항은 사이시옷에 대한 것이다. 거기에서 '못자리, 잿더미'처럼 앞 명사가 모음이면서 뒤에 오는 평음이 된소리로 나는 경우에는 사이시옷을 적는다는 규정이 있다. 그런데 표준어 규정 제2부 7장에 보면 '냇가, 샛길'의 예를 제시하면서 사이시옷이 붙은 단어는 된소리로 발음한다고 규정하고 있다. 이 두 규정은 겉으로 보면 한글맞춤법에서 사이시옷을 적는다고 되어 있고 표준어 규정에서 사이시옷이 올 때 된소리로 발음한다고 되어 있어서 전자는 문자에 대한 규정이고 후자는 언어에 대한 규정처럼 보여서 문제가 없는 것처럼 보인다. 그런데 정작 언제 사이시옷이 들어가는지 어디에도 그런 논의가 없는 것이다. 즉 표준어 규정에서는 사이시옷이 언제 들어가는지를 규정해야 한다. 그런 다음에 사이시옷이 들어가면 당연히 음운론적으로 /t/가 개입되기 때문에 폐쇄음 뒤의 일반적인 경음화를 기술하면 될 것이지 사이시옷이 들어가서 된소리가 되는 것을 다른 조항으로 만들 필요가 없는 것이다. 한편 표준어 규정에서 언제 사이시옷이 들어간다고 규정하면 한글맞춤법에서는 사이시옷은 'ㄷ'이나 'ㅈ' 등으로 표기하지 않고 오직 역사적 전통에 따라 'ㅅ'으로 표기한다고만 규정하면 되고 이러이러한 단어에는 사이시옷이 들어간다는 말(언어)에 대한 규정은 할 필요가 없는 것이다.[32]

이처럼 1.4절에서 논의했듯이 표준어 규정은 형태론, 통사론, 음운론에 걸친 규칙적인 현상의 원리를 밝히는 것이 우선되어야 한다. 이러한 바탕 위에서 한글 맞춤법은 역사적 표기의 전통을 존중하고 합리적이고 가장 현실적인 표기 방식을 결정해야 할 것이다.

이상으로 우리는 한글맞춤법의 근간이 되는 표준어 규정에 대한 여러

---

32) 사이시옷과 표기법에 대해서는 엄태수(2007) 참고.

가지 문제에 대해서 논의했다. 사실 이 글은 현행 국어정책과 그 대상 언어를 염두에 두고 쓴 글이지만 이론적인 성격이 강하다. 그렇다고 지금의 규정을 당장에 없애자고 하기는 어려울 것이다. 이미 시행한 것이기 때문에 하나씩 개선해 나가면 된다고 본다. 우선 '표준어 사전'을 정확하게 하고 변화의 적절한 시기마다 해당 어휘들을 변경해 간다면 구태여 우리의 정서법과 표준어규정을 바꾸는 일은 자주 일어나지 않을 것이다.

그러나 우리의 한글맞춤법과 표준어 규정이 어떤 이론적 기반 위에 있는가는 끊임없이 논의되어야 하고 비합리적인 이론이 있다면 마땅히 고쳐야 할 것이다. 이것이 미래에 잘못된 길로 가는 것을 미리 막는 최선의 길이라고 본다.

第2章

국어 음운부의 조직과
음운규칙의 분류

1. 서론

　교착어로서 국어는 다양한 문법형태소의 결합에 의해서 문법이 표현된다. 이러한 과정에서 다양한 음운현상이 발생하게 된다. 대부분의 음운론 연구는 표면의 다양한 교체형을 통해서 음운규칙과 기저형의 구체적 모습을 확인하는 과정을 거치게 된다. 생성음운론이 도입된 이래로 현대국어에 대한 공시적 음운론 연구는 규칙과 기저형에 대한 탐구가 대부분이었다고 해도 과언이 아니다. 더불어 규칙을 어떻게 분류하고 이러한 결과 국어 음운부를 어떻게 설정하는 것이 합리적인지에 대한 논의도 활발하게 전개되었다. 이 글의 목적은 기존 논의의 연장선으로 지금까지 이루어진 연구를 개괄해보고 여기에 몇 가지 사항을 보태어서 표준적인 국어음운부의 조직과 음운규칙의 분류를 통하여 국어음운론의 모형을 설정하려는 데 있다.

이러한 노력은 국어 음운부 설정이나 국어음운론 전체 모형의 구성, 나아가 국어문법의 구성에 작은 보탬이 될 것이고, 나아가 표준모델이 설정된다면 표준발음법, 맞춤법과 같은 국어정책이나 국어교육, 한국어 교육에도 작은 보탬이 되리라고 생각한다.

2. 기존논의와 문제점

Chomsky, N. and Halle, M.(1968, 이하 SPE)에서 음운론은 통사부의 출력을 입력으로 하여 논의되는 것으로 가정하고 있다. 또한 기억되어야 할 요소인 어휘부와 통사부, 음운부의 상호 모듈적인 작용을 가정한다. 이를 국어음운론에 충실히 반영하여 본격적으로 논의한 것은 상당한 시간이 지난 후가 된다. 표준어를 대상으로 국어의 전반적인 문법을 다룬 2002년도 고등학교 문법교과서를 보면 국어의 음운규칙을 크게 받침의 발음, 음운의 동화, 음운의 축약과 탈락, 사이시옷으로 네 가지로 구분해서 〈표1〉처럼 설명하고 있다.

〈표1〉

대분류	중분류	소분류	사례
받침의 발음	음절의 끝소리규칙		꽃[꼳]
	겹받침의 발음		닭[닥]
음운의 동화	자음동화	비음화	먹는[멍는]
		유음화	물놀이[물롤이], 신라[실라]
	구개음화		같이[가치]
	모음동화	y첨가	반기어[반기여]
		움라우트	어미[에미], 잡히다[잽히다]
	모음조화		알록달록, 살랑살랑, 곱대[고와]

음운의 축약과탈락	축약	유기음화	좋다[조타]
		반모음화	오아서[와서],뜨이다[띄다]
	탈락	동일모음탈락	가아서[가서]
		어간말으탈락	크어서[커서]
		ㄹ탈락	울니[우니]
		ㅎ탈락	좋으니[조으니]
사이시옷			위이[윈니]

대부분의 일반적인 국어음운론 개론서도 이러한 분류에서 크게 벗어나지 않는다.[1] 이러한 분류의 문제점에 대해서는 엄태수(2012:91-92)에 논의되었는데 이를 다시 가져오면 다음과 같다.

첫째, 받침의 발음이라는 부분은 종성의 발음이라는 의미를 지니는데, 이는 음절화와 관련이 있다. 즉 종성의 발음이 기준이 되면 당연히 그와 상보적 관계에 있는 초성이나 중성의 발음에 대해서도 논의되어야 할 것이다.

둘째, 음의 동화라는 기준이 나왔다면 이와 대립되는 이화도 넣어야 한다.

셋째, 축약과 탈락이 하나의 항목에 합쳐진 이유가 명백해야 한다. 탈락이 기준이 되면 삽입도 다른 기준으로 제시되어야 한다.

넷째, 사이시옷은 현대국어에서 주로 합성명사에서 발생한다. 그런데 사이시옷은 '고기배/고깃배', '나무집/나뭇집'에서 보듯이 결합한 것과 아닌 것이 의미차이가 나기 때문에 형태소라고 할 수 있다. 즉 사이시옷의 삽입은 형태소규칙이지 음운규칙이 아닌 것이다.

다섯째, 받침의 발음에서 겹받침의 발음은 세 개의 자음이 모음 사이에서 발음될 수 없는 국어의 음절구조 때문에 생긴 것이다. 이들도 탈락의 일종이다. 즉 '음운의 축약과 탈락'의 탈락과 차이가 무엇인지 분류기

---

1) 이에 대한 논의는 엄태수(2012)를 참고할 것.

준이 애매하다.

여섯째, 공시적 음운현상과 통시적 음운현상에 대한 철저한 구분은 현대 언어학의 기본적 사상이다. 통시적 음운현상을 공시적 음운변동 혹은 음운규칙과 같은 층위에서 처리할 수는 없는 것이다. 움라우트와 '이' 반모음화는 통시적 현상으로 공시적 규칙이라고 볼 수 없다. 통시적 현상의 특징은 일부 어휘나 범주에 한정되고 예외가 많다는 것이다. 이들 교체형은 규칙에 의해서 도출되는 것이 아니라 모두 어휘부에 저장되어 기억되어야 한다.

기존의 논의에서 음운규칙은 음운론적으로 의존된 순수음운규칙과 형태·통사범주에 의존하는 범주의존적 규칙으로 나누는 것이 일반적이었다. 기존의 논의에서 형태·통사범주에 의존하는 음운규칙은 파생, 복합, 굴절 등에서 발생하는 것으로 설명되었다. 그러나 이처럼 범주의존적인 음운규칙을 하나로 묶을 수 있는 부분이 생성문법에는 존재하지 않는다.[2] 왜냐하면 국어에 대한 생성문법적 접근에서 파생과 복합은 형태론의 과정이고 소위 굴절이라고 부르는 조사와 어미의 결합은 통사론의 과정으로 다루는 것이 일반적인데, 이들 과정의 출력에서 나오는 문법 단위의 결합체가 음운론과 다르기 때문이다.[3] 다시 말하면 파생과 복합이 단어를 형성하는 형태론적 과정이고 굴절은 통사론적 과정이기 때문에 음운론에서 이들을 하나의 범주로 묶어야 하는 필연적인 이유가 없는 것이다.

순수음운규칙은 'A→B/X_Y'와 같은 형식이 주어질 때, 주어진 요소가

---

2) 체언의 어간에 조사의 결합과 용언의 어간에 어미가 결합하는 것을 각각 곡용, 활용으로 부르고 그들의 표면의 교체형을 곡용형, 활용형으로 부르고자 한다. 또한 파생과 복합과 다르다는 의미에서 둘을 합해서 굴절과 굴절형으로 부르고자 한다.
3) 예를 들어 '먹을 것'은 형태론적으로 하나의 단어로 보기 힘들지만 음운론적으로 경음화가 발생되고 휴지 없이 발음되기 때문에 [머글껃]이라는 하나의 음운론적 단어로 취급될 수 있다.

모두 음운론적으로 설명되는 것이다. 순수음운규칙은 인접요소가 자질과 음운과 같은 순수하게 음운론적 요소에 의해서 결정된다. 그러나 조사와 어미와 같은 문법형태소의 결합이 활발한 국어의 경우는 음운론적 요소와 더불어 형태 · 통사적 범주에 의존하는 규칙들이 다수 존재한다. 예를 들면 '먹는'이 [멍는]으로 발음되는 비음화규칙은 인접음운의 조건만 갖추어지면 발생하는 순수음운규칙으로 분류될 수 있지만 '감다'가 [감때로 발음되는 용언어간말 비음 뒤 경음화 규칙은 용언 어간이라는 굴절과 관련된 범주에 의존적이다. 한편 '꽃잎'과 같은 복합에서 나타나는 'ㄴ'첨가나, '구데기' 등의 파생에서 나타나는 움라우트 현상 등은 생산성이 현저히 떨어지기 때문에 굴절과 동일하게 취급될 수 없다. 이러한 이유로 국어의 음운규칙은 파생과 복합과 같은 단어형성과 관련된 부분과 굴절과 관련된 부분, 그리고 범주에 관련이 없는 순수음운규칙과 관련된 부분으로 나누어서 생각할 수 있다.

생성음운론 도입 초기부터 어떠한 방식으로 국어의 음운규칙을 분류하고 설명할 것인가는 문제가 되었다. Chin-W. Kim(1970)에서는 사이시옷 현상을 설명하는 데 있어서 경계기호를 사용해서 처음으로 생성음운론식의 음운규칙을 설정했다. 물론 안병희(1965;139)에서 사이시옷은 구에는 쓰이지 않고 복합명사에만 쓰이는 복합명사의 표식이라는 언급에서 보듯이 구조주의 시대에도 범주의존적인 음운현상에 대한 환경과 규칙성에 대한 인식이 없었던 것은 아니다. 김완진(1972)에서는 단모음화를 설명하는 데 체언과 용언의 차이가 있음을 말하고 있다. 같은 형태소 경계를 가지고 있다고 해도 체언과 용언의 차이를 인식한 것이다. 범주의존적인 음운현상에 대한 설명을 위해 Kim-renaud Young-Key(1975)에서는 극도로 많은 경계기호를 사용하고 있다. 수많은 경계기호를 사용한다 해도 사이시옷

현상처럼 동일한 경계기호 안에서의 예외를 효과적으로 설명하기는 힘들다. 나아가 경계기호만으로 음운규칙을 설명하는 것은 다른 경계기호를 가지고 있는데 같은 음운규칙이 적용되는 순수음운규칙이나 곡용과 활용 어간 다음에 발생하는 조사와 어미초의 '으'탈락과 같은 경우를 분명하게 설명할 수 없다.

이병근(1977:4)에서는 파생과 복합과 같은 단어형성과정에서 발생하는 음운현상과 굴절(조사와 어미의 결합)에서 발생하는 음운현상을 분리하려는 시도를 하고 있다. 전자를 형태론적 과정으로 보고 후자만을 음운규칙으로 생각한 것이다. 형태음운규칙으로 범주의존적인 음운규칙을 처리한다고 해서 용언어간말 비음 뒤 경음화나 '으'탈락과 같은 굴절과 관련된 음운현상이 범주의존적이 아닌 것이 아니고, 나아가 비음화나 유음화처럼 순수음운규칙과의 차이를 설명해야한다. 더불어 형태음운규칙은 무엇인지 더 논의해야하는 것이다.

형태론의 발전과 더불어 어휘음운론이 국어에 도입되었다. Sang-Cheol Ahn(1985)에서의 음운규칙의 단계적 적용은 순서화가 분명하지 않은 국어형태론에 적용했다는 문제가 있지만 형태론적 과정인 파생과 복합 문제와 음운현상에 대한 상호작용에 대한 논의를 본격적으로 제시했다.

최정순(1987)은 어휘부와 통사부, 음운부 각각에 다른 음운규칙을 설정해서 설명하는 방식을 취했다. 최정순의 논의는 모음으로 시작하는 어휘형태소 앞의 'ㄴ'삽입, 자음군단순화, 중화와 같은 음운현상을 설명하는데 문제가 있지만 국어의 음운현상이 세 가지 다른 부분으로 구분되어야 한다는 통찰력을 보여주고 있다. 즉 파생과 복합은 형태론의 단어형성규칙과 더불어 어휘부에서 다루고, 굴절에서 일어나는 음운현상은 통사규칙의 적용을 받아 나온 표면구조가 재구조화를 거쳐서 통사음운부를 형성한다

는 것이고, 순수음운규칙은 음운부에서 적용된다는 주장이다. 엄태수
(1994)는 굴절과 관련된 통사음운부의 규칙과 음운부의 순수음운규칙에
대한 차이를 설명했는데 특히 음운부의 순수음운규칙은 음절화와 음절말
의 공명성이 더 크고 음절초의 공명성이 작아야 하는 공명성연결원리를
적용받는 부분으로 통사음운부와 그 차이점을 분명하게 구분했다.[4] 최정
순(1995)은 굴절과 관련된 통사음운부의 규칙을 자세히 설명하고 특히
재구조화와 음운론적 단어의 설정이 통사음운부에서 일어남을 설명하고
있다. 요약하면 다음과 같다.

(1) 엄태수(1994:55-85)

가. 어휘부의 음운규칙과 통사음운부의 음운규칙, 순수음운부의 음운규
칙으로 나눈다.

나. 통사음운부는 통사부의 출력에 적용된다.

다. 통사부의 출력은 음운론적 단어로 재조정된다(음운론적 단어는 어간
과 어미, 어간과 조사로 구분된다).

라. 순수음운부는 공명성 연속의 원리를 준수한다.

(2) 최정순(1995:55)

가. 통사음운부의 음운규칙은 단어 내부구조의 정보에 민감하지만, 후통
사부의 음운규칙은 단어 내부구조의 정보에 민감하지 않다.

나. 통사부의 음운규칙은 음운론적 동기를 갖지 못하지만 후통사부의 음
운규칙은 공명성 연속의 원리라는 언어보편적인 음운론적 동기를 갖
는다.[5]

---

4) '통사음운부'란 용어는 범주의존적인 규칙 중에서 통사부의 출력과 관련된 것을 다룬
다는 의미를 지니는 것이다. 이는 파생과 복합에 관련된 단어형성 과정의 음운현상들
을 제외하고자 하는 의미에서 사용된 것이다.
5) 예를 들면 통사부의 음운규칙인 용언어간말 비음 뒤에서 경음화하는 [감때의 경우에

다. 두 부분 모두에 포함되는 규칙은 없다.

엄태수(1994), 최정순(1995)에서 통사음운부를 설정한 것은 굴절과 관련된 음운현상을 설명하기 위한 것으로 기존의 논의보다 생성문법의 특징인 음운현상의 기술과 설명력에 다가간 것으로 볼 수 있다. 또한 파생과 복합과 관련된 것을 어휘화로 처리하고 순수음운규칙이 음절화와 관련된 것을 밝히고 있다는 점도 돋보인다.

그러나 문제점은 첫째, '옷안, 값없다, 못잊어'처럼 어휘형태소의 모음 앞에서 발생하는 'ㄴ'삽입, 중화, 자음군단순화와 같이 파생과 복합뿐만 아니라, 구 구성에서 동시에 발생하는 음운현상에 대한 것이다. 엄태수(1994)는 이를 미해결로 남겨두었고, 최정순(1995)의 경우는 이를 어휘화된 것으로 처리하였다. 최명옥(2004)의 논의도 파생과 복합의 음운현상을 어휘화된 것으로 처리하고 굴절에서의 음운현상만을 다루고 있다. 그러나 '값 없대가법때]'나 '못 이기대[몬니기대]', '옻 오르대[오도르대]' 등처럼 구에서 나타나는 자음군단순화, 'ㄴ'삽입, 중화 등은 통사부 이후에 형성된 것으로 단순히 어휘화로 처리해서 해결될 수 있는 것이 아니다.

둘째, '이/가'와 같은 소위 복수기저형에 대한 선택 문제다. 이는 분명 굴절의 과정에서 발생하는데 이것이 과연 음운규칙인지 아닌지 논의되어야 한다.[6] 셋째, '-(으)오'와 같은 형태소 의존 음운규칙 등도 단순히 굴절과 관련된 것과 성격의 차이가 있기 때문에 새로운 접근이 필요하다고 본다. 아래에서는 이처럼 통사부 이후에 발생하면서 순수음운규칙과는 구

비음이 경음화의 동인이 되는 것을 음성학적으로 설명하기 어렵다. 동일한 어간의 활용형 [감기대에서 경음화가 발생하지 않기 때문이다. 이에 비해서 순수음운부의 음운규칙인 폐쇄음 뒤의 평음 경음화는 종성 불파화에 이어서 초성의 공명도가 낮아지는 원리를 준수한다.

6) 음운규칙과 형태규칙의 차이에 대해서는 제3부 제1장에서 자세히 논의하고 있다.

별되는 부분을 따로 분리해서 통사음운부를 좀 더 확장할 필요성에 대해서 논의하고 그 이외의 부분인 순수음운부와 어휘부의 특성에 대해서도 논의할 것이다.

3. 통사음운부

3.1 음운론적 단어 형성

국어의 경우 통사부의 출력이 그대로 음운론의 대상이 될 수 없고 통사음운부로 재조정되어야 하는 것은 서로 다른 문법 단위 때문이다. 예를 들면 '나는 아침밥을 먹었다'라는 문장은 통사적으로 '[[[(나n)(는)k]kp [(((아침n)(밥n))n(을)k]kp (먹v)](었e)](다e)]s[7]처럼 분석될 수 있는데 음운론적으로는 '[나는] [아침밥을] [먹었다]'로 재조정되어야 하는 것이다. 여기서 괄호 친 단위는 형태론적 단위도 아니고 통사론적 단위도 아닌 오직 음운론적 단위이다. 이 단위는 전통적으로 어절이라 불리었던 것으로 음운론적 단어라고 말할 수 있다.[8]

음운론은 통사론의 범주와 달리 음운론적 단어를 기본 단위로 하여 아래로 음절과 그 위로 음운론적 구를 가지고 있다. 이때 음운론적 단어의 형성은 국어의 경우 어휘부가 아닌 통사부의 출력에서 재조정되는 것이 마땅하다.

통사부의 출력을 음운론에 맞게 영역을 재조정하는 논의가 많이 있었

---

7) 이와 같은 문법구조는 대략적인 것으로 전문적인 통사론적인 분석이 아니다. 다만 음운론적 단어를 설명하기 위한 방편으로 가져온 것이다. 약호는 다음과 같다. n:명사, k:조사 kp:조사구 e:어미 s:문장

8) 앞으로 '음운론적 단어'는 '음운단어'로 줄여서 사용하기도 할 것이다. 이는 '음운론적 단어 형성부'와 같은 말을 '음운단어형성부'로 사용하는 것이 편리하기 때문이다.

다. Selkirk(1980), Nespor and Vogel(1982), Selkirk(1984), Nespor and Vogel(1986) 등에서 많은 음운규칙이 독자적인 음운론적 영역에 민감하다는 사실을 밝히고 운율단위를 설정하고 있다. 국어에서도 Kang. Ongmi (1992), 곽동기(1992), Han. Eunjoo(1994), 등의 논의를 볼 수 있다. Jun, S.-A.(1993), 신지영(1999)에서 보듯이 경음화 현상의 영역이 강세구라는 영역에 한정되어 있다는 주장이 그러한 논의의 대강을 이루고 있다.

예를 들면 '남다'나 먹을밥'은 통사론적으로 하나의 단어라고 하기 힘들다. 그런데 여기에 경음화 규칙이 적용되어 표면형으로 [남따], [먹을빱]이 도출된다. 즉 이들이 통사적으로는 단어가 되지 못하지만 음운론적으로 하나의 단어가 되도록 통사부의 출력에서 조정을 해야 하는 것이다. 강옥미(2003;315-317)은 Selkirk(1986)의 측단이론을 한국어에 적용해서 국어의 음운현상을 설명한다. 측단이론은 다음처럼 어휘범주를 가지는 단어의 왼쪽 끝에 음운단어를 일치시키는 운율규칙을 설정하는 것이다.

(3) lex^0[→ ω((lex: 어휘범주, ω: 음운론적 단어범주)

그런데 여기에서는 '덧옷이' 등에서 보이는 중화를 설명하기 위해서 이 규칙을 단어 내로 끌어오자고 말한다. '덧옷이'는 'w(덧)w(옷이)' → [더도시와 같은 과정을 제안하고 있다. 그러나 이 글에서는 어휘부는 근본적으로 더 이상 분석되어 생성의 단위로 쓰이지 않고 하나의 기저형으로 고정된다고 가정한다. 결론적으로 측단 이론을 한국어에 적용할 때는 어휘부에 적용하지 않고 통사부의 출력에 적용하고 최초의 단위는 음운론적 단어로 규정한다.[9] 이제 이러한 재조정에 의한 음운론적 단어가 국어의 음

---

9) 음운론적 단어는 운율적인 정보의 핵심요소인데, 이 보다 상위범주인 음운론적 구나 문장과 같은 범주의 형성에 대해서는 이 글의 논의 범위를 벗어나기 때문에 언급하지

운규칙을 적용하는데 어떤 효과가 있는지 보기로 하자.

첫째 통사부의 출력인 구가 음운단어가 되는 경우가 있다. '맛없다', '집 잃고' 등도 하나의 단위로 되어 음운규칙의 적용을 받는다. 이는 통사부의 출력에서 발생한다. 이때 어휘범주를 남기고 상위범주는 삭제된다. 여기에 적용되는 음운규칙도 통사음운부의 규칙이라고 할 수 있다. 이와 같은 음운규칙이 적용되는 부분을 통사음운부라고 부른다면 이러한 음운론적 단어를 형성하는 원리를 다음과 같이 정리할 수 있다.

(4)음운단어형성원리

가. 어휘 삽입된 통사부의 출력은 구조가 보존된 어휘부의 요소를 제외한 구 구조 범주를 삭제한다.

나. 어휘범주(N,V 등)는 측단 이론에 따라 어휘범주의 가장 왼쪽 끝에 음운단어를 배정한다.

다. 다음으로 오른쪽으로부터 괄호를 닫는다.

둘째, 굴절형이 음운론적 단어가 된다. 통사부의 출력이 음운론적 단어로의 변경은 조사와 어미와 관련된 음운규칙의 적용 영역이 분명하게 되는 효과가 있다. 지금까지는 용언어간말 비음 뒤 경음화, 활용에서의 '으' 탈락과 같은 말로 불렸지만 이러한 활용형의 단위가 구체적으로 어떤 원리에 의해서 형성되는지 이론이 없었던 것이다. 음운단어 형성원리에 의해서 이제 '감다', '짓다', '지으니' 등의 동사 활용형과 '불은, 불로, 불과'와 같은 명사 곡용형도 하나의 음운론적 단위로서 자격을 갖추게 된다. 즉 곡용형과 활용형은 동일한 음운론적 단어인 것이다.

않았다. 이에 대해서는 위에 언급된 논저를 참고하고 이호영(1996)에서도 많은 논의가 있기 때문에 참고하면 될 것이다.

셋째, 형태소 의존 음운규칙을 설명하는데 도움이 된다.

SPE(1968)에서도 여러 가지 종류의 재조정규칙을 제안했다. Aronoff(1976)는 이러한 재조정규칙을 형태론과 관련된 것으로 해석하고 좀 더 정확하게 절단규칙과 이형태규칙으로 구분해서 설명하고 있다. 국어와 관련된 것은 이형태규칙인데, Scalise(1984;66-67)의 설명에 의하면 'A→B/_Z'에서 B와(혹은) Z가 형태소라면 재조정규칙이라고 할 수 있다고 말한다. 그러나 국어의 경우는 이와는 다른 방식으로 설명해야 한다. 비록 Z가 하나의 형태소라고 해도 음운규칙으로 해석되는 경우가 있기 때문이다. 예를 들면 국어의 ㄹ뒤 '-으오' 앞에서 ㄹ탈락이 여기에 해당한다.10)

    (5) 알+으오→아오, 울+으오→우오, 불+으오→부오

(5)에서 보듯이 '-으오'라는 특정한 형태소 앞에서 용언어간말 'ㄹ'이 탈락한다.11) 이를 형태소의존 음운규칙이라 할 수 있다. 체언이나 용언이라는 범주의존규칙보다는 현저히 적용 범위가 낮지만 많은 어휘에 적용된다. 이러한 것이 형태소의 의미나 특정 어휘범주를 변화시키는 일을 하지 않기 때문에, 그리고 오직 음운의 변화만 존재하기 때문에 음운규칙이라고 할 수 있다. 이러한 음운규칙은 특별히 순수음운규칙이라고 할 수도 없고, 굴절과 관련되기 때문에 어휘부에서 발생하는 음운규칙이라고 할

---

10) 한편 환경이 모두 특정형태소에 한정되면 형태규칙이라 할 수 있을 것이다. 예를 들면 사이시옷의 개입은 'ø→ㅅ/-'으로 표시되는데 'ㅅ'이 형태소이기 때문에 형태규칙이라고 할 수 있다. 즉 A→B/X-Y에서 A, B, X, Y가 형태소이면 형태규칙이라 할 수 있다. 또한 A와 B 모두 음소이거나 하나가 음소라 해도 X, Y가 모두 형태소이면 형태규칙이라 할 수 있다. 이에 대한 해석은 좀 더 정밀한 관찰을 요구한다.

11) '으'를 조음소로 보아 삽입되는 요소라는 견해도 있으나 '으오, 으니, 으면' 등과는 달리 '-고, -자, -세, -다' 등 자음으로 시작하는 어미는 자음으로 끝나는 어간이 올 때에 '으'가 삽입되지 않기 때문에 규칙으로 설명하기 힘들다.

수도 없다. 만일 음운론적 단어를 형성한다면 통사부의 출력인 통사음운부에서 적용되는 것으로 설명할 수 있을 것이다.

넷째, 소위 복수기저형의 선택규칙에 대해서도 음운론적 단어의 개념은 매우 중요하다. 국어에는 다음과 같은 형식의 교체형이 존재한다.

(6) 가. 조사 : 이/가, 을/를, 은/는, 아/야
    나. 용언어간 : 짓/지으, 들/드르, 줍/주우, 흐르/흘르

최명옥(1985, 1988), 엄태수(1994)에서 논의된 것처럼 (6)은 두 개 이상의 기저형을 설정해야 설명될 수 있는 형태소들이다. 이들에 대한 선택규칙은 형태 규칙과 통사 규칙과는 전혀 성격이 다르다. 이들의 교체에 대한 조건은 어떤 형태·통사적인 것이 아닌 순수히 음운론적인 것이기 때문이다. 이들은 단어형성부나 통사부가 아닌 음운부에서 처리되어야 한다. 왜냐하면 이들의 교체가 의미 차이나 단어나 문장의 구조의 변경과는 관련이 없고 오직 인접음운과의 관계에서 나타나는 것으로 국어 굴절 패러다임의 규칙성과 관련된 것으로 음운론적이라 할 수 있기 때문이다. 이런 부분을 다루는 장소는 형태부나, 통사부가 아닌 통사부의 출력 이후, 즉 음운부의 입력이 되는 곳이어야 할 것이다.

3.2 통사음운부의 설정

국어의 경우 음운론적 단어가 형성되었다 해도 모든 음운규칙이 동일하게 적용될 수는 없다. 원리적으로 범주표시를 요구하는 음운규칙과 순수 음운규칙으로 크게 구분될 것인데, 전자를 통사음운규칙 후자를 순수음운규칙으로 구분하고 전자가 작동하는 음운부를 통사음운부 후자가 작동하는 음운부를 순수음운부라고 부르기로 하자. 통사음운부라는 용어의 의미

는 통사부의 출력이 음운부에 입력되어 재조정된다는 의미로 사용된다. 그런데 이 둘은 전혀 성격이 다르고 통사음운부의 음운규칙이 먼저 적용되어야 한다. 그러한 이유는 첫째, 예를 들면 '옷 오르다'라는 통사적 단위가 재조정되어 '옷오르다'로 음운론적 단어로 될 때 [오도르대로 발음되어 'ㅅ'이 단어 앞에서 중화되어 연음법칙이 적용된다.[12] 그런데 단어 앞 중화는 통사음운부의 규칙이고 연음법칙은 순수음운부의 규칙이다. 만일 연음법칙이 먼저 적용된다면 [오소르대가 되어서 잘못된 발음형이 도출되는 것이다.

둘째, 아래 장에서 순수음운규칙에 대해서 다시 논의되겠지만 그리고 이미 2절에서 논의 되었듯이 통사부의 음운규칙은 단어내부구조에 민감하다. 그러나 순수음운규칙은 음절화가 이루어지는 곳으로 인접음소에만 관여하고 형태・통사론적인 범주표시에 무관하다. 즉 순수음운규칙은 통사음운부에 남아있는 범주표시가 삭제된 후에 적용된다는 것을 의미한다. 통사부의 출력이 음운론적 단어로 재조정된 후에 음운단어를 부여받았다 해도, 음운론적 단어 내부에 남아 있는 어휘범주표시는 아직 삭제될 수 없다. 어떤 음운현상은 어간과 어미, 어간과 조사 사이에서만 발생하는 것이 존재하기 때문이다. 즉 순수음운규칙과 범주표시를 요구하는 음운규칙이 구분되는 것이다.

셋째, 범주표시를 요구하는 음운규칙들 즉 통사음운부의 규칙은 범주표시를 지니고 있기 때문에 통사론과 성격이 가깝고, 순수음운규칙은 음절화가 이루어지는 곳으로 표면의 음성규칙과 성격이 가깝다. 순수음운규칙은 음성학적 동기에 원인이 되어 변경되는 경우가 많다. 예를 들면 종성불파화에 의한 다음 초성 평음의 경음화의 경우도 음성학적 동기로 볼

---

12) 연음법칙은 사실 기저형의 음절화와 동일한 개념이다. 연음법칙은 순수음운부에서 발생한다. 여기서는 설명의 편의상 연음법칙으로 불렀다.

수 있다. 이것은 이 두 음운부가 통사음운부와 순수음운부로 분리되어 있다는 것을 의미한다.

이미 엄태수(1994), 최정순(1995)에서 통사음운부의 음운현상과 순수음운부의 음운현상에 대해서 자세히 설명되었지만 이해의 편의를 위해서 다시 한 번 대표적으로 굴절과 관련된 통사음운부 음운현상인 용언어간말 비음 뒤 경음화와 순수음운부의 음운현상인 비음화 현상을 대비해서 생각해 보기로 하자.13) 국어의 활발한 음운현상 가운데 하나가 비음화이다. 그런데 비음화는 인접음소만 조건에 맞으면 규칙이 적용되는 것으로 용언어간말 비음 뒤의 경음화와 차이가 난다.

(7) 비음화
　　파생: 짓누르다
　　복합: 국물, 잎눈
　　곡용: 꽃만, 밥만
　　활용: 잡는다, 듣는다
　　구 구성: 못 나르다, 책 많이

(8) 비음 뒤 경음화
　　파생: 감기다, 안기다
　　복합: 사탕발림, 장보기
　　곡용: 사람도, 강산도
　　활용: 담대[담때], 신대[신때]
　　구 구성: 바른 사람

---

13) 사실 모든 음운 현상을 논의한 후에 두 가지 구분되는 부분을 귀납적으로 설명하는 것이 올바른 순서일 것이다. 그러나 이미 기존의 논의에서 많이 언급되어 있어서 익숙할 뿐 아니라 지면 관계도 있고 해서 나머지는 규칙의 명칭을 언급하는 것으로 대신하고자 한다.

(7)은 순수음운규칙으로 '[-비음]→[+비음]/___[+비음]'과 같은 형식으로 나타낼 수 있다. 그러나 (8)은 위에서 보듯이 오직 활용어간 다음에서만 발생하는 것이다. 물론 활용어간에 종성 [ŋ]이 없기 때문에 [+비음]이라는 자질표기가 문제가 될 수도 있지만 [+비음]이라 해도 어간이라는 조건이 덧붙여 있기 때문에 규칙을 방해하는 단어가 존재하기 힘들다. 즉 '담기다', '담그다'가 안 되는 이유는 그 어간부분이 '담기-' '담그-'이므로 문제가 될 수 없다.

용언어간말 비음화는 주지하다시피 파생접사가 붙을 때는 경음화되지 않고 오직 굴절어미가 올 때 경음화된다.

(9) 가. 감기다. 남기다. 안기다
    나. 감다, 남다, 안다

(9가)와 (9나)의 차이는 '-기-'의 특징에 있다. 즉 파생에서는 이 규칙이 적용되지 않는 것이다. 국어의 형태론에서 굴절을 제외하고 파생은 복합과 더불어 어형성 과정에 속한다. 바로 (9나)의 경음화현상은 통사부의 출력인 음운단어의 형성과 동시에 발생하는 것이다.

이와 관련된 규칙은 다음과 같다(최정순1995;48참고).

(10) 통사음운부의 규칙
  가. 곡용과 관련된 것 : 구개음화
  나. 활용과 관련된 것 : 비음 뒤 경음화, 어간말 '으'탈락, 어미 'ㄴ'앞 'ㄹ' 탈락, '애'뒤 '아/어'탈락, ㅎ탈락
  다. 두 범주에 모두 적용되는 것 : 모음과 ㄹ 뒤 어미초 '으'탈락, 활음삽입

이들 규칙은 명사나 동사와 같은 범주표시를 요구하고, 또한 조사나 어

미가 어간에 결합하는 구조를 가져야 하기 때문에 음운론적 단어 형성시에 적용되고, 어휘의 범주는 삭제되지 않아야 한다.

(11) 나는 아기를 못 **안고** 잔다. → [w(못)w(안v+고)]

(11)의 '안고'의 발음은 위와 같은 과정을 거쳐서 통사음운부에서 경음화 규칙의 적용을 받아 [안꼬]로 발음된다.[14] 'ㄴ'뒤의 경음화는 다른 범주에서는 발생하지 않는 것이 정상적이다. 명사 '정도, 만족, 감정' 등이나 곡용형 '감도, 사랑도' 등에서 보듯이 비음 뒤의 폐쇄음이 평음으로 발음된다. 비음 뒤 경음화는 '활용'이라는 범주표시가 요구되는 것이다.

3.3 통사음운 규칙의 특징

음운론적 단어가 형성된 후에 범주표시가 요구되는 음운규칙을 통사음운규칙이라고 하고 그렇지 않은 규칙을 순수음운규칙이라고 구분하면 두 규칙은 전혀 다른 성격을 지니고 있다. 이미 앞에서도 언급했지만 다시 정리하면 다음과 같다.

(12) 통사음운규칙의 특징
가. 어휘삽입된 통사부의 출력 이후에 바로 형성된다.
나. 음운론적 단어를 구성한다.

---

14) 여기서 '못안고'가 [모단꼬]로 발음될 때의 '못'의 중화는 상론되지는 않았지만 구 구성이 음운적 단어로 조정될 때 발생한다. 이러한 일은 파생과 복합의 과정과 통합될 수 있을 것이다. 만일 단어형성부의 음운규칙이 존재한다면 여기에도 음운론이 개입되어야 한다. 구가 음운적 단어가 되는 경우는 통사음운부에서 적용되는 것으로 본다. 현대국어에서 파생이나 복합과 관련된 생산적인 음운규칙은 없기 때문에 이에 대해서는 어휘부에 저장된 것으로 보고 여기에 대한 생성의 문제는 다음 기회에 다루기로 한다.

다. 음운단어의 내부에 어휘부에 등재될 때 가지고 있는 기본적인 범주기
  호를 간직한다.
라. 통사론에서 설정된 구 구조 범주와 같은 상위범주는 음운단어의 형성
  과 함께 삭제된다.
마. 복수기저형 선택규칙이 적용된다.
바. 형태소 의존적인 음운규칙이 적용된다.
사. 통사론적 구가 음운론적 단어로 재조정된다.
아. 통사음운규칙이 먼저 적용되고 순수음운규칙이 나중에 적용된다.
자. 통사음운규칙은 음운론적 동기가 없지만 순수음운규칙은 공명성연
  쇄의 원리의 적용을 받는다.
차. 통사음운부는 통사론에 가깝고 순수음운부는 표면의 음성학에 가깝다.
카. 두 부분에 동시에 적용되는 규칙은 없다.
타. 통사음운부에는 음절화가 적용되지 않는다. 음절에 민감한 어떤 규
  칙도 없다.
파. (10)이외에도 통사음운부의 규칙은 다음과 같다.
〈형태소의존 음운규칙, 소위 복수기저형과 관련된 규칙, 통사론적 구가
재조정되어 적용되는 중화, 자음군 단순화와 같은 규칙〉

4. 순수음운부

위의 통사음운부의 음운규칙과는 달리 어떤 형태·통사적 범주 표시도
요구하지 않는 음운규칙들이 존재한다. 순수음운규칙이라고 할 수 있는
것들이다. 비음화는 대표적인 순수음운규칙이라 할 수 있다. 전통적으로
순수음운규칙은 'a→b/x_y'라는 음운규칙의 형식에서 모든 요소가 음운이
면 순수음운규칙으로 불리어져 왔다. 그런데 이처럼 교체의 내용과 교체

의 환경이 음운이라는 것 외에는 어떤 공통점이 있는지 거의 논의되지 않았다. 물론 음운규칙의 방향성에 대해서는 여러 학자에 의해서 논의되었다. 이병근(1979:1-22)에서 분절음의 강도에 의해서 음운규칙이 지배받는다고 주장했다. 특히 김차균(1981:25-46)에서는 조음위치 강도와 조음방식의 강도에 의해서 방향성을 논의했다. 비슷한 설명이 강창석(1984:208)에서도 있었다. 엄태수(1994)의 논의는 이들 연구의 결과를 참고해서 좀 더 적극적으로 오직 순수음운규칙들만이 음운의 강도에 영향을 받고 이들은 음절형성의 결과물이라는 것을 주장했다.

순수음운규칙인 비음화규칙에 대해서 생각해 보자. '먹는'은 [멍는]으로 발음된다. 이 규칙은 폐쇄음과 비음의 연결이 불가능한 국어의 음소연쇄 제약 때문이다. 그런데 이 제약은 왜 생긴 것일까? 그것은 바로 국어의 음절구조형성과 관련된 제약 때문에 생긴 것이다.

국어는 음절초와 음절말에 자음을 하나 밖에 가질 수 없다. 즉 최대 음절구조는 'CVC' 형식을 가지게 된다. 만일 두 개의 최대음절이 결합한다면 'CVC1+C2VC'처럼 될 것이다. 여기서 전자의 음절말 'C1'과 뒤쪽 음절초 'C2'는 서로 성격이 다르다. 각각 종성과 초성으로 기능하게 된다. 음절초성은 발화의 시작이 되고 종성은 끝이 된다. 초성은 강한 청각인상으로 더욱 분명하게 들려야 하고 종성은 청각인상은 약하지만 초성에 비해 공명성이 강해진다. 이처럼 순수음운부의 음운현상을 엄태수(1994)에서 상세하게 논의했는데 특히 이들을 지배하는 원리를 '공명성 연속의 원리'로 부르고 엄태수(1994;82-85)에서 다음과 같이 정의 했다.

(11) 공명성 연속의 원리
-VC1C2V-의 연속에서 C1의 강도는 C2의 강도보다 높아서는 안 된다.

나아가 분절음의 강도를 다음과 같이 정했다.

(12) 분절음의 강도
모음〈활음〈유음〈비음〈순수자음〈유기음,경음

위의 강도는 Kenstowicz(1994;254)의 공명성 연속의 원리(SSP)를 국어
에 수정하여 역으로 적용한 것이다. (12)에서 공명도로 보면 좌측이 높지
만 강도는 국어화자의 심리적이고 청각적 인상을 기준으로 한 것이다.
예를 들어 '먹는'이 비음동화 규칙의 적용을 받아서 [멍는]으로 발음되는
것은 C1인 폐쇄음 'ㄱ'과 C2인 '비음 'ㄴ'의 결합에서, 강도의 연쇄가 후자
가 더 낮기 때문에 이를 조정하기 위해서 발생하는 것이다. 이처럼 통사음
운부의 음운현상과는 달리 순수음운부의 규칙은 음절화의 과정과 밀접하
게 관련된다. 여기에 해당하는 규칙은 다음과 같다.15)

(13) 순수음운부의 규칙16)
폐쇄음 뒤 경음화, 유기음화, 중화, 자음군단순화, 유음화, 비음화, 변자
음화, 후부변자음화, 동서열자음탈락

이제 순수음운부의 특징에 대해서 정리해 보자.

(14) 순수음운부의 특징
가. 통사음운부의 음운규칙이 적용된 후에 적용된다.
나. 음절화가 이루어진다.

---

15) 생산적인 유음화인 'ㄹ+ㄴ'의 구성은 음절강도를 준수하지만 발생한다. 이를 위해서
(11)원리의 하위원리가 필요하다. 즉 공명음의 연속에서는 낮은 강도로 일치해야 한
다는 하위규정이 필요하다.
16) 이들 개별 규칙들에 대한 상세한 설명은 엄태수(1994)를 참고할 것.

다. 공명성 연속의 원리를 준수한다.

라. 음절음운규칙의 최종출력은 음성규칙의 적용을 받아 음성으로 표출
된다.

5. 어휘부

음운론적 어휘부는 기저형의 집합이다. 기저형은 예측할 수 없는 어휘
들에 대한 음소들의 연속체로 구성된다. 여기에서 기저형에는 음절이 배
당되지 않는다고 가정한다. 모든 음절은 순수음운부에서 음절화 규칙에
의해서 최초로 배당된다고 가정한다. 그러한 이유는 예를 들어 기저형 '닭'
이 음절화되면 [닥], [달기], [닥또] 등으로 발음될 것인데, 음절화된 구조로
는 어떤 경우도 기저형 /talk/를 표면형과 동일하게 표시하기 힘들기 때문
이다. 음절화된 기저형을 인정한다는 것은 표면형과 다른 추상적인 기저
형을 만들어야 한다. 그것은 잉여적인 것으로 재음절화 과정을 필요로 한
다. 기저형의 음소 연속체에 의해서도 얼마든지 국어의 음절을 규칙으로
예측가능하기 때문에 음절화된 어휘형을 어휘부에 인정하지 않는 것이다.

한편 파생과 복합에서 발생하는 음운규칙은 단어형성부의 출력에서 적
용된다. 어휘부는 기억되어야 하는 기저형의 사전으로 단어형성부와 구분
되고, 단어형성부는 새로운 단어를 만든다고 가정한다. 여기서 한번 만들
어진 단어는 음운규칙의 적용을 받아 사전에 등재된다.

'ㄴ'삽입현상을 보자. 'ㄴ'은 파생과 복합, 구 구성에서도 발생한다.

(15) 가. 파생 : 막일, 홑이불, 짓이기다

나. 복합 : 겹이불, 솜이불, 밭일, 겉잎

가. 구　　: 못 이기다, 낮 익다, 할 일, 잘 입다

　이러한 경우에 'ㄴ'삽입 현상을 어떻게 설명할 수 있을까?[17] 단순히 '이'
모음 앞에서 삽입된다고 하면 안 된다. 동일한 구성이지만 수많은 예외가
있기 때문이다.

　(16) 가. 파생 : 악인연, 한국인, 영식이, 순이익
　　　　나. 복합 : 파격인사, 핵심인물, 술인심, 춤인생
　　　　다. 구　　: 총 인구, 맛 있다, 집 잃고, 책 읽기

　(15)의 경우가 활발한 'ㄴ' 삽입을 보이지만 (16)의 경우는 같은 구조이
지만 'ㄴ'삽입을 보이지 않는다. 'ㄴ' 삽입에 대해서는 현 시점에서 규칙을
인정할 수 없는 것이다.[18] 이전 어느 시기에 어휘별로 확산을 하다가 정지
된 것으로 해석할 수 있다. 규칙이 존재하는 그 시기에 생성된 어휘가 'ㄴ'
삽입규칙의 적용을 받아 어휘부에 저장된 것으로 해석된다. 복합의 경우
는 고유어가 대부분 예외 없이 'ㄴ'삽입되지만 한자어는 많은 예외를 보인
다. 아마도 고유어의 복합에서 시작하여 파생으로, 나아가 한자어로, 구로
확산되어 간 것으로 보인다. 많은 규칙이 어떤 시기에 적용되다가 다음
시기에 소멸되면 어휘별로, 혹은 더 크게 어떤 범주에 걸쳐서 한정된 범위
에만 음운규칙 적용의 흔적이 남아 있다. 그러한 예로 'ㄹ'탈락이 대표적
이다. 'ㄹ'탈락은 명사복합이나 용언 활용에서 설정음 앞에서 나타난다.
'아드님', '아다마다' 등에서 그러한 예를 본다. 비록 현대국어에 용언어간

───────────────

17) 'ㄴ'삽입현상에 대한 최근의 논의로는 엄태수(2010)을 참고할 것.
18) 'ㄴ' 삽입현상 중에서 'y'앞의 경우로만 한정한다면 공시적 규칙을 형성해 가는 과정이
　　라고 할 수 있다. 이 현상은 어휘 내부에서 점차 확산하여 음운론적 단어만 형성되면
　　적용되는 것으로 보인다. 여기에서는 '이'모음 앞에서의 음운현상을 주로 논의했다.

말 'ㄹ'이 어미 'ㄴ'앞에서 규칙적으로 탈락하지만 다른 경우는 어휘화된 것으로 볼 수 있다.

이외에도 한자어와 관련된 많은 음운현상이 공시적 음운규칙으로 분류될 수 없고 어휘부에 기저형으로 저장되는 것으로 보아야 한다. 예를 들면 두음법칙은 공시적인 규칙이라고 할 수 없다. '남녀'의 '녀'와 '여자'의 '여'가 동일한 단위가 되기 위해서는 '여'가 국어에서 독립적인 단위로 활동해야 한다. 그러나 접미사가 아닌 어간이나 생산적인 어근으로 '녀'를 설정하기는 힘들다. 2음절 한자어 대부분이 국어 문법에서는 하나의 단위로 인정되어야 한다.

여기에 논의하지 않은 파생과 복합과 관련된 음운현상은 모두 수많은 예외를 가지기 때문에 공시적 음운규칙으로 인정하지 않고 표면의 소리가 기저형으로 어휘부에 등재된 것으로 가정해야 한다. 음의 장단에 대해서도 현대국어에서 그 변별적 기능을 점차 축소해 가기 때문에 언급하지 않았다. 이 글에서는 표준어를 중심으로 논의되었다. 장단이 표준어 발음법에 남아 있지만 현실을 반영한 것으로 보지 않는다. 표준어를 대다수의 현대 서울 사람이 사용하는 것으로 본다면 장단은 50대 이하의 화자에게 변별적으로 쓰이는 일이 없다. 이는 최혜원(2002)의 연구에서도 드러나 있다.

6. 결론

최근에 최적성 이론의 방식으로 국어의 음운현상을 설명하기도 하지만 국어의 파생과 복합에서의 음운현상과 굴절에서의 음운현상, 나아가 순수음운부에서 발생하는 음운현상의 차이를 명쾌하게 설명하지 못하고 있다. 최적성 이론은 규칙의 순서를 부정하고 일괄적으로 표면형을 제약의 우선 순위로 설명하고 있다. 그러나 생산성이 현저히 떨어지는 어휘부의 음운 현상과 서서히 변화해가는 굴절과 관련된 음운현상, 그리고 완전히 규칙 적인 순수음운부의 음운현상을 하나로 묶어서 설명하는 것은 국어의 본질 을 제대로 설명하는 것이 아니라고 생각한다. 특히 복수기저형의 선택과 같은 경우는 이에 대한 선택이 먼저 이루어지지 않고는 음운규칙이 적용 될 수 없다. 예를 들어 조사 '와/과'는 복수기저형인데 '집과'에서 경음화가 실현된다. 경음화규칙이 적용되기 위해서는 '과'의 선택이 먼저 일어나야 하는 것이다. '과'의 선택규칙은 순수음운부의 설명원리와는 다른 원리로 설명되어야 한다. 경음화의 원리가 공명성원리라면 복수기저형은 같은 레 벨에서 다루기 힘든 특별한 제약이다.[19]

이 글에서는 국어의 규칙적인 음운현상들이 통사부의 출력에서 음운부 에 입력되면서 시작되는 것으로 가정하고 논의했다. 음운부는 다시 통사 음운부와 순수음운부로 나누어 설명했다. 통사음운부는 음운론적 단어를 배정하는 원리와 복수기저형의 선택, 형태소 의존적인 음운규칙, 그밖에 범주의존적인 규칙들로 구성되어 있음을 논의했다. 순수음운부는 음절화 가 일어나는 곳으로 엄태수(1994)에서 논의된 내용을 좀 더 명시적으로 밝히는 것으로 마무리 했다. 결과적으로 국어의 음운부는 어휘부의 어휘 삽입과 통사부의 출력으로부터 시작된다고 할 수 있다.

---

19) 물론 순수음운규칙이 적용되는 순수음운부에서는 최적성 이론이 작동할 수 있다고 본다. 그러나 만일 순수음운부에만 최적성이론이 적용된다면 다른 부분과의 관계는 어떻게 설정해야 되는가 하는 문제가 남아 있다.

제2부

| 어휘부의 음운현상 |

어휘부는 근본적으로 심리적으로 기억되어야 할 어휘의 저장소라고 할 수 있다. 통사부와 관련해서 생각한다면 어휘삽입규칙에 의해서 통사부의 최종단에 삽입되어야 하는 요소들이다. 국어의 경우에 이들 요소는 단어라기보다는 그보다 작은 단위라고 할 수 있다. 통사부의 종단요소와 어휘부의 저장 요소가 동일한 것으로 가정하면 이들 요소는 음운론적으로는 기저형이라고 말할 수 있다. 형태소를 최소 의미단위라고 생각한다면 음운론적인 기저형과 형태소는 동일하지 않다. 형태소는 의미의 단위이기 때문에 소리의 측면에서 어휘의 기본 단위는 기저형이라고 말할 수 있다. 예를 들어 주격조사는 하나의 형태소이지만 이들이 소리로 표면에 나타나는 것은 '이'와 '가'로 나타난다. 상보적으로 분포하는 /이/ 혹은 /가/는 하나의 형태소인 {주격조사}의 기저형이라고 할 수 있다. 즉 음성형식으로 인식되는 기저형과 의미형식인 형태소는 다른 개념으로 보아야 한다. 여기서 어휘부의 등재소는 형태소라기보다는 음운론적인 기저형에 가까운 것으로 볼 수 있다. 이 글에서는 이들 기저형은 표면의 교체형 중에서 선택되어야 하는 것으로 가정했다. 또한 기저형과 최종단 요소가 1:1로 대응하는 유일기저형 가설을 유지했다. 소위 복수기저형으로 알려진 많은 요소들을 하나의 기저형에서 도출하는 방식을 채택했다. 기존의 기저형과 표면형의 연결에서 자연스러운 음성학적인 설명을 강조했다. 그러나 국어의 경우에 체언의 곡용과 용언의 활용에서 나타나는 다양한 음운교체가 필연적으로 하나의 어휘요소를 음운론적으로 다르게 만드는 동인으로 작용하고 있다. 주격조사 '이/가'의 교체도 그 자체로는 서로 연관시킬 수 없지만 음절구조를 유지하고자 하는 굴절패러다임의 일치를 위해서 나타나는 국어만의 특징적인 현상이다. 비록 /이/에서 [가]를 도출하는 것이 음성학적으로는 설명될 수 없지만, 이 글에서는 통사부 이후에 음운부로 넘어오는 과정에 재조정규칙을 두어서 해결하고자 했다. 이들 재조정과정이 나타나는 곳을 통사음운부라 부르고 다음 장에서 논의한다.

어휘부에 저장되는 기저형을 형태론적으로 생각한다면 좀 더 복잡한 문제를 가지게 된다. 형태론의 최종 산물을 단어라고 소박하게 생각한다면 형태규칙에 입력이 되는 요소가 무엇인지 문제가 될 수 있다. 단어형성규칙을 생산적인 것으로 한정한다면 단어형성을 어떻게 볼 것인가가 또한 문제가 된다. 이 글에서는 파생이나 복합이 어휘화된 것으로 가정했다. 즉 복합이나 파생등의 합성에서 발생하는 음운현상의 결과를 어휘부에 저장한다고 생각한 것이다. 어휘부에 저장되는 것은 어간과 조사와 어미들의 기저형이다. 여기서 주로 다루는 것은 어간에서 발생하는 음운현상과 관련된 것이다. 특히 한자어는 기존의 논의들에서 공시적인 음운현상으로 종종 언급되었으나 하나의 기저형으로 어휘부에 저장되어야 하는 것이 대부분이다. 또한 사이시옷과 관련된 문제는 형태론의 문제로 사이시옷을 형태소로 규정하고 논의를 전개했다.

第1章

현대국어 사이시옷 현상의 검토

1. 서론

이 장은 불규칙한 경음화 현상을 설명할 때 제기되는 사이시옷 문제를 다루려고 한다. 사이시옷 현상은 다양한 층위에 관련되어 있다. 사이시옷 과 관련된 경음화 현상은 지금까지 음운론적인 면에서 불규칙한 현상으로 다루어져 왔다. 여기에는 사이시옷의 형태·통사적인 면이 아직 명쾌하게 밝혀지지 않은 점도 한 몫을 했다고 할 수 있다. 본 논의에서 본격적으로 사이시옷의 형태·통사적인 접근을 시도하려는 것은 아니다. 단지 기왕의 논의에서 제기된 다양한 구성을 가지고 각 구성에 나타난 사이시옷의 차 이점과 공통점을 확인하는데 일차적인 목적이 있다.

사이시옷의 분포와 그 의미 및 기능은 분리할 수 없는 속성을 지니고 있다. 사이시옷이 무엇인지 규정하지 않고 그 환경을 다루는 것은 애초에 모순이다. 그러나 어디에 나타나는지 언급하지 않고 사이시옷이 무엇이라 는 것을 규정 하는 일 또한 불가능하다. 다시 말하면 사이시옷의 성격과

그 발생 환경은 동전의 양면과 같은 것이어서 어느 한쪽을 언급하지 않고
는 다른 쪽을 규명하기 곤란하다. 사이시옷 현상은 수많은 사람에 의해서
언급되었다.[1] 중세국어는 말할 것도 없이 현대국어의 사이시옷에 대해서
도 많은 논의가 있었다. 그 환경을 명사에 국한해서 한 논의도 있고, 다양
한 환경을 바탕으로 한 논의도 있었다. 현대국어의 사이시옷이 중세국어
속격조사의 성격을 그대로 이어받은 것이라는 주장(김창섭1996)과 의미의
특수화와 통사적 파격의 해소(임홍빈1981)라는 주장이 있었다.[2] 전자는
사이시옷 발생 환경을 명사 구성에 한정해서 설명한 경우이고 후자는 좀
더 광범위한 환경을 설정한 후에 나온 결론이다. 다양한 설명의 시도가
사이시옷의 전모를 밝히는 출발점이라는 인식하에 본 논의를 진행하고자
한다.

   음운론적 관점에서 사이시옷 현상이 관심의 대상이 되는 이유는 먼저
경음화 현상과 관련된 문제다. 예를 들어 '김밥'이 [김빱]으로 발음될 경우
에 이러한 현상이 왜 발생하는지 궁금하다. 기저형 '김'과 '밥'의 결합에서
'빱'이 도출된 것을 음성학적으로 설명하는 것은 불가능하다. 유사한 구성
'국밥'이 [국빱]으로 발음되는 것은 종성 폐쇄음의 불파화에 이끌려 경음화
된 것으로 음성학적인 설명이 가능하다. '김밥'과 유사한 '소금밥', '감밥',
'나물밥', '감자밥' 등 소위 공명성([+sonorant]) 자질을 가진 음운 뒤에서

---

1) 연구사에 대해서는 전철웅(1990), 권용경(2001),하세경(2006) 참고.
2) 하세경(2006)은 합성명사와 관련된 사이시옷 현상을 형태론과 음운론의 관점에서
   논의하고 있다. 여기는 합성명사 구성뿐만 아니라 다른 구성에서도 나타나는 사이시
   옷을 다룬다. 하세경(2006)의 논의는 〈연세 한국어 사전〉에 수록된 32000개의 어휘를
   대상으로 하고 있다. 형태론적 논의는 다양하고 그 해석에 있어서도 통사적 의미만
   있을 때는 사이시옷이 나타나지 않고 통사론적 의미와 어휘적 의미가 동시적으로
   존재할 때 사이시옷이 나타난다고 주장한다.

'밥'은 경음화가 발생하지 않는 것이 국어의 일반적인 현상이다. '김밥'에서의 경음화는 사이시옷이 개입하여 경음화 한 것으로 설명하는 것이 보통이다.

이해의 편의를 위해 국어 경음화 현상에 대해서 간단히 살펴보기로 하자. 국어의 경음화 현상은 음운론적으로 조건된 경우와 형태·통사적인 범주에 의존된 경우로 크게 나누어진다. 음운론적으로 조건된 경우는 폐쇄음 뒤에서 평음 폐쇄음이 올 때 발생하는 경우가 대표적이다.

(1)음운론적으로 조건된 경음화
   *폐쇄음 뒤에서의 평음의 경음화
   국밥, 듣고, 잡지, 잎사귀

(2)형태·통사적인 범주의존적 경음화
   *관형사형 '근' 뒤의 경음화
   갈사람, 올것, 먹을 밥
   *한자어에서 '근'뒤에서 설정음(ㄷ,ㅈ,ㅅ,)의 경음화
   발생, 발달, 발전,
   *용언어간 비음뒤의 경음화
   감고, 삼사, 삼다

위의 예들은 모두 사이시옷에 의한 경음화와는 달리 음운론적으로 경음화가 설명된다. 이제 '김밥'과 같은 유형에서의 경음화가 사이시옷이 개입하여 발생한 것이라면 어떤 경우에 사이시옷이 개입하는가 하는 점이다. 사이시옷의 개입에 대한 조건을 확정짓는 것이 경음화현상에 대한 해결의 열쇠가 되는 것이다. 그러나 사이시옷 현상이라고 언급된 경우에 그 환경을 엄밀하게 확정짓는 일이 종종 무시되었던 것이 지금까지의 관행이었다

고 보여 진다. 형태소의 기능을 파악할 때 가장 중요한 일은 그 형태소의 분포를 확정짓는 일이다. 그렇다면 사이시옷의 개입은 음운론적 접근이 아닌 형태·통사론적 접근에 의해서만 그 기능과 분포가 파악될 것이다.

여기에서는 기존의 논의에서 언급된 다양한 형식의 사이시옷 현상을 살펴보고 다음과 같이 분류하기로 한다.[3]

  (1) (가) 차렷, 앞으로 갓, 열중 쉬엇/ 빨리 먹어랏, 그쪽으로 가지마랏
      (나) 가잣구나, 하잣구나
      (다) 햇닷다, 살으리랏다[4]
  (2) (가) a. 귀엣고리, 눈엣가시, 몸엣것
         b. 앞엣 사람, 뒤엣 사람, 길엣 사람, 위엣 사람, 밖엣 일, 안엣 사람, 손엣 가방, 연못엣 고기
      (나) 앞으롯 일, 친구로부텃 편지, 서울에섯 일
  (3) (가) 윗사람, 아랫집, 바닷가, 윗마을, 아랫논, 윗니, 윗옷
      (나) 바람소리, 된장국, 산새, 물소리, 술국, 논새[5]
      (다) 집사람, 사막집

---

3) 이장의 대상에서 제외된 것 중에는 '샛노랗다, 헛되다' 등의 접두사적이거나 '첫'처럼 관형적인 성격의 것이 있다. 이들을 제외한 이유는 예들이 극소수이고 통시적 성격이 강하여 사이시옷의 통시적 연구에 관련된 것으로 보기 때문이다. 통시적 사이시옷에 대한 문제로 눈을 돌린다면 이 외에도 더욱 세분된 분류가 필요할 것으로 본다. 여기는 단지 공시적인 연구과정에서 문제가 되는 사이시옷만을 대상으로 삼았다. 그러나 (3)의 합성명사의 경우에는 워낙 그 차지하는 어휘가 많고 아직도 공시적으로 유추의 모형으로 활동한다고 보기 때문에 논의의 대상으로 삼았다. 한편 사이시옷은 음성학적으로 /s/라고 보기 힘들다. 그것은 실제 발음에서는 /t/로 확인된다. 역사적 사실과 국어 표기법을 따라 'ㅅ'으로 표기하기도 하지만 여기에서는 간혹 /t/로도 표시할 것이다.
4) (1), (2)에 언급된 예들은 임홍빈(1981)에서 가져 왔고 몇 개는 필자가 추가 했다.
5) 제1요소가 자음으로 끝나고 제2요소가 비음이나 모음으로 시작하는 어휘의 경우에는 사이시옷이 나타나지 않는다. 예를 들어 '산노래, 산아들' 등의 어휘에 사이시옷이 나타날 환경이지만 나타나지 않는다. '이틀날'이 '이튿날'로 발음되기도 하는 것으로 보아서 예전에는 이런 환경에도 개입했을 가능성이 있으나, 현대국어에서는 사이시옷 구성에 대한 음운론적 제약으로 보는 것이 합당할 것으로 보인다.

(4) (가) 국문과, 사회성, 마음적[6]

　　　(나) 사건, 효과

사이시옷 현상이라고 언급되는 예들을 살펴볼 때 공시적 관점에서 적어
도 네 가지 유형으로 크게 나누어진다는 것을 알 수 있다.[7]　(1가, 나)는
통사적 구성으로 생산적이라는 특징을 가지고 있다. (1다)는 현대국어에
서는 활발하게 쓰이지 않아서 그 생산성을 말하기 힘들다. (1)은 문장과
관련된 것으로 보인다. 이윤하(1999:76)에서는 (1가)를 강조의 의미기능을
가지는 첨사로 다룬 바 있다.[8]　(1가)는 명령의 종결어미 뒤에 결합되어
명령의 기능을 수행하는 특징을 가진다.

　(2)는 통사적 구성의 단어화라고 이해한다. 생산성에 있어서 (2가)가 (2
나)에 비해서 월등하다. 특히 (2가b)는 임홍빈(1981:11)에 언급되었듯이
현대국어에서 왕성하게 생산적으로 쓰인다. (3)은 비생산적이며 공시적으
로는 생산성을 논의할 수 없다. 통시적으로 중세국어의 사이시옷에서 유
래한 것으로 보면 통사적 구성이 단어화 하여 어휘화된 것으로 볼 수 있을
것이다. (2)와 (3)은 제2요소인 핵이 명사로 되어 있다는 공통점을 가진다.

---

6) 한자어 구성은 3음절일 경우에 명사(t)+어근, 어근(t)+명사로, 2음절일 경우에는 어근
　(t)+어근으로 분석될 수 있다. 2음절 한자어는 국어에서 분석하지 않는 경향이 높다.
　한편 '수술대'처럼 'ㄹ'뒤에서 발생하는 경음화는 'ㄹ'과 설정음의 결합에 의한 경음화
　일 수도 있다. 규칙적인 한자어의 음운론적 경음화가 영향을 미친 것으로 본다.
7) 물론 이외에도 '어근(t)+명사, 접사(t)+명사, 명사/어근(t)+접사' 등의 유형이 있다. 이들
　은 비생산적이고 어휘수가 극히 적다. 이들은 (3)과 동일한 어휘적 사이시옷에서 유추
　된 것이거나 한자어와 관련된 사이시옷이다. 한자어와 관련된 것은 아래에서 논의되
　고 그 외는 여기에서는 다루지 않기로 한다.
8) 이윤하(1999)에서는 (1다)에 대한 언급은 없다. (1나)에 대해서는 여기와 달리 '-ㅅ구나'
　를 '-구(꾸)나'로 분석하고 있다. 여기는 임홍빈(1981:10)에 의거해서 '-ㅅ구나'로 분석
　한다. 또한 '빨리 가잣'과 같은 발화가 가능한 것으로 보아 이러한 분석이 타당하다고
　본다. '구나'가 '꾸나'로 발음되는 이유도 사이시옷을 상정할 때 합리적이다. 이렇게
　분석하면 청유나 평서법의 종결어미 뒤에 결합하는 사이시옷이 될 것이다.

(4)는 비생산적이며, 통사부와 무관하다. 그것의 생성은 통시적 과정을 고려한다 해도 어휘부 혹은 유추에 의해서 생성된 것으로 볼 수 있을 것이다. 또한 제2요소는 명사가 아니라 접사이거나 한자어 어근이다.

(2)는 구 구성이 어휘부에 입력되어서 발생한 것이다. 즉 통사적 구성으로는 하나의 단위가 될 수 없는 것이 어휘부에 들어오면서 사이시옷이 개입되어 단어가 된 것이다. 사이시옷이 없는 '귀에 고리'나 '앞으로 일' 전체가 단어가 되어 쓰이는 일은 없다. 사이시옷은 이러한 통사적 구성을 단어로 만드는 역할을 한다. 이를 새로운 단어를 만들기 위해 개입되는 요소라는 의미로 '**형태적 사이시옷**'이라고 하자. 그런데 (1)은 그 기능이 다른 것으로 보인다. '차렷', '갓'에 쓰이는 시옷은 명사형성 요소일 수 없다. 즉 단어 형성에 관여한다기보다는 문장 종결요소임이 분명하다. 그러므로 (1)은 생산적임에 틀림없지만 다른 사이시옷으로 보고자 한다. 이를 '**통사적 사이시옷**'이라고 하자. 이처럼 (1)과 (2)는 생산적이기는 하지만 그 기능이 다른 사이시옷이다.

(3)에 사용된 사이시옷은 많은 논의에서 언급된 전형적인 사이시옷이다. 이들 사이시옷은 중세국어 속격조사 사이시옷에서 유래한 것으로 보인다(김창섭 1996:11-54). 현대국어에서는 생산성을 보이지 않는다. 그런데 어떤 어휘는 시옷이 고정된 것처럼 행동하는 것을 보이는데 이는 그 어휘의 사용빈도 때문에 굳어진 것으로 보인다. 이를 '**어휘적 사이시옷**'이라고 하자.

(4)는 한자어에서 발생하는 경음화 현상이다. 이는 공시적으로 (3)과는 다른 것으로 처리하는 것이 옳다고 본다. 우선 (3)구성이 고유어와 관련된 수식관계의 합성명사임에 대하여 (4)는 전혀 다른 관계로 한자어의 어휘적 특성에 의해서 경음화 되는 것으로 보인다. 그 구조는 분석할 수 없는

단일어이거나, 또는 파생어로 간주된다. (1), (2), (3)의 경우에는 사이시옷, 정확하게는 't'요소가 중간에 개입되는 것을 객관적으로 확인 할 수 있다. (2), (3)은 제2요소가 모음으로 시작할 때도 't'요소가 나타난다. (1)은 종성에 't'가 확인된다. 그러나 (4)의 경우는 다르다. 우선 제2요소가 모음으로 시작하는 경우에 어떤 흔적도 없다. 비유가 적절하지 않지만 예를 들면 '사회성'에서는 제2요소가 경음화되는데, '사회인'에서는 어떤 흔적을 볼 수 없다. 물론 '인'이 사이시옷을 유인하는 요소가 아니기 때문이라고 말할 수 있다. 문제는 모음으로 시작하는 어떠한 경우에도 흔적이 없다는 것이다. 다른 위의 예들 즉 '앞으롯일', '윗옷'에서 흔적을 보이는 것과 차이가 난다.

이러한 사실로 미루어 비록 한자어 구성도 역사적으로는 (3)구성의 사이시옷에 영향을 받았을 가능성이 많지만 공시적으로 (4)는 (3)과는 다른 성격으로 보는 것이 합리적이라고 생각한다. (4가)는 접사의 기능변화와 관련된 것으로 보인다. (4나)는 불규칙한 것으로 어두 경음화처럼 유추나 사회.심리적 요인이 복합적으로 개입된 것으로 보인다.

(4)를 제외하면 세 가지 종류의 사이시옷이 나타난다. 그런데 이들 사이시옷은 형식은 유사하지만 구성이나 그 기능이 다르다. 그 동일성과 차이짐은 그것을 논의하는 관점에 따라 어느 것을 부각시키느냐에 따라 달라질 것이다. 사이시옷이라는 형식이 동일하기 때문에 구조나 기능이 다르지만 추상적 의미가 동일할 것이라는 가정 하에 논의를 진행할 수도 있다. 그러한 관점에 서면 이들 구성에 나타나는 사이시옷을 동일하게 **강세**나 **초점**의 의미를 부여할 수도 있을 것이다. 만일 그러한 의미를 인정한다면 형식과 의미적 측면에서 같은 것으로 다룰 수도 있을 것이다. 특히 (2)와 (3)은 수식적인 기능을 부여하거나 속격조사 '의'와 관련을 시킨다면 더욱

밀접한 관계를 지을 수 있을 것이다. 그러나 공시적인 관점에서 차이점도 크다. 세부적인 차이점을 하나씩 점검하면서 전체적인 공통점이 있는지도 파악하는 것이 사이시옷의 전모를 밝히는 길이라고 본다.

이렇게 사이시옷을 구분할 때 주의할 점이 있다. 사이시옷의 개입은 음성학적인 동기가 아니기 때문에 음성학적인 원인에 의해서 발생하는 경음화와 겹치는 부분이 있다. 예를 들면 가게를 의미하는 '집'이 제2요소로 오고 무정체언이 제1요소인 경우에 대부분 사이시옷이 개입한다. '전줏집, 버드나뭇집, 빵ㅅ집' 등. 그런데 '꽃집, 옷집'의 경우에 사이시옷을 설명할 때 언급하는 경우가 없다. 즉 그것은 경음화 현상이 발생하는 것은 분명하지만 그것이 폐쇄음에서 그러한지 아니면 다른 이유에서 그런지 알 수 없기 때문이라는 전제가 깔려 있는 것이다. 그러나 위에서 보듯이 사이시옷이 명백히 음운론적인 조건에 의해서 개입되는 것이 아니라면 그러한 전제는 이미 소용이 없는 것이다. '꽃집, 옷집'은 제1요소가 용도의 의미로 쓰이고, 가게의 의미로 쓰이는 많은 '집'이 이러한 경우에 사이시옷이 개입되는 것으로 보아 사이시옷 현상이 발생할 수 있는 충분한 조건에 있는 것이다. 반대로 형태·의미적으로 사이시옷이 개입하지 말아야 할 경우에 경음화된 것만 가지고 그러한 어휘를 선택하는 잘못도 범하지 말아야 하는 것은 당연한 것이다. 예를 들어 '닭집'에서 발생하는 경음화 현상은 사이시옷에 의한 것이 아니다. 제1요소가 유정체언인 경우에 사이시옷이 개입하지 않기 때문이다. 이 경우는 폐쇄음 뒤에서 발생하는 경음화 현상이다.[9]

---

[9] 'ㄴ삽입'현상은 사이시옷과 직접적인 관련이 없다. 임홍빈(1981:6-7)에서도 언급되었 듯이 사이시옷과는 달리 'ㄴ삽입은 음운론적 조건에 의해서 그 개입이 결정된다. 즉 Kim,c.w.(1970)에 언급되었듯이 'ㄴ'은 단어 경계에서 제1요소가 자음으로 끝나고 제2요소가 '이'나 'y'로 시작할 때 개입한다. 이는 사이시옷이 의미적 요구에 의해서 개입되는 것과는 다른 것이다. 한편 합성어의 사이시옷과 'ㄴ'삽입에 관한 그 선후

2. 본론

2.1 통사적 사이시옷과 형태적 사이시옷

(1)에서 보이는 통사적 사이시옷은 명령형 종결어미 뒤에 붙는 첨사라고 할 수 있다. 군대에서 사용되는 어휘가 많다. 명사 구성을 만들지 않는다는 점에서 다른 사이시옷과 현저하게 다르다. 이때의 사이시옷 기능은 **촉급하고 강한** 명령의 기능을 가지는 것으로 보인다. '저리 가'와 '저리 갓'을 비교하면 전자는 단순한 명령임에 비해서 후자는 청자의 급한 행동을 요구하고, 화자의 강한 의지를 반영한 것이다. 이에 대한 연구는 통사론과 관련된 것이다.

명사구성으로 '차렷자세, 쉬엇자세' 등에서 사용된다. 그러나 이는 극히 예외적인 현상이다. 군대식 용어에서 빈번히 사용되면서 유추가 발생한 것으로 보인다. '갓자세, 섯자세' 등 첨사성격의 사이시옷에서 파생된 명사 구성이 불가능하다. 그런데 '이리 와'라는 문장에서 '왓-소리,' '저기를 보아라'에서 '보랏-말' 등이 가능하다. 이 때 핵인 '소리, 말' 등은 특정 어휘류로 제한된 것으로 보인다. 이들 어휘는 '소리, 말, 음성' 등 정도다. 이 사이시옷이 합성명사와 관련이 있는지, 있다면 어떤 통시적 과정을 거쳐서 이렇게 되었는지는 앞으로 연구되어야 할 부분이다.

한편 (2)에서 보이는 형태적 사이시옷은 구 구성을 단어로 만드는 접사(?)의 역할을 한다.[10] '의'와 대치될 수 있다는 점에서 통사적 단위로 생각될 수도 있으나 '의'는 그 구성의 내부를 더 큰 구로 확장시킬 수 있으나

관계와 규칙의 상실에 대해서 엄태수(1998)에 자세히 언급하였다.

10) (2)구성에 나타나는 사이시옷이 정확하게 어떤 성격인지 필자는 알지 못한다. 처격조사 '에'와 관련된 명사구성은 거의 모두 사이시옷이 개입하여 그 구성이 하나의 단어와 같은 역할은 한다. 즉 생산적인 것만은 분명하다.

이 경우의 사이시옷은 다른 요소의 개입을 불허한다. 예를 들어 '나만의 책'은 '나만의 아름다운 책'으로 확장된다. 그러나 사이시옷이 들어간 '앞으롯 일, 나무엣 가지'는 '앞으롯 아름다운 일, 나무엣 아름다운 가지'가 불가능하다. 이는 의미적인 측면에서 단어 형성의 사이시옷은 '의'와 비슷하지만 통사적 요소가 아님을 보여준다. 또한 '의'는 굴절접사의 성격을 가져서 모든 명사구와 자유롭게 결합할 수 있지만 형태적 사이시옷은 불가능하다. 예를 들면 '나만의 소리, 나만의 가정, 나만의 경험' 등은 가능하지만 사이시옷이 개입하여 '나만ㅅ 소리, 나만ㅅ 가정, 나만ㅅ 경험' 등은 불가능하다. 이러한 사실은 이 경우의 사이시옷이 구를 단어로 만드는 어떤 단어 형성 요소임을 의미한다.

그런데 (2가)와 (2나)의 경우를 보면 생산성에서 차이를 보이는 것 같다. (2가)의 경우는 아무런 제약이 없이 모든 구성에서 사이시옷이 개입할 수 있는데 비해서 (2나)의 경우는 사이시옷의 개입이 어색한 경우가 많다. (2가)와 (2나)의 생산성의 차이는 아마도 사이시옷 앞에 있는 조사의 성격에 의해서 결정되는 문제인 것으로 보인다. 처격조사 '에'와 관련된 사이시옷은 아주 생산적이다. '으로, 부터, 에서, 까지'는 어휘에 따라 잘 안되는 경우도 있지만 아래 언급되는 조사들보다는 생산적이다. 사이시옷이 개입하는 조사들의 특징은 모두 모음으로 끝나는 것들이다. 자음으로 끝나는 조사는 사이시옷이 개입하지 않는다. 이러한 사실은 이들 조사류에 대한 음운론적 제약인 것으로 보인다. 모음으로 끝나는 경우에도 '도, 마저, 조차' 등은 잘 안 된다. 조사에 따른 의미의 관련성이 이러한 차이를 초래하는 것으로 보인다.

이들 형태적 사이시옷은 아래에 논의되는 어휘적 사이시옷과 밀접한 관련을 맺고 있는 것으로 보인다. 그러나 공시적으로 차이점도 많다. 우선 '에'와 같이 생산적인 경우가 있는 점과 그 구조가 명백히 다른 점을 들

수 있다. 의미와 기능이 어휘적 사이시옷과 유사하다고 해도 이러한 차이점으로 인해서 다른 사이시옷으로 다루어야 한다. 어휘적 사이시옷과의 관계는 앞으로 연구되어야 할 것이다.

2.2 어휘적 사이시옷

2.2.1 어휘적 사이시옷과 합성명사의 분류

명사구성을 논의하면서 사이시옷을 언급한 많은 연구가 있다. 이강훈 (1976) 이후의 일련의 논의, 정국(1980), 이재인(1991), 김창섭(1996), 김인균(2002), 하세경(2006) 등에서 복합명사에 나타난 사이시옷에 대한 분류와 그 의미에 대한 해석이 있었다. 이들 합성명사에의 사이시옷 특징은 통시적인 변화가 심해서 다양한 수의성을 보인다는 것이다. 세대간, 지역간, 또는 상황에 따라서 개인도 사이시옷 개입형과 아닌 것을 수시로 선택하는 특징이 있다. 이는 합성명사의 사이시옷 현상이 여러 가지 원인에 의해서 어떤 원리와 규칙에 지배를 받는 것이 아니라 그러한 원리와 규칙을 모색해 가는 과정 중에 있다는 것을 보여준다고 하겠다. 여기는 이러한 유동적인 상황에서 확실해지는 원리를 정리하고 아직 유동적인 것을 구분하려는 목적이 있다.

김창섭(1996:40)에 정리된 현내국어의 사이시옷 양상은 다음과 같다. 우선 합성명사를 그곳에서는 다음과 같이 분류한다.

  (5) (A) 병렬구성 – 손0발, 논0밭, 눈0비, 물0불
      (B) 관형구성 – (ㄱ) 비속격구성 – 고추0잠자리(형상표현), 쌀0밥(재
                        료표현), 불0고기(방법.수단), 누
                        이0동생(동격표현)
          (ㄴ) 속격구성 – (1) 중세국어에서 속격 '-익/의'를 가

지던 관계---(노루0발)
(2) 중세국어에서 속격 '-ㅅ'을 가지
던 관계---봄ㅅ비(시간표현), 산
ㅅ돼지(장소표현), 햇빛(기원표
현), 요ㅅ나라(고유명), 잠ㅅ자
리(용도표현)

여기서 사이시옷은 (5Bㄴ)의 (2)의 제1요소가 무정체언인 속격구조에 개입되는 것으로 밝히고 있다. 병렬구성에는 사이시옷의 개입을 허용하지 않는다. 제1요소가 재료나 형상, 수단방법, 동격, 등의 의미관계를 갖는 구조는 비속격구조로서 사이시옷이 원칙적으로 개입하지 않는다고 본다. 동격구조도 사이시옷이 개입하지 않는다. 제1요소가 유정체언인 경우에는 속격구조를 이루어도 중세국어의 영향으로 사이시옷이 개입하지 않는다. 사이시옷이 개입하는 속격구조는 제1요소가 〈장소〉, 〈시간〉, 〈기원·소유〉, 〈고유명〉, 〈용도〉의 의미관계를 갖는 것으로 말하고 있다.

이러한 파악은 병렬구성에 예외 없이 사이시옷이 나타나지 않고 관형구성에서만 나타난다는 것을 보여준다. 또한 관형구성 중에서도 속격구조와 비속격구조의 차이도 설명하고 있다. 예를 들면 '나무집-나뭇집', '고기배-고깃배'에서 발생하는 사이시옷현상의 실현과 비실현에 대해서 합리적으로 해결하는 실마리가 되고 있다. 즉 '나무집'은 '나무로 지은 집'이라는 의미로 해석되는데 이는 '나무의 집'이 될 수 없는 비속격구조로서 제1요소가 재료로 해석되기 때문이다. 반대로 '나뭇집'은 '나무를 파는 집'이라는 의미로 해석되는데, 제1요소가 용도의 의미로 해석된다. '고기배'는 '腹'의 의미로 '고깃배'는 '船'의 의미로 해석된다. 전자는 유정체언의 속격구조로서 사이시옷이 개입할 수 없는 환경이다. 후자는 '고기를 잡는 배'의 의미로 제1요소가 제2요소의 용도로 해석된다. 여기서 한 단어로 된 경우, 용도의 의미는 현대국어에서 속격구조로 이해하는데 약간의 어려움이 있지만 여러 단어로 된 용도표현의 속격구조는 가능하므로 기원적으로 동일한 속격구조라고 말한다.

그런데 김창섭(1996)은 비속격 구조에 다양한 예외가 존재하는 것을 인정한다.[11] 예외의 발생은 개별어휘 중심으로 설명된다. 중세국어의 영향으로 사이시옷이 개입한 속격구조의 단어화가 발생하고 이러한 과정에서 사이시옷이 빈번하게 사용된 장소나 시간 관련 어휘에 사이시옷이 고착되는 현상이 발생한다고 보는 것이다. 이렇게 사이시옷이 고착되어 단어형성에 사용된 경우에 ㅅ전치명사, ㅅ후치명사로 부른다.[12] 이러한 연구는 이강훈(1976) 이후의 일련의 연구와 임홍빈(1981)의 연구 등에서 본격화되었다.[13]

속격구조의 경우는 사이시옷이 발생할 수도 있고 사이시옷이 오지 않을 수도 있다고 본다.[14] 속격구조에서는 사이시옷이 나타나지 않는 것이 예

---

11) 비속격 구조는 사이시옷이 오지 말아야 하는데 예외적으로 오는 경우. 김창섭 (1996:33)에서 인용함.
   제1요소가 형상인 경우; 그물코ㅅ 점, 머릿돌, 코볐소
   제1요소가 재료인 경우; 판잣집, 콩ㅅ국, 김ㅅ밥, 눈ㅅ사람
   제1요소가 수단·방법인 경우; 동냥ㅅ글, 눈칫밥
   제1요소가 유정체언의 기원; 모깃소리, 벚집, 머슴ㅅ방, 부잣집, 할맷집
12) 이후에는 편의상 ㅅ전치/후치 명사로 부르기로 한다.
13) ㅅ전치/후치명사에 나타나는 사이시옷의 성격은 하세경(2006:46-59)의 논의처럼 어휘 자체가 가지는 성질이 아니라 그러한 어휘가 관형구성을 이룰 때 반드시 삽입되는 제3의 요소라는 의미를 지닌다. 그러한 이유는 동일한 어휘가 다른 구성이나 0전치/후치명사들과 만날 때는 사이시옷이 나타나지 않기 때문이다.
14) 무정체언의 속격구조는 사이시옷이 와야 하는데 예외적으로 오지 않는 경우, 김창섭 (1996:35)에서 인용함.
   제1요소가 시간인 경우; 가을0고치, 봄0부채, 여름0결찰서, 동지0죽, 풍년0거지
   제1요소가 장소인 경우; 산0도깨비, 코0감기, 물0뱀, 민물0조개, 민물0도요, 들0국화,
   제1요소가 기원인 경우; 장미0색, 콩0기름

외적인 현상이 아니라고 말한다. 현대국어에서 속격구조는 사이시옷에 의한 것도 있지만 공시적으로 '명사+명사' 규칙에 의해서도 발생하기 때문이다. 사이시옷이 나타나는 것은 통시적 구의 단어화, 또는 중세국어 합성명사의 결과이고, 현대국어에서 생성된 것으로 보이는 사이시옷 구성은 유추적 결과라고 해석한다. 여기서는 이러한 논의에 힘입어 사이시옷이 발생하는 원리를 정리하려고 한다.15)

2.2.2 합성명사의 사이시옷 형성원리

우선 사이시옷 현상에는 여러 가지 원리가 작용한다는 사실이 고려되어야 한다. 몇 가지 중요한 요소는 첫째, 합성명사의 구조가 병렬구조인가 수식구조인가 하는 점이다. 병렬구조의 합성명사는 예외 없이 사이시옷이 오지 않는다. 다음으로 중세국어 속격구조에 들어가는 사이시옷의 통시적 과정에서 개별적으로 어휘화된 요소들이다. 사이시옷이 전치되거나 후치되는 어휘들이 있어서 이들과 결합하는 합성명사는 예외 없이 경음화를 경험한다. 그러므로 ㅅ전치명사, ㅅ후치명사를 정리하는 것이 중요하다. ㅅ전치/후치 명사는 속격구조와 비속격 구조를 구분하는 것보다 더 큰 영향이 있다고 본다.

한편 관형구성 내에서 속격과 비속격이라는 기준은 위의 두가지 기준 즉 '병렬구성이냐 관형구성이냐, ㅅ전치/후치 명사인가 아닌가'라는 기준보다 예측력이 없다고 보아야 한다. 위에서 본 예 '나무집/나뭇집'을 볼 때는 예측력이 있는 것처럼 보인다. 그러나 '콩국, 된장국'은 제1요소가 제2요소의 재료인 비속격 구조다. 이 경우에 제2요소가 경음화되어 사이

제1요소가 용도인 경우; 과일0접시, 짐0수레, 화장0비누, 구두0약, 노래0방
15) 김창섭(1996)의 논의를 기본으로 삼는 이유는 지금까지 거론된 현대국어 합성명사에서의 사이시옷에 대한 형태론적 설명에서 가장 기본 골격을 이룬 것으로 보기 때문이다.

시옷 현상으로 파악된다. 그런데 '국'이 제2요소로 오는 경우는 거의 예외가 없이 경음화된다. 이는 비속격 구조냐 아니냐에 민감한 것이 아니라 그것이 ㅅ전치/후치 명사인가 아닌가에 더욱 민감한 것이라고 본다. 그런데 강력한 ㅅ전치/후치 명사라도 병렬 구성에서는 그 위력이 약하다. 예를 들어 '위'는 위치를 나타내는 것으로 여러 사람들에 의해서 강력한 t후치명사라고 주장되었다. '윗사람, 윗마을, 웃어른' 등에서 거의 예외가 없다. 그러나 '위아래'처럼 병렬구성에서는 사이시옷이 오지 않는다.

이러한 사실에 입각해서 다음과 같은 원리를 제시해 보자.

    (6) *사이시옷 형성원리1
        합성명사의 병렬구성은 사이시옷이 개입하지 않는다.

        *사이시옷 형성원리2
        관형구성에서의 사이시옷의 개입은 개별 어휘적으로 ㅅ전치/후치 명사인가에 의해서 결정된다.

문제는 형성원리2에 나타나는 ㅅ전치/후치명사를 어떻게 결정하는가 하는 것이다. 이강훈(1976, 1977, 1978, 1979)과 임홍빈(1981)에서는 사이시옷이 단어에 고착화된 것의 목록을 나열하고 있다. 예를 들어 '가지(나무-, 대-, 버들-), 고기(물-, 민물-, 강-) 등이다. 특히 임홍빈(1981)에는 100여개의 어휘가 ㅅ전치/후치 명사로 등재되어 있다. 그런데 여기에는 한자어와 관련된 어휘도 다수 포함되어 있다. 한자어는 다른 것으로 보는 필자의 입장에서는 이들을 다시 분류해야 하고, 무엇보다도 이전의 논의들에서 ㅅ전치/후치명사의 개념이 분명하지 않았다. 지금까지는 빈도수에 의존해서 이들을 정의했다. 그러나 빈도수란 사실 애매한 기준이다. 어느 정도 많아야 전치나 후치명사가 될 수 있는지 아무런 규정이 없다. 예를 들어 '가운데-'의 경우와 '-고기'의 경우를 비교해 보자. '가운데-'의 경우는 어휘수가 몇 개 되지 않지만 예외 없이 사이시옷현상이 발생한다. 그러나 '-고기'의 경우는 '개고기', '소고기'처럼 사이시옷이 개입하지 않는 경우도 있는 것이다. 그런데 '-고기'는 전치명사로 등재되어 있지만 '가운데-'는 아무도 후치명사로 등재하지 않았다. 이러한 사실에 입각해서 여기는 다음과 같은 원칙을 제안하고자 한다.

(7) 사이시옷 전치/후치 명사를 결정하는 원칙[16] : 다음 조건1,2,3 중에서 하나 이상을 만족시키는 어휘는 ㅅ전치/후치 명사이다.

*조건1. 제1요소가 무정체언인 속격구성 속에서 일관되게 사이시옷 현상을 보인다.
*조건2. 속격구성에서도 사이시옷 현상을 보이면서도 비속격구성에서도 사이시옷 현상을 보인다.
*조건3. 비속격구조에서 일관되게 사이시옷 현상을 보인다.

조건1은 그 어휘가 들어가는 모든 명사구성에 예외 없이 사이시옷 현상을 보이는 어휘를 말한다. 조건2는 속격구성에서 사이시옷이 예외적으로

---

16) 이 원리에 유추해서 동일하게 0전치/후치명사 결정 원칙도 다음과 같이 자연스럽게 결정된다. 0전치/후치명사는 일관되게 사이시옷 현상이 나타나지 않는 어휘를 말한다. 그런데 위에서 언급한 ㅅ전치/후치명사의 경우와 무정체언의 속격구조를 제외하고는 국어의 합성명사에서는 사이시옷이 나타나지 않는 것이 일반적인 현상이다. 그러므로 사이시옷이 나타나지 않는다고 모두 0전치/후치로 결정하는 것은 문법이 제약적이어야 한다는 기본적 성격에 어긋나는 것이다. 그러나 속격구조인데도 사이시옷현상을 보이지 않는다면 이는 특이한 것으로 0전치/후치명사를 정하는 것이 바람직하다. 그러므로 다음 조건에 의해서만 0전치/후치명사를 결정하도록 한다. 조건: 비속격구성에서 사이시옷 현상을 보이지 않으면서 속격구성에서도 사이시옷 현상이 현저히 보이지 않으면 0전치/후치명사이다.

쓰이지 않기도 하지만 비속격구성에 들어간다는 조건이 중요하다. 조건1만을 만족시키는 어휘가 있고, 조건2, 3만을 만족시키는 어휘가 있다. 그런데 조건1을 만족시키고 또한 비속격구성에서도 사이시옷이 들어가는 어휘도 있을 수 있다. 그래서 조건1과 조건2, 3을 놓고 하나 이상의 조건을 만족시킨다면 ㅅ전치/후치명사로 인정하는 것이다.

이제 위의 원리에 따라 '위-'와 '-국'에 대해서 어떻게 전치/후치명사가 결정될 것인지를 논의해 보자. 두 어휘 다 기존의 논의에서는 강력한 ㅅ전치/후치명사로 결정되었다. 그런데 '위-'와 '-국'은 성격이 약간 다르다. '위-'는 위치를 나타내는 전치명사로만 쓰이는데, 속격구조에서는 예외 없이 사이시옷 현상을 보인다. 그러나 '위-'로 시작되는 비속격구조의 합성명사를 찾기 힘들다. 이는 '위-'의 의미특성 때문으로 보인다. '위-, 뒤-, 아래-' 등의 위치나 장소관련 어휘들에서 이런 현상을 보인다. '-국'의 경우는 '된장국, 감자국, 시레기국'처럼 제1요소가 재료인 비속격 구조에서 사이시옷 현상이 예외 없이 나타난다. '위-'는 조건1에 의해서 후치명사로 결정된 것이다. '국'은 조건3에 의해서 전치명사로 결정된다. 그런데 일정한 환경에서 어휘가 독립된 단어에서 점차 접사적 성격으로 바뀌는 것이 있다. 아마 '국'도 그러한 것 중의 하나라고 생각된다.[17] 그러나 '국'은 아직도 독립적

---

17) 김창섭(1996:7-10)에서 자립성이 없으면서 특수한 의미를 가진 채, 어기의 앞이나 뒤에 오면서 약간의 분리성을 갖는 것으로 단어에서 접사로 가는 과정 중에 있는 '단어형성 전용요소'를 설정한 바 있다. 그러나 '단어형성 전용요소'는 여기에서는 파생접사와 명사로 구분해서 논의하려고 한다. 의미적으로 원래의 명사와 관련이 있어서 다의어로 처리될 경우는 명사로 보고, 그렇지 않고 의미와의 관련성을 찾을 수 없고 전혀 다른 의미와 기능을 가진다면 접사로 처리하고자 한다. 김인균(2002:23)에서 '첩'의 의미로 쓰이는 '서울집,부산집'에서의 '집'은 파생접사로, 조그만 것을 넣을 수 있는 주머니의 뜻으로 쓰이는 '대팻집, 안경집'등에서의 '집'은 명사로 분류한 바 있다. 여기는 이를 따르는 것이다. 이렇게 분류된 사이시옷 관련 접사는 그 기저형 자체에 경음을 가진 것으로 처리한다. 그러나 명사로 처리된 경우는 제3의 t가 개입하는 것으로 본다.

으로 쓰이고, 의미도 변화가 없기 때문에 접사는 아니라고 생각된다.

이제 이러한 기준에 의해서 많은 ㅅ전치/후치명사가 결정될 것이다. 그런데 이들에는 또한 예외처럼 보이는 어휘가 발견된다.

(8) -살; 주름ㅅ살, 눈ㅅ살, 비곗살, 엉덩잇살, 고갯살, 홍두깻살
    -가게; 담뱃가게, 만홧가게, 쌀ㅅ가게, 연탄ㅅ가게, 비디오ㅅ가게, 빵
    ㅅ가게

위의 예에서 '-살,-가게'는 많은 어휘에서 사이시옷을 경험하는 ㅅ전치명사다. 그런데 '가슴살', '구멍가게'에서는 사이시옷이 들어가지 않는다고 말하는 화자도 있다. 이는 진정한 예외라기보다는 설명이 가능한 예외다. 이들이 경음화가 나타나지 않는 이유는 0후치명사의 영향 때문이다. '가슴살'에서 '가슴'은 '가슴둘레, 가슴관, 가슴걸이, 가슴지느러미' 등에서 보듯이 0후치명사로 인정된다. 또한 '구멍가게'의 경우도, '구멍동서, 구멍새, 구멍서방, 구멍벌'처럼 0후치명사다. 이렇듯이 ㅅ전치/후치명사가 0전치/후치가 만날 때는 그 강도에 따라 다른 것의 영향을 받는다고 해야 한다. 위의 가슴살/구멍가게의 경우에는 0후치명사가 ㅅ전치명사를 이기고 사이시옷이 개입하지 않는 쪽으로 결정되지만 만일 '-살'이나 '-가게'의 강도가 강하다고 느끼는 화자는 '가슴ㅅ살', '구멍ㅅ가게'로 사이시옷이 들어가는 쪽으로 결정할 것이다. 즉 전치와 후치의 결정은 유동적인 경우가 많다. 우선 ㅅ전치/후치명사와 0전치/후치명사를 결정하고 어떤 어휘가 더 지배적인지에 대한 순위는 세부적인 논의를 통해서 결정되어야 한다.

(9) (가) ㅅ전치명사
+가(바닷가, 냇가), +가게(담뱃가게, 만홧가게), +가락(손ㅅ가락, 발ㅅ가

락), +가루(밀ㅅ가루, 콩ㅅ가루), +가마리(맷가마리, 상ㅅ가마리), +가지
1(나뭇가지, 댓가지), +가지2(물건가지, 담뱃가지), +감(일ㅅ감, 장난ㅅ
감), +값(술ㅅ값, 나뭇값), +개(물ㅅ개, 똥ㅅ개), +개비(성냥ㅅ개비, 나뭇
개비), +거리(걱정ㅅ거리, 구경ㅅ거리), +거플(눈ㅅ거플, 쌍ㅅ거플), +겁
질[18](사과ㅅ겁질, 조개ㅅ겁질), +것(애깃것, 자깃것), +결(잠결, 꿈결), +
고개(산고개, 바윗고개), +고기(물ㅅ고기, 바닷고기), +골1(산골, 바윗
골), +골2(등골, 머릿골), +구멍(귓구멍, 바람ㅅ구멍), +구석(방구석, 마음
ㅅ구석), +국(김칫국, 된장ㅅ국), +기둥(문ㅅ기둥, 방ㅅ기둥), +기슭(산
ㅅ기슭, 눈ㅅ기슭), +길(고갯길, 들ㅅ길), +날1(동짓날, 단옷날), +날2(대
팻날, 콧날), +내(연깃내, 치즛내), +노래(교횟노래, 잔칫노래), +님(교숫
님, 아웃님), +다리(책상ㅅ다리, 한강ㅅ다리), +단(나뭇단, 배춧단), +달
(동짓달, 초승ㅅ달), +대중(눈ㅅ대중, 손ㅅ대중), +댁(부인ㅅ댁, 양반ㅅ
댁), +독(돈ㅅ독, 손ㅅ독), +돈(쌈짓돈, 꾸레밋돈), +돌(다듬잇돌, 이맛
돌), +등(손ㅅ등, 콧등), +말1(나랏말, 프랑스ㅅ말), +말2(팻말, 뒷말), +
밤(시골ㅅ밤, 겨울ㅅ밤), +물(수돗물, 냇물), +바닥(길ㅅ바닥, 손ㅅ바닥),
+바람(어깻바람, 치맛바람), +발(깃발, 서릿발), +밥(제삿밥, 삼층ㅅ밥),
+방(머슴ㅅ방, 손님ㅅ방), +방망이(야굿방망이, 빨랫방망이), +방울(빗
방울, 물ㅅ방울), +배(거룻배, 나룻배), +버릇(손ㅅ버릇, 술ㅅ버릇), +벌
레(일ㅅ벌레, 좀ㅅ벌레), +법(소송ㅅ법, 일반ㅅ법), +병1(피붓병, 정신ㅅ
병), +병2(소줏병, 대둣병), +보(상ㅅ보, 테이블ㅅ보), +불(촛불, 담뱃불),
+빛(주황ㅅ빛, 햇빛), +살(주름ㅅ살, 눈ㅅ살), +상(잔칫상, 제사ㅅ상), +
소(코뿔ㅅ소, 하늘ㅅ소), +소리(모깃소리, 노랫소리), +속(마음ㅅ속, 눈
ㅅ속), +송이(눈ㅅ송이, 밤ㅅ송이), +잎(나뭇잎, 깻잎), +자락(소맷자락,
치맛자락), +자리[19](잠ㅅ자리, 일ㅅ자리), +잔(술ㅅ잔, 찻잔), +재(담뱃

---

18) '껍질'로 발음하는 화자는 기저형이 '껍질'이므로 사이시옷 개입이 아니고 전치명사도
아니다.
19) '전갈자리, 가시오피자리' 등에서 나타나는 '자리'는 '0자리'인데, 이는 합성명사에서만
나타나고 '별자리'라는 의미로만 쓰인다(김창섭1996:25).

재, 연탄ㅅ재), +재간(손ㅅ재간, 글ㅅ재간), +점(그물코ㅅ점, 총ㅅ점), +조각(유리ㅅ조각, 쇳조각), +죄(살인ㅅ죄, 수뢰ㅅ죄), +짐(이삿짐, 뱃짐), 집[20](빵집, 교숫집), +짓(손짓, 고갯짓)

(나) ㅅ후치명사

가운데+(가운뎃고기, 가운뎃소리), 가을+(가을ㅅ바람, 가을ㅅ산)[21], 고기+(고깃배, 고깃덩어리), 담배+(담뱃불, 담뱃진), 동냥+(동냥ㅅ글, 동냥ㅅ중), 산+(산ㅅ사람, 산ㅅ바람), 강+(강ㅅ달, 강ㅅ바람), 개+(갯가재, 갯다슬기), 겨울+(겨울ㅅ밤, 겨울ㅅ고기), 계+(곗돈, 곗날), 고기+(고깃배, 고깃가게), 공기+(공기ㅅ밥, 공기ㅅ방울), 공+(공ㅅ돈, 공ㅅ집), 공부+(공붓방, 공붓벌레), 구두+(구둣주걱, 구둣발), 귀+(귓볼, 귓등), 길+(길ㅅ바닥, 길ㅅ동무), 김치+(김칫독, 김칫밥), 나무+(나뭇가지, 나뭇배), 논+(논ㅅ사람, 논ㅅ두렁), 눈+(눈ㅅ사람, 눈ㅅ바람), 담배+(담뱃불, 담뱃잎), 뒤+(뒷골목, 뒷날), 들+(들ㅅ개, 들ㅅ장미), 땅+(땅ㅅ집, 땅ㅅ벌레), 머리+(머릿기사, 머릿소리), 모기+(모깃불, 모깃소리), 물+(물ㅅ고기, 물ㅅ개), 바다+(바닷새, 바닷고기), 밤+(밤ㅅ손님, 밤ㅅ짐승), 방+(방ㅅ구들, 방ㅅ바닥), 병+(병ㅅ조각, 병ㅅ술), 봄+(봄ㅅ비, 봄ㅅ소식), 사이+(사잇

---

20) 김창섭(1996:19각주설명)에서는 '집'을 다양하게 세분해서 설명하고 있다. 특히 '교숫집'과 '가난뱅이집'을 비교하면서 전자는 제1요소가 지위를 나타내는 의미가 있기 때문에 사이시옷이 들어가고 후자는 그렇지 않기 때문에 안들어 간다고 설명한다. 그러한 의미론적 제약을 가한다면 다른 종류의 집으로 분류해야 할 것이다. 여기는 하나로 통합하고 사이시옷이 안 들어간 '가난뱅이집'의 경우는 '가난뱅이0'이라는 후치명사로 처리하여 설명하고자 한다.

21) 봄, 가을, 겨울, 여름 등 계절이나, 산, 바다, 동해, 남해 등을 지시하는 명사는 대부분 사이시옷을 강하게 요구하는 후치명사가 된다. 그런데 이들 어휘들의 의미특징이 시간과 장소이지만 시간과 장소를 지시하는 모든 어휘가 이러한 특징을 가지는 것은 아니다. 이들 어휘는 오랫동안 우리가 사용한 역사적 사실과 밀접한 관계가 있을 것이다. 한밤중을 뜻하는 '심야'와 관련된 '심야전기, 심야바람, 심야산' 등에서 사이시옷이 없이 쓰이는 것이 오히려 자연스럽다. 이러한 사실은 사이시옷이 통시적 변화과정에 있음을 잘 보여주고 있다.

소리, 사잇길), 산+(산ㅅ돼지, 산ㅅ새), 손+(손ㅅ등, 손ㅅ재주), 술+(술ㅅ
그릇, 술ㅅ병), 아래+(아랫마을, 아랫사람), 아침+(아침ㅅ밥, 아침ㅅ잠),
어제+(어젯일, 어젯저녁), 여름+(여름ㅅ방학, 여름ㅅ수영), 오늘+(오늘
ㅅ밤, 오늘ㅅ저녁), 오후+(오후ㅅ반, 오훗시간), 위+(윗돈, 윗사람), 의부
+(의붓자식, 의붓아들), 인천+(인천ㅅ고기, 인천ㅅ집)22), 잠+(잠ㅅ자리,
잠ㅅ버릇), 짐+(짐ㅅ배, 짐ㅅ삯), 차+(찻바퀴, 찻소리), 초+(촛불, 촛대),
촌+(촌ㅅ사람, 촌ㅅ길), 코+(콧방귀, 콧병), 판자+(판자ㅅ집, 판잣문)

(다) 0전치23)

0국수(잔치국수, 콩국수), 0국화(들국화, 산국화), 0다리(책상다리, 걸상
다리), 0방(노래방, 빨래방), 0벌(여왕벌, 말벌), 0뱀(물뱀, 방울뱀), 0샘
(창자샘, 눈물샘)24), 0자리(쌍둥이자리, 카시오페자리)25)

(라) 0후치26)

가슴0(가슴관, 가슴지느러미), 떼0(떼거지, 떼과부), 구멍0(구멍동서, 구

---

22) 이 경우는 지역 명칭으로 고유명사에 해당한다. 이러한 의미적 한정을 가지는 모든
어휘가 후치명사에 드는 것으로 보인다. 그러므로 모든 지역명칭을 열거할 필요가
없고, 지역을 지시하는 고유명사라는 의미범주를 주면 될 것으로 본다.

23) 이미 위에서 언급되었듯이 이 이들 전치/후치 명사는 유동적이다. 그리고 ㅅ전치/후
치명사와 0전치/후치 명사가 충돌할 경우에는 우선 순위가 다시 결정되어야 한다.
예를 들면 '벌'은 0후치로 결정되었지만 '땅벌'에서 경음화가 발생한다면 이는 '땅'이
'ㅅ'후치명사이기 때문에 충돌하여 생긴 결과이다. '땅군, 땅강아지' 등에서 'ㅅ'후명사
임을 보여주고 0전치보다 강도가 강함을 나타낸다. '눈물샘'의 경우에도 만일 '샘'이
경음화되는 화자라면 '눈물'이 그 화자에게 'ㅅ'후치 명사로 되어서 '0샘'보다고 강도가
강하다고 보아야 한다. 이와 같은 어휘마다의 강도처리는 다시 다음 기회로 미루고자
한다.

24) 김창섭(1996:15-24)분비선의 의미를 가진 것으로 단어형성전용요소로 처리하였다.

25) 합성명사에만 나타나고 별자리의 뜻을 가진다(김창섭1996:25)

26) 색상관련 어휘들인 '검정, 검둥, 노랑, 누렁, 빨강, 하양 등과 결합된 명사들이 일관되
게 사이시옷을 갖지 않는다. 그런데 이들 색상관련 어휘들을 어근으로 처리해야 한다
면 우리의 논의에서 일단 배제되었다고 본다. 다만 이들이 독립적으로 쓰이기도 하기
때문에 이들 어휘는 관심의 대상에 두는 것이 좋다고 본다.

멍벌), 왜0(왜간장, 왜솜)

(6)의 원리에 의해서 사이시옷에 관련된 많은 어휘가 설명될 수 있다. 그런데 김창섭(1996)에서 논의된 가장 기본적인 사이시옷 개입 원리는 제1요소가 무정체언인 속격구조라는 것이었다. 사실 이 원리가 국어 사이시옷 개입의 핵심적인 원리일 것이다. 그럼에도 불구하고 필자가 (6)의 원리를 내세운 이유는 가장 강력하고 예외 없는 원칙을 세워보려는 노력의 일환이었다. 그러므로 다음과 같은 원리가 필요하다.

(9) 사이시옷 형성원리3
무정체언의 속격구조에 사이시옷이 개입한다.

위의 원리는 '나무집-나뭇집, 고기배-고깃배, 개고기-바닷고기, 눈바람-눈ㅅ바람'의 차이를 설명해 준다. 이들 예들에서 사이시옷이 개입하는 경우는 모두 속격구조인 것이다. 병렬구조나 관형구성의 비속격구조나 유정체언의 속격구조는 사이시옷이 개입하지 않는다. 이상의 논의에서 사이시옷을 결정하는 원리는 세가지인데 그러한 것은 서로 다른 강도를 가지고 있다. 그 순서는 원리1〉원리2〉원리3의 순서가 될 것이다. 원리1에 해당하는 어휘는 예외 없이 사이시옷이 나타나지 않을 것이다. 그리고 원리2에 관련된 어휘는 다시 0전치/후치와의 관계를 따져서 사이시옷이 결정된다. 그러나 원리3에 관련된 어휘는 아직 논쟁이 많다. 많은 논의에서 이들 무정체언의 비속격주조의 모든 합성명사가 원리3으로 매끄럽게 처리되지 않는다는 것을 우리는 알고 있다. 원리 (9)에 위배되는 많은 예들은 위에서 설정한 ㅅ전치/후치명사, 0전치/후치명사에 의해서 해결될 것이다. 그럼에도 불구하고 많은 어휘들이 수의적으로 사이시옷을 개입해서 나타나기도 하고 그렇지 않기도 한다.

2.2.3 합성명사 사이시옷의 예외적이고 수의적인 현상의 설명

이상의 과정을 통해서 우리는 합성명사의 사이시옷의 개입에 대한 원리를 어느 정도 설명하는 기반을 마련했다고 본다. 그러나 위의 원리에 맞지 않는 수의적인 현상과 예외처럼 보이는 합성명사들이 발견된다. 이들의 처리에 대해서 논의해 보기로 한다. 우선 합성명사가 다양한 과정을 통해서 형성된다는 것을 인정해야 한다. 합성명사의 형성은 '명사+명사'의 규칙에 의해서도 형성되지만 구의 단어화와 통시적 변화, 유추 등의 방식으로도 형성될 것이다.

합성명사의 사이시옷과 관련되어 제기되는 문제 중에 가장 난해한 것 중의 하나는 수의적 현상에 대한 설명이다. 지역과 세대간의 수의성은 사이시옷에 관련된 문제이기도 하지만 모든 어휘에 관련된 방언학의 문제이기 때문에 논외로 한다고 하더라도 한 개인이 상황에 따라 수의적인 선택을 한다면 이는 이론적으로 설명되어야 하는 것이다.[27] 김인균(2002)에서는 이러한 수의성에 대해서 의미적으로 해석한 바 있다.

(10) 과일바구니;과일t바구니, 사과상자;사과t상자, 기름걸레;기름t걸레
     (김인균 2002:98-9)

---

27) '모자리-못자리'에 대한 방언차이를 인정한다면 여기에서 인정한 전치명사 '자리'가 방언에 따라 다르다는 것을 보여준다. 즉 방언에 따라 다른 전치/후치명사가 결정될 것이다. 이러한 원칙은 세대 간에 발생하는 수의성의 처리에도 마찬가지로 적용된다. 한편 같은 지역과 같은 세대인데도 불구하고 화자에 따라 불규칙하게 다른 어휘를 선택하는 수의성은 서로 각각 다른 기저형을 가지고 있다고 해석해야 한다. 국립국어연구원에서 보고한 표준발음실태조사(2003)에 보면 많은 어휘들에서 이런 경향을 보이고 있는데 동일한 화자이냐 아니냐에 따라 다르게 해석되어야 할 것이다. 여기에서 다루는 수의성은 한 화자에 의해서 선택되는 수의성을 의미한다.

일견해 보면 (10)의 예들은 속격구성이기 때문에 원리(9)에 의해서 사이시옷이 들어가는 것이 옳은 것처럼 보인다. 그런데 김인균(2002)에 의하면 이러한 구성은 두 가지 해석이 가능하다고 한다. 하나는 제1요소가 제2요소의 〈유형, 대상〉의 의미로 해석될 때는 사이시옷이 개입되지 않고 〈용도〉의 의미로 해석될 때는 사이시옷이 개입한다는 것이다. 이러한 해석의 출발은 근본적으로 명사구와 조사 '의'에 대해서 검토하면서 시작되었다.

(11) 축구 선수*축구의 선수   *박지원 열하일기-박지원의 열하일기

(11)에서 '의'가 쓰이고, 안 쓰이고에 따라서 대조되는데 전자는 제1요소가 제2요소의 보충어로 기능하여 〈유형,대상〉의 의미로, 후자는 지정어로 기능하여 〈소유〉,〈처소〉,〈시간〉,〈기원〉의 의미관계를 보인다고 주장한다(김인균2002:74-8). 이러한 주장을 확대하여 '개다리-개의 다리'처럼 두 가지 경우가 가능한 경우에 전자는 유형/대상의 의미로 후자는 소유의 의미로 해석한다.[28] 이러한 설명이 모든 명사구에 해당하는지, 그리고 그 원리가 모든 합성명사에도 그대로 적용되는지는 아직 모르지만 (10)에 보이는 수의성이 의미적 해석에 관련이 있다는 것은 추측해 볼 수 있다. 이러한 원인은 합성명사를 속격구조와 비속격구조로 구분했을 때 생기는 것이다. 속격구조란 대응하는 통사적구조인 '의'가 개입할 수 있는 구조라고 했을 때(김창섭 1996:34-42), 모든 사이시옷이 개입하는 속격구조의 합성명사가 분명하게 '의'를 개입하여서 설명할 수 있는 것은 아니다. 특히 '용도'관련의 표현은 이러한 경향이 농후하다. '나뭇배, 고깃배' 등은 '나무를

---

28) '배상자'나 '배바구니'는 사이시옷의 개입이 허용되지 않는다. 이는 단순히 의미관계가 아니라 '배'가 0후치적 성격을 획득해 가는 과정에 있는 것으로 느껴진다. 이처럼 예외를 처리할 때 의미적 해석과 다른 해석이 가능한지 앞으로 면밀히 검토해야 할 것이다.

팔다/실어 나르다, 고기를 실어 나르다/팔다/잡다' 등으로 해석되어 용도 관련이 되는데, 이는 '의'를 개입하여 통사적 구를 만들기가 어색하다. 그러므로 원리(9)에서 속격구조에 개입한다고 하기보다는 김인균(2002:91)에서처럼 〈형상〉, 〈재료〉, 〈수단,방법〉, 〈유형,대상〉이면 사이시옷이 개입하지 않고 〈시간〉,〈처소〉,〈기원,소유〉,〈용도〉일 때 나타난다고 할 수도 있을 것이다.[29)]

사이시옷은 현대국어에서 합성어의 일부에 통시적 과정의 잔재로 남아 있다. 또한 전치/후치명사의 의미론적 범주에 의한 유추의 확대가 불규칙하게 보이는 사이시옷 현상을 만들고 있다. 의미적 해석의 추구는 중요하지만 아직 어떤 것이 사이시옷 개입의 분명한 기준인지는 좀 더 진지한 연구를 기다려야 한다.

의미론적인 조건에 의한 수의성 말고도 음운론적인 제약에 의해서 마치 예외적으로 보이는 현상도 있다. 우선 가장 강력한 음운론적 제약은 자음과 비음의 결합이다. 앞에서도 이미 언급한 바 있지만 이 구성은 사이시옷이 개입하기 힘든 구조다. 예를 들면 '앞마을'이란 단어가 있을 경우 우선 제1요소 '앞'은 위치를 나타내는 명사로서 유사한 '위, 아래, 뒤'가 강력하게 ㅅ후치를 요구하기 때문에 여기서도 사이시옷이 개입할 것을 예상할 수 있다. 그러나 국어의 어떤 어휘도 이러한 구조를 가질 때 사이시옷이 개입하지 않는다. 그런데 '이튿날'의 경우를 보면 '이틀+ㅅ+날'에서 발생했다고 볼 수 있으므로 중세국어에서는 이러한 구조에서 ㅅ의 개입을 허용하면서 표면에 나타나는 것을 알 수 있다. 현대국어에서는 '핥다'에서 보듯

---

29) 용도 관련에 대한 해석은 속격구조와 충돌하기 마련이다. 예를들면 '화장비누, 구두약' 등은 사이시옷이 개입하지 않는데, 제1요소가 제2요소의 용도로 해석되기도 한다. 그러나 비속격구조로 제1요소를 제2요소의 속성이나 유형으로 해석할 수도 있을 것이다. 이처럼 의미적 해석은 아직 명쾌한 기준이라고 보기 어려운 점이 있다.

이 설정음이 탈락하는 규칙을 가지고 있어서 'ㅅ'가 개입하더라도 이것이 탈락해서 표면에 나타나지 않는 것으로 보인다. 이 제약은 강력해서 예외 없는 제약으로 보인다.

다음으로 제2요소가 모음으로 시작할 때의 문제다. 두 가지 경우가 있다.

> (12) 가. 모음+모음 ; 아랫옷, 웃어른, 바닷아이[30]
> 나. 자음+모음 ; 앞옷, 섬아이[31]

위에서 보듯이 비슷한 구조임에도 (12나)자음+모음의 구조에서는 사이시옷이 개입하지 않는다. 이 제약도 절대적인 것으로 보인다. 그런데 (12가)도 상대적으로 약하지만 제약으로 작용하는 것으로 보인다. '강이나 내에 조수가 드나드는 곳'을 의미하는 '개'는 t후치명사인데, '개어귀, 개언덕'에서처럼 사이시옷이 보이지 않는 것은 이러한 제약이 작동하기 때문이다 (김창섭 1996:47).

한편 음운론적 요인으로 경음화되는 것인데, 반대로 마치 사이시옷 개입에 의한 것으로 해석되는 것도 주의해야 한다. 현대국어의 한자어에서 'ㄹ+설정음'의 구조에서 뒤 설정음(ㅅ,ㄷ,ㅈ)은 경음화된다. 이 규칙은 2음절 한자어에서 예외 없이 적용되고, 파생어로 인식되는 3음절 한자어에

---

30) 화자에 따라서는 '바다아이'라고만 하는 경우도 있다. 이것은 그만큼 이 제약의 힘이 약하다는 것을 의미한다.

31) 서론 부분의 각주에서도 이미 언급했지만 'ㄴ'삽입과 관련되면 사이시옷 문제와 혼동이 일어난다. '나뭇잎, 홑이불'의 경우에 전자는 (12가) '모음+모음'의 구조이고 후자는 (12나) '자음+모음'의 문제. 그런데 현대국어에서 'ㄴ'삽입은 더 이상 생산적인 규칙이 아니다. '홑이불'에서는 [호디불]과 [혼니불]의 두 가지 발음이 가능하지만 '나뭇잎'의 경우는 [나문닙]만 가능하고 *[나무딥]은 불가능하다. 여기서 '홑이불'구성이 [호디불]로 발음될 때 'ㄴ'이 삽입되지 않는 것을 의미한다. 즉 'ㄴ'삽입은 공시적으로 사라진 음운규칙으로 사이시옷과 관련이 없다. 유사한 에들로 [꼰닙]·[꼬딥], [대군녁]·*[대구뎍] 등 많은 예들이 있다.

까지 미친다. 간혹 4음절 이상의 합성명사에도 이런 현상을 보인다. '발전, 발달, 발생'과 '수술대, 미술적' 등이 그것이다. 그런데 이 제약은 중세국어에는 현대국어보다 더욱 활발한 현상이었다.[32] '돌다리, 돌담' 등은 제1요소가 제2요소의 재료로서 사이시옷이 쓰이지 말아야 한다. 그런데 일부 화자는 제2요소의 두음을 경음으로 발음하고 있다. 이는 사이시옷의 영향이라기보다는 'ㄹ'과 설정음과 관련된 음운론적 간섭임이 분명하다.[33]

이상의 논의로 많은 예외적이고 불규칙한 것처럼 보이는 사이시옷 관련 어휘에 대해서 그 이유를 설명할 수 있었다. 그러나 이러한 논의가 합성명사의 사이시옷현상을 남김없이 설명할 수 있는 것은 아니다. 미해결의 문제는 계속적인 연구가 수행되어야 할 것이다.

2.3 한자어에서 발생하는 불규칙적인 경음화

(4)에서 발생하는 경음화는 사이시옷 현상이라고 말할 수 없다. 많은 논의에서 사이시옷 현상을 다루면서 한자어에서 발생하는 경음화현상을 동일하게 취급하기도 하고 외면하기도 한다.[34] 이 문제도 우선 합성명사에서의 사이시옷이 어떤 조건 하에 들어가는지 명쾌하게 밝혀지기 전에는 분명히 파악되기 어려운 문제를 안고 있다. 그렇다 해도 구조적으로 합성명사와 성격이 다르게 한자어의 경우에는 대부분 어근복합어인 2음절 한자어이거나 3음절 한자어의 경우에는 파생어의 성격을 가지고 있다. '定價, 事件, 國文科, 入場券, 住民證, 賞狀' 등등. 이들 한자어에서 발생하는 경음화는 매우 광범위하다. 합성명사에서 발생하는 사이시옷 현상과 분리

---

32) 이기문(1972:97-8), 송철의(1987:327), 엄태수(1988) 참고.
33) 김창섭(1996:51)에 다른 예들과 함께 자세한 설명이 있다.
34) 하세경(2006:32-46)에서는 한자어의 경우에 원칙적으로 사이시옷이 들어가지 않는다고 본다. 예외적으로 경음화가 나타나는 한자어의 경우는 제2요소가 명사기능을 가지고 있고, 그러한 이유로 명사+명사 구성에서의 사이시옷과 관련되어 있다고 본다.

해서 다루어야 할 이유는 다음과 같다.

위에서 본 통사적 사이시옷, 형태적 사이시옷, 어휘적 사이시옷과는 구조와 그 기능이 전혀 다르다. 이들은 모두 한자어라는 특징을 갖는다. 2음절 한자어는 국어문법에서 단일어로 보아야 할 것이다. 통시적으로 2음절 한자어는 어근합성어에서 출발해서 현대국어에서는 단일어로 인식된다. 3음절은 파생어일 가능성이 매우 높기 때문이다. 이들에서 발생하는 경음화는 제2요소의 기능변화에서 출발하는 것으로 보인다.[35] 즉 합성명사에서는 제1요소의 의미가 중요하게 취급되지만 한자어에서 발생하는 불규칙적 경음화는 제2요소가 주된 원인이다. 이들 한자어에서 발생하는 경음화는 경음화 된다는 사실을 제외하고는 위에서 이미 언급한 것처럼 사이시옷을 객관적으로 확인할 길이 없다. 즉 경음화를 구태여 사이시옷에 의한 것이라고 추정할 합리적인 근거가 없다. 추상적으로 사이시옷을 설정하여 경음화를 유도할 수도 있을 것이다. 그러나 추상적 사이시옷이 설정되어야할 타당한 근거가 마련되기 전에는 동의하기 힘든 가정이다.

물론 많은 한자어에서 나타나는 불규칙한 경음화 현상이 위에서 언급한 어휘적 사이시옷 문제와 겹쳐 있을 수 있다. 한글 맞춤법에서 한자어 합성어는 사이시옷 표기를 하지 않는 것이 원칙이지만 '셋방, 곳간' 등, 몇 개의 한자어 단어는 예외적으로 인정하고 있다. 이것은 그만큼 사이시옷을 표기하지 않으면 현실발음과 동떨어지기 때문이어서 그렇겠지만 한자어의 사이시옷과 위의 합성명사에 나타나는 어휘적 사이시옷을 구분하지 않았다는 증거이기도 하다. '셋방'의 경우는 '세'와 '방'이 독립적으로 사용되므로 위의 어휘적 사이시옷과 동일한 현상이라고 말할 수 있다. 그러나 그 나머지, "곳간, 숫자, 찻간, 툇간, 횟수"에 나타나는 사이시옷은 같은 것이

---

35) 엄태수(1986:33-44) 참고.

라고 말할 수 없다. '곳간, 찻간, 툇간'의 간(間)은 동일한 의미인데, 이 '간'은 한 칸, 두 칸에서는 '칸'으로 바뀌고 있다. '곳간, 찻간, 툇간'에서는 '깐'으로 기저형을 변경하여도 될 것이다. 구태여 복합명사의 어휘적 사이시옷과 동일시 할 필요가 없는 것이다. '숫자'의 '자'나 '횟수'의 '수'도 '한자, 어림수' 등에서 경음으로 발음되고 있어 다른 기능을 가지는 것으로 보인다.

　3음절 한자어의 경우에 제2요소의 기능변화가 특히 주목된다. '국문과, 영문과' 등에서 발생하는 경음화를 살펴보자. '과(科)'의 기저형을 [과로 본다면 '국문과'에서 경음화가 발생하는 원인을 알 수가 없다. '과'는 국어에서 기저형을 '꽈'로 바꾸었다고 볼 수 있다. 이제 현대국어의 젊은 화자들은 독립적으로 '꽈'를 쓰기도 한다. 이 경우 합성명사의 사이시옷과 연관시킬 아무런 이유가 없다. '꽈'는 복합명사의 제2요소와는 달리 한자어 어근에서 변화해 온 것이다. 그리고 이 구성은 관형구성도 아니고 속격구조도 아니다. 만일 그것을 사이시옷에 의한 것이라고 강변한다면, 이러한 한자어를 포함할 경우, 위에서 언급한 복합명사의 어휘적 사이시옷과 한자어의 사이시옷은 그 기능과 의미가 달라서 정작 어떤 환경에 사이시옷이 들어가는지 더욱 알 수 없게 만든다.

　필자는 3음절 한자어에 결합하는 이러한 접사기능의 한자어가 자신의 기능 변화에 의해서 기저형을 바꾸는 것으로 파악하고 있다. 중국어에서 대부분의 한자어가 원래 하나의 단어적 역할을 하지만 한국어에서는 어근으로 기능한다. 그런데 '과'는 이러한 어근의 기능에서 탈피하여 접사나 단어의 기능으로 형태론적 자격을 바꾸고 있다고 보아야 한다. 즉 '과'는 이제 기저형을 바꾼 '꽈'로 등록 되어야 한다. 그러면 /국문꽈/, /영문꽈/가 기저형이 되어 표면형과 일치하므로 아무런 규칙의 개입이 없게 된다.

물론 이러한 기능의 변화는 합성명사에서 발생하는 사이시옷에서 통시적인 영향을 받았을 것으로 본다. '냇가, 바닷가, 우물가, 창가' 등에서 '가'는 예외 없이 '까'로 발음된다. 이는 자립형의 단어가 접사로 변화되는 과정에 있음을 보여주고 있다. 김창섭(1996)에서는 '칼집, 안경집' 등에서의 '집'이 의미를 변화시키면서 이러한 접사적 기능을 가지는 것으로 '단어형성 전용요소'라고 말한 바 있다.

제1요소가 재료인 경우에 사이시옷이 들어가지 않는 것이 원칙이지만 '사골국, 된장국, 김치국'처럼 '국'의 경우에는 예외적으로 사이시옷이 개입한다. 이러한 '국'의 경우도 '꾹'으로 기저형을 변화시키면서 또한 그 기능도 접사로 바뀌고 있다고 할 수 있다.

'성(性)'은 경제성, 사회성 등에서 경음화를 보여주지만 '품성, 심성' 등에서 경음화를 보여주지 않는다. 이러한 사실은 '품성, 심성' 등에서는 형태론적으로 어근의 기능을 하지만 '경제성, 사회성' 등에서는 접사의 성격을 띠기 때문이다. 기능의 변화는 2음절, 3음절의 한자어에서 보여주는 경음화를 이해하는데 중요한 요소라고 생각한다. 통시적으로 어휘적 사이시옷과 관련이 있다 해도 공시적 입장에서는 둘을 분리하여 다루는 것이 문법의 기술에 합리적이라고 생각한다.

이러한 기능의 변화 말고도 결합하는 요소의 변화와 관련된 경음화도 존재한다. '적(的)'은 대표적인 한자어 접사인데, '경제적, 사회적' 등에서 보듯이 본래 그대로의 기능일 때는 경음화가 일어나지 않는다. 그런데 '美的' '私的' 등에서 경음화가 발생한다. 이는 '미', '사' 등이 독립된 단어의 역할을 하기 힘들어서 아직도 어근의 기능을 담당하기 때문이다. 즉 '적'은 순수히 자립성분의 한자어에 결합되어 접사적 성분을 갖는 것이 자신의 본래 기능인데 그러한 기능의 변화가 된소리로 연결된 것이다. '마음적'에서도 경음화가 발생하는데 이는 '마음'이 고유어이기 때문에 발생하는 것이다.

'성'과 유사한 것으로 '氣'가 있다. '感氣, 生氣, 熱氣' 등에서는 경음화가 발생하지 않는다. 그런데 '장난기, 불기, 웃음기' 등에서 경음화가 발생한다. 이는 '기'가 어근에서 접사로 변경된 것을 의미한다. 나아가 '너 끼가 다분하다'처럼 자립형식으로도 변화가 일어나고 있다.[36)]

소리의 변화 없이 원래의 기능을 담당하는 한자어는 기저형을 원래 그대로 표현하는 것이 무방하지만 경음으로 발음하면서 기능이 변화한 경우는 바뀐 기저형을 표현하는 것이 합당하다. 즉 /마음쩍/, /경제썽/ 등이 기저형이 될 것이다. '症, 點'은 모든 어휘에서 기저형이 바뀐 것으로 보인다. '합병증, 궁금증, 거망증, 염증, 위증, 장증', '결승점, 문제점, 감점, 종점, 시점' 등에서 예외 없이 경음화를 보인다.

한자어는 이러한 된소리화와 관련해서 유동적인 경우가 많다. 課는 '서무과'에서는 된소리로 발음되지만 '제4과'에서는 된소리로 발음되지 않는다. 이는 언중이 '과'의 의미를 다르게 파악한 결과일 것이다. 이러한 변화도 기저형의 변화로 받아들이는 것이 좋다. 물론 표기까지 그렇게 하기에는 한글 표기에 익숙한 언중이 받아들이기에는 힘든 면이 있다. 그런데 이렇게 설명이 가능한 한자어 외에도 수많은 예외들이 존재한다. '公法-司法, 住民證-領收證, 事件-物件, 性格-資格' 등등. 아마도 한자어에서 발생하는 경음화는 통시적으로 속격구조에서 발생한 구의 사이시옷이 합성명사로 축소되고, 다시 합성명사에 의해서 유추된 어떤 원리가 다시 한자어에

---

36) '氣'의 경우는 '人氣, 驚氣, 狂氣'에서처럼 단지 의미적 특성에 의해서 경음화 되기도 한다. 이때의 '기'의 의미는 '火氣, 水氣' 등의 '기'와는 다른 강렬한 기운의 의미가 개입하는 것으로 보인다. 한자어의 불규칙한 경음화는 '의미의 특수화'에서 시작하여 '기능의 변화'로 영역을 확대하면서 경음화가 이를 반영하는 것이다.

적용된 것으로 추측해 볼 수도 있다. 한편 된소리 그 자체의 독자적 기능에 의해서 변별적 의미와 기능을 드러내려는 역할일 수도 있다. 한자어에 보이는 다양한 불규칙적 경음화는 이러한 변화의 과정 중에 있는 것이라고 생각한다.

어휘적 사이시옷과 이들 한자어에서 발생하는 사이시옷의 또 다른 차이점은 경음화와 관련된 문제다. 어휘적 사이시옷은 경음화가 아니더라고 사이시옷이 나타난다. 예를 들면 '윗옷'은 [위돋]으로 발음되어 '사이시옷'이 개입되었음이 명백하다. 그러나 2·3음절 한자어의 경우에는 경음화가 아니면 확인할 길이 없다.[37]

3. 결론

지금까지 사이시옷과 관련되어 있다고 생각하는 다양한 구성에 대해서 논의를 했다. 형태론적 차이를 중요시 하는 일차적 작업을 통해서 통사적, 형태적, 어휘적 사이시옷이 다른 종류의 사이시옷이라는 것을 확인할 수가 있었다. 또한 한자어와 관련된 경음화도 공시적으로 직접적으로 다른 사이시옷과는 관련이 없다는 것을 주장했다. 특히 어휘적 사이시옷의 경우는 기존에 논의된 사이시옷 개입의 원리를 서로 충돌이나 모순이 없이 세 가지 원리로 정리하여 그 우선 순위를 정했다. 그 원리는 강도를 가지는데 원리1) 원리2) 원리3)의 순서로 사이시옷이 개입된다는 것이다. 즉

---

37) 한자어 '청주역'에서 [청주녁]이 아니고 [청준녁]으로 발음된다면 'n'삽입과 더불어 'ㅅ' 삽입이 일어났다고 할 수 있다. 그러나 '청주'와 '역'은 독립적으로 쓰이는 명사이므로 복합명사로 보고 여기에는 어휘적 사이시옷이 개입한다고 말할 수 있다. 우리들의 논의는 복합명사와 한자어가 동일한 개념으로 충돌할 때는 복합명사가 우선적으로 고려의 대상이 된다고 말할 수 있다.

원리3은 합성명사를 형성할 때 '무정체언의 속격에 사이시옷이 개입한다'라는 것인데, 원리2와 충돌할 때는 먼저 원리2가 적용된다는 것이다. 원리2는 전치/후치 명사가 올 때는 거기에 따른 다는 것이다. 다시 원리2는 원리1과 충돌할 때는 원리1에 지배받는다는 것이다. 원리1은 병렬구성에는 사이시옷이 개입하지 않는다는 것이다.

이들 다양한 구성의 사이시옷은 공시적으로 다르지만 통시적으로 동일한 기원에서 출발했을 가능성이 있다. 권용경(2001)에서 보듯이 다양한 구성으로의 확대를 보여주는 역사적 과정이나 다른 구성이지만 강세나 초점과 같은 유사한 의미 기능이 있음을 고려하면 이러한 심층의 추구는 앞으로의 과제로 남는다. 단지 마지막에 논의된 한자어에 나타나는 경음화가 사이시옷과 역사적으로 관련되어 있는지는 아직 확실하지 않다. 만일 이들 다양한 종류의 사이시옷이 동일한 사이시옷에서 출발했다면 어떤 과정을 거쳐서 이러한 분화를 실현하게 되었는지 연구되어야 할 것이다. 공시적으로는 의미적으로 공통점이 있는지도 살펴보는 것도 유익한 방법이 될 수 있다.

합성명사에서 발생하는 사이시옷은 어휘에 따라 사이시옷이 사라지기도 하고 새로 생기기도 하는 과정 중에 있는 것으로 보인다. 언어는 끝없이 변화한다는 보편석 신리에서 보면 당연한 것이지만 사이시옷 현상도 끝없이 변화하고 있다는 사실을 확인할 수 있다. 한자어에서 발생하는 경음화도 경음의 기능을 최대한 이용하여 의미 변별에 사용되고 있음을 확인할 수 있었다. 앞으로 어휘마다 다양한 변화가 일어날 것이 예상된다. 항상 면밀한 관찰을 통해서 어떤 규칙적 현상이 생기고 어떤 것이 사라지는지 관심이 요구된다.

第2章

한자어의 음운현상에 대한 연구

1. 서론

본 연구는 한자어에서 발생하는 여러 음운론적 문제 중에서 음운규칙 혹은 음운과정으로 알려진 공시적 음운현상을 국어문법의 관점에서 기술하고 설명하는 것을 목적으로 한다. 우리말은 오랫동안 한자어를 차용해 왔다. 그 결과 한자어가 국어 문법에 미친 영향은 결코 작다고 할 수 없다. 그러나 그 동안 한문문법의 관점이 아닌 국어 문법의 관점에서 한자어의 음운현상을 조망한 종합적인 연구 결과는 별로 없다고 볼 수 있다. 물론 송기중(1992), 권인한(1997)의 연구결과는 한자어의 음운체계와 한자어에서 발생하는 음운현상을 전반적으로 고찰한 것이었다. 그 결과 한자어의 음운론적 특징이 어느 정도 드러났다고 볼 수 있다. 이 글은 이러한 논의에 크게 영향을 받은 것이다.

그러나 기존의 음운론 논의에서 문제가 되는 것은 첫째로 한자어를 취급하는데 있어서 구조주의 방식으로 접근한다는 것이다. 구조주의는 문법

단위를 평면적으로 바라보면서 분석에 관심이 크고, 계층적 구조를 지닌 문법단위의 생성에는 관심이 적다고 볼 수 있다. 음운론을 크게 음소체계와 음운변동으로 구분한다면 음소체계를 언급하는 것에는 구조주의 방식이 문제될 것이 없지만 음운변동, 혹은 음운과정을 언급하는데 있어서는 문제가 다르다. 음운과정은 기저형들의 결합과정 즉 새로운 문법단위의 생성과정에서 발생하기 때문이다. 생성음운론에서의 규칙성은 기저형을 표면형에 연결시키는 방식에서 찾아진다. 지금은 음운현상에 대한 설명이 초기의 생성음운론에서 하던 방식에서 많이 바뀌었지만 아직도 기저형에서 표면형으로 연결된다는 가설은 유효하다고 본다. 즉 기저형이 어떤 방식으로 표면형에 도달하느냐 하는 점에서는 논쟁이 많지만 기저형과 표면형을 가정하는 가설은 그대로 유지된다고 본다.

기저형이 아무런 변화없이 그대로 표면형에 도달한다면 그 때는 음운부를 따로 설정할 필요가 없을 것이다. 그러나 국어의 많은 기저형들은 표면에 도달할 때까지 다양한 음운변화를 겪는다는 것을 우리는 알고 있다. 한자어의 경우도 예외는 아니다. 기저형의 교체를 통해서 규칙성을 포착하고 그러한 현상에 대해 설명을 가하는 것이 음운부이다.

여기서 기저형이 등재되는 어휘부의 가정은 필수적이다. 예측할 수 없는 모든 음운론적 사실은 어휘부에 등재되어 기억되어야 하는 것이다. 일견 자명한 듯한 문제가 한자어의 경우에는 어떤 것이 규칙에 의해 예측되어야 하는 것이고 어떤 것이 어휘부에 등재되어야 하는 것인지 아직도 분명하게 논의된 적이 거의 없는 것처럼 보인다.

어휘부의 등재 목록에 대한 논의는 생성문법의 발달, 정확하게는 생성형태론의 발전과 더불어 심도있게 논의되기 시작하였다. 국내에서도 김성규(1987), 구본관(1990), 박진호(1994), 김인균(1999) 등의 논의를 볼 수 있다. 이들 논의의 핵심 내용은 통사부의 입력으로서 규칙에 의해 예측할 수 없는 요소는 어휘부에 등재되어야 한다는 것이었다. 그런데 등재되어야 하는 요소는 단어, 어간, 접사, 어근, 관용구 등 동등한 개념이 아닌 복잡한 내용이었다. 이들을 일괄적으로 어휘소, 등재소, 통사원자 등으로 부르기는 하지만 형태부에서 하는 역할은 각기 다른 것이다.

기존 논의의 두 번째 문제는 한자어를 다룸에 있어서 국어문법의 관점에서가 아니라 한문문법의 관점에서 다룬다는 것이다. 한자어 음운론의 발전이 정체된 것은 한자어 형태론의 정체와 관련이 있다. 이런 점에서 최근의 한자어 형태론에 대한 논의는 주목할 만하다. 노명희(1990)에 의하면 한자어를 기능소 1, 기능소 2, 기능소 3으로 구분하여 이들이 각각 어휘부에 등재되는 것으로 설명하고 있다. 기능소 1은 최소자립형식이고, 기능소 2는 의존형식 중에서 접미사와 결합하여 단어로 쓰이는 활성어근이며, 기능소 3은 기능소 1, 기능소 2에 결합하여 접사적 성격을 띠는 활성어근이다. 노명희(1998)은 국어문법과 한문문법을 구분할 것을 주장한다.[1] 여기서 논의의 핵심은 2음절 한자어는 고유어 문법에 의해서 분리할 수 없다는 것이었다. 이들 각 1음절 비활성어근은 '-하다' 등 고유어 파생접사와 결합이 불가능하고 특수조사에 의한 어근 분리가 불가능하다고 한다. 이와 유사한 논의가 김창섭(1999, 2001)에서도 있었다. 그곳에서 한자어는 2자어와 3자어를 구분해야 한다고 주장한다. 2자어는 한문문법의 대상이고 3자어만이 국어문법의 대상이라는 주장이다.[2]

---

[1] 노명희(1998:14-5)에 의하면 두 종류의 화자를 구분하고 있다. 한문 문법을 아는 식자층과 한자를 잘 모르는 계층을 구분한다.

[2] 김창섭(1999:2)를 인용하면 다음과 같다.
"한편, 한자어 문법 그 자체에도 적어도 두 가지 이질적인 부문이 있다고 생각된다. 하나는 고유어와는 다른 漢文式 문법이고 하나는 한문식 문법과 고유어식 문법의 중간적 성격을 가지는 문법이다. 국어의 2자 한자어(2자어)는 대게 전자에 따라 형성

예를 들어 '발전(發展)', '갈등(葛藤)'과 같은 2음절 한자어의 각 형태소는 한문 문법에서는 분리되어 문법단위로서 독자적인 기능을 하지만 국어문법에서는 그럴 수 없다는 것이다. 김창섭(2001;190)에 의하면 한문문법에서의 구성법을 기준으로 2자어와 3자어를 구분하고 있다. 2자어는 모든 구성이 가능하지만, 3자어는 병렬구성, 述目構成, 主述構成, 등이 불가능함을 보여주고 있다. 이와 같은 이유를 김창섭(2001;191)에서는 고유어 문법이 2字語의 두 1字 間의 문법적 관계를 분석하지 않기 때문이라고 말한다. 그렇다면 고유어 문법으로 분리할 수 없는 2음절 한자어 전체는 하나의 단위로 등재되어야 하는 것이다. 2자어들에서 발생하는 음운현상은 교체형에서 발생하는 것이 아니기 때문에 더 이상 공시음운론의 대상이 될 수 없는 것이다. 이들은 모두 교체형 내부의 변화와 관련된 통시음운론의 대상인 것이다. 즉 '발전', '갈등'과 관련된 'ㄹ'뒤 경음화는 더 이상 공시적 규칙으로 논의될 수 없는 것이다. '발쩐', '갈뜽'이 하나의 기저형으로 사전에 등재되어야 한다.3)

된 것이고 3자 한자어(3자어)는 대게 후자에 따라 형성된 것으로 이들을 2자어 문법과 3자어 문법이라고 할 수 있을 것이다. 이 두 문법 간에는 예를 들어 '주어 + 서술어' 구성이나 '서술어(타동사) + 목적어' 구성은 2자어 문법으로만 만들어지고 3자어 문법으로는 불가능하다는 차이가 있다(예, '國+立; *國家+立; '讀+書; *讀+圖書')."

3) 2음절 한자어를 취급하는데 있어서는 형태론과 음운론에서 약간의 차이가 있다고 생각한다. 형태론에서는 2음절 한자어를 분석할 때 한문문법에 의해 분석한다. 그러나 음운론에서 그들의 결합에서 오는 음운현상을 고찰할 때 한문문법을 고려할 필요는 없다. 소리의 차용은 가장 원초적이어서 중국의 발음이 그대로 차용되기 어렵기 때문이다. 또한 음운과정에 있어서도 'ㄹ' 뒤의 경음화에서 보듯이 국어 고유어의 음운현상에 동화되는 것을 볼 수 있다. 즉 음운론은 2자어와 3자어를 구분하는데 만족하고 2자어가 한문문법의 범주에 든다고 생각하지 않는다. 오히려 2자어는 국어의 고유어 음절연쇄제약에 철저히 동화된다고 생각한다. 즉 고유어화의 과정에 있는 것이다.

2. 본론

2.1 한자어 음운현상의 대상

2자어와 3자어를 구분해서 국어문법으로 한자어 음운현상을 다룰 때는 기존의 논의와는 다른 모습을 보이게 된다. 우선 기저형 내부의 문제를 보자. 2자어를 하나의 단위로 보게되면 한자어도 고유어와 동일하게 어두와 어중, 어말의 연쇄제약을 상정할 수 있게 된다.

어두제약 중 소위 두음법칙만 보면 기존의 한문문법에서는 'ㄹ', 'ㄴ'이 기저에 존재하고 두음법칙에 의해 어두에서 교체하는 것으로 보았으나, 이제는 단어에 대한 두음법칙은 존재할 수 없고, 한자어 단어의 어두에 'ㄹ'과 '이'모음 앞의 'ㄴ'이 공백으로 남는다는 사실만 존재한다.

어중에 대한 제약도 달라진다. 형태소 하나하나를 대상으로 했을 때는 '氏', '喫', 등의 몇자를 제외하고 된소리가 한자어에 제약되는 것으로 보았으나 2음절 연결에서는 어중에 된소리가 나타난다. 'ㅎ'도 마찬가지로 형태소 하나하나를 대상으로 할 때와는 다른 관점에서 생각할 수 있다. 고유어에서 'ㅎ'은 모음 사이에서 수의적인 탈락을 경험한다. 이는 2음절 한자어에서도 동일한 것으로 보인다.

  (1) 保護[보호-보오], 救護[구호-구오], 渡河[도하-도아]

(1)에서 보이는 수의성은 고유어 '조흐니-조으니' 등에서 보이는 수의성보다는 보다 약한 것으로 보인다. 즉 한자어는 아직도 'ㅎ'을 유지하려는 경향이 강하다. 그렇지만 고유어에 동화되어 'ㅎ'의 수의적 탈락을 시현하고 있다고 보아야 할 것이다. 모음에 대한 제약은 단일 형태소의 경우에 송기중(1992)에 잘 정리되어 있다. 한가지 언급할 것은 2자어에서 모음축

약이 잘 일어나지 않는 점이다. 고유어에서는 '마음→맘', '무엇→뭣' 등에서처럼 수의적인 축약을 보여준다. 그런데 한자어는 축약이 잘 일어나지 않는 것으로 보인다. 단지 '미안→미얀', '기억→기역'처럼 활음이 삽입되는 현상이 발견된다.

어말에 대한 제약은 하나의 형태소를 대상으로 했을 때와 동일할 것이다. 형태소 하나 하나에 대한 음소체계의 분포에 대해서는 송기중(1992), 권인한(1997)에 정리되어 있어서 2음절 한자어를 하나의 단위로 했을 때와 비교하면 될 것이다.

2음절 한자어와 더불어 1음절 한자어의 변화도 문제점이 있다. 1음절 형태소의 변화는 통시적 변화로 잘 인식되어 왔다. 예를 들어 구개음화를 경험한 한자어 형태소는 더 이상 고어형을 기저형으로 고집하는 경우는 없다. 第(뎨→제), 天(텬→천) 등에서 그러한 경우를 본다. 그런데 한자어, '렬, 률'의 경우는 아직도 혼동의 와중에 있다. 한글 맞춤법에 보면 한자어 '렬, 률'은 'ㄴ'과 모음 다음에서는 '열, 율'로 쓰고 그 외의 경우에는 '렬, 률'로 한다고 되어있다.

그런데 이러한 생각의 근저에는 '열, 율'의 기본형 혹은 기저형이 '렬, 률'에서 시작한다는 의미를 내포하고 있다. 그렇다면 어떻게 '열, 율'의 기저형이 '렬, 률'이라는 것을 알게 되는 것일까? 주지하다시피 생성음운론의 기저형은 교체형과 음운규칙으로부터 예측된다고 볼 수 있다. 그러나 이 경우에 교체형을 알기 힘들다. 어떠한 경우에도 '렬, 률'은 표면에 나타나지 않기 때문에 그것의 기저형이 '렬, 률'이라는 사실은 통시적인 방법밖에는 알 수가 없다. 다음을 보자.

(2) 가. 비율 규율 사열 배열
　　나. 선율 선열

(3) 법률, 법렬, 작렬, 정렬

(2)와 (3)에서 나타나는 '열, 율'의 문제를 공시적인 것으로 인정하려면 우선 교체의 기본 단위를 무엇으로 삼을 것인가가 우선 논의되어야 할 것이다. 지금까지 학계의 대체적인 논의는 2음절 한자어의 경우에 그것을 어근 복합어로 보아서 한자어 하나하나의 형태소를 교체의 기본단위로 인정했다. 그러나 최근의 형태론 논의에서는 그것이 국어의 문법에는 맞지 않음을 밝히고 있다. 즉 한문문법에서는 형태소 하나하나가 결합의 단위로서 단어 생성의 단위가 될 수 있지만 국어문법에서는 더 이상 분리할 수 없다는 입장이다. 필자도 이러한 논의에 동의한다. 한자에 익숙한 화자를 대상으로 하는 특별한 문법을 논의하지 않는 이상 우선은 국어 전체의 문법을 논의하는 것이 우선 순서일 것이다.

그러나 이해의 편의를 위해서 우선 전통적으로 우리 학계에서 인정한 형태소 하나하나의 교체를 가정하고 논의하기로 해 보자. 그렇다면 우선 '열, 율'이 교체로 나타나는 모습은 'ㅇ~ㄴ'이다. 즉 (2)의 환경에서는 'ㅇ'이고 (3)의 환경에서는 'ㄴ'으로 나타난다. 만일 추상적인 기저형을 배제한다면 여기에 해당하는 음운규칙은 'ㄴ', 혹은 'ㄹ' 삽입 아니면 'ㄴ', 혹은 'ㄹ' 탈락이 될 것이다. 그러나 (2)와 (3)를 구분하는 음운론적 환경이 이떠한 음성학적 동기가 없기 때문에 그것은 자의적인 음운규칙이 될 뿐이다. 역사적 동기를 부여하여 추상적인 기저형 'ㄹ'을 가정한다해도 왜 (2)의 환경 즉 모음과 'ㄴ' 뒤에서 탈락해야 하는지 음성학적 동기를 부여하기 힘들다. 그 해답은 형태소 하나 하나의 교체를 인정하는 한문 문법에서도 '열, 율'의 경우는 이미 음운론적으로 교체를 인정할 수 없게 되었다는 점이다.[4]

이밖에도 국어의 음소변화와 관련이 있는 많은 한자어 형태소가 있다.

예를 들면 국어에서 문자 '의'는 더 이상 이중모음일 수 없다. 이와 관련된 한자어도 동일한 변화를 겪는다. '義', '希', 등에서 '의'는 /이/로 실현된다. '애'와 '에'의 혼동, '자음+ㅖ' 등의 형식도 마찬가지다. 이에 대해서는 송기중(1992;14-5)에 정리되어 있다.

2.2 2자어와 3자어의 구분

공시적 결합에 의한 생성으로 볼 수 없는 경우는 모두 어휘부에 등재되어야 한다. 어휘부에 등록된 모든 요소가 기저형과 일치하는 것은 아니지만 기저형은 어휘부의 등재요소를 일차적으로 참조하여야 한다. 이와 관련하여 한자어 1음절과 2음절 형태소에서 변화는 논쟁의 여지가 많다. 예를 들어 경음화한 형태소에 대해서 논의해 보기로 하자. 경음화는 송기중(1992)에 의하면 음운교체로 인식되는 규칙적인 제1류 경음화와 형태소의 변화로 인식되는 제2류 경음화로 구분한다.

1류 경음화의 예로는 폐쇄음 뒤에서 발생하는 평폐쇄음의 경음화를 들고 있다. 그런데 이 때 주의해야 할 점은 2자어와 3자어에서의 경음화를 구분해야 한다는 것이다.

(4) 가. 國家, 角度, 入試, 壓迫
　　 나. 美國的, 壓迫戰術,

(4가)는 2자어로서 국어문법으로는 더 이상 분석할 수 없는 한문문법의

---

4) (3)에서 보이는 표면 발음 [법늉], [작녈], [정녈] 등의 'ㄴ'은 'ㄴ'삽입에 의한 현상이다. 이들의 표면형을 기저형으로 본다면 비음화 현상이 적용된 [범늉], [장녈] 등이 기저형이 될 것이다. 그런데 이런 표면형을 기저형으로 삼는다면 현행 표기법과는 너무 거리가 멀다는 문제점이 제기된다. 표기법과 기저형의 문제는 다른 문제이기 때문에 표기법을 어떻게 해야 하는지는 다른 자리에서 논의될 것이다.

대상이다. 그러므로 그곳에서 발생하는 경음화는 그대로 기저형이 되어야 한다. 대신에 국어문법으로 분석 가능한 (4나)의 밑줄 친 부분만이 1류 경음화의 대상이 된다.

공시적인 입장에서 제2류 경음화는 기저형의 통시적 변화일 뿐이고 생성적인 음운규칙의 대상으로 볼 수 없다는 것이 필자의 입장이다. 예를 들어 '國文科' 등에서의 '科'는 제2류 경음화로서 3자어에서 의존명사, 자립명사, 접미어근으로 취급되는데(김창섭1999;82), 현대국어에서 모두 '꽈'로 발음되어 기저형이 변경되었다. 즉 '꽈'는 더 이상 공시적 음운변동의 대상이 아니다. 이러한 2류 경음화에 대해서 일찍부터 음절수에 의한 차이를 인식하고 있었다. 이정민(1972), 정국(1980;14-5)에 3음절이면 경음화되고, 2음절일 때는 경음화 안되는 것으로 논의하고 있다. 그러나 모든 한자어 형태소가 그런 것은 아니다. 예를 들면 '性'과 '的'은 전혀 다른 음운현상을 보여주고 있다.

   (5) 가. 社會性, 經濟性, 文化性, 自立性
       나. 人性, 知性, 理性, 感性

(5)만을 보면 한자어 형태소가 3음절일 때 경음화하고, 2음절일 때, 경음화하지 않는 것처럼 보인다. 그러나 다음을 보자.

   (6) 가. 經濟的, 社會的, 文化的, 自立的
       나. 心的, 美的, 靜的, 狂的

(6)에서는 (5)와는 반대로 2음절일 때 경음화하고 3음절일 때는 경음화하지 않는다.[5] 이러한 (5)와 (6)를 동시에 해결하는 방식은 한문문법이

아닌 국어문법의 관점에서 한자어를 바라보아야 한다는 것이다. 그렇게 되면 (5)와 (6)에서 '性'과 '的'의 접사성을 인식하게 되고6), 그러한 접사성의 인식 위에서 (5)와 (6)를 바라보게 될 때, 문제가 해결될 것으로 보인다.7)

여기에 해당되는 2류 경음화의 예들은 권인한(1997;251-3)에 잘 정리되어 있다. 다만 주의할 점은 2음절과 3음절을 구분해서 취급해야 한다는 것이다. 국어문법으로 분석 불가능한 2음절은 그대로 기저형이 되어야 하므로 국어문법의 논의 대상이 아니다. 즉 '成果'/'結果'에서 경음화가 되고 안되는 경우 모두가 기저형이 되는 것이다. 그러나 '傳染病'/'間病'에서는 다른 '病'으로 전자의 '病'은 자립명사로 취급될 것이다. 이 때 발생하는 경음화는 아마도 사이시옷에 의한 것으로 판단된다. 경음화에 대해서는 아래에서 좀 더 논의하기로 한다.

2.3 두음법칙, 'ㄹ' 뒤 경음화, 유음화, 'ㄴ'삽입

2자어들의 표면형을 기저형으로 보면 그와 관련된 음운현상에 대한 태도를 바꾸어야 할 것 중에서 가장 대표적인 것이 두음법칙이다. 주지하듯이 두음법칙은 어두의 제약으로 단어초에 'ㄹ'이 제약되는 경우와 'ㄴ'이 제약되는 두 가지 경우가 있다. 그런데 이 현상이 생성음운론식의 음운규칙으로 논의될 성질이라고 볼 수 없다는 것이 필자의 입장이다.

---

5) 이러한 사실에 대한 지적은 엄태수(1985;33-44), 엄태수(1998)에 있다.
6) 노명희(1998), 김창섭(1999)에서 그러한 논의를 볼 수 있다.
7) (4나)는 국어문법에서 분리할 수 없는 하나의 단위로 보아야 할 것이다. 그러나 (5나)의 경우에 약간의 분리성이 인정될 수 있다. (5나)에서 일어나는 경음화는 이러한 분리성에 영향이 있는 것으로 보이는데, '標的'에서 경음화 안되는 이유는 그것의 분리성이 인정되지 않기 때문일 것이다.

(7) 女子, 良心, 樂園

(7)의 첫음절의 기저형이 'ㄴ'이나 'ㄹ'이라는 것은 이들 2음절 한자어 형태소 하나 하나가 국어 형태론에서 생성의 단위로 인정될 때만 가능한 것이다.8) 이들이 한문문법으로는 분석 가능하지만 국어문법으로는 교체형을 인정할 수 없기 때문에 표면형이 기저형이 되어야 한다. 두음법칙을 인정할 때 발생하는 또 다른 문제는 합성어, 의존명사, 접두파생어 등에 나타나는 현상을 설명할 때, 어두가 아니라고 해야 한다. 예를 들면 '二年', '舊女性', '海外旅行', '韓國女子大學' 등의 제2요소에 보이는 음운현상을 설명하기 위해 어두라는 정의를 다시 해야 두음법칙에 대한 예외를 줄일 수 있을 것이다. 그러나 두음법칙이 없다고 하면 그런 문제는 발생하지 않는다.

그런데 3자어에서 나타나는 'ㄹ'이나 'ㄴ' 초성에 대한 취급은 다르다.

(8) 配當落, 東學亂, 受精卵, 該當欄

(8)의 예들에서 제일 끝에 오는 요소들은 김창섭(1999;96)에서 접미어근으로 취급된 것인데, 이들은 기저형을 'ㄹ'로 인정해야 한다. 이와 동일한 환경의 모음 다음에 'ㄹ'이 그대로 나타나기 때문이다. 그런데 3자어에 나타나는 자립명사는 주의를 요한다.

(9) 減少量, 引用例, 問安禮, 電氣爐

---

8) 2음절과 3음절을 구분하지 않는 두음법칙에 대한 비교적 최근의 논의는 성낙수(1987), 김주필(1995)를 참고할 것.

(9)에서 '르'이 나타나므로 이들이 홀로 쓰일 때, 두음법칙이 있는 것으로 볼 수 있으나 필자는 두가지 발음형을 인정하여 두음법칙을 인정하지 않는다. 즉 '감소량'으로 발음하는 사람이 '양'으로 발음해도 '量'에는 두 가지 발음형 '량-양'을 기저형으로 인정하는 것이다. 한 화자가 '예-례'를 혼동해서 발음하는 경우를 종종 목격한다. 어두에 '르' 발음이 나타나는 것은 최근에 외래어의 급격한 유입에 영향을 받은 것으로 보인다. 만일 '르' 발음을 전혀 인정할 수 없는 경우는 3자어에 한해서 두음법칙을 인정해야 할 것으로 보인다.

2자어와 3자어를 구분할 때 여러가지 음운현상에 대한 이해가 좀 더 분명해진다. 우선 송기중(1992)에서 제1류 경음화로 언급된 '르'뒤 설정자음의 경음화에 대해서 살펴보자.

    (10) 가. 發達[발딸], 葛藤[갈뜽], 一時[일씨], 物質[물찔]
        나. 物質的([물찔쩍]-[물찔적]), 事實的([사실쩍]-[사실적])
        다. 서울시, 과실즙, 발달사, 고별식, 쟁탈전, 몰지각
        다'. 査閱臺[사열때], 復活節[부활쩔], 始末書[시말써], 技術者[기술짜]
        라. 서울시청, 생활전선, 매일신문, 사실주의, 식물도감

(10가, 나, 다)의 예들은 권인한(1997)에서 언급된 예들이다. 제1류 경음화가 예외 없는 음운규칙이었으나 (10)의 예들을 보면 음절수에 따라 전혀 다른 양상을 볼 수 있다. 여기서 필자는 (10가)와 (10라)의 차이가 가장 현저하다고 본다. 이는 바로 2자어 문법과 3자어 문법을 구분할 때 올바로 해석된다고 보는 것이다. 이러한 차이에 대한 논의는 엄태수(1985;15-21), 엄태수(1988)에도 있었다. 2음절 한자어의 예외 없는 경음화는 동일한 환

경에서 발생하는 고유어 단일형태소 내부의 경음화에 동화된 것이다.

    (11) 알뜰, 벌써, 일찍, 말썽, 불쌍, 살짝

    (11)은 고유어 단일 형태소들인데 이들의 내부에서는 예외 없는 경음화를 보여주고 있다. (10가)와 (11)은 국어문법의 관점에서는 동일한 환경으로 볼 수 있다. 이렇게 생각하면 2음절한자어가 도입의 초기부터 고유어 형태소에 동화되었을 가능성을 보여주고 있는 것이다. 2음절 한자어는 이처럼 예외 없는 경음화를 보여준다.
    3자어에서 보여주는 음운현상은 (10다)와 (10다')처럼 서로 다르다. (10다')에서 보여주는 경음화는 2자어의 영향으로 보인다. 또한 사이시옷에 의한 영향도 배제할 수 없다. 그러나 (10다)의 경우에 직접성분의 제1요소가 자립성이 강하여 3자어의 영향이 강한 것으로 보인다. 아무튼 (10가)의 2자어와 (10라)의 3자어 대한 이해가 투철하다면 (10다)와 (10다')에서 보여주는 혼동은 그 중간 과정으로 이해되어야 할 것이다.

    다음으로 유음화에 대해 논의해 보자. 유음화는 주지하다시피 역행적 유음화와 순행적 유음화가 있는데 고유어에 없는 유음화는 역행적 유음화이다. 이 역행적 유음화가 문제가 되는 것은 'ㄹ'의 비음화와 공존현상 때문이다. 이에 대해서는 이진호(1998)에 두 규칙의 경쟁적 공존 관계로 자세히 설명되어 있다.
    그런데 2자어와 3자어로 구분해서 논의해 보면 두가지 음운현상이 동일한 관계에 놓이지 않음이 분명하다.

    (12) 가. 本來[볼래], 新羅[실라], 簡略[갈략]

나. 音韻論([음운논]-[음울론]), 單線路([단선노]-[단설로]), 二萬里([이만니]-[이말리])

다. 保存量([보존녕]-?[보졸량]), 一元論([일원논]-?[일월론])

(12)의 예들은 이진호(1998)에서 공존 현상을 설명하기 위해 인용된 것이다. (12가)는 본고에서와 동일하게 어휘부에 등재되는 단어이므로 그대로 기저형이 되는 것으로 보고 있다. 문제는 (12나)와 (12다)에서 보이는 차이를 분명하게 지적하지 못하고 있는 것으로 보인다. 공존현상은 (12나)에 보이는 것이고 (12다)의 경우는 'ㄹ'의 비음화가 일반적이고, 역행적 유음화가 잘 일어나지 않는다는 점이다. 2자어와 3자어를 구분할 때 역행적 유음화는 2자어 내부에서 주로 일어나는 것이고 'ㄹ'의 비음화는 한자어를 포함한 국어문법에 소속되는 음운현상이다.

(13) 라면-삼양라면[삼양나면] 리더-신리더[신니더]

(13)에서 보여주는 'ㄹ'의 비음화는 한자어뿐만 아니라 음운론적 단어 내부에서 'ㄹ'이 자음 뒤에 올 때 의무적으로 발생하는 현상임을 보여준다.

(12다)에서 /보존/과 /량/, /일원/과 /론/이 국어 형태론에 의해 잘 분리되면 당연히 역행적 유음화가 아니라 'ㄹ'의 비음화가 적용되어야 할 것이다. 반면에 (12나)에서 언중들이 /음운/과 /논/, /단선/과 /로/를 선뜻 국어문법으로 분리하는데 익숙하지 않다면 2자어의 영향에 의해 역행적 유음화가 발생할 수 있을 것이다. 즉 역행적 유음화는 2자어에 예외없이 적용되는 현상이고, 'ㄹ'의 비음화는 국어문법의 음운현상이라는 차이가 포착되어야 할 것이다.

'ㄴ'삽입 현상도 한자어와 관련해서 많이 논의된 것이다. 'ㄴ'삽입은 주

로 합성어에서 제1요소의 끝이 자음으로 끝나고 제2요소의 첫성분이 '이'
계모음으로 시작할 때 발생한다. 이 현상은 기세관(1990;104-5)에도 언급
되었듯이 2음절 한자어에서는 잘 발생하지 않는다.

    (14) 協約[혀뱩], 反逆[바녁], 石油[서규], 곡예[고계]

    문제는 3자어에 대한 관찰에서 'ㄴ'삽입 현상이 일어나기도 하고, 일어
나지 않기도 하여 해석이 복잡해질 수 있다. 최정순(1995), 엄태수(1998)
에서 논의되었듯이 이제 'ㄴ'삽입현상은 공시적 규칙이라고 볼 수 없다.
단지 이전의 어느 시기에 고유어 합성어에서 활발한 음운현상이 한자어에
확산되는 과정에서 중단된 것으로 보인다. 한문문법과 국어문법을 구분해
서 이 현상을 바라보면 3자어에서 왜 혼동이 오는가가 명쾌해진다. 기세
관(1990;112-3)에서 '內服藥[내봉냑]', '地殼熱[지강녈]'처럼 3자어라 하더라
도 '자립단어+1자 자립단어'의 구성을 가진 경우는 필수적인 'ㄴ'삽입경향
을 보이고, '營業用[영엄뇽]', '揮發油[휘발류]'에서 삽입되지만 '送別宴[송벼
련]', '韓國人[한구긴]'처럼 삽입되지 않기도 한다. 같은 3자어지만 제2요소
가 자립적인 전자의 경우와 후자의 경우는 분명히 구분이 되는 것이다.
후자에서 혼동이 오는 깃은 이들 어휘들이 아직 분명한 형태론적 문법단
위로 자리잡지 못했기 때문일 것이다. 기세관(1990;118-9)에서는 'ㄴ'삽입
이 나타나지 않는 경우는 제2요소를 접미사적인 경우로 다루고, 나타나는
경우는 절단에 의해 형성된 것으로 해석했다.

3. 결론

한자어에서 발생하는 음운현상은 고유어와 상당히 이질적인 모습을 보인다. 2음절과 3음절의 차이가 가장 심각하다. 특히 형태론에서의 차이는 현저하다고 해야 할 것이다. 그러나 국어문법의 관점에서 바라본다면 2자어는 이제 하나의 분리 불가능한 단위로 인정해야 한다. 2자어를 하나의 단위로 인정하게 되면 한자어의 음운현상을 국어문법의 테두리에서 다루어도 큰 문제는 없을 것이다. 한자어는 근본적으로 고유어가 아니기 때문에 모든 현상이 고유어와 동일할 수는 없다. 그러나 그러한 차이는 한자어가 고유어로 동화하려는 끊임없는 변화를 통해서 해소되고 있다고 보여진다. 3자어에서 보여주는 접사성 형태소들의 불규칙성은 이러한 사실을 반영하고 있다. 음운론과 형태론에서 보여주는 접사성 형태소들의 불안정성을 한자어가 고유어 문법으로의 동화과정에서 발생하는 것으로 바라본다면 그 특징이 쉽게 파악될 것이다.

본고는 한자어에서 일어나는 다양한 음운현상을 국어문법의 관점에서 살펴보았다. 유음화, 경음화, 두음법칙 등에서 새로운 관점을 제시할 수 있었다. 그렇지만 언어는 항상 변화하기 때문에 접사성 형태소들의 변화에 따라 한자어는 앞으로도 새로운 관점에서 계속적인 관찰이 요망되는 부문이라고 생각된다.

第3章

한자어의 경음화와
어휘부의 어휘 표시

1. 서론

어느 형태소가 어떤 환경에서나 예외 없이 동일하게 발음된다면 그 발음형을 그대로 어휘부에 표시하는 것이 바람직할 것이다. 그런데 어휘부의 형태소의 표시는 단순히 공시적인 입장으로만 해결될 수 없는 부분이 많다. 특히 한자어의 경우는 국어문법과 한문문법의 간섭을 받는 것으로 화자에 따라 이중적인 성격을 갖기도 한다. 또한 통시적인 변화의 과정 중에 있는 어휘들이 어떻게 표시되는가 하는 문제도 있다.

이 장의 목적은 한자어에서 발생하는 소위 '경음화 현상'에 대해서 살펴보고 그것에 대한 분류와 사이시옷과의 관계, 어휘부의 어휘표시 등에 대해서 논의하는데 있다.

국어의 경음화는 규칙적인 경우와 불규칙적인 경우가 있다.[1] 불규칙적인 경음화는 다시 어두 경음화, 사이시옷 관련 경음화, 한자어 경음화로 분류할 수 있다.2) 통시적 현상으로 산발적으로 발생하는 어두 경음화를 제외하면 여기서 논쟁의 대상이 되는 경음화는 사이시옷과 한자어 관련 경음화이다.3) 사실 여기서 '경음화'라는 의미는 두 가지 속성을 가진다. 하나는 규칙중심의 이론이나 제약 중심의 이론에서 기저형 혹은 입력형에서 표면형 혹은 출력형에 이르는 일련의 과정에서 평음이 경음으로 발음되는 것을 말하고, 다른 하나는 역사적으로 평음이 변해서 경음으로 바뀌는 것을 말한다. 전자의 경우는 어휘부의 어휘표시는 평음이 되고 후자의 경우는 경음이 될 것이다. 공시적 입장에서는 경음화와 어휘부의 경음 표시는 구분된다. 여기에서 다루는 한자어의 경음화는 두 가지 속성을 다 가지고 있는데, 여기는 그들을 구분하고 어떤 경우에 평음으로 표시하고 어떤 경우에 사이시옷 혹은 경음으로 표시해야 하는지를 논의하고자 한다.

---

1) 현대국어의 규칙적인 경음화는 다음과 같다.
   가. 폐쇄음 뒤의 평음의 경음화 ; 듣고, 듣지, 듣더라, 밭고랑, 밭도, 밭부터
   나. 관형사형 어미 'ㄹ' 뒤의 경음화 ; 갈 것, 갈 사람, 갈 데, 갈 방법
   다. 용언 어간말 비음뒤 경음화 ; 감다, 안다, 신다, 남다
   라. 2음절 한자어 ㄹ 뒤 설정음의 경음화 ; 발달, 발생, 발전
2) 여기서 규칙적, 불규칙적이라는 용어는 음운현상을 도출의 과정으로 이해하는 것이 아니라 단지 어떤 환경이 주어지면 예외없이 발생하는가 아닌가에 있다. 규칙을 부정하고 제약을 기반으로 입력형에서 출력형을 산출하는 최적성이론과도 대립되는 개념이 아니다. 따라서 기저형이냐 입력형이냐의 개념상의 논의도 이 글의 논쟁의 대상이 아니다. 여기에서 사용하는 '어휘부의 어휘표시'는 기존의 '기저형' 또는 '입력형'과 유사하고 심리적 어휘부의 등재 개념으로 이해하면 좋을 것이다.
3) 폐쇄음 뒤의 평음의 경음화를 제외하고 모음, 비음, 유음 등의 공명성 자음 뒤에서의 평음의 경음화가 대상이 된다.

2. 의존형태소의 어휘 표시

안소진(2005)에 의하면 한자어 형태소 '-가(價)'와 '-장(狀)'은 2음절 한자 어의 두 번째와 3음절 한자어의 접미사적 요소에서 예외 없이 경음으로 실현되기 때문에 이들은 어휘부에 경음으로 표시할 것을 제안하고 있다.

  (1)-가(價)
      2음절; 穀價,代價,賣價,船價,株價,定價,終價,評價
      3음절; 鑑定價,告示價,購入價,發行價,傳貰價,秋穀價

  (2)-장(狀)
      2음절; 賞狀, 訴狀, 送狀, 令狀,
      3음절; 感謝狀,警告狀,告發狀,告訴狀,挑戰狀,督促狀

그런데 '가격(價格), 장두(狀頭)'[4]에서 제1음절은 위와는 달리 경음으로 실현되지 않는다. 동일한 형태소라고 생각하는 입장에서는 이들에 대한 어휘부의 표시는 문제가 될 수 있다.

이러한 문제를 해결하기 위해 김창섭(1999;1-15)은 2음절 한자어와 3음 절 한자어를 구분하고, 한문이나 한자에 익숙하지 않은 화자들은 단일어 로 인식하는 2음절 한자어를 분석할 수 없다고 본다.[5] 그러나 국어를 아

---

4) 연명으로 된 소장(訴狀)의 첫머리에 적힌 사람.
5) 김창섭(1999;5)의 내용을 그대로 인용해 보면 다음과 같다. "따로 한자와 한문을 학습 하지 않은 국어 화자가 '사고(思考)'와 같은 2자어의 내부 구조에 대해서 알 수 있는 것은 거의 없다. '思考'라고 한자로 표기해 놓으면 읽을 수도 없으니 그것이 어떤 단어인지조차 알 수가 없다. 한글로 '사고'라고 표기되어 있고 그것이 명사 자리에 쓰였다면 그 '사'와 '고'는 한자 형태소일 가능성이 아주 높다는 것을 알 수 있을 뿐이 다. 그것은 음절 '사'와 '고'가 한자에 있는 음절이기 때문이다. 그러나 그의 분석은 거기에서 끝난다."

는 화자는 3자어를 분석할 수 있다. 3자어는 2+1의 구조나 1+2의 구조가 될 것이다. 여기서 한자나 한문을 배우지 않은 모국어 화자가 분석할 수 없는 한자어를 2자어라 하고, 그것을 대상으로 하는 문법을 2자어 문법이라고 한다. 또한 분석할 수 있는 3자어를 대상으로 할 때, 3자어라고 하고 그것을 다루는 문법을 3자어 문법이라고 한다.6)

이러한 논의를 받아들이면 2자어 한자어가 언제나 동일한 소리로 발음될 때, 표면의 소리 그 자체가 어휘부에 표시되어야 함을 의미한다. 이렇게 되면 '물가(物價), 소장(訴狀)' 등의 제2음절에 나타나는 경음화도 사실 발음 그대로 어휘부에 표시되어 논의의 대상이 안 된다.7) 여기는 노명희(1998), 김창섭(1999)에 따라 한자어를 고유어 체계와 통합하는 3자어 문법을 대상으로 논의할 것이다.

위에서 논의된 것처럼 분석이 불가능한 2자어는 어휘부에 표면의 발음이 그대로 표시되고 논의의 대상은 3자어 한자어가 될 것이다. 그렇다면 안소진(2005)에서 논의된 '-가(價)'와 '-장(狀)'같은 경음표기를 3자어 한자어 전반으로 확대할 수 있는지 살펴보기로 하자. 우선 '성(性)'을 살펴보면 2+1의 형식에서 1에 해당할 때, 예외 없이 경음으로 실현된다.8) 그렇다면

---

6) 이러한 용어와 개념은 노명희(1998;11-3), 김창섭(1999;1-15)에서 그대로 가져온 것이다. 예를 들어 '獨木舟, 船對空' 등은 비록 3음절이지만 한자를 모르는 모국어 화자는 분석할 수 없기 때문에 이를 2자어라 하고, 廢乾電池, 廢潤滑油 등은 비록 4음절이지만 국어 화자가 분석가능하기 때문에 3자어라고 한다. 국어의 모든 화자는 3자어 문법을 가지지만 2자어 문법은 일부 화자만이 가지기 때문에 3자어 문법을 우선으로 해야 한다. 물론 2자어 문법을 가진 화자는 3자어 문법을 동시에 가지기 때문에 2자어 문법의 간섭을 받고, 또한 3자어 문법만 가지는 화자에게 영향을 미치기도 할 것이다.
7) 다시 말하면 '價格'의 '價'와 '物價'의 '價'는 동일한데 왜 다른 표기를 해야 하는지 반론을 제기할 수 있으나 그것은 어디까지나 한자나 한문을 학습한 사람의 문법의식이다. 여기에서는 3자어 문법을 대상으로 하기 때문에 동일한 형태소로 인식하지 않은 것으로 가정한다. 즉 3자어 화자에게 표면의 발음 [가격], [물까]가 그대로 하나의 어휘부 표시 단위가 된다.
8) 경제성, 사회성, 발전성, 심인성 등에서 경음으로 발음된다. 그런데 感性, 心性 등의

우리는 안소진(2005)의 예들에 더하여 '성'을 추가할 수 있을 것이다.

배주채(2003;280)에 의하면 항상 경음화되는 형태소로 '-가(價), -권(權), -권(圈), -권(卷)'을 설정하고 이들을 'ㅅ전치성 형태소'로 볼 수 있다고 했다.[9] 항상 경음화된다는 면에서 우리의 논의 대상이지만 'ㅅ전치성 형태소'라는 의미에서 아직 경음을 어휘부에는 등재하지 않겠다는 의미도 내포하고 있다고 본다. 여기서 경음으로 실현된다는 면을 받아들인다면 '-권(權), -권(圈), -권(卷)'을 더 추가할 수 있다. 지금까지 논의된 한자어 접미어근은 다음과 같다.

(3) -가(價), -장(狀), -성(性), -권(權), -권(圈), -권(卷)

배추채(2003;281)에 보면 의미나 기능에 따라 경음화를 일으키기도 하고 그렇지 않기도 하는 'ㅅ전치성 한자형태소'로 한자어 '격(格), 과(課), 급(級), 법(法), 병(病), 병(瓶), 세(稅), 자(字), 점(點), 죄(罪)'와 한자어계 접미사 '-기(氣), -성(性), -장(狀), -조(調), -증(症), -증(證)'을 언급하고 있다.

여기서 한자어는 자립형식으로 쓰이는 형태소를 의미한다. 이는 아래에서 다시 논의하기로 한다. 우선 '-조(調), -증(症), -증(證)'에 대해서 살펴보기로 하자. 이들은 3음절일 때는 예외가 없이 경음화 된다. 그런데 2음절일 때는 경음화되기도 하고 되지 않기도 한다. 우리의 논의에 의하면 2음절일 때는 그것의 경음화 여부에 관계없이 표면의 발음형을 어휘부에 표시하기로 했기 때문에 문제 될 것이 없다. 예들을 보자.[10]

2음절에서는 평음으로 발음된다. 우리는 2음절을 분석하지 않고 발음 그대로를 어휘부에 표시하기로 했기 때문에 논의의 대상이 될 수 없다.

9) 한자어 '과(科)'도 언급되었는데 이 문제는 아래의 자립명사의 논의에서 거론될 것이다.

(4) '-조(調)'11)

3음절 경음; 농담조(弄談調), 명령조(命令調), 반문조(反問調), 시비조(是
　　　非調), 시험조(試驗調), 인사조(人事調),힐난조(詰難調)

2음절 경음; 단조(短調), 장조(長調), 농조(弄調), 논조(論調)

2음절 비경음; 강조, 동조(同調), 변조(變調), 산조(散調), 성조(聲調), 어
　　　조(語調), 음조(音調)

(5) '-증(症)'

3음절 경음; 병증, 관음증, 다한증, 우울증, 의처증, 협심증

2음절 비경음; 대증(對症), 예증(例症)

(6) '-증(證)'

3음절 경음; 면허증, 보관증, 수료증, 신분증, 통행증, 학생증

2음절 경음; 사증(査證)

2음절 비경음; 검증, 고증, 공증, 논증, 반증, 방증, 변증(辨證), 보증

　다음으로 '-기(氣)'도 3음절의 접미형태소로12) 쓰일 때는 경음으로 발음
되고, 2음절 한자어에서는 경음으로 발음되기도 하고 그렇지 않기도 한다.

(7) '-기(氣)'

3음절 경음; 화장기, 기름기, 바람기, 물기, 장난기

2음절 경음; 윤기, 산기(産氣), 인기

2음절 비경음; 부기, 감기, 공기, 냉기13), 노기, 대기(大氣), 살기

---

10) 배주채(2003;288-9)에서 가져왔음.
11) 배주채(2003;288)에서는 '-조(調)'가 '운율이나 음계의 명칭이나 종류'와 '말투나 태도의
　　종류'의 두 가지 뜻으로 쓰인다고 말한다. 우리는 다의형태소로 보고 음절차이에 의해
　　서 구분했다.
12) 김창섭(1999;29-34)에서 2+1구조에서 1은 접미명사이거나 접미어근이고, 의미나 기능
　　적 측면을 고려할 때, 파생접사로 인정할 만한 것은 없다고 말한다. 여기는 이러한
　　논쟁이 핵심이 아니기 때문에 2+1구조에서 보이는 접미어근, 접미명사, 접미사를 아
　　우르는 용어로 '접미형태소'라고 부를 것이다.

여기서 '-기(氣)'는 고유어에도 붙기도 하면서 접미사의 성격을 확실히 획득했다고 보이는데, 나아가 자립명사로의 자격도 획득했다고 보인다. '영희는 끼가 많은 여자다'라고 말할 때 여기서의 '끼'는 바로 이런 접사적 성격의 '-기(氣)'에서 발달되었다고 보인다. 한자어 어근에서 접미사로, 접미사에서 다시 단일어로 발달할 수 있음을 '-기(氣)'에서 볼 수 있다. 우리는 단일어인 '끼'는 당연히 발음대로 어휘부에 표시되어야 하고, 3음절어의 접미형태소 '-기(氣)'도 경음으로 어휘표시 되어야 한다고 본다.

위에서 잠시 논의를 보류한 '-과(科)'도 '-기(氣)'와 동일한 특징을 보인다.[14] '-과(科)'도 위의 '-가(價)'처럼 2음절과 3음절어의 끝에서 언제나 경음으로 발음된다.[15] 이러한 사실을 통해서 경음 표시와 관련해서 한자어 접미형태소는 두 가지 종류가 있음을 알게 된다. 논의의 편의상 제1류와 제2류로 나누어 보자.

(8) 가. 제1류; 접미형태로 쓰이고 항상 경음으로 발음된다.[16]

---

13) 필자의 발음에는 경음으로 발음된다.
14) 3음절어 ; 국사과, 기계과, 영문과, 국문과, 국화과, 낙타과, 하마과
   2음절어 ; 교과, 무과, 이과, 내과, 안과, 전과
   위의 예들은 배주채(2003:280)에서 인용했다. 거기서는 의미적으로 분류하여 학과 및 분과, 진료 과목, 생물 분류, 기타 등으로 분류 했지만 여기서는 우리의 목적에 따라 2자어와 3자어로 분류했다.
15) 사실 산부인과, 안과, 내과 등의 앞쪽 어근이 비자립적인 것이어서 자립적인 혈액과, 부인과 등의 '과'와 분리했지만 우리의 직관으로 동일한 '과'임을 한자를 배우지 못한 화자도 알 수 있다고 추측한다. 그러나 이러한 일이 발생하는 것은 2자어의 마지막 구성이 사용의 빈도수가 많아짐으로써 3자어 문법에서 유추했다고 보는 것이 필자의 입장이다. 그러한 이유는 다른 예들에서 3자어는 예외 없이 경음으로 발음되거나 되지 않지만 2자어는 예외가 많다는 사실로도 입증이 가능하다.
16) 사실 제1류는 2음절이나 3음절의 끝에서 언제나 경음으로 발음되는 '-가(價), -장(狀)'과 2음절에서 되기도 하고 안 되기도 하는 나머지 항목과 구분되지만 그것은 어디까지나 한문이나 한자에 익숙한 화자를 대상으로 논의할 때 문제가 되는 것이다. 우리의 논의 대상은 2자어 문법이 아니라 3자어 문법이기 때문에 2자어는 분석할 수 없는

-가(價), -장(狀), -성(性), -권(權), -권(圈), -권(卷), -조
(調), -증(症), -증(證)
나. 제2류; 접미형태로 쓰이고, 나아가 자립형식으로도 쓰이면서 항
상 경음으로 발음된다.
-과(科), -기(氣)

3. 자립형태소와 사이시옷

한자어에서 발생하는 경음화는 이상의 것과는 다른 제2요소가 자립 명
사인 경우에도 발생한다. 위에서 언급한 '격(格), 과(課), 급(級), 법(法),
병(病), 병(甁), 세(稅), 자(字), 점(點), 죄(罪)' 등이 그것이다. 대표적으로
'병(病)'의 경우를 보기로 하자.

(9) 병(病) ; 병명이나 병의 종류[17]
자립형식+병(경음); 난치병, 설사병, 울화병, 유전병, 전염병, 냉방병,
당뇨병, 화병(火病)
어근+병(경음); 성병, 상사병, 광견병, 혈우병
어근+병(비경음); 간병, 무병, 발병, 나병, 질병, 와병(臥病)

자립명사와 관련된 3자어는 두 가지 종류로 다시 구분된다. 하나는 자
립명사의 경우와 비자립적인 어근의 경우다. 예를 들면 광견병, 상사병,
혈우병 등에서 제1요소는 자립적으로 쓰이지 않는다. 이들은 국어 문법에
서 어근으로 분류될 수 있다. 3자어의 제2요소가 국어화자에게 이미 자립

단일어로 본다.
17) 배주채(2003;285)에서 인용함. 필자가 제1요소에 따라 재분류함.

명사로 의식되기 때문에 제1요소는 어근형태소로 인정된다고 말할 수 있다. 문제는 '자립형식+병'의 경우는 평음으로 발음되는 경우가 없고, 어근과 결합할 경우는 평음으로 발음되기도 하고 경음으로 발음되기도 한다. 이러한 차이는 (8)에서 본 3자어의 접미형태소와 평행하다고 볼 수 있다.[18] 즉 '자립형식+자립형식'은 예외 없이 경음으로 발음된다. 그러나 어근형태소가 불확실하게 인식될 경우에는 경음으로 발음되지 않기도 하는 것이다.[19]

한편 자립적으로 쓰이는 한자어는 앞에 고유어가 자유롭게 올 수 있느냐 없느냐에 따라 구분될 수도 있다. '병(病)'은 '사랑병, 눈병, 발병'처럼 고유어에도 확산되었다고 볼 수 있다. 이 단어는 그만큼 차용의 역사가 오래되고, 많이 사용하여 한자어라는 인식이 많이 희미해졌다고 볼 수 있다.[20]

그러나 '과(課)'는 간혹 자립적으로 쓰이기도 하지만 3자어의 경우에는 '총무과, 경리과'처럼 업무를 담당하는 부서의 이름에서만 합성명사를 형성한다.[21] '세(稅)'의 경우도 제1요소로 고유어가 오기 힘든 한자어이다.

---

18) 접미형태소가 붙은 3자어에서 2자어를 분석하지 않았지만 2자어로의 경음화가 확산되는 것은 2자어에 접미형태소가 분리되어 형태소로 인식되는 과정이라고 할 수 있다. 2자어의 이러한 3자이의 양상은 여기에서 다루지 않기로 한다.

19) 이러한 과정은 위에 언급한 자립적인 한자 형태소에 일반화할 수도 있겠지만 예외가 있을 것이다. 어휘의 확산이란 많은 예외를 가지기 마련이다. 병(瓶)의 경우는 모든 자립명사와 결합할 때에 경음화하지만 '유리병'에서는 예외적으로 경음화되지 않는다. 배주채(2003;285)의 설명처럼 재료의 의미로 제1요소가 오기 때문에 고유어 사이 시옷에 영향을 받아서 그렇다고 볼 수 있다. 이처럼 어휘에 따라 다양한 예외를 가지지만 대체로 이러한 설명은 일반화될 수 있다고 본다.

20) 이 단어의 경음 발음과 고유어와의 결합 방식에 따라 다양한 통시적 과정을 유추해 볼 수 있다.
'어근+병' 3자어 비경음(간병, 무병)〉'어근+병' 3자어경음(성병, 광견병)〉'자립형식 한자어+병' 3자어 경음(부인병, 당뇨병)〉'고유어 자립형식+병' 3자어 경음(눈병,발병)

21) 일과(一課), 이과(二課), 삼과(三課)에서는 배주채(2003;282)처럼 단위성 의존명사로 처리한다.

물론 이러한 이유 중에는 차용의 역사나 빈도에 있기도 하지만 한편으로는 그 의미적 특징 때문에 발생한 것으로 볼 수도 있다. 부서나 세금의 명칭으로 한자어가 대부분이고 원래부터 고유어를 잘 쓰지 않았기 때문에 고유어와 결합할 환경에 노출되기가 힘들었다고 볼 수 있다.

지금까지의 논의는 (9)와 관련된 자립형식의 한자어에 관한 것이었다. 우리는 (8)의 경우에 환경에 관계없이 경음으로 발음되므로 어휘부에 표면의 발음인 경음을 어휘표시하자고 제안했다. 그런데 (9)의 경우는 어떻게 해야 하는가? 결론부터 말하면 (9)처럼 자립형식과 관련해서 경음으로 발음될 경우에 사이시옷을 표기하자고 주장하고, 환경에 관계없이 경음으로 발음된다면 경음표기하자고 주장하게 된다.

(9)와 관련된 어휘부의 어휘표시의 문제를 해결하기 위해서 이제 이러한 한자어의 경음화가 왜 발생했는가 하는 근본적인 의문을 제기해 볼 수 있다. 우선 자립적인 형태소의 경음화는 국어의 소위 사이시옷 현상과 동일한 환경을 가지고 있음을 알 수 있다. 현대국어에서 사이시옷 현상은 합성명사 구성에서 대부분 발생한다. 현대국어의 사이시옷 현상에 대한 일반적인 견해를 이해한 다음에 한자어 경음화에 대해서 논의하기로 하자.

제2장에서는 기존의 논의를 기반으로 사이시옷을 세 종류로 나눌 것을 제안했다.

(11) 사이시옷 현상의 분류
a. 통사적 사이시옷
   앞으로 갓, 뒤로 돌앗, 거기 섯

b. 형태적 사이시옷

　나무엣 가지, 바다엣 바람

c. 어휘적 사이시옷

　(가) 윗사람, 아랫집, 바닷가-윗마을, 아랫논- 윗니, 윗옷

　(나) 바람소리, 된장국, 산새-물소리, 술국, 논새[22]

　(다) 집사람, 천막촌[23]

(11a,b)는 생산적이어서 여기서 논쟁의 대상이 되지 않기 때문에 언급할 필요가 없을 것이다. 우리의 관심이 되는 것은 (11c)의 경우인데, 기존의 논의를 종합하여 합성명사 구성에 사이시옷이 개입되는 사실과 관련된 것을 정리하면 다음과 같다.

(12) 어휘적 사이시옷과 관련되어 정리된 점

가. 합성명사의 병렬구성에는 사이시옷이 개입하지 않는다.

나. 합성명사의 경우에 ㅅ 전치/후치명사에 의해서 사이시옷이 결정된다.[24]

---

22) 제1요소가 자음으로 끝나고 제2요소가 비음이나 모음으로 시작하는 어휘의 경우에는 사이시옷이 나타나지 않는다. 예를들어 '산노래, 산아들' 등의 어휘에 사이시옷이 나타날 환경이지만 나타나지 않는다. '이틀날'이 '이튿날'로 발음되기도 하는 것으로 보아서 예전에는 이런 환경에도 개입했을 가능성이 남아 있으나, 현대국어에서는 사이시옷 구성에 대한 음운론적 제약으로 보는 것이 합당할 것으로 보인다.

23) 종성 폐쇄음 뒤의 초성 평음의 경음화는 현대국어의 규칙적인 현상이기 때문에 사이시옷과 겹칠 때 특별한 의미가 없을 때는 언급하지 않는다. 그러나 'ㄹ' 뒤 설정음(ㄷ, ㅅ,ㅈ)의 경음화는 한자어에서 발생했는데 이것이 고유어에도 영향을 미치기도 하고, '술장수'처럼 경음화되지 않아서 영향을 미치지 않기도 한다. 이 문제는 아래에서 다시 논의할 것이다.

24) 제2장에서는 ㅅ전치명사 78개, ㅅ후치명사 53개를 선정했다. 기존의 빈도수를 기준으로 정하던 것과는 달리 다음 세 조건 중 하나라도 만족하면 전치/후치 명사로 인정했다. 조건1;제1요소가 무정체언 속격구성 속에서 일관되게 사이시옷 현상을 보인다. 조건2;속격구성에서도 사이시옷 현상을 보이면서도 비속격구성에서도 사이시옷 현상을 보인다. 조건3; 비속격구성에서 일관되게 사이시옷 현상을 보인다.

다. 합성명사의 경우에 일반적으로 제1요소가 무정체언인 속격구조에 사
　　　이시옷이 개입한다.

　　여기서 (12나)의 ㅅ전치/후치명사에 의해서 사이시옷이 결정된 경우에
는 예외가 적지만 (12다)의 경우에는 많은 예외를 가진다. 두 가지 문제가
있다. 하나는 합성명사에서 제1요소가 시간, 장소, 무정체언의 기원, 용도
등의 의미적 관계를 가지는 무정체언의 속격구조에 사이시옷이 나타나는
것으로 본다면 동일한 구조에서 나타나지 않는 예들을 어떻게 처리해야
할 것인가의 문제가 남는다.25) 다음으로 제1요소가 형상 재료, 수단·방
법, 유정체언의 기원 등에서는 나타나지 않는다고 하는데 나타는 예들은
어떻게 처리해야 하는가?26) 이 문제는 일부이기는 하지만 ㅅ전치/후치명
사와 0전치/후치명사를 설정함으로써 일부 해결할 수 있었다. 이러한 것
에서 제외되는 예외는 수의적으로 쓰이는 경우가 대부분이다. 방언의 차
이, 상황의 차이, 문체의 차이, 정서적 의미 기능의 차이 등에서 이러한
수의성이 나타난다고 본다. 유형화하기 힘든 예외들은 사이시옷이 다양한
유추의 방식으로 확산되는 과정에서 발생하는 것으로 이해한다.
　　여기서 우리의 관심을 끄는 부분은 바로 ㅅ전치명사이다. 자립형태소
인 한자어의 경음화가 사이시옷과 관련이 있다면 여기에 관련이 된다. 대

---

25) 김창섭(1996;35)에서 인용함.
　　제1요소가 시간인 경우; 가을0고치, 봄0부채, 여름0결찰서, 동지0죽, 풍년0거지
　　제1요소가 장소인 경우; 산0도깨비, 코0감기, 물0뱀, 민물0조개, 민물0도요, 들0국화,
　　제1요소가 기원인 경우; 장미0색, 콩0기름
　　제1요소가 용도인 경우; 과일0접시, 짐0수레, 화장0비누, 구두0약, 노래0방
26) 김창섭(1996;33)에서 인용함.
　　제1요소가 형상인 경우; 그물코ㅅ 점, 머릿돌, 코뚫소
　　제1요소가 재료인 경우; 판잣집, 콩ㅅ국, 김ㅅ밥, 눈ㅅ사람
　　제1요소가 수단.방법인 경우; 동냥ㅅ글, 눈칫밥
　　제1요소가 유정체언의 기원; 모깃소리, 벚집, 머슴ㅅ방, 부잣집, 할맷집

표적으로 제2장에서 ㅅ전치명사로 설정된 '재료에 물을 붓고 끓인 음식'을 뜻하는 '국'에 대해서 살펴보자. '국'은 '콩나물국, 생선국, 김칫국, 배춧국' 등에서 보는 것처럼 제2요소로 올 때는 어김없이 경음으로 실현된다. 그런데 위의 '콩나물국' 등은 사이시옷 형성의 기본 원리가 되는 무정체언의 속격구조가 아니다. 이 어휘들은 원래 사이시옷이 개입하지 않은 제1요소가 재료로 오는 비속격구조이다. 그러므로 합성명사의 제2요소가 경음으로 발음될 때 두 가지 다른 속성이 있는 것으로 파악된다. 하나는 원래의 무정체언 속격구조에서 발달하여 굳어진 것과 다른 하나는 '국'처럼 접미사적으로 쓰여서 '일반적인 국물'의 의미가 아닌 특정한 재료를 넣고 끓여 먹는 의미를 지칭하는데 경음이 사용되는 것으로 보인다. 위에서 보인 '집'도 그러한 예들 중에 하나일 것이다. 물론 이 특징도 무정체언의 속격구조에서 유추되어 발달한 것으로 추측된다. 통시적으로 보면 우선 무정체언의 속격구조가 먼저 발달하고 그 다음에 특정한 형태소에서 유추가 일어나 접사형식으로 발전했다고 보는 것이다. 이를 구분하여 전자를 '무정체언의 속격구조에 쓰이는 사이시옷'이라 하고 후자를 '접미사적 형식에 쓰이는 사이시옷'으로 구분하자. 위에서 언급한 자립형태소의 한자어도 이러한 영향을 받았을 것으로 보인다.[27]

'病'처럼 자립형식의 한자어는 속격주조에 쓰인 사이시옷에 영향을 받을 수도 있고 접미사적 형식에 쓰이는 사이시옷에 영향을 받았을 수도 있다. 의미관계에 따라 영향의 관계가 다를 수 있다고 본다. 그러나 자립형식이 아닌 의존형식에서 발달한 경우에는 접미사적 형식에 쓰이는 사이시옷에 의한 영향이 일차적으로 크다고 볼 수 있다.

(8가,나='-價'류)는 원래 어근에서 출발하여 접사형식으로 발달한 것이

---

27) 그러나 자립형태소인 한자어 어휘 하나하나가 속격구조에 영향을 받았는지, 아니면 비속격구조의 접사형식화에 영향을 받았는지에 대한 논의는 여기서 보류하도록 한다.

고 (8나='科'류)의 경우는 자립형식으로까지 발달했다. 그런데 '병'의 경우는 국어에서 자립형식으로 쓰이기 때문에 자립형식에서 접사형식으로 기능이 변경되고 있다고 볼 수도 있다. 자립형식의 접사형식으로의 변경은 고유어 명사에서도 종종 발견되는 현상이다. 김창섭(1994;20)에서 논의된 것처럼 첩의 의미를 가지는 '서울집, 부산집'이나 또 다른 의미의 '안경집, 칼집' 등은 가옥의 의미의 '집'에서 발달한 것으로 특수한 위치에 쓰이면서 특수한 의미를 획득하여 접사형식으로 사용되고 있는데 여기서도 경음으로 발음되고 있다. 이러한 사실은 한자어 자립명사나 의존형태소의 경음으로의 변경은 바로 고유어 사이시옷에 직접 혹은 간접적인 영향이 있었다고 볼 수 있다.

4. 합성명사의 사이시옷 관련된 어휘 표시

그런데 우리의 문제는 이들을 어떻게 어휘 표시하는가 하는 점이다. 두 가지로 나눌 수 있을 것이다. 하나는 사이시옷을 표기하는 방법과 다른 하나는 경음 그 자체를 어휘 표시하는 방법이다.[28] 고유어 합명명사를 우선 보기로 하자. 예를 들어 '콩국'을 보면 /콩ㅅ국/ 혹은 /콩꾹/으로 표시될 수 있을 것이다. 우리는 후자의 방법보다 전자로 어휘 표시하는 것이 합리적이라고 생각한다. 그 이유는 첫째, '접미사 형식에 쓰이는 사이시옷'이 현실적으로 합당한가가 의문이지만 통시적으로 무정체언의 속격구조에서 유추되어 접사형식에서도 그 기능이 인정된 것으로 보면 비록 생산적인

---

28) 음운론적으로 사이시옷의 'ㅅ'은 표면에 [s]를 확인할 수 없기 때문에 /t/라고 해야 하지만 역사적인 사실을 존중하여 'ㅅ'으로 표기한다. 종성의 /t/는 국어의 일반적인 음운규칙에 의해서 다음 초성이 평음이면 당연히 경음화를 일으킨다.

형태소는 아니지만 인정될 수 있다고 본다. 둘째, '국'으로 표시함으로써 단독으로 쓰일 때 '국'과의 의미 관련성을 확보할 수 있다. 즉 /콩꾹/으로 표시한다면 단독으로 사용되는 '국'과 다르다는 생각을 가지게 될 것이다. 우리는 아직까지 단독으로 쓰이는 '국'과 접사형식의 '국'이 동일한 의미를 많은 부분 공유하고 있다고 본다.

그런데 여기서 만일 합성명사의 제2요소로 쓰일 때나, 단독으로 쓰일 때도 경음으로 발음된다면 사이시옷을 표기할 필요가 있는가 하는 점이다. 예들 들어 '일감, 장난감' 등에서 '감'은 대상이 되는 사물, 재료, 도구, 사람 등을 나타내는데, 아직 표준어는 아니지만 간혹 자립적으로도 쓰여 '그것이 '깜'이 되니?'와 같은 말을 듣게 되는데, 이처럼 자립적인 것에서도 만일 경음으로 발음된다면 구태여 사이시옷을 표기할 필요가 없다.[29] 통시적으로 사이시옷에 의해서 영향을 받았다 해도 공시적으로 별 이득이 없기 때문에 어휘부에 경음 표시하는 것이 바람직하다고 본다. 즉 이러한 경우는 모든 환경에서 이 형태소가 어휘표시를 평음에서 통시적으로 경음으로 변경한 것으로 보고 표면의 발음을 어휘부에 표시하는 것이 옳다고 본다. 이상의 논의를 정리하면 다음과 같다.

(13) 합성명사의 사이시옷과 관련된 어휘 표시

가. ㅅ전치명사/후치명사는 ㅅ을 어휘 표시한다.[30]

나. 단 ㅅ전치명사의 경우에 그 어휘가 자립적으로 쓰일 때도 언제나 경음으로 발음된다면 경음으로 어휘 표시한다.

(13)은 속격구조의 합성명사의 사이시옷 현상에 대한 것이다. 이는 제2

---

29) '사과접질'의 '접질'은 이미 /껍질/로 변한 것으로 보인다. '구경거리'의 '거리'도 단독으로 쓰일 때도 '꺼리'로 발음하는 것을 들을 수 있다.
30) 물론 음운론적으로 ㅅ은 /t/이다.

요소가 자립형태소인 한자어의 경음화 유사하다. '정신병, 심장병'에서의 경음화는 속격구조의 무정체언이라 할 수 있는데, '발등, 손등'에서 보는 경음화와 동일하다. 우리는 통시적으로 고유어 속격구조가 한자어에도 영향을 미쳤다고 본다. 처음에는 무정체언의 속격구조에서 시작하여 점차 '병'이 ㅅ전치성을 획득하여 '병'이 제2요소로 오는 모든 어휘에 확대되는 것으로 해석한다. 나아가 고유어의 '국'에서 보듯이 비속격구조에도 확대되어 접사적으로 오랫동안 쓰이면 '과(科)'처럼 전치성을 획득하는 쪽으로 확대되어 간다고 본다. 한자어의 어휘 표시의 문제도 (13)에서 논의된 국어 합성명사의 사이시옷 현상과 동일하게 처리하는 것이 바람직하다고 본다.

예를 들어 자립형식인 한자어 '병(病)'은 제2요소로 올 때 경음으로 발음되고 자립적으로 쓰일 때 평음으로 발음된다. 그러므로 (13가)의 적용을 받아 /눈ㅅ병/, /정신ㅅ병/처럼 어휘표시 될 것이다. 자립형식으로 (13나)에 해당하는 어휘는 '꽈(科), 끼(氣)'가 해당될 것이다. 그러나 '과(科)'의 경우는 자립적으로 쓰일 때 평음으로 발음하는 화자도 있는데, 이 화자의 어휘부는 (13가)를 적용받는 것으로 해석한다.

5. 몇 가지 남은 문제와 정리

5.1 '-的'의 문제

한자어 형태소에 대한 지금까지의 논의는 제2요소가 언제나 규칙적으로 경음으로 나타나는 경우였다. 그런데 불규칙한 경우가 있다. 예를 들면 '-적(的)'의 경우는 국어에서 활발하게 쓰이는 접미형태소인데 3음절의 경우는 대체로 경음으로 발음되지 않고 2음절에서 경음으로 발음된다. '경제적, 사회적'의 발음과 '심적, 미적'의 발음은 대조적이다. 이 경우에 우리들은 2자어를 더 이상 분석하지 않기로 했기 때문에 2자어의 발음을 그대로 어휘부에 표시하면 될 것이다. 그런데 '마음적, 광적(狂的)'의 경우에는 논쟁의 여지가 있다. 이들 어휘를 경음으로 발음한다면 이는 어떻게 표시하는 것이 바람직한지 논의의 소지가 있다. 3음절어의 '-적(的)'이 일반적으로 경음으로 발음되지 않기 때문에 '마음적'이 경음으로 발음된다면 3음절어에서 처음 나타난 형식이 될 것이다. 이처럼 예외적 현상은 개별 어휘적으로 어휘표시하는 것이 유일한 방법일 것이다. '광적'에서도 경음으로 나타나는데 '광(狂)'은 '광팬, 광춤' 등에서 접두사적으로 쓰인다. '광적'의 '광'을 국어화자들이 어근으로 인식한다고 할 때도 '광적'은 분석된다고 본다. 그러나 이들 어휘가 사이시옷과 관련성이 있는지 아직 명확하지 않지만 이들의 경음 발음은 사이시옷을 넣어서 어휘 개별적으로 표시하는 것이 바람직하다. 즉 '마음쩍, 광쩍'이라고 표시하지 않고 '마음ㅅ적, 광ㅅ적'이라고 표시된다. 이는 국어의 화자가 '경제적'의 '적'과 '마음적, 광적'의 '적'이 동일한 형태소로 인식한다는 것을 반영하고 있다. 이러한 사이시옷은 위의 합성명사에서 보여준 무정체언의 속격구조에서 발달한 것과 다르고 '콩ㅅ국'에서처럼 접사적 표시에 쓰이는 사이시옷의 형식을 빌려 온 것으로 보인다.

5.2 'ㄹ'뒤 설정음의 문제

한자어에는 이처럼 합성명사의 사이시옷과 관련되어 경음으로 발음되는 것도 있지만 그렇지 않은 경우도 있다. 한자어의 규칙적인 경음화 중에 하나가 2음절어에서 발생하는 'ㄹ' 뒤 설정음(ㄷ,ㅅ,ㅈ)의 경음화이다.[31]

'발달, 발생, 발전'에서 보는 것처럼 이러한 환경에서 예외 없이 경음으로 발음된다. 2자어를 분석하지 않기로 한 우리의 논의에서 보면 이들은 어휘부에 경음표시하고 더 이상 공시적 음운현상으로 다루지 않게 된다. 그런데 3음절어에서도 2음절어의 영향을 받아 경음으로 발음되는 경우가 많다. 2음절어가 이러한 환경에 있는 모든 어휘가 예외없이 경음으로 발음되는 것에 비해서 3음절어는 '몰지각, 불성립, 송별식' 등에서처럼 경음으로 발음하지 않는 사람도 많다. 이들의 어휘표시도 문제가 된다. 만일 경음으로 표시한다면 동일한 단어를 다르게 표시하는 경우가 될 것이다. 역사적으로 이들은 설정음의 경음에서 발생된 것이 분명하지면 공시적으로 사이시옷을 표기적 쓰임에 원용하는 방안이 합리적이라고 생각한다. 즉 이들은 역사적으로 사이시옷과 관련이 멀지만 '콩ㅅ국'에서처럼 접사적으로 발달한 어휘에 사이시옷을 사용하여 어휘의 동일성을 확보한 사실에 비추어 이를 어휘표시에 사용하는 것이 타당하다고 본다. 예를 들어 '동물적'에서 경음으로 발음된다면 /동물쩍/으로 어휘 표시하는 것보다는 /동물ㅅ적/으로 어휘 표시할 때, /경제적/의 /적/과의 동일성이 확보될 것이다. 이들을 '설정음 앞에 쓰이는 사이시옷'이라고 부르기로 하고 이들도 사이시옷으로 어휘 표시하는 것을 제안하고자 한다.

5.3. 접두형식의 문제

마지막으로 1+2구조에서 1에 해당하는 한자어에 관련된 것이다. 우선 1이 자립명사이거나 의존형식일 것인데, 의존형식은 어근이거나 접두사일 것이다. 그런데 이 경우에 어근이나 접두사 그 자체가 경음으로 변하는 경우와 그 뒤에 사이시옷이 오는 경우가 있다. 예를 들면 '헛수고, 헛기침'

---

31) 배추채(2003;273-8)에 다양한 예들과 해석이 있다.

등의 예에서 '헛'이 한자어 '虛'에서 출발했다면 사이시옷이 접두사 형식에 관여한 것을 볼 수 있다. 이는 국어 사이시옷 현상에서 종종 목격되는 것이다. '웃어른, 뒷감당' 등의 '웃, 뒷'은 이러한 사이시옷 용법의 발달이라고 보여 진다. 자립형식의 경우도 뒤의 평음이 경음으로 발음된다면 그것은 합성명사의 사이시옷과 동일한 것으로 볼 수 있다. ㅅ후치명사의 경우도 위에서 논의한 전치명사와 동일하게 사이시옷을 어휘표시하면 될 것이다. 그러므로 한자어 1+2구조에서 뒷소리가 경음으로 발음된다면 사이시옷을 표기하면 될 것이다. 한편 제1요소 그 자체가 경음으로 발음되면 물론 경음으로 어휘표시하면 된다.[32]

5.4. 마무리

이상의 논의를 정리하면 다음과 같다.

(14) 한자어와 관련된 경음화 현상

가. 2자어와 3자어 문법을 구분한다.

나. 2자어는 더 이상 분석하지 않고 표면의 발음을 어휘 표시한다.

다. 3자어에서 제2요소가 환경에 관계없이 언제나 경음으로 발음되면 경음으로 어휘 표시한다.

라. 한자어의 ㅅ전치/후치명사도 고유어와 동일하게 ㅅ을 어휘 표시한다.

마. 한자어의 ㅅ전치/후치명사가 자립적으로 쓰일 때에도 경음으로 발음된다면 경음으로 어휘 표시한다.

사. 3자어에서 일부 어휘에서만 제2요소가 경음으로 나타난 경우에는 ㅅ

---

32) 이 경우에 그 자체가 경음으로 발음되는 것과 사이시옷은 관계가 없다. 에를 들면 '공돈, 공집'에서 제2요소가 경음화되는 것은 사이시옷에 의한 것이다. 그런데 만일 [꽁ㅅ돈],[꽁ㅅ집]처럼 '공' 그 자체가 경음으로 발음된다면 이는 접두사 '공'의 어휘부의 표시가 뒤의 사이시옷과는 관계없이 경음으로 변경된 것으로 보는 것이다.

을 어휘 표시한다.

아. 3자어에서 ㄹ과 설정음이 만나서 경음으로 나타나면 ㅅ을 어휘 표시
한다.

第4章

'己' 초성 한자어의
음운현상과 어휘표시

1. 들어가기

이 글은 '己'을 초성으로 가지는 한자어(앞으로 '己초성 한자어'라 함)에 대한 연구다. '己'을 초성으로 가지는 고유어는 없다. 원래 알타이어는 어두에 '己'이 오는 것을 꺼리는 제약을 가진다. 외래어도 국어에 들어오면 국어의 음운에 동화되는 것이다. 그런데 한자어는 소리뿐만 아니라 단어의 구조에 있어서도 고유어와 다른 특징을 가지고 있다. 예를 들면 '登山'은 '서술어+목적어'의 구조를 가지는데 이는 고유어에 없는 단어형성의 특징이다. 이러한 이유는 중국어의 구조를 한자어가 간직한 채로 차용되었기 때문이다. 국어를 연구할 때는 이처럼 한문문법의 특징과 국어문법의 특징을 구분하는 것이 일차적인 과제다. 특히 많은 2음절 한자어는 한문문법의 관점에서는 분석될 수 있지만 국어문법의 관점에서는 분석될 수 없다. '新羅'를 한자나 한문을 배운 적이 없는 국어화자가 '新과 '羅로 분석하고 그 의미가 '새롭다'와 '펼친다'를 가진다고 생각하는 것은 잘못된 것이다.

이 글은 국어문법의 관점에서 'ㄹ초성 한자어'를 분석하고 'ㄹ초성 한자어'의 어휘부의 목록을 작성하는 것을 목표로 삼는다. 이러한 작업은 국어의 단어형성과 음운현상을 올바르게 설명하는데 도움을 줄 것이다. 'ㄹ초성 한자어'는 국어문법의 체계에서 여러 가지 음운현상을 보여주고 있다. 소위 두음법칙을 대표로 하여 유음화와 비음화 현상이 일어난다. 두음법칙이란 'ㄹ'이 어두에서 'ㄴ'으로 변하는 것과 'ㄴ'이 '이'계 모음 앞에서 탈락하는 현상을 말한다. 예를 들면 '노동'이나 '역사'는 원래 '로동(勞動)'과 '력사(歷史)'에서 두음법칙의 적용을 받아 실현된다고 이해된다. 이 단어에 공시적인 두음법칙이 적용된다고 이해하는 측면에서는 심리적 어휘부에 /로동/과 /력사/로 표시되어 있다는 것을 의미하는 것이다.

어떤 음운현상을 공시적으로 기술하기 위해서는 형태론적 단위를 설정하는 것이 기본이 된다. 예를 들어 우리가 용언 어간말 비음 뒤에서 '경음화현상'이 일어난다고 말하는 것은 용언 어간말이라는 형태론적 문법범주를 확보했기 때문에 가능한 것이다. '감다 신다' 등에서 경음화가 발생하고 '감기다 생기다' 등에서는 경음화가 발생하지 않는 것은 후자의 '감기', '생기' 등의 '-기'를 파생접사로 보고 전체를 어간이라는 단위로 인정하기 때문에 가능한 것이다. 그렇다면 위의 '노동'과 '역사'에서 두음법칙이 발생한다고 말하는 것은 '과로(過勞), 이력(履歷)'에 나타나는 '로, 력'과 비교해서 이들 하나하나를 형태론적 단위로 인정한다는 가정 하에 출발하는 것이 된다. 그러나 생성문법에서 형태론적 단위가 되기 위해서는 단어형성의 생산적 단위이거나 통사적 단위가 되어야 한다.[1] 그러한 의미에서 현대의

---

1) 어휘부의 등재단위에 대해서는 김성규(1987), 구본관(1990), 박진호(1994), 김인균(1997)을 참고.

국어문법에서 '노'와 '동', '역'과 '사'가 하나의 단위가 되는지 문제가 된다.

우리의 논의와 관련된 기존의 논의는 두 가지로 구분 된다. 하나는 한자어의 모든 단일한 형태소를 분석하여 하나하나를 단위로 인정하는 관점이고 다른 하나는 국어문법의 관점에서 한자어를 분석하는 관점이다. 전자에 해당하는 것은 김진우(1976), 배양서(1981), 허웅(1985), 성낙수(1987), 김주필(1995), 강옥미(2006), 이세창(2006) 등 대부분의 논의가 여기에 해당한다. 국어문법의 관점을 보인 논의는 기세관(1990), 이진호(1998), 배주채(2003) 등이 있는데 2자어의 단계를 공시적으로 인정하고 있다. 기세관(1990;101-2)은 '신여성(新女性)'이 '신녀성'에서 도출된 것이 아니라 '신여성'에서 도출되는 것이라고 한다. 배주채(2003;31-2)에서는 '대유행(大流行)'은 단어의 첫머리가 아닌데도 '류'가 '유'로 바뀐 것은 '대'와 결합하기 전 단계에서 '류'가 '유'로 바뀐 것이라고 한다. 이들은 두 단계의 두음법칙을 인정하는 것이다.

이처럼 'ㄹ 초성 한자어'는 출발부터 논쟁의 불씨를 안고 있는 것이다. 이러한 원인은 한자어가 오랫동안 차용되면서 국어의 많은 어휘수를 차지하게 되고 국어 화자 누구도 한자어에서 자유로울 수 없는 상황이 되었기 때문일 것이다. 노명희(1998;11-3), 김창섭1999;1-15) 등은 이러한 관점을 반영하여 한문문법을 2자어 문법 국어문법을 3자어 문법으로 분류한 바 있다. 여기서는 2자어 문법을 '한문문법', 3자어 문법을 '국어문법'과 혼용해서 사용할 것이다.[2] 어려서부터 한자나 한문을 습득해서 한문문법에 익숙한 화자도 국어화자이면 국어문법을 가지고 있는 것이다. 또한 한자를 전혀 모르는 사람도 물론 모국어화자라면 국어문법을 가지고 있다. 즉

---

2) 언어를 모국어와 외국어로 나누고 모국어 문법을 다시 외래어와 고유어로 나눈다면 여기서 3자어 문법이란 사실 외래어 문법이 되고 2자어 문법은 외국어 문법이 된다고 말할 수 있다.

국어문법은 한국어를 구사하는 모든 사람에게 해당되지만 한문문법은 일부의 화자에게 해당되는 것이다. 이러한 구분이 2자어 문법을 구사하는 사람에게는 불분명하게 인식될 수도 있다. 그러나 오직 3자어 문법만을 가지고 있는 사람에게는 이러한 구분이 분명하게 인식된다. '國民'의 '국'과 '天國'의 '국'을 2자어 문법을 가지고 있는 화자는 이것이 같은 의미임을 알고 있지만 3자어 화자에게는 단지 [궁민], [천귝]으로 들리고 의미도 단어 전체로 인식할 것이고 그것을 '궁', '민', '천', '국' 등으로 인식하지 않을 것이다. 그런데 3자어 문법을 가진 사람이 '국민'을 알고 있으면 '국민적'이란 말을 듣고 같은 '국민'이 있음을 의미와 소리를 통해서 의식하고 국민적'을 '국민'과 '적'으로 분석하게 된다. 이러한 분석은 또한 2자어 문법을 가진 사람도 가능하다. 여기서 3자어 문법을 기술하는 것이 2자어 문법을 기술하는 것보다 우선된다는 것이 자명해진다.[3]

이 글에서는 국어문법의 관점에서 위의 '노동'이나 '역사'는 그 내부를 더 이상 분석하지 않고 어휘부에 표면의 발음이 그대로 저장된다고 본다. 또한 기세관(1990), 배주채2003)에서 논의하는 전 단계를 여기서는 인정하지 않는다. 전단계란 본질적으로 2자어 문법이라고 보기 때문에 그러한 단계를 가진 화자는 2자어 문법과 3자어 문법을 동시에 가진 화자라고 판단한다. 우리의 대상은 오직 국어문법을 기술하는데 초점을 맞추기로 한다. 그러므로 위의 예들에 나오는 '신여성'은 '신여성', '대유행'은 '대유행'으로 분석되고 어휘부에 '신', '여성', '대', '유행' 등으로 표시되고 여기에는 두음법칙이 적용되지 않는다고 해석한다.[4] 이들 어휘에 두음법칙이 적용

---

3) 김창섭(1999), 2쪽. '2자어, 3자어' 또는 '2자어문법, 3자어문법'은 편의상의 용어이다. '獨木舟, 船對空'은 3음절로 이루어져 있어도 한자를 모르는 화자는 분석하기 힘들기 때문에 2자어라 하고, '肺病, 廢潤滑油'는 3음절이 아니지만 모국어 화자가 그 말을 듣고 분석할 수 있기 때문에 3자어라 할 것이다.

4) 우리는 논의의 편의상 '신여성'과 같은 구조를 '1+2', '음운론'과 같은 구조를 '2+1'구조라

된다고 말하는 것은 '2자어 문법', 즉 '한문문법'의 관점에서 논의하는 것이다. 많은 2음절 한자어는 사실 국어 문법의 관점에서는 분석할 수 없다. 그렇다면 이제 'ㄹ초성 한자어'에 대한 제약을 논의하기 위해서는 형태론적 단위가 되는 대상을 확정하는 것이 중요한 일이 된다. 우리는 한자어를 자립형식과 의존형식으로 분류하고 그들의 환경에서 어떤 음운 현상이 발생하는지 관찰하는 것에서부터 시작하도록 한다.

우선 국어에서 'ㄹ'로 시작하는 형태론적 단위가 되는 형태소가 무엇인지 다양한 환경을 통해서 확인해 볼 수 있다. 예를 들어 '남부지방에서 '난(亂)'이 일어났다'는 발화에서 '난'은 동일한 의미로 '왜란(倭亂)'의 합성어에서' 란'으로 나타난다. 또한 '통사론'이란 단어는 '통사'와 '론'으로 분석되는데 우리는 '통사'를 자립적으로도 쓰기 때문에 분석될 수 있다고 본다. 전자는 자립형식이 되고 후자는 의존형식이 된다. 이러한 방식으로 '란'과 '론'을 확보하게 된다. 이렇게 확보된 형식들은 공시적인 음운규칙 혹은 제약에 의해서 어휘 표시로 확정될 것이다. 우선 한자어를 자립형식과 의존형식으로 나누어 어떤 어휘목록이 확정될 수 있는지 생각해 보자.

2. 자립형식

우리가 어휘부의 목록을 작성할 때 어떤 형식이 어떤 환경에서나 동일한 음성형식을 유지한다면 그것을 그대로 어휘부에 표시하는 것이 가장 합당할 것이다. 이형태가 나타날 때는 최적성 이론의 원칙이 되는 '어휘부 최적화 원리'에 의해 제약을 가장 적게 어기는 교체형이 어휘표시 되어야

는 말로 표현하기도 할 것이다.

할 것이다. 교체형을 서로 연관시키는 것이 불가능할 경우에는 표면형식이 어휘표시 되어야 한다.

우선 자립형태소인 한자어를 가지고 생각해 보자. 자립형식을 'X'라 할때 이 단어에 나타나는 음운론적 환경은 'a+X'이거나 'X+b'일 것이다. 여기서 a란 단어이거나 접사가 된다. 그리고 'X+b'는 자립적으로 쓰이는 'X'와 동일한 음운현상을 보이기 때문에 'b'는 고려하지 않기로 한다. 'ㄹ초성 한자어'는 'ㄹ' 앞에 단모음이 오느냐 이중모음이 오느냐에 따라 '난(蘭), 예(例)'처럼 다르게 나타난다. 우선 단모음의 경우부터 살핀 다음에 이중모음의 경우를 보기로 하자. (1)에서 대표적으로 '란'이 쓰이는 다양한 환경을 보자.

(1)
ㄱ. 새 난을 사왔니? 예쁜 난을 보았다.
ㄴ. 충주란, 서울란, 부산란[부산난], 경북란[경붕난]5)
ㄷ. 난초(蘭草), 풍란(風蘭)

위의 예에서 '란(蘭)'은 (1ㄱ)처럼 자립형식으로 쓰일 때와 (1ㄴ)처럼 자음 뒤에서는 [난]으로 발음되고 모음이나 유음 뒤에서는 [란]으로 발음된다. (1ㄱ)의 어두라는 환경을 제외하면 모음과 유음은 [vocalic]으로6) 나타낼 수 있기 때문에 [난]과 [란]의 교체형의 환경은 간단하다. 어두를 제외하고 [난]을 입력형으로 삼으면 모음이나 유음 다음에서 [란]으로 바뀌어야

---

5) (1ㄱ)의 '난'과 (1ㄴ)의 '난'이 동일한 것이라고 말하는 것이 가능한지는 논쟁의 여지가 있다. 국어에서 단어 뒤에 올 수 있는 요소는 접사 혹은 어근이거나 단어일 것이다. 여기서는 앞 요소가 자립명사이므로 형태론의 단어형성에 의해 명사가 형성된 것으로 보아 동일한 것으로 본다.
6) 대범주자질[vocalic]은 전상범(2004), 78-82쪽 참고.

하는데 국어에는 'ㄴ'으로 시작하는 많은 어휘가 모음 뒤에서 ㄹ'로 바뀌지 않아서 이런 방식은 불가능하다. 그러므로 일단은 '란'을 입력형으로 삼고 '난'을 출력형으로 하는 방식이 우선 고려된다. 그런데 (1ㄱ)은 마치 자음처럼 행동하지만 어두라는 환경이 자음과 동일하다는 것을 증명하기 힘들기 때문에 전통적으로 국어에 어두 제약이 있다고 생각하여 두음법칙이라고 했던 것이다. (1ㄱ)과 (1ㄴ)을 통해서 두 가지 음운현상이 있다고 할 수 있다. 그러나 여기에 몇 가지 음운현상이 있느냐는 논쟁의 소지가 있다. 김주필(1995)에서는 어두를 휴지로 보고 어두와 자음을 통합하여 어중과 동일하게 처리했다.[7] 이렇게 되면 하나의 음운현상이 되고 소위 두음법칙이 없게 된다.[8] (1ㄷ)은 우리의 논의에서 더 이상 분석의 단위가 아니고 전체가 하나의 단위가 된다. 여기서 '風蘭'의 '풍'이 국어문법의 측면에서 형태론적 단위로서 접사가 될 가능성은 없어 보인다. '풍X'와 같은 단어의 생성이 가능하지 않기 때문이다. 그러므로 [난초], [풍난]이 그대로 어휘표시 될 것이다. 여기에는 두음법칙이나 다른 음운현상이 개재될 수 없다.[9] (1ㄴ) [경붕난]의 경우는 사실 'ㄹ'이 'ㄴ'으로의 교체와 비음동화가 적용된 것이다. (1ㄴ) [부산난]은 간혹 [부살란]으로 발음되기도 한다. 한자어 'ㄴ ㄹ' 결합에서 발생하는 [ㄹ ㄹ]의 현상은 2자어에서 활발하다. '신라~신라, 반란~발란' 등 2음절 한자어는 거의 이 제약의 적용을 받는다. 일단

---

7) 이 문제는 아래에서 다시 논의 되는데, 결론부터 이야기하면 김주필(1995)에서 주장된 어두와 자음이라는 환경을 통합하는 방식을 인정하지 않게 된다.
8) 오정란(1995ㄱ)는 어두의 'ㄹ'제약이 'ㄹ'음의 어두와 음절말의 기능 부담량에 따른 것으로 본다.
9) 그런데 자립적으로 쓰이는 '난'의 의미를 알고 있는 사람이 차츰 '난초, 풍란'을 보고, 들어서 자립적으로 쓰이는 '난'과 의미의 연관성이 있다고 아는 사람은 서서히 '[난초], [풍난]'의 '난'을 동일한 것이라는 어렴풋한 짐작을 가지기 시작하면서 2음절어를 분석하기 시작할 것이다. 이는 3자어 화자가 2자어 문법을 가지게 되는 과정으로 또 다른 과제로 본다.

이 현상을 2자어 문법의 영향으로 보고 아래에서 다시 논의하기로 한다. 그런데 (1ㄱ)에서 [새 넌]처럼 하나의 음운론적 단어를 이루어도 모음 뒤에서' 난'으로 발음되는 것으로 보아서 'ㄹ' 어두 제약은 음운론적 환경에 민감한 규칙이 아니라 형태론적 단어에 민감한 규칙이라는 것을 알 수 있다.

국어의 음운현상을 분류하는 방법은 기준에 따라 다양하지만 전통적으로 형태론적인 범주에 의존하는가 아니면 음운론적 환경에 의존해서 발생하는가 하는 점일 것이다. 위에서 논의한 용언 어간말 비음화는 형태론적 범주에 의존한 음운현상이고 국어의 대표적인 음운현상인 비음동화는 음운론 적환경에 의존한 음운현상이다. 그렇다면 'ㄹ 초성한자어'와 관련된 음운현상은 어떤 종류인가를 확인하는 것이 일차적으로 중요하다. 두음법칙이란 사실 '두음'이란 용어에서 보듯이 단어의 처음이라는 의미인데 단어의 개념은 형태론과 음운론에서 차이가 나는 경우가 많다. 예를 들면 비음동화는 '먹는다', '국물', '경제적 물건' 등에서 단일어 합성어 구에서 자유롭게 발생하는데 이들을 묶어주는 단위는 형태론적 개념보다는 음운론적 단어를 설정함으로써 가능하다.

그런데 두음법칙은 [새넌]처럼 음운론적 단위 내에서는 형태론적 단어와 다르게 적용되는 것이다.[10) 좀 더 많은 예들을 보기로 하자.

  (2) 구(句)가 음운론적 단어를 이룰 때
  새 난이 예쁘다→[새넌], 새 노를 구입했다→[새노], 이 예가 옳다→[이예] / 적절한 노[적절한노], 적절한 예→[적절한예]∼[적절하네] / 쓸 노→[쓸로] / 경제적 노→[경제정노], 경제적 예→[경제정녜]

_____

10) 음운론적 단어 등의 운율어에 대한 개념은 Selkirk(1986), Nespor and Vogel(1986) 참고. 한국어에 대한 논의는 곽동기(1992), 강옥미(1994), 한은주(1994) 참고.

위의 예들은 형태론적 구가 음운론적 단어를 이룰 때의 경우로 (1)과 다르게 모음 뒤에서 'ㄹ'이 나타나지 않고 마치 어두처럼 'ㄴ'이나 탈락형으로 나타난다. 이는 'ㄹ' 어두제약이 음운론적 환경에 민감한 현상이 아니라 형태론적 단어 범주 내에서만 적용되는 현상이라는 것을 의미한다. 다만 [쓸료]처럼 관형사형 'ㄹ' 뒤에서 어두임에도 'ㄹ'이 되는 것은 국어의 일반적인 유음화 현상의 적용을 받아서 나타난 것이다. 유음화 현상은 바로 음운론적 단어에서도 적용되는 순수 음운현상이다.[11] 다음으로 대표적으로 이중모음의 환경에 있는 '양(量)'에 대해서 살펴보자.

    (3) ㄱ. 부피보다 양이 많다. 많은 양을 좋아한다.
       ㄴ. 소주량, 어획량[어횡냥], 주문량[주문냥], 채굴량
       ㄷ. 쓸양[쓸량~[쓸] [양]
       ㄹ. 정량(定量)[정냥]

(3ㄴ)의 예들은 위의 (1ㄴ)과 동일한 환경에서 동일한 발음 현상을 보인다. 그런데 (3ㄱ)은 어두에서 'ㄹ'이 나타나지 않는 것을 보여준다. 이것에 대해서는 전통적으로 'ㄹ'이 'ㄴ'으로 변한 다음에 '이'계 모음 앞의 'ㄴ'이 어두에서 탈락한나는 것이다. 'ㄹ'이 어두에서 바로 탈락한다는 것은 음성학적인 동기를 설명하기 어렵기 때문에 받아들이지 않는다. 또한 입력형에 'ㄴ'이 있는 경우에도 어두에서 탈락하는 현상이 있다. 예를 들면 2자어의 '소녀(小女)'와 '여인(女人)'에서 보듯이 이계 모음 앞에 오는 'ㄴ'은 어두에서 탈락한다. 그러므로 어두의 'ㄹ'도 우선 'ㄴ'으로 변경된 다음에 탈락한다고 말하면 새로운 규칙을 만들지 않고도 국어의 다른 음운현상과 통합하여 설명하는 잇점이 있기 때문이다. 김주필(1995)에서는 이계 모음

---

11) 유음화 규칙은 이진호(1998) 참고.

앞의 'ㄴ'탈락이 남부 지방에서부터 시작한 구개음화의 일환이라고 설명한다. 이는 음성학적 동기가 있다는 것을 의미한다. 제약으로 설명한다면 어두에 'ㄹ'이 오지 못하는 제약과 '이'계 모음 앞의 'ㄴ'이 어두에 오지 못하는 두 가지 제약이 작동한다고 하면 되기 때문에 별 문제가 없을 것이다. (3ㄷ)의 [쓸령]은 전통적으로 'ㄴ'첨가 규칙의 적용을 받은 것으로 해석된다. 형태론적 단어에서 두음법칙의 적용을 받아 '양'이 되고 단어 경계에 적용되는 'ㄴ'삽입이 적용되어 '쓸냥'이 된 다음에 유음화가 적용되어 [쓸령]이 되었다고 해석된다. 왜냐하면 관형어를 이룰 때에도 [쓸양]처럼 두음법칙의 적용을 받기 때문에 어두와 이계 모음 사이의 'ㄴ'은 탈락되기 때문이다. 탈락이 일어난 다음에 음운론적 단어를 이룰 때는 새로운 'ㄴ' 삽입 규칙이 적용된 것으로 본다.[12]

지금까지의 논의는 어두에서 'ㄴ'으로 나타나고 탈락하는 것을 제약으로 설명할 수 있다면 하나의 입력형 'ㄹ'을 인정할 수 있다는 논의였다. 그런데 기원적으로 어두에 'ㄹ'을 가진 어휘가 자립적으로 쓰인다고 모두 이러한 분포를 보이는 것은 아니다. '누(累)'는 '남에게 누를 끼치지 마라' 와 같이 쓰여 자립적으로 쓰이지만 표면에 [루]를 보여주는 형식이 나타나지 않는다. 즉 'X+누(累)'의 형식에서 X가 'ㄹ'이나 모음으로 끝나면 이 [루]를 확인할 수 있다면 입력형으로 '루'를 인정할 수 있으나 실제로 그런 어휘는 없다. 그러므로 이 '누'는 그 자체가 어휘 표시 된다. '능(陵)'도 '광릉, 정릉, 헌인릉' 등에서 나타나지만 국어 문법에서는 이를 분석하기 힘들다. 제 요소가 어떤 형태론적 단위로 인정되기 힘들기 때문이다. 즉 '능'과 '릉' 은 교체형이라고 보기 어렵다. 그러므로 독립적으로 쓰이는 /능/ 그 자체가 어휘표시 된다.[13] '율(律)'은 '계율(戒律)'처럼 명사 뒤에도 오지만 모음

---

12) 'ㄴ'첨가는 기세관(1990;74-153)에 자세히 나와 있다. 고유어와 漢字語를 구분하고 자립형식의 단어와 접사를 구분해서 설명하고 있다.

다음에서 '르'이 보이지 않는다. 이 문제는 '열(列)의 문제와 동일한데 아래에서 다시 논의될 것이다. 자립형식의 '르 초성한자어'와 관련된 것을 정리하면 다음과 같다.

(4) ㄱ. 형태론적 단어 범주에서 적용되는 현상이다.
    ㄴ. [-vocalic]음운과 '르'이 결합되는 것을 꺼리는 제약과 어두 제약을 설정하면 '르'을 입력형으로 삼아서 어휘 표시할 수 있다.
    ㄷ. 기원적으로 '르'을 가진 단어라 해도 국어 문법의 단위로서 표면에 '르'을 확인할 수 없으면 표면의 실현형이 어휘부에 표시된다.

위에서 논의된 것과 같은 방식으로 볼 수 있는 국어의 자립형식의 '르 초성한자어'는 다음과 같다. 아래의 예들은 김창섭(1999), 배주채(2003)을 기초로 해서 정리했다.

(5) 자립형태소(자립명사)
란(欄), 란(亂), 로(爐)14), 량(量), 령(令), 령(嶺), 례(禮), 례(例), 란(蘭), 락(樂), 류(類), 련(聯), 령(靈), 룡(龍), 륙(六)

---

13) 이와 같은 예는 어휘 하나하나의 면밀한 검토를 요구하는 작업으로 또 다른 논의가 될 것이다. 우선 '노(櫓), 녹(綠), 양(兩)' 등도 여기에 속하는 것으로 보인다. '양'은 관형사로 쓰인다.
14) 신선로(神仙爐)는 음식의 이름인데, 원래 2자어에서 발달되었을 것이다. 현대국어에서 '신선의 노'라는 의미로 분석할 수 없기 때문에 '신선로'는 2자어이다. 다른 2자어처럼 [신설로]로 발음되는 것이 맞고 [신선노]로 발음한다면 그 화자는 '신선'과 '노'로 잘못 분석해서 발생한 발화라고 생각할 수 있다.

3. 의존형식

의존형식은 대표적으로 빈도수가 많은 로(路), 료(料)를 가지고 논의하기로 하자.

> (6) ㄱ. 십자로, 직선로[직선노], 율곡로[율공노], 통일로
> ㄴ. 강의료, 수신료[수신뇨], 수업료[수엄뇨], 이발료
> ㄷ. 신작로/ 과태료, 위자료
> ㄹ. 수로, 가로수/ 고료(稿料)

(6ㄱ,ㄴ)은 단어와 결합한 경우로 국어문법에서 분석될 수 있다. 자립형식에서 보여준 교체 방식과 동일하다. 즉 [-vocalic] 음운 아래에서 'ㄹ'이 'ㄴ'으로 교체하고 있다. 어두라는 환경이 없기 때문에 [-vocalic] 음운과 'ㄹ' 제약이 관여한다. 또한 자립형식에서 보여준 단모음 앞이냐 이중모음 앞이냐의 차이도 없다. 그러므로 이들의 어휘표시는 'ㄹ'이 될 것이다. 그런데 (6ㄷ,ㄹ)은 제요소가 이단어 이외에는 거의 쓰이지 않거나 쓰이더라도 2자어 문법에서 들어온 것이다. 우리의 방식으로는 이들의 발음이 그대로 어휘표시 될 것이다. '신작로'는 [신장노]처럼 될 것인데 '신작'의 의미를 모르는 화자들이 이 단어가 '길'과 관련이 있다는 것을 알게 된다면 이는 '신장노'의 '노'를 이미(6ㄱ,ㄴ)을 통해서 알게 된 형태소 '로'와 연관을 시키게 될 것이다. 이 화자는 기존의 어휘부의 '신장노'를 버리고 '신장로'라는 새로운 어휘부를 가지게 될 것이다. 이 때 발생한 '신장'이란 요소는 이 화자에게만 존재하는 특이한 형태소로 저장된다. '신작로'와 관련해서 세가지 종류의 화자가 등장하게 된다. 하나는 완벽한 2자어 문법 화자로 /신작로/를 가지는 화자, 둘째 /신장로/를 가지는 화자, 셋째 /신장노/를

가지는 화자로 구분된다. 이는 화자의 2자어 문법의 습득 정도에 따라 구분된다고 본다. 이러한 관점은 단어에 따라서도 등급이 서게 될 것이다. 위의 수로(水路)를 '물길'이라는 것을 아는 화자는 '수(水)'가 국어에서 많이 사용되고 특히 '육각수, 정화수' 등에서 접미 형태로 사용되므로 쉽게 /수로/로 형태 분석할 수 있다. 그러나 '가로수'의 '로'는 중간에 들어가 있기 때문에 2자어를 모르는 화자는 분석해 내기가 쉽지 않을 것이다. 단어에 따라서 3자어 화자가 2자어를 인식하는 정도는 '수로, 신작로, 가로수'와 같은 등급을 가질 수 있다. 3자어 화자가 어떻게 2자어 화자가 되는가에 대한 논의는 앞으로 많은 연구가 필요한 부분으로 보인다.

다음의 의존형태소의 목록은 김창섭(1999)를 기초로 해서 작성되었다.

(7) -의존형태소
락(落), 력(力), 력(歷), 령(領), 로(路), 록(錄), 론(論), 료(料), 루(樓), 류(類)15), 류(流), 립(粒), 리(理), 리(裡/裏), 리(里), 림(林)

3.1 'ㄴㄹ'의 문제

'ㄴㄹ'결합은 상당한 어휘에서 위에서 본 [ㄴㄴ]의 발음 이외에두 [ㄹㄹ]로 발음된다. 예를들면 '직선료[직설로], 수신료[수실료], 음운론[음울론]'처럼 발음되기도 한다. 이 현상에 대한 정확한 이해는 어떤 제약이 현대국어에 생산적으로 작동하는지를 파악하게 되고 그 결과 접미 형태에 대한 어휘표시를 어떻게 확정할 것인지 결정하게 된다. 다음의 예들을 보기로 하자.

(8) ㄱ. 직선뇌[직선뇌]~[직설로], 음운론[음운논]~[음울론], 견문록[견문

녹~[견물록], 인간론[인간논]~[인갈론]

ㄴ. 수신료[수신뇨]~[수실료], 순환류[순환뉴]~[순활류]

ㄷ. 임진란[임진난]~[임질란], 부산란(蘭)[부산난]~[부살란] / 낭만류
[낭만뉴]~*[낭말류]15), 상견례[상견녜]~*[상결례] / 신(辛)라면[신
나면]~*[실라면]

'ㄴㄹ' 결합에 대한 발음은 크게 의존형식과 자립형식이 차이가 난다.
우선 (8ㄱㄴ)은 제요소가 의존형식이고 (8ㄷ)은 자립형식이다. 자립형식
은 [ㄹㄹ]이 잘 안 되는 것을 보여준다. 서로 간의 교체가 활발한 것은
(8ㄱ)으로 의존 형식의 단모음이다. (8ㄴ)은 이중모음을 가진 의존형식인
데 [ㄹㄹ]이 약간 거북하다. 특히 (8ㄷ)은 자립형식인데 단모음이 약간 거
북한 데 비해서 이중모음 형식은 잘 안 되는 것으로 보인다. 이는 'ㄴㄹ'의
결합이 단순히 [ㄴㄴ]과 [ㄹㄹ]의 교체로 설명될 수 없음을 보여주고 있다.
이에 대해서는 지금까지 많은 논의가 있었다.16) 이들의 논의는 다음과 같
이 나눌 수 있을 것이다.

---

15) 김창섭(1999;99)에 "류가 다르다"에서 두음법칙이 적용되지 않는 것으로 보아 최근에
자립적인 용법인 듯이 보인다고 함.
16) 이진호(1998)는 유음화에 대한 종합적고찰이다. 그 곳에서 '순행적 유음화', '역행적
유음화'라는 용어를 사용한다. 공시적으로 활발한 순행적 유음화는 16세기부터 시작
하는데, 직접동화이면서 활용의 'ㄹ'탈락과는 외재적 규칙순으로 해결되는 것으로 논
의했다. 단어 내부에서만 적용되는 역행적 유음화는 'ㄹ의 비음화'와 경쟁관계에 있는
것으로 보았다. 역행적 유음화보다 늦게 출현한 'ㄹ의 비음화'는 젊은 층으로 갈수록
점차 세력을 확대한다고 말한다. 또한 'ㄹ의 비음화'는 자음 뒤 비음화라는 일반적
규칙에 통합된다고 말한다. 여기에서는 이러한 견해를 수용해서 논의를 전개한다.
다만 역행적 유음화와 'ㄹ비음화'를 경쟁관계보다는 2자어 문법의 규칙과 3자어 문법
의 규칙이라는 개념으로 이해하고자 한다. 만일 3자어에서 역행적 유음화가 발생하면
2자어 문법에 유추된 현상이고 'ㄹ비음화는 현대국어에 생산적으로 존재하는 규칙이
라는 것이 필자의 입장이다.

(9) ㄱ. 거울영상규칙[17]

ㄴ. 2음절어에는 'ㄹㄹ'규칙이 적용되고 경계에서는 'ㄴㄴ'규칙이 적용된다.[18]

ㄷ. 옛 규칙(ㄹㄹ)과 새로운 규칙(ㄴㄴ)이 경쟁관계에 있다.[19]

ㄹ. 'ㄹㄹ'은 구형이고 'ㄴㄴ'은 신형인데, 형태분석을 어떻게 하느냐에 달린 것이다.[20]

위의 주장 중에 (9ㄱ)은 '2+1'에서 '상견례*[상결례), 낭만류*[낭말류)'처럼 'ㄹㄹ'로 되지 않는 경우가 허다하기 때문에 받아들이기 어렵다.[21] (9ㄴ)은 '2+1'에서도 많은 경우에 'ㄹㄹ'로 되기 때문에 받아 들일 수 없다. (9ㄷ)의 경우도 2자어에서는 'ㄹㄹ'이 우세하고 3자어에서는 'ㄴㄴ'이 우세하기 때문에 받아들이기 힘든 주장이다. (9ㄹ)은 형태분석을 못하면 'ㄹㄹ'이 되고 형태분석을 하면 'ㄴㄴ'이 된다고 본다. 정리해 보면 구형이고 형태분석을 못하면 'ㄹㄹ'로 되고 신형이고 형태분석하면 'ㄴㄴ'이 된다는 의미다.

그러나 많은 2자어 화자는 형태분석이 가능하지만 구형의 영향을 받아서 많은 단어를 'ㄹㄹ'로 발음할 것이다. 필자도 '음운론'의 형태분석이 가능하지만 간혹 '음울론'으로 발음한다. 두 가지 잣대가 일관성이 없이 적용되고 있다고 볼 수 있다. 우리는 구형과 신형이라는 것은 받아들이지만 형태분석이 가능하냐 하지 않느냐는 받아들일 수 없다.[22] 2자어 화자

---

17) 김영기(1974;188)에 보듯이 초기 생성음운론에서 주로 논의한 것이다. 강옥미(2003;228-9)에도 예들과 그 형식을 볼 수 있다.

18) 곽동기(1992), 서보월(1992), 성낙수(1987), 이진호(1998) 등 거의 모든 논의가 이러한 현상이 있음을 논의하고 있다.

19) 이진호(1998).

20) 배주채(2003).

21) 3자어의 구조를 '인간론' 같은 형식은 '2+1', '대유행' 같은 형식은 '1+2'와 같은 방식으로 구분한다.

는 형태분석에 더욱 민감할 것이지만 구형을 더 잘 받아들일 것이기 때문이다.

본고의 주장은 근본적으로 [ㄹㄹ]은 2자어 문법의 적용을 받는 규칙이고 [ㄴㄴ]은 3자어 문법의 규칙이라는 주장이다. 우선 여기서 주목해야 할 점은 어떤 어휘가 3자어 문법의 '2+1' 구조로 분석 될 수 있다면 자음 뒤의 'ㄹ'은 비음으로 발음된다는 제약의 영향을 받아서 'ㄴㄹ'은 [ㄴㄴ]으로 발음될 것이다. 여기서 3자어 화자가 '2+1'을 분석하지 못 할 경우다. 이때 이 화자는 두 가지로 나누어지게 된다. 예를 들어 어떤 화자가 다른 사람의 문장이나 단어를 듣고 '음운론'이란 단어의 전체 의미 품사범주 기능 등을 어렴풋이 전체적으로 알고 있다고 가정하자. 이 단어를 분석하지 못하는 화자가 최초에 [음운논]으로 어휘부에 입력되었다면 이 화자는 어휘표시가 /음운논/이 될 것이다. 그러나 이 화자가 최초에 [음울론]으로 듣고 그것을 어휘부에 저장했다면 어휘 표시는 /음울론/이 된다. 이 화자는 점차 어휘 지식이 쌓임에 따라서 /음운/을 먼저 인식할 수도 있고 /론/을 먼저 인식할 수도 있다. '천리'는 거의 대부분의 화자가 [철리]로 발음한다. 3자어 화자가 이를 형태분석하지 못해서 이렇게 발음한다는 주장은 이해할 수 있지만 2자어 화자가 형태분석을 못해서 그렇다고 한다면 이해하기 힘들다. 이는 옛 제약을 적용받은 어휘를 그대로 어휘부에 입력하고 있다고 해야 한다. 복합어는 한번 만들어져 입력되면 그것이 다시 재분석되지 않고 그대로 어휘부의 입력형이 되기 쉽기 때문이다. 오직 3자어 문

---

22) 최근 최적성 이론으로 이 현상을 다루는 논의가 다수있었다. 김태경(2000)은 음절말이 음절초보다 공명도가 높아야한다는 강도의 원리로 접근하고 있고, 강옥미(2006), 이세창(2006)은 형태소 경계에서 충실성 제약에 대한 우선 순위로 설명하고 있다. 그러나 위에서 보듯이 구형과 신형의 빈도가 다르게 나타나는 현상을 이러한 설명이 포착하기는 힘들 것이다. 'ㄹ'음의 위치에 따른 강도의 문제는 오정란(1995ㄴ)참고.

법만을 가진 화자가 한자어를 어휘부에 인식해 가는 과정도 하나의 흥미로운 연구과제가 될 것으로 보이지만 그것은 다른 연구로 미루기로 한다.

3.2 '열, 율'의 문제

한자어 '열(列), 율(律, 率)'은 지금까지 논의한 것과는 다소 다른 교체형을 가진다. 이들은 3음절 한자어의 제2요소로 활발하게 쓰인다.[23]

> (10) ㄱ. 우측열[우층녈]~*[우츠결], 이십열[이심녈]~*[이시별], 총열[총녈] /당근열[당근녈]~[당그녈], 횡단열[횡단녈]~[횡다녈]/문자열, 구개열
>
> ㄴ. 출석률[출성뉼]~[출서귤], 보급률[보급뉼]~[보그뮬], 사망률[사망뉼] /증가율, 인과율, 점유율/생산율[생난뉼]~[생사뉼], 백분율[백분뉼]~[백부뉼], 조건율[조건뉼]~[조건뉼]

'렬 률'은 맞춤법 규정에 모음과 'ㄴ' 다음에 '열 율'로 적고 그 외는 '렬 률'로 적도록 되어 있다. 아마도 기원적인 한자를 알고 있는 사람들에 의해서 실제 발음형을 참고하지 않고 정한 것으로 보인다. 이제 (10ㄱ,ㄴ)을 통해서 입력형이 어떻게 설정 되어야 하는지 살펴 보기로 하자. 우선 의심이 가는 발음형은 제외하고 먼저 확실한 발음형을 살펴 보면 모음과 자음 뒤에서 다른 모습을 보여준다. 즉 모음 뒤에서는 'ㄹ'탈락형이 나타나고 자음 뒤에서는 'ㄴ'이 나타난다. 우리는 'ㄴ~ø'의 교체를 통해서 'ㄴ'삽입과 'ㄴ'탈락이라는 규칙을 가정해 볼 수 있다. 그런데 어두를 제외한 어중에서 모음과 이계 모음 사이의 'ㄴ'탈락은 국어에 일반화되기 힘들기 때문

---

23) '열'은 자립적으로 쓰이고 있다. 그러나 우리는 어휘 표시 문제에 집중하기 때문에 자음과 모음 'ㄴ'뒤에서 다른 모습을 보여 준다.

에 받아들이기 어렵다. 예를 들어 '배뇨(排尿), 차녀次女)' 등에서 보듯이 모음 뒤에서 'ㄴ'은 탈락되지 않는다. 다른 가능성은 삽입규칙인데 국어에서 복합어를 이룰 때 자음과 이계 모음사이에서 'ㄴ'삽입규칙이 존재한다. '어금니, 꽃이름' 등에서 그것을 볼 수 있다. 우리는 이 규칙이 비록 현대국어에서 생산성을 상실해 가지만 (10)의 현상을 이 규칙과 통합할 수 있다고 본다.[24] 그렇다면 의존명사의 항에서 '율'과 함께 다루기로 한다. '율(律은 불교 용어에서 '계율'이라는 의미로 쓰일 때, 간혹 자립적으로 쓰이지만 다른 곳에서는 쓰이지 않기 때문에 아직 자립형식을 획득했다고 보기 어렵다.

이들에 대한 입력형은 당연히 'ㄴ'이 없는 탈락형이 되어야 한다. 즉 '열 율'이 입력형이 되고 어휘부에 등재 되어야 한다. 'ㄴ' 다음에 보이는 혼동은 한문문법을 가지고 있는 화자들이 보여 주는 것이고 오직 3자어 문법을 가지는 화자는 앞쪽의 자음이 뒤로 연음되는 현상을 볼 수 없다. 만일 'ㄴ'삽입규칙을 부정한다면 우리는 'ㄴ'형과 탈락형 모두를 어휘 표시해야 하고 'ㄹ'형은 표시할 수 없다고 본다. 그런데 '일열~일렬, 소실율~소실률'에서 보이는 'ㄹ'뒤의 [ㄹㄹ]은 입력형에 'ㄹ'이 있어서 출력형이 그렇게 된 것이 아니고 위에서 논의한 'ㄴ'삽입 현상에 의해서 'ㄹㄴ'의 구조가

---

24) 'ㄴ'첨가에 대해서는 기세관(1990)참고. 엄태수(1998;59-67)에서도 'ㄴ'삽입의 어휘화에 대해 논의 되었다. 제2요소가 파생접사나 굴절접사인 경우에 일어나지 않고 고유어의 합성명사에서는 활발하게 일어난다. 그러나 한자어의 경우는 복잡하다. 첫인생처던생, 꽃이름[꼬디름] 등이 보이므로 합성어에서도 현대국어의 살아있는 규칙이라고 보기 힘들다. '한국인, 안식일'에서 보듯이'人, 日' 등의 접사형식에 서도 일어나지 않는다. 어휘부의 표시를 단순화하는 것도 중요하지만 'ㄴ'삽입규칙의 혼동과 형태론적으로 '열, 율'이 접사화되는 통시적 과정 중에 있는 것을 그대로 반영하는 것도 중요하다. 우리는 '열, 율' 하나로 어휘표시하는 방법과 탈락형과 동시에 표시하는 두 가지 방식을 열어 두기로 한다.

이루어지고 이러한 구조는 국어의 일반적인 유음화 현상에 의해서 나타난 것으로 이해하면 된다.

4. 새로운 형식

최근에 'ㄹ'과 'ㄴ'의 어두 제약에서 벗어나는 형식이 발견되고 있다. '라면, 라디오, 뉴스' 등 외래어에서 시작한 말이 '란(蘭), 류(類), 녀석' 등의 한자어와 고유어에도 쓰이고 있다. 위에서 우리는 두음법칙이 형태론적 단어 범주에 적용되는 음운현상이라고 말한 바 있다. 이러한 제약은 오랜 역사를 가지는 것으로 현대국어에서 이 제약이 약화되는 것임을 보여주고 있다. 다양한 형식에 쓰이는 '류(類)'에 대해서 생각해보자.

(11)
ㄱ.종류(種類)   ㄴ.야채류   ㄷ.그런 류가 있니?   ㄹ.너와 나는 류가 다르다.

(11ㄱ)에서 보여주는 '류'는 3자어 문법에서는 분석할 수 없다. 그러나 (11ㄴ)은 의존형식으로 3자어 문법에 쓰인다. 우리는 어떤 과정으로 (11ㄱ)이 (11ㄴ)이 되었는지 알 수 없지만 (11ㄷ)의 의존명사를 거쳐서 최종적으로 (11ㄹ)에서처럼 자립적으로 발달할 수도 있다는 것을 알 수 있다. 이러한 형태·통사적인 자립성은 음운론적으로도 어두 제약에서 벗어나는 계기가 된 것으로 보인다. 지금까지 논의에서 'ㄹ 한자어'와 관련된 중요한 제약은 세 가지였다. 하나는 [-vocalic]음운 뒤에서 'ㄹ'이 제 약되는 것이고 둘째는 어두에서 'ㄹ' 제약이고, 마지막으로 어두의 이계 모음 앞에서 'ㄴ'제약이었다. 그런데 위에서 우리는 김주필(1995)에서 주장한 어두

와 자음을 묶어서 논의하는 것에 대해 결정을 하지 않았다. 그러나 지금의 예들로 보아 이것을 묶어서 설명하는 것은 별로 효과 없는 것이 드러났다. 즉 어두 환경의 변화와 자음 뒤 환경의 변화는 다르다는 것을 실증적으로 보여 주고 있기 때문이다. 어두에서는 'ㄹ'이나 'ㄴ'을 유지하면서 어두 제약에서 벗어나는 형이 나타나지만 자음 뒤에서는 아직도 'ㄹ'의 비음화의 적용을 받고 있기 때문이다. 어두에서의 제약이 사라진다면 지금까지 어두에서 'ㄹ'이 'ㄴ'으로 변한다는 제약과 'ㄴ'이 이계 모음 앞에서 탈락된다는 제약이 사라진다는 것을 의미한다. 그렇다면 이제 모음 뒤의 'ㄹ'이 'ㄴ'으로 변경되는 것은 인정할 수 있지만 어두에서 'ㄹ'이나 이계 모음 앞의 'ㄴ'이 발음되는 것은 허용해야 될지도 모른다. 이러한 사실로부터 '란(蘭), 류(類)'가 어두에서 나타나는 것은 신형이라고 하고 '난', '유'는 구형이라고 할 수 있다.

5. 마무리

지금까지 국어문법의 관점에서 'ㄹ 초성 한자어'에 대한 어휘부의 어휘 표시에 대해서 논의했다. 2장과 3장에서 자립형식과 의존형식에 따라 다수의 어휘가 어휘부에 'ㄹ'로 표시 될 수 있음을 보여 주었다. 4장에서는 어중에서는 'ㄹ'이 'ㄴ'으로 변경되는 규칙을 유지하지만 어두에서는 기존의 제약에서 점차 벗어나고 있다는 점을 확인했다. 이제 남은 문제는 이들에 대한 표준어 규정과 맞춤법을 정비하는 일이다. 특히 표준어를 정할 때 위에서 논의 되었듯이 2자어 문법과 3자어 문법의 관계는 지속적으로 탐구되어야 한다고 본다.

Ⅰ. 자립형태소(자립명사)

1. 란(欄) - 신문이나 서류의 선으로 구분된 부분 새로 난을 만들다.
   독자의 의견을 싣는 난. 비고란

2. 란(亂) - 난을 일으키다. 임진란, 동학란, 왜란

3. 로(爐) - 노에 있는 쇳물

4. 량(量) - 정도나 양,
   감소량, 거래량, 할당량, 음식량, 채굴량, 어획량, 강수량, 함유량, 치사량

5. 령(令) - 법령, 명령, 계엄령, 대통령령, 병사동원령, 체포령, 금족령

6. 령(嶺) - 재, 고개
   추풍령, 한계령, 대관령

7. 례(禮) - 예법, 예식, 예절
   문안례, 악수례, 성찬례, 신부례, 거수례, 상호례, 생남례, 상견례

8. 례(例) - 사례, 예문
   논문 작성례, 문장례, 인용례, 작도례, 판결례

9. 란(蘭), 10. 락(樂), 11. 류(類), 12. 련(聯), 13. 령(靈), 14. 룡(龍), 15. 륙(六)

II. 의존형태소

1. 락(落) - 접미어근

   권리락, 배당락, 신주락, 이식락, 이자락, 추첨락

2. 랑(郞) - 접미어근(벼슬의 품계 뒤에 붙이는 칭호)

   계공랑, 주공랑, 승의랑, 효종랑, 통덕랑

3. 량(量) - 접미어근((옛날 시간 표현 뒤에 붙어) 그 시간 쯤)

   사경량, 삼경량

4. 력(力) - 접미어근(능력, 힘)

   군사력, 기억력, 살균력, 자제력, 잠재력, 순발력

5. 력(歷) - 접미어근(역법, 달력, 책력)

   교회력, 농사력, 자연력, 희랍력, 항해력, 회교력, 태양력, 그레고리력

6. 령(領) - 접미어근(영토, 영지)

   교황령, 교회령, 시민자치령(접미명사), 보호령, 영국령, 뉴질랜드령

   - (뇌의부분), 감각령, 시각령, 연합령, 운동령, 지각령, 청각령

7. 로(路) - 접미어근(길)

   강변로, 등산로, 직선로, 시내진입로(접미명사), 십자로, 교차로, 신작로

8. 록(錄) - 접미어근(기록, 문서), 주소록, 강의록, 방명록, 동방견문록(접미명사),

   회고록, 회의록, 비망록

9. 론(論) - 접미어근(주장, 이론, 학설, 학문분야), 결과론, 인간이성론(접미명사),

   경험론, 순환론, 진화론, 화용론, 헤겔론

10. 료(料) - 접미어근(대금, 요금, 보수), 수수료, 우송료, 영화관람료(접미명사),

    수업료, 할증료, 과태료, 위자료

    - (원료, 재료), 착색료, 감미료, 착향료, 향미료, 향신료

11. 루(樓) - 접미어근(높은건물, 요릿집, 다락집 등의 이름), 마천루, 경희루, 황학

    루, 악양루, 촉석루

12. 류(類) - 의존명사(종류, 부류), 무슨 류에 속하니?, 같은 류로 묶인다. // 맹금

류, 식기류, 영장류, 야채류, 파충류, 단당류, 청과류, 포유류

13. 류(流) - 접미어근(어떤 사람이나 유파가 독특하게 가지는 방식, 경향), 김소월
류, 낭만파류, 도가자류, 병가자류, 서양류, 외국류

- 하천, 해류, 대기, 전류, 교통 등의 흐름

경사류, 교통류, 배기류, 순환류, 자기류, 하강류, 간헐류, 부정류, 혼탁류

14. 립(粒) - 접미어근(작은 알갱이)

결정립, 녹말립, 염색립, 중심립, 지방립, 표층립, 호분립, 단백립, 엽록립

15. 리(理) - 의존명사

이유를 알 리가 없다. 그녀가 예쁠 리가 있니?

16. 리(利) - 접미명사

- 삼푼리

17. 리(裡/裏) - 접미어근(안, 가운데, 속)

경쟁리, 긴장리, 비밀리, 성활리, 절찬리, 평화리, 암묵리, 암암리, 극비리

18. 리(吏) - 접미어근(벼슬아치, 관리)

정저리, 교형리, 수세리, 집달리, 호적리, 청백리, 영저리, 원탐리

19. 리(里) - 접미어근(행정단위로서의 마을)

당인리, 두위리, 만주리, 승호리, 오로리, 행정리

20. 리(痢) - 접미어근(병(이질))(한의학 용어에서만 접미어근)

금구리, 농혈리, 오색리, 적백리, 휴식리, 수곡리

21. 리(梨) - 접미어근(배)

고산리, 문향리, 무심리, 수향리, 차하리, 청실리, 황실리

22. 림(林) - 접미어근(숲, 삼림)

수해방지림(접미명사), 처녀림, 민유림, 특용림, 낙엽수림, 몬순림

23. 립(笠) - 접미어근(갓의종류)

송라립, 음양립, 진사립, 청약립, 호수립, 구칠립, 나제립, 평량립

第5章

'ㄴ' 첨가현상에 대한 연구

1. 서론

이 장은 'ㄴ'첨가 현상에 대해서 공시적 기술 문제에 대해서 논의하는 것으로 표준어규정과 정서법 문제를 아울러 논의하고자 한다. 'ㄴ'첨가에 대한 표준어 규정은 다음과 같이 되어 있다.

> **제29항** 합성어 및 파생어에서, 앞 단어나 접두사의 끝이 자음이고 뒤 단어나 접미사의 첫 음절이 '이,야,여,요,유'인 경우에는, 'ㄴ'음을 첨가하여 [니,냐,녀,뇨,뉴]로 발음한다.[1]

---

[1] 표준어 규정은 형태론적 단어에 초점을 맞추고 있다. 여기에서는 음운론적 단어를 중심으로 논의될 것이다. 음운론적 단어는 소박하게 음절보다 큰 단위로 휴지가 개입하지 않는 하나의 발화단위로 정의될 수 있다. 예를 들면 '알 수 없다'에서 '알 수'는 형태론적으로 단어 이상의 구성이지만 음운론적으로 [알쑤]로 휴지없이 하나의 발화단위를 구성해서 경음화와 같은 음운현상의 적용을 받는다. 'ㄴ'첨가도 음운론적 단어에 민감한 규칙이다. 이에 대한 논의는 이 글의 주제를 넘는 것으로 다음 기회에 다루기로 한다. 국어의 음운론적 단어에 대해서는 곽동기(1992)를 참고하면 좋을 것

그런데 만일 이 규정대로 관련 단어를 발음한다면 현실과 동떨어진 경우가 너무나 많다. 예를 들어 'ㄴ'첨가 환경에 노출된 '첫인사, 독약, 기업이윤, 역이름' 등이 있을 때, 만일 이들에 대한 표준어 발음을 모르는 화자가 있어서 위의 예들에 제29항을 적용한다면 'ㄴ'을 첨가해서 [천닌사], [동냑], [기엄니윤], [영니름] 등으로 발음해야 할 것이다. 그러나 현실은 'ㄴ'을 첨가하지 않고 발음하는 것이 자연스럽다. 이러한 이유 때문에 우리가 가지고 있는 'ㄴ'첨가에 대한 표준어 규정은 현실을 반영한 규정으로 바뀌어야 할 것인데, 이 글은 이를 어떻게 하는 것이 올바른지를 논의하려는 것이다.

2. 본론

2.1 'ㄴ'첨가에 대한 선행 연구의 검토

'ㄴ'첨가는 그동안 많은 학자들에 의해서 연구된 것으로 일찍부터 관심을 보인 음운현상의 하나였다. 최현배(1937/1971;135)에서 "ㅣ(ㅣ,ㅑ,ㅛ, ㅠ)로 비롯한 생각씨(觀念詞)가 그 위에 받침으로 끝진 말과 이을 적에는 군'ㄴ'을 그 첫소리로 내나니"라고 기술하면서 '암여우, 밤이슬, 식염(食鹽), 백열적(白熱的)' 등의 예를 나열하고 있다. 이때의 관찰은 생성음운론 식의 규칙이라는 개념보다는 'ㄴ'이 첨가되는 단어들에 대한 관찰의 결과를 서술하고 있다고 보는 것이 합리적이다.[2] 생성음운론이 도입된 이후로

ㅡㅡㅡㅡㅡㅡㅡㅡㅡㅡ

이다.

2) 허웅(1983;121)에서도 약간 다른 관찰이 보이기도 한다. 'ㄴ'덧나기라는 항목에서 "겹이름씨나 또는 이에 준할만 한 말에서 뒷말의 첫소리가 /i,j/일 때에는 /ㄴ/이 덧나는 일이 있다"라고 되어 있는데 규칙을 설정했다기 보다 일부의 관찰을 서술한 것으로 보는 것이 타당할 것이다. 또한 음성학적인 관찰도 있는데, 김승곤(1985)에서는 'ㄴ'이

는 이 현상에 대해 규칙의 성립에 관심을 보였다. Kim(1970)에서 생성음
운론적 방식으로 다음과 같이 규칙화되었다.[3]

(1) Ø→n /C+ _ +{i,y}
    (여기서 +는 word boundary)

(1)이 의미하는 것은 합성어와 같은 단어를 형성할 때 선행요소가 자음
으로 끝나고 후행요소가 i나 y로 시작하는 경우에 'ㄴ'이 첨가된다는 것이
다. 예를 들면 '꽃잎'은 [꼰닙]으로 발음되는데 (1)에서 보여주는 환경과 동
일하다. 그리고 '꽃이다'와 같은 서술형에서는 'ㄴ'이 개입되지 않는데 그
러한 이유로 단어경계를 설정한 것이다. 그러나 이 규칙은 너무나 소박한
것으로 현실과 거리가 멀기 때문에 수정되어야 할 것이다.

'ㄴ'첨가의 환경은 최정순(1986)에서 많은 변화를 가져왔다. 여기서 'ㄴ'
첨가가 합성어뿐만 아니라 구나 파생어에서도 다양하게 일어나고 있음을
논의했다. 또한 후행요소에 대한 제한을 두었다. 이 논문에서 후행요소가
i로 시작하는 문법형태소의 경우는 삽입이 일어나지 않는다는 사실을 지
적했다. 그 결과 후행요소를 어휘형태소(lexical form)로 한정할 것을 주장
했다. 그러나 문법요소인 보조사 '-요'의 경우에도 'ㄴ'이 첨가되기 때문에

단순히 조음음성학적인 이유로 첨가되는 것으로 설명하고 있다. 곧 'ㄴ'은 첫째, 합성
어의 앞 성분어 다음에 휴지를 두었다가 뒷성분어를 발음한다는 점과 둘째, 앞 성분어
의 받침의 혀의 조음점이 [ㄴ]의 위치와 같으면서도(유사할 경우) 뒷성분어의 [i]와
[j]의 구개음적 성질에 이끌려 [ㄴ]이 덧나면서 구개음화가 된다고 설명한다. 김정수
(1989;18-31)에서는 사잇소리 /ㄴ/은 "그 뒤에 오는 /i/ 나 /j/와 그 조음점이 매우 가까
운 닿소리로서 사잇소리의 대표라 할 목청 터짐소리 / /ʔ/가 환경을 따라 동화한
결과라고 설명한다.
3) 이와 유사한 규칙으로 'ㄴ'첨가를 설명한 경우는 Kim Renaud(1975)와 Chung(1980),
   Ahn(1985) 등이 있다. 약간의 설명이 다르지만 'ㄴ'첨가를 규칙적인 것으로 본 것은
   고광모(1991), 곽동기(1992), 김정우(1994) 등에서도 볼 수 있다.

이 주장도 수정되어야 할 것이다.

이후 기세관(1990)에서는 직접구성성분 중 후행요소가 i로 시작하는 한자어의 경우에는 'ㄴ'첨가가 발생하지 않는다는 사실을 지적했다. 이 말은 'ㄴ'첨가는 후행요소가 한자어일 경우에 y로 시작하는 경우에만 주로 발생한다는 것을 의미한다. 또한 기세관(1990)은 'ㄴ'첨가가 신세대로 내려올수록 잘 지켜지지 않고 40대 이상에서 잘 일어나는 것을 관찰했다. 여기에는 한자어를 표기대로 읽는 것도 영향을 미친 것으로 설명하고 있다. 한자어의 경우에 대체로 i모음 앞에서 'ㄴ'이 첨가되지 않지만 고유어도 그런 경향이 있기 때문에 이러한 관찰은 더욱 심화될 필요가 있을 것이다. 한자어 i모음 앞에서 'ㄴ'이 첨가되지 않는 현상에 대한 관찰은 Lee and Lee(2006), 오미라(2006)에서 고유어와 한자어를 포함한 y와 i모음 앞에서의 규칙에 대한 차이로 발전하기에 이른다.[4] 특히 Lee and Lee(2006; 422-3)에서는 i앞에서의 'ㄴ'첨가가 y앞에서의 'ㄴ'무성음화가 다른 이유를 첫째, 일반적으로 고유어의 경우는 수의적이다. 둘째, 한자어에서는 결코 첨가되지 않는다. 셋째, 고유어의 경우에도 삽입되지 않는 경우가 있다. 넷째, 고유어의 경우에 필수적으로 삽입되는 경우가 있다는 것이다. 이를 근거로 y앞에서는 'ㄴ'무성음화를 인정했으나 i앞에서는 기저에 'ㄴ'이 있는 것으로 보고 탈락규칙을 주장했다. 'ㄴ'탈락은 성낙수(1987a,b)에서도 주장된 것이다. 그러나 이는 고광모(1992), 김유범외(2002;45)의 설명처럼

---

4) Lee and Lee(2006)에서는 y앞에서 'ㄴ'첨가가 아닌 후어휘 음운규칙으로서 y의 무성음화를 주장했다. 그러나 이러한 주장은 좀더 보완을 요구한다. 왜냐하면 '한약, 안약' 등과 같은 한자어 어근복합어에서 잘 일어나지 않고, '독약'과 같은 합성어에서도 일어나지 않는다. 이는 후어휘규칙이라기 보다는 어휘규칙의 성격이 강하다는 것을 암시한다. 이 현상의 원인은 고광모(1991)의 논의처럼 어두 'ㄴ'제약에서 동기화되었다고 보는 것이 타당하고, 현재는 어휘규칙으로서 y앞의 'ㄴ'첨가 규칙이 순수음운규칙으로 확대되어 가는 것으로 해석하는 것이 합리적이라고 생각한다.

구에서도 일어나고 고유어 '일'은 기원적으로 'ㄴ'이 있다고 하기 어렵기 때문에 이런 주장은 설득력이 없다. 또한 한자어 i앞에서는 결코 'ㄴ'이 삽입되지 않는다고 말하지만 '몰이해, 불이익, 선이론' 등의 단어에서 'ㄴ'이 첨가되기도 한다. 결국 y앞에서의 규칙을 설정한 것은 인정할 수 있지만 i모음 앞에서의 관찰은 좀 더 정밀 한 것을 요구한다.

이처럼 'ㄴ'첨가를 현대국어의 살아있는 규칙으로 관찰한 것에 비해서 엄태수(1995)에서는 'ㄴ'첨가는 어휘화된 것으로 규정하고 어휘부에 'ㄴ'첨가된 단어 전체가 수록된 것으로 설명하고 있다. 이어서 최혜원(2002), 김선철(2003)의 국립국어원 조사와 국경아외(2005)의 표준어 화자에 대한 연구에서 'ㄴ'첨가 발음이 유동적인 것을 관찰한 보고를 볼 수 있고, 배주채(2003)에서는 'ㄴ'첨가에 대한 다양한 단어를 조사하여 수록하는 한편 예외적인 단어에 대해서도 언급하고 있다. 신지영·차재은(2003;303)에서는 'ㄴ'첨가 현상에 대한 공시적 음운규칙을 만드는 것이 무의미 하다는 주장을 하기에 이르기도 한다.

'ㄴ'첨가 현상의 유동적인 모습의 원인을 사회언어학적으로 접근한 오새내(2006)의 관찰도 주목을 끄는데, 'ㄴ'첨가가 젊은층 화자로 갈수록 잘 일어나지 않는다고 설명하고 있다. 이처럼 'ㄴ'첨가 규칙에 대한 회의론이 등장한 것과는 달리 신조어인 '안암역, 공덕역' 등이 [안암녁], [공덩녁] 등으로 발음되는 현상과 구 구성에서 활발하게 일어나는 'ㄴ'첨가 현상을 들어 현대국어의 살아있는 규칙이라는 주장이 대두하기도 하고(김유범외(2002;46)), Shin(1997), 박선우(2005,2006), Lee and Lee(2006), 김옥영(2008)처럼 형태소의 자립성이나 공명도 원리, 삽입금지와 같은 다양한 제약을 설정하여 이를 설명하는 경우도 계속되는데, 제약기반 이론도 마찬가지로 이 현상이 결국 어떤 규칙성이 있다는 것에 기반을 두고 설명하는 것이다.

이처럼 'ㄴ'첨가는 아직도 어떤 규칙성이 있는지에 대한 일치된 견해도 없이 논의가 계속 진행되고 있다.5) 다음 장에서는 어떤 환경에서 'ㄴ'이 첨가되는 것으로 기술하는 것이 합리적인지를 논의해 보기로 하자.

2.2 'ㄴ'첨가 현상의 환경에 대한 검토와 제안

'ㄴ'첨가 현상의 환경은 연구 초기에는 위의 선행연구에서 보듯이 사이시옷 환경처럼 명사복합에서 발생하는 것으로 파악했다. 그러나 점차 연구가 진행될수록 환경이 다양하게 확대되는 모습을 발견할 수 있다. 그 중에서 오미라(2006)의 경우가 가장 잘 정리되었다. 오미라(2006;124)은 김유범외(2002)를 참고하고 보조사 '-요'의 경우를 더하여 'ㄴ'첨가 현상에 대한 환경을 다음과 같이 도표로 정리했다.

(표1)

	보조사와의 결합	한자어		고유어	구
		어근+어근	파생어, 복합어, 혼종어	파생어, 복합어, 혼종어	
선행요소의 음운조건	자음	공명자음	자음	자음	자음
후행요소의 음운조건	y		y	/i,y/	/i,y/

위의 분류에 따르면 'ㄴ'첨가의 환경은 적어도 다섯 가지로 분류된다는 것을 보여주고 있다. 위의 도표에 나온 대로 예들을 보면 다음과 같다.

(2) 가. 밥(을)요→[밤뇨], 국(이)요→[궁뇨]

---

5) 최근에는 방언에 관련된 논의도 있었는데, 김옥영(2008)은 강릉방언에 대한 논의이고 정인호(2010)은 경북 경산지역에 대한 논의였다.

나. 금융→[금늉], 검열→[검녈], 절약→[절략]

다. 바깥양반, 알약, 향학열, 학생용, 백여우

라. 은행잎, 봄여름, 삯일, 막일, 맨입

마. 세계적유물, 옷입다, 서른여섯, 정신적이유

그런데 계속된 논의에서 오미라(2006;125)는 후행 요소 i와 y가 비대칭성을 가진다고 주장하고 있다. 즉 위의 도표에 보이는 환경 /i,y/를 분리해서 생각하고 있다. 또한 한자어를 제외한 외래어도 추가하고 있다. 이러한 요인을 모두 합하면 'ㄴ'첨가 환경을 결정하는 변별적 요소가 여러 가지가된다. 우선 크게는 고유어, 한자어, 외래어의 구분이 필요하고, 형태론적범주로 보조사, 어근복합, 파생, 합성, 구의 구분이 필요하다. 또한 음운론적 구분으로 선행요소가 장애음인지 공명음인지와 후행요소가 i인지 y인지에 따른 구분이 필요하다. 이러한 요소들은 감안하여 필자가 다시 예들을 중심으로 'ㄴ'첨가를 아래와 같은 도표로 구성해 보았다. 아래의 예들은 위에 언급한 기존의 논의에서 많이 거론된 것을 중심으로 하고 필자의직관을 반영한 것이다.

도표 안의 단어들에 대한 표시는 발음형이 아니고 'ㄴ'첨가가 가능한철자 표기형이고, *는 'ㄴ'첨가가 불가능한 단어임을 보인 것이다. 예를 들어 '막일'로 표기된 것은 철자형이지만 'ㄴ'첨가가 가능하여 [망닐]로 발음이 가능하다는 의미를 가진다. 그리고 *'맛있다'로 표시된 것은 'ㄴ'첨가형인 [만닏따]의 발음이 불가능하다는 의미를 가진다. ?표시는 필자는 거의'ㄴ'첨가하지 않지만 다른 논의에서 거론된 단어를 의미한다. 한자어와 고유어가 혼합된 혼종어는 제2요소를 기준으로 보면 된다. 다음으로 수의적인 경우가 있다. 예를 들면 '꽃이름'은 [꼰니름]과 [꼬디름]이 'ㄴ'첨가와 비첨가가 수의적으로 선택된다. 수의적인 경우는 도표 (2)에서 표시하지 않고 도표 (3)에서 표시했다. 그러나 예를 들어 '기념일'이 'ㄴ'첨가되지 않고 [기녀밀] 혹은 [기념일]로 연음되거나 분리되어서 발음되는 경우는 논의하지 않았다.

(표2)

		보조사	어근복합	파생		합성	구
				접두사	접미사		
고유어	장애음 i			막일,짓이기다,홑이불,핫이불,헛일,덧니	*영식이,	속잎,겹이불,앞이마,호박잎,밭일,부엌일,겉잎,삯일,꽃이름,나뭇잎,잡일,잡일꾼,?공작이끼	못이기다,못잊다,옷입어라,낯익다, // *집잃고,*값있다,*맛있다,*밥있다,*멋있다,*약이름,*역이름,*책읽기
	장애음 y	밥요,국요	*얄기죽얄기죽	늦여름,눗요강,덧양말,백여우		가락엿,바깥양반	아름다운열매
	공명음 i			날일,맨잎,군입질	*개똥이,	솔잎,솜이불,논일,들일,콩잎,남일,어른이,어린잎,연잎,별일,은행잎,단풍잎,?털이슬	한잎사귀,덜익었다,굳은일,할일,한일,잘입다,마른일,돈이야기,사람이마 // *돈있다,
	공명음 y	물요,소금요	야금야금	불여우,한여름		봄여름,스물여섯,서른여섯,물엿,콩엿,알약,사랑양반,눈요기,물약,몽당연필,(담요)	문열다,쓴약,
한자어	장애음 i		*납입,*백인	*악인연,*급이상	*한국인,*경축일	*파격인사,*입인사	정신적이유
	장애음 y	한국요	*협약,*작용,*식염수*백열,*급유,*복역	목양말,극영화,악영향,약염기	산업용,향학열	수학여행,소독약,색연필,색유리,어학연수,(*독약)[6]	세계적유물
	공명음 i		*길일,*상인,*군인	몰이해,?불인정,불이익,*순이론//*순이익,*몰인정[7]	*결산일,*기념일,간병인,*삽십일,	*핵심인물,*등장인물,*끈이론,*눈인사,*참인간,*서울인심,*춤인생,*술인심,*어학이수	*총인구,?좋은이론

		보조사	어근복합	파생		합성	구
				접두사	접미사		
	y	산요	금융,검열,절약,촬영,진열,?탕약,?양약,?정염,?정유, // *한약,*안약,*안양,*동양,*양양,*평양	신여성,공염불,	맹장염,학생용	두통약,강릉역,야간열차,천생연분,직행열차	총연습,
외래어	i					*북이태리	?내가갈이태리
	y			동유럽,북유럽		북유럽	깔끔한유니폼

도표 (2)에 보인 예들을 가지고 다시 아래와 같이 정리해 보았다.

---

6) '독약'은 예외로 보인다. 그런데 '소독'은 소독물질, 소독약품 등으로 생산성이 있으나 '독'은 '독물질', '독약품' 등이 의심되기 때문에 비생산적이어서 어근복합어일 가능성이 있다. '독'의 어휘적 특성 때문에 'ㄴ'첨가가 제지되는 경우로 보인다.

7) '몰인정'에 'ㄴ'이 첨가되면 [몰닌정]이 되고 국어의 필수적 유음화규칙이 적용되어 [몰린정]으로 발음되어야 하지만 [모린정] 혹은 [몰인정]만 가능하고 [몰린정]은 불가능한 것으로 보인다. '몰이해'의 경우는 [모리해]와 [몰리해]가 가능하다. 이처럼 비첨가의 경우는 한자어의 특성으로 인해서 한자 하나하나를 글자에 집중하여 분리해서 발음하는 경향이 있다. 이를 잘 구분해서 관찰하는 것이 필요한 것으로 보인다. 즉 비첨가의 경우 연속된 발음과 분리된 발음이 자유롭게 선택되는 경향이 있다. 여기에서는 연음현상과 분리된 발음현상에 대해서는 논의하지 않는다.

(표3)

			보조사 (요)	어근복합	파생		합성	구
					접두사	접미사		
고유어	장애음	i	■		oy	XX	oy	X
		y	o	X	o		o	o
	공명음	i	■		oy	XX	oy	o?
		y	o	o	o		o	o
한자어	장애음	i	■	XX	XX	XX	XX	X
		y	o	XX	o	o	o	o
	공명음	i	■	XX	X	XX	XX	
		y	o	X	o	o	o	o
외래어	자음	i	■				X	
		y	o		o		o	o

(0;'ㄴ'첨가, X;'ㄴ'첨가에 대한 예외가 있음, XX;'ㄴ'첨가를 불허함, oy;'ㄴ'첨가와 비첨가가 수의적임, o?;대체로 'ㄴ'첨가, 빈간은 예들을 찾지 못함)

도표 (2)의 구분은 기존의 논의를 망라한 것이다. 이 구분이 설득력을 가지려면 예외가 없어야 하고 분류의 기준이 타당해야 할 것이다. 가장 눈에 띠는 문제점은 이런 분류로는 어떤 규칙을 세우기 힘들고 합리성이 발견되지 않는다는 것이다. 우선 한자어와 고유어는 정도성의 차이만 있을 뿐 결정적 차이가 발견되지 않는다. 또한 형태론적 구분도 어떤 규칙성을 발견할 수 없기 때문에 중요한 것으로 볼 수 없다. 보조사 '-요'를 구분하는 일도 'ㄴ'첨가가 가능하지만 다른 굴절접미사는 불가능하기 때문에 특정 어미에 한정된 특수한 현상으로 볼 수 있다. 마지막으로 공명음과 장애음의 차이로 'ㄴ'첨가와 비첨가를 구분하기도 힘들다.

그런데 약간의 손질을 가할 경우 규칙을 세울 가능성이 있다. 도표 (2)을 재구성한 도표 (3)을 보자. 어근복합어를 제외한다면 후행요소가 y일 경우는 예외가 거의 없이 규칙적이고, i일 경우는 예외를 보인다는 차이점을 발견할 수 있다. 즉 i를 제외하면 y앞에서만 규칙적으로 'ㄴ'이 첨가된다. i의 경우는 후행요소가 한자어의 경우는 더 많은 예외를 가지고 고유어의 경우는 더 적은 예외를 가진다는 정도성이 차이가 있다. 후행요소 i의 경우를 규칙에서 제외해야 하는 또 다른 이유는 i의 경우에 'ㄴ'첨가의 단어들이 대부분 수의적으로 'ㄴ'첨가를 하지 않고 발음하는 경우로 대치되고 있다는 것이다. 예를 들면 '꽃이름'의 경우에 [꼰니름]이라고도 하지만 [꼬디름]으로도 자주 발음한다. 그러나 y의 경우는 삽입이 필수적으로 일어난다. '늦여름'을 [느더름]으로 발음하는 경우는 거의 없다. 이러한 차이는 'ㄴ'첨가 규칙이 후행요소가 i로 시작하는 단어에서 점차 사라지는 것을 보여주는 증거가 된다.[8]

이러한 사실을 근거로 'ㄴ'첨가 현상은 후행요소가 y인 경우만 규칙적인 것으로 한정하기를 제안한다. 이렇게 될 때 남은 문제는 두 가지가 된다. 먼저 어근복합어를 어떻게 처리할 것인가? 다음으로 후행요소가 i로 시작하는 단어들은 어떻게 할 것인가 하는 점이다.

어근복합어의 경우는 그것을 하나의 단위로 처리하여 표면의 발음형을 기저형으로 삼을 것을 제안한다. 국어의 경우에 형태론적으로 한자어의 경우나 고유어의 경우에 어근복합을 규칙의 단위로 가지는 경우는 극히 드물다. 특히 한자어 어근복합어는 국어문법을 사용하는 입장에서 보면 그것을 분석하는 것조차 어렵다. 예를 들어 '단풍(丹楓)'이라는 단어의 경

---

8) Lee and Lee(2006;423)의 각주 11에서 '늦여름'의 경우 y앞에서의 수의성을 보이는 것에 대해 설명하고 있다. y앞에서는 i앞에서와는 달리 파생접사와의 결합에서는 수의성을 보이고 어간합성의 경우는 필수적으로 'ㄴ'이 첨가되는 것으로 설명하고 있다. 필자는 약간 다르지만 점차로 이러한 수의성도 필수적으로 'ㄴ'첨가쪽으로 방향을 바꾸는 것으로 판단된다. 이는 i모음 앞에서의 'ㄴ'첨가 규칙은 사라지는 쪽으로 방향을 잡고, y앞에서의 'ㄴ'첨가 규칙은 강화되는 쪽으로 방향을 잡기 때문으로 보인다.

우에 한자를 모르는 국어화자는 이 한자 어근복합어를 분석할 능력이 있을 수 없다. 그러므로 이와 관련된 한자어는 모두 표면의 발음이 어휘부에 등재되어 있다고 생각하는 것이 옳다. 고유어 어근복합어도 이와 동일한 방식으로 처리하고자 한다.

i의 경우는 좀 더 복잡하다. 현상을 자세히 관찰하면 'ㄴ'첨가 규칙이 사라지는 과정 중에 있다고 생각된다. 젊은 층으로 내려갈수록 'ㄴ'을 첨가하지 않는 쪽으로 발음을 변경하고 있다는 선행연구도 이를 뒷받침하고 있다. 그러나 많은 고유어 단어에서 아직도 'ㄴ'첨가 단어가 쓰이고 있고, 심지어 '못이기다, 옷입다'처럼 구에서도 활발하게 쓰이고 있다. 현대국어의 경우에 학문적인 관점에서는 서울말에서 'ㄴ'첨가 현상이 후행요소가 '이'의 경우에는 적용이 안되는 방향으로 변경되고 있다는 사실을 지적하는 것으로 그칠 수밖에 없다. 지금까지의 논의를 정리하고 그 예들을 보면 다음과 같다

(3) 'ㄴ'첨가 현상에 대한 설명

가. 어떤 성분이 음운론적 단어를 형성할 때 앞선 요소가 자음으로 끝나고 후행요소가 y로 시작하면 'ㄴ'이 첨가된다.[9]

나. 후행요소가 i로 시작하는 경우에는 어휘화되어 'ㄴ'이 첨가된 채로 어휘부에 등재된 단어와 그렇지 않은 단어로 구분된다.

이러한 설명에 대한 예들은 위의 도표를 참고하면 될 것이다. (3가)에 대한 예외는 몇 개 되지 않는다. '독약'의 경우에 각주 6)에서 언급했듯이

---

9) 이 경우 예외가 거의 없기 때문에 음성학적인 동기가 있는 것처럼 보이지만 동일한 환경의 어근복합어에서 'ㄴ'첨가가 일어나지 않는 경우가 많다. 이러한 사실은 이 현상이 음성적인 동기가 없다고 할 수 없지만 전적으로 음성학적인 동인만 있는 것이 아님을 보인다.

[동녁]으로 발음되지 않기 때문에 예외가 되는데, 이는 아마도 어근복합어에 유추되어 처음부터 이런 발음으로 고정되었기 때문으로 보인다. 즉 '한약, 안약'처럼 'ㄴ'이 첨가되지 않는 단어에 유추된 것으로 보인다. '독약'의 경우를 제외하면 생산적인 합성이나 구에서 y앞의 'ㄴ'첨가는 예외가 거의 없는 것으로 보인다. 한편 (3나)의 i모음 앞에서의 'ㄴ'첨가 예들은 좀 더 세분해서 논의할 필요가 있는데 이는 아래에서 좀 더 자세하게 논의될 것이다.

3. 'ㄴ'첨가에 대한 새로운 표준어 규정

위에서 논의되었듯이 'ㄴ'첨가는 어근복합어를 제외하면 후행요소가 y인 경우는 규칙적이고, i인 경우는 사라지는 규칙으로서 불규칙적이다. 규칙적인 경우는 표준어 규정에서 그대로 정하면 되기 때문에 문제가 되지 않는다. 그러나 문제는 후행요소가 i의 경우다. 두 가지 경우가 있을 수 있다. 규정으로 규칙을 만드는 경우가 있고 규칙을 만들지 않는 경우가 있을 것이다. 'ㄴ'첨가 규칙을 만들면 삽입되지 않는 것이 예외가 되고, 규칙을 만들지 않으면 삽입된 경우가 예외가 된다. 이는 쉽사리 결정하기 어려운 문제다. 경험적으로 보면 i의 경우에 세 가지 유형의 어휘군으로 분류될 수 있을 것 같다.

(4) 가. 덧니, 헛일, 막일
　　나. 꽃이름→[꼰니름]~[꼬디름], 호박잎→[호방닙]~[호바깁], 솜이불→[솜니불]~[소미불]
　　다. 약이름→*[양니름], 책읽기→*[챙닐끼], 눈인사→*[눈닌사]

(4가)의 경우는 거의 필수적으로 'ㄴ'을 첨가하는 어휘군이고, (4나)는 'ㄴ'첨가와 비첨가가 수의적으로 교체하는 경우이고, (4다)의 경우는 'ㄴ'이 거의 필수적으로 첨가되지 않는 경우다. 문제가 있지만 이 세 가지를 고려하고 짐차 사라져가는 규칙임을 감안하면 규칙을 제정하지 않는 것이 바람직하다고 본다. 그렇게 되면 문제가 (4가)와 (4나)인데, (4가)는 예외 규정을 두어 기억하기로 하고 (4나)의 경우는 과도기적으로 두 가지 발음형을 모두 표준어로 인정하는 방안을 제안한다. 구의 경우에도 후행요소가 i일 때는 'ㄴ'을 첨가하지 않는 것을 표준 발음으로 인정하는 것이 이러한 취지에 평행하게 맞게 될 것이다.[10]

(5) 'ㄴ'첨가에 대한 새로운 표준어 규정
  1. 어떤 성분이 음운론적 단어를 형성할 때 선행요소가 자음으로 끝나고 후행요소가 y로 시작하면 'ㄴ'이 첨가되어 발음된다.
  2. 음운론적 단어를 형성할 때 선행요소가 자음으로 끝나고 후행요소가 i로 시작하는 경우에 다시 둘로 구분하여 언제나 'ㄴ'이 첨가되는 발음을 하는 경우와 두 가지 표준어를 인정하는 경우로 구분한다.
    2.1 언제나 'ㄴ'이 첨가되는 단어
        덧니, 막일, 헛일 ....
    2.2 'ㄴ'이 첨가되는 경우와 'ㄴ'이 첨가되지 않는 경우를 모두 표준어로 인정하는 경우
        꽃이름, 호박잎, 솜이불 ....

위의 규정 2에 대한 단어 하나하나의 설정은 국립국어원에서 조사하여

---

10) 구의 경우 '궂은일, 못잊다'와 같이 항상 'ㄴ'이 첨가되는 경우는 어휘화된 것으로 보고, '잘입다, 정신적이유'처럼 'ㄴ'이 첨가와 비첨가의 수의적인 경우는 첨가규칙이 사라지는 과정 속에 나타난 것으로 보인다. 구의 경우는 어휘화된 것만 규정에 넣고 그 외의 경우는 첨가되지 않는 것을 표준어로 인정하는 것이 바람직하다.

정하는 방안이 가장 합리적이라고 생각된다.

4. 마무리

지금까지 'ㄴ'첨가 현상을 살펴보고 이에 대해 어떤 규정을 마련하는 것이 합리적인지를 논의했다. 표기법은 그 대상인 표준어의 연구가 무엇보다도 중요하다. 그러나 표준어는 사실 언중과 함께 끊임없이 변화하기 때문에 정확한 사실을 포착하기 힘들다. 더욱이 어휘 개별적인 현상이 아니고 음운현상이 변하는 경우는 어휘군 전체가 영향을 받기 때문에 더욱 대상을 포착하기 어렵다. 현대국어에서 많은 음운현상이 유동적인 변화를 보이고 있다. 사이시옷 현상을 비롯하여, 경음화, 유음화 등이 대표적이다. 이들을 모두 다루어야 유동적인 현상에 대한 표준어 규정을 어떻게 하는 것이 합리적인가 하는 점이 들어날 것이다. 여러 가지 제약으로 인해서 여기에서는 'ㄴ'첨가 하나의 현상을 살펴보았다.

그 결과 어떤 단어를 언중 대다수가 규칙적으로 발화하는 경우에는 규정에 포함시키고 소수의 사람이 발화하는 경우에는 예외적으로 처리하였다. 또한 수의적으로 교체하는 경우에는 두 가지 모두를 표준어로 인정하는 방안을 마련했다.

구체적으로 'ㄴ'첨가는 y앞의 경우만 규칙적인 것으로 하고 i모음 앞의 경우는 사라지는 규칙이 적용되는 것으로 파악했다. 이러한 논의 결과를 그대로 표준어 규정에 반영하는 것이 합리적이라고 주장했다. 후행요소가 y로 시작하는 단어처럼 규칙이 적용된 단어에 대한 규정은 간단하다. 모두 'ㄴ'을 첨가해서 발음하도록 하면 되기 때문이다. 그러나 규칙이 사라지고 어휘화된 경우는 발음형에 따라 일일이 조사하여 결정해야 하는 어려움이 따른다. 이는 시간과 경제적 비용이 많이 드는 것으로 국가에서 시급하게 해결해야할 문제라고 생각한다.

'ㄴ'첨가 이외에도 여러 음운현상이 유동적인 경우가 있다. 이들에 대한 표준어 규정의 문제도 항상 관심을 가지고 관찰해야할 것이다. 'ㄴ'첨가에 대한 위의 논의가 이들 현상에 대한 표준어 규정에도 영향을 미칠 것으로 기대한다. 학문 문법에서 이루어진 성과를 국어정책에 반영하여 국민에게 편안한 언어생활을 제공하는 것도 국어와 관련된 모든 사람의 책임이라고 생각한다.

第6章

국어 형태소에 대한 제약 중심의 설명

1. 서론

이장의 목적은 제약 중심으로 국어의 음운론적 어휘부 구조를 살펴보려는 것이다. 형태소를 중심으로 어휘부가 구성되었다고 가정하면 음운론적인 관점에서 형태소는 음운론적 제약의 집합체라고 할 수 있다.[1] 형태소 구조 자체의 제약과 형태소 연쇄에 대한 제약이 존재한다. 이와 더불어 운율어에 관련된 제약이 있다. 본론에서 형태소 자체에 대한 제약에 대해서 주로 논의하고 운율어와 관련된 제약은 언급하지 않기로 한다.

---

[1] 형태소의 제약중심이론에 대해서는 Ito and Mester(1994), Russell(1995)를 참고할 것.

2. Ito and Mester(1994)의 논의

이제 국어의 형태소에 분류를 시도하기 전에 우리 논의에 결정적인 방향을 제시한 Ito and Mester(1994)의 일본어에 대한 논의를 소개하려 한다. 이 논문의 목적은 일본어의 음운론적 어휘부를 제약기반이론으로 설명하려는 것이었다. Ito and Mester는 일본어의 형태소는 네가지의 다른 부류가 있다고 주장한다.

(1) 형태소 종류[2]

Gloss	yamato,	sino-japanese	Mimetic	Foreign
"shine	kagayak-u	-koo-	kira-kira	šaiN
"dog'	inu	-keN-	waN-waN	doggu

이들은 의미론적 영역이 비슷하지만 쓰여지는 환경이 전혀 다르다. 이는 단지 분류를 위해서 필요한 것이 아니라 공시적으로 중요한 역할을 한다. 예를들면 한자어 접사는 한자어 어근에만 붙는다. 영어에서도 라틴어 접사가 라틴어 어근에만 붙는 현상이 있다. 이는 음운론에도 형태소의 어휘 영역을 지정할 필요가 있음을 의미한다. 영어에서 velar softening alternation(criti[k]~criti[s]ize~criti[s]ism)이 라틴어 어간과 라틴어 접사 사이에서만 존재한다.

(2) 일본어에서도 여러 가지 음운론적 제약이 형태소의 종류에 따라 구분된다.

가. 복합어에서 유성음의 교체로 알려진 Rendaku현상은 Yamado에서만

---

2) 여기서 Yamado는 고유어로, sino-Japanese는 한자어로, Foreign은 외래어로, Mimetic은 의성/의태어로 각각 번역한다.

일어난다.

나. 한 형태소에 하나의 유성저해음만 존재하는 Layman's Law도 Yamado 에서만 일어난다.

다. 한자어의 모든 어근(root)은 1음절이어야 한다.

라. Mimetic은 최소단어가 되기 위해 적어도 어근이 두 모라 이상이어야 한다.

그런데 보다더 확대하면 전 어휘 범주에는 소속되지 않지만 한가지 종류 이상의 형태소에 관련된 제약이 존재한다.

(3) *P : [p]는 두 개가 와야지 하나가 오면 안된다. 이는 고유어와 한자어 에만 한정된 현상이다.

*NT : *nt, *mp, * ŋk와 같은 제약을 말한다. 이는 고유어와 의성/의태어 에 존재한다.

*DD : 유성저해음의 연속을 배제한다.(*bb, *dd, *gg, *zz). 이는 한자어 와 고유어, 의성/의태어에 관한 제약이다.

이들을 다음과 같이 나타낼 수 있다.

(4) (a) Yamado   *p   *NT   *DD

    (b) Sino-Japanese *p   —   *DD

    (c) Mimetic   —   *NT   *DD

    (d) Foreign   —   —   —

(4a)는 고유어인데 세가지 제약을 모두 가지고 있고 (4d)는 하나의 제약 도 가지지 않는다. 한자어와 의성/의태어는 중간정도의 제약을 가진다. 여기서 밝혀야 할 것은 이들 제약과 형태소들의 관계이다. 이들 제약의

관계는 전통적인 방법처럼 순서화에 의해서 포착될 수 없다. 왜냐하면 고유어가 제일 먼저 적용되고 다음에 한자어가 적용된다면 *p제약의 경우는 해결되지만 *NT제약은 해결할 수 없다.

한편 네가지 분리된 하위어휘부가 있다고 생각할 수도 있다.

(5) The sublexicon model

[+고유어]	[+한자어]
[+의성/의태어]	[+외래어]

그러나 이러한 모델은 (4)에서 보이는 제약의 상호작용을 보이지 못한다. 제약들은 고유어에 많이 적용되고 외래어에 덜 적용된다. 이러한 점진적인 제약의 핵과 주변의 관계를 보여주지 못한다. 가지 치는 이론도 마찬가지로 이러한 관계를 포착하지 못한다.

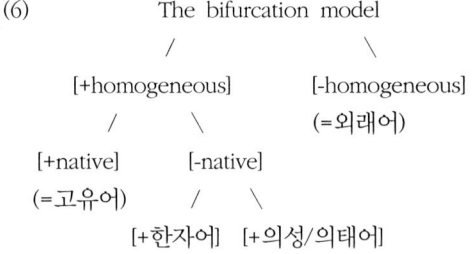

(6)   The bifurcation model

(6)이 보이는 관계도 (5)처럼 (4)의 관계를 포착하기 힘들다. 이러한 도표로 [+의성/의태어]와 외래어[-homogeneous]의 동일한 행동은 나타낼 수 없다.

이러한 사실에 의해서 (4)의 관계는 제약 영역 지도(constraint domain

maps)에 의해서 포착될 수 있다고 제안한다.

(7) 제약 영역 모델

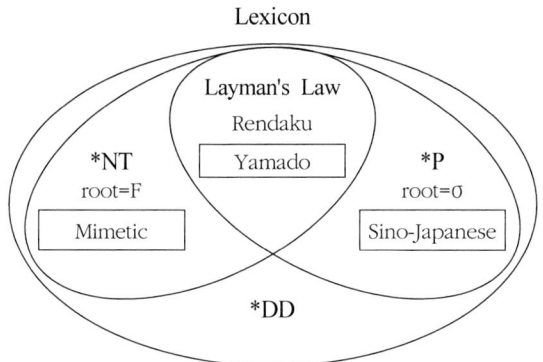

이 지도에서 외래어 영역을 제외한다. 외래어는 가장 주변에 있다. 또한 외래어는 오래되면 중심으로 향하려는 경향을 보인다. 어휘부는 단지 세 가지 영역의 형태소로 구분된다고 가정한다.

(7)의 제약 영역 모델은 핵과 주변의 관계를 나타낸다. 가운데는 제약이 많이 모이고 바깥으로 올수록 제약이 적다.

3. 국어의 제약

국어도 이와 유사하게 형태소를 제약 중심 이론으로 설명할 수 있다. 국어의 어휘부를 구성하는데 한자어와 고유어의 구분에 민감하다. 이는 이미 논의한 영어에서 라틴어 자질에 민감한 사실이나, 일본어의 경우와 동일하다. 예를 들면 한자어 형태소 '-적'은 한자어에만 결합하는 것을 볼 수 있다. 또한 의성/의태어는 어근인 2음절을 반복해서 보다 큰 단어를 만든다. 한자어와 고유어의 차이 말고도 국어는 영어에서 들어온 외래어의 행동이 다르다. 이러한 사실에 의지해서 국어의 형태소의 부류는 다음 네 가지로 나누어질 것이다.

(1) 형태소의 분류

고유어	한자어	외래어	의성/의태어
소	-우(牛)-	카우(cow)	음메
물	-우(雨)-	레인(rain)	졸졸졸

이들은 같은 의미 영역을 가지지만 같은 환경에 대치되어 쓰일 수 없다. 다시 말하면 그들의 특징에 따라 형태/의미면에서 서로 다르게 행동한다. 이러한 구분은 단지 분류를 위해 필요한 것이 아니라 공시문법에 능동적인 역할을 한다는데 중요성이 있다. 형태소의 결합을 제한하거나 금지하는데 중요한 역할을 할 뿐만 아니라 또한 형태소의 교체와 구조적 제약에도 영향을 미친다.

음운론에 있어서도 형태소의 종류에 따라 다른 음운론적 행동을 보인다. 고유어는 형태소 끝에 자음군을 허용한다. 그러나 이러한 자음군은 다른 종류의 형태소에서는 볼 수 없다. 물론 고유어도 표면의 음운론적 단어를 만들 때는 종성에 하나의 자음만이 오는 제약에 의해 자음군을 단순화시킨다. 영어의 경우에 근원적으로는 자음군이 있으나 국어에 들어오면서 '으'모음을 삽입시킨다. 그러므로 근원어와 외래어로서 국어에 들어온 영어의 기저형은 다르다. 예를 들면 brand는 근원어에서 'nd'자음군을 형태소 끝에 허용하지만 국어에 도입될 때는 '브랜드'로 '으'모음이 삽입되어 도입된다. 고유어의 형태소 끝 자음군은 굴절할 때 모습을 드러내기 때문에 기저에 존재한다고 말한다. 그러나 국어에 들어온 외래어는 그러한 교체를 보여주지 않고 '으'가 삽입된 체로 굴절어미와 결합한다.

Han,e.j.(1994;77)에 의하면 'ㄴ'삽입은 제2요소가 고유어일 때만 일어나고 그렇지 않으면 불가능하다고 말한다. 예를 들면 '밭일→반닐', '꽃잎→꼰닙'은 가능하지만 '그림일기', '심장이식'에서는 'ㄴ'삽입이 안 된다.

한자어는 본래 근원어에서 자유형태소로서 단어였지만 국어에서는 구속형태소로서 어근으로 행동한다. 그런데 음운론적으로 이러한 어근은 최소한 음절이어야 한다. 고유어의 형태소는 사이시옷이나 모음이 탈락된 경우에 음소로 실현될 수도 있다. 그러나 한자어는 1음절 이상이어야 한다는 음운론적 요구가 필수적이다.

의성/의태어는 최소한 2음절이기를 요구한다. '졸졸', '살살' 등에서 그러한 현상을 볼 수 있다. 물론 '하다'에 결합되는 어근이 간혹 1음절을 보여주기도 한다(꽥하다, 꽝하다). 그러나 이들이 '거리다'와 결합할 때는 다시 2음절이 되어야 한다(꽥꽥거리다-*꽥거리다, 꽝꽝거리다-*꽝거리다). 또한 독립적인 부사로 쓰일 때는 2음절 어근의 복합인 4음절이 주로 쓰인다(깔짝거리다→깔짝깔짝). 이는 의성/의태어의 어근은 2음절이어야 하는 것이 보편적인 요구이고 '하다'에서 결합된 요소는 다른 방법으로 처리되어야 할 것임을 암시한다.

(2) (a) 고유어- CC) ; 형태소 끝에 자음군을 허용한다.

(b) 고유어- 'ㄴ'삽입 ; 복합어에서 제2요소가 고유어일 때 'ㄴ'이 삽입된다.

(c) 한자어- 어근 1음절 ; root = 1음절

(d) 의성/의태어- 어근 2음절 ; root = 2음절

이제 이렇게 하나의 고유한 형태소에 한정된 제약 외에도 형태소의 유형에 따라 중복된 제약이 있다. 이들 제약은 고유어를 중심으로 핵을 이루고 외래어가 주변을 차지한다. 우선 두음법칙으로 잘 알려진 'ㄹ'제약을 살펴보자. 고유어는 'ㄹ'로 시작할 수 없다. 의성/의태어에서도 마찬가지다. 그러한 제약은 한자어에서 약간 다르다. 한자어 형태소는 'ㄹ'을 허용하지만 단어의 시작에서는 'ㄴ'으로 바뀐다. 그러나 외래어의 경우에는 기저에도 'ㄹ'을 허용하고 표면에도 'ㄹ'이 허용된다. 이를 *(ㄹ 로 표시하자. 여기서 *는 불가능하다는 뜻이고, (은 형태소의 왼쪽 끝이라는 의미다.

(3) (a) *(ㄹ ; 형태소의 처음에 'ㄹ'이 올 수 없다. 이는 고유어와 의성/의태어에만 관련된 제약이다.

　　(b) *LT ; 고유어와 한자어의 연쇄제약 중에 'ㄹㄷ', 'ㄹㅈ', 'ㄹㅈ' 등의 연쇄는 배제한다. 어근 복합어에서 'ㄹㄷ', 'ㄹㅅ', 'ㄹㅈ'의 결합을 허용하지 않는 제약을 말한다. 이는 경음화현상의 일부로 오랫동안 한자어라는 제약을 가지고 있었다. '발전, 발달, 발생' 등의 한자어들에서 발생하는 경음화 현상을 말한다. 그러나 엄태수(1988)에서 보듯이 이들 제약은 고유어에서도 동일하다. 고유어 단일 형태소에는 'ㄹㄷ', 'ㄹㅈ', 'ㄹㅅ' 등의 연쇄가 없다. '알뜰', '불쌍' '일찍' 등에서 보듯이 경음화되었다.

　　(c) *Ty/Thy ; '댜/탸, 뎌/텨, 듀/튜, 됴/됴' 등 치음과 다음의 활음 y는 고유어, 한자어, 의성/의태어에서는 제약된다. 그러나 이러한 연쇄는 듀얼(dual), 듀엣(duet), 튜너(tuner), 튜브(tube) 등의 외래어에서 볼 수 있다. 이들을 다음과 같이 나타낼 수 있다.

(4) (a) 고유어   *LT   *(ㄹ   *Ty

    (b) 한자어   *LT   −   *Ty

    (c) 의성/의태어   −   *(ㄹ   *Ty

    (d) 외래어   −   −   −

(4a)는 고유어인데 세가지 제약을 모두 가지고 있다. 그러나 외래어는
하나의 제약도 가지지 않는다. 한자어와 의성/의태어는 중간 정도의 제약
을 가진다. 문법이 설명력을 가지기 위해서는 이와 같은 사실을 표현해
주어야 한다. 이미 보았듯이 이들의 제약관계는 분리된 자질표시에 의해
서도 불가능하고(3절의 (5)), 가지치는 방식(3절의 (6))으로도 불가능하다.
핵과 주변을 나타낼 수 있는 제약 영역 지도에 의해서 나타낼 수 있다.

(5)   Lexicon

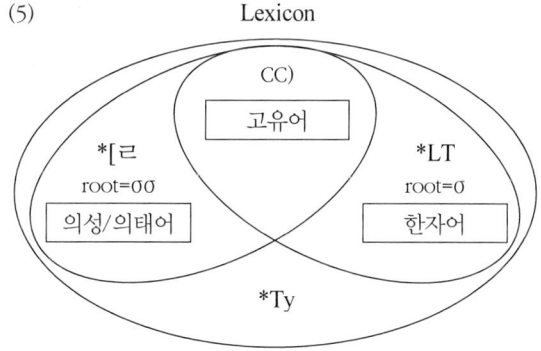

4. 결론

이제 남은 문제로 결론을 대신하고자 한다. 국어는 운율어가 가지는 많
은 제약이 존재한다. 예를 들면 엄태수(1994)에서 논의된 통사적 접사와
관련된 음운현상이나 후어휘부의 음운현상이 존재한다. 이들 제약은 형태

소의 종류에 관계없이 적용되는 규칙이다. 이들 제약은 제약지도의 외곽에 분포될 것이다.

국어에서 가장 일반적인 제약 중의 하나는 비음동화이다. 이 제약은 일반적으로 *CN으로 나타낼 수 있다. 여기서 C는 [-sonorant]자질을 가진 자음이고 N은 비음이다. 이 제약은 외래어도 예외가 없다[3]. '굿 모닝'은 [군모닝]으로 발음된다. 그런데 운율어의 처음에 'ㄹ'이 발음될 수 없다는 제약은 다르다. 이 제약은 *[ㄹ 로 나타낼 수 있다(여기서 [는 운율어 경계이다). *[ㄹ 제약은 외래어의 경우만을 제외하고 고유어와 한자어 의성/의태어에 적용된다. 라디오(radio), 리틀(little), 라이프(life) 등에서 볼 수 있다. 이와 비슷하게 *[NI 제약도 마찬가지다. *[NI제약이란 운율어의 처음에 'ㄴ'과 '이'나 y가 올 수 없다는 두음법칙이다. 이 제약도 *[ㄹ 제약과 마찬가지로 외래어에는 제외된다. 뉴스(news), 니코틴(nicotine), 니그로(Negro) 등에서 볼 수 있다. 이들의 관계는 다음과 같다.

(1)

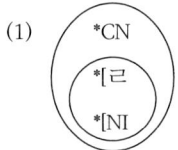

한편 *CL제약이 있다. 이는 거칠게 말하면 자음과 'ㄹ'이 연결될 수 없다는 제약이다(종로→종노). 한자어를 포함하면 그동안 논쟁이 많은 제약이다. 가장 문제가 되는 제약은 'ㄹㄴ'(*LN)과 'ㄴㄹ' 연쇄제약이다. 이들 제약은 초기 생성음운론적인 방법으로는 유음화되는 거울영상규칙으로 처

---

3) 쟈, 쳐 등 구개음과 y가 연결될 수 없는 제약도 마찬가지로 외래어에도 적용되는 규칙으로 보인다. 이들 제약을 *Cy로 나타내면 이 제약은 지도에서 가장 외곽에 자리 잡을 것이다.

리되어온 것이다. 그런데 한자어의 어근복합어에서는 이 규칙이 이상이 없이 적용된다(찰나→[찰라], 신라→[실라]). 그러나 어근(root)이상의 경계가 개입될 때 그러한 규칙은 변경되어야 한다. 'ㄹㄴ'의 연쇄는 어간(stem) 경계가 개입되어도 어근복합어의 경우와 동일하게 'ㄴ'이 유음화(ㄹ)된다(가을논→[가을론]). 그러나 'ㄴㄹ'의 연쇄는 어간경계가 도입되면 'ㄹ'이 'ㄴ'으로 비음화된다(가을로인→[가을노인]). 이러한 현상은 'ㄴㄹ'의 연쇄는 'ㄹㄴ'의 연쇄제약에서 분리되어 논의되는 것이 합리적임을 의미한다. 한편 국어에는 일반적인 *CL제약이 있으므로 'ㄴㄹ'제약(*NL)은 *CL제약의 부분으로 보인다.

'ㄴㄹ'의 연쇄에서 문제가 되는 것은 이제 어간경계의 제약이 아니라 어근복합어의 'ㄴㄹ'을 어떻게 처리하는가 하는 점이다. 어휘음운론적인 방식으로는 'ㄴㄹ'제약을 어근복합어에 한정시키면 될 것이다. 그러면 다음 단계의 제약은 모두 *CL제약에 포함되는 것으로 하면 된다. 제약중심의 논의에 의하면 'ㄴㄹ'제약을 핵인 한자어에만 적용되는 것으로 하고 *CL제약은 주변에 적용되는 것으로 보면 된다. 이러한 사실이 옳다는 것은 외래어에 의해서도 증명된다. certainly(서튼리), only(오운리) 등은 제약의 적용을 받지 않는다. 그런데 간혹 '오울리'라는 발음을 들을 수 있다. 이는 이 제약을 받는 어휘가 다음 단계로 이동되는 것을 의미한다. 제약을 중심으로 생각하면 이 제약은 주변에 가까이 있는 것으로 판단된다. *CL과 *LN을 비교해보면 분명한 차이는 아직 알 수 없지만 *LN제약이 더욱 외곽에 있는 것으로 보인다. 'LN' 연쇄를 가진 외래어를 찾기가 'CL'연쇄를 가진 외래어를 찾기보다 더욱 어렵다. 예를들면 'LN'연쇄인 '엘니뇨(El nino)'는 [엘리뇨]로 발음된다. 이제까지 논의한 세 제약의 관계는 다음과 같다.

(2)

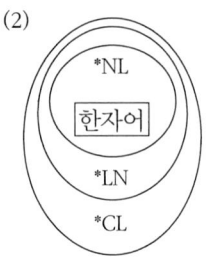

주변에 있는 제약들의 적용을 받는 어휘들은 핵쪽으로 이동하려는 경향을 보인다. *[ㄹ제약을 받는 경우를 보자. 이 제약은 운률어의 처음에 'ㄹ'이 올 수 없다는 제약인데 외래어에는 적용이 안된다. 그런데 일부 외래어는 그러한 제약을 어기는 경우를 본다. 라디오가 '나디오'로 변한 것은 핵쪽으로 어휘가 변한 것이다. 즉 주변에서 핵쪽으로 이동을 경험한 것이다.

지금까지 논의한 국어의 제약은 다음과 같은 제약지도를 가지게 될 것이다.

(3)

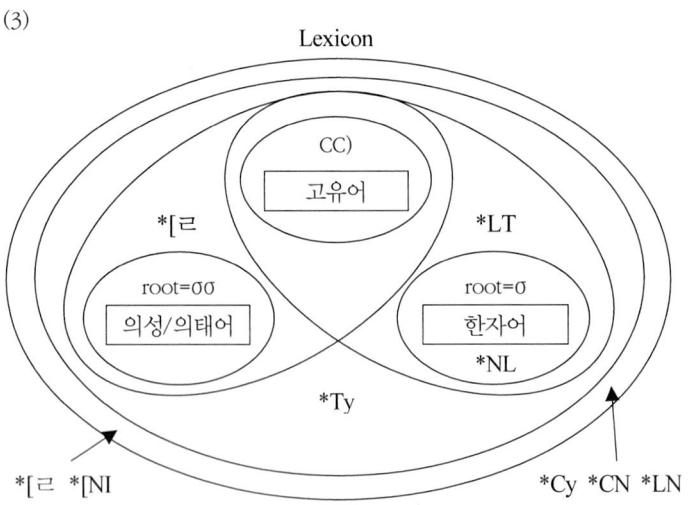

제 3 부

조사와 어미의 활용으로 문법을 나타내는 것을 특징으로 하는 것이 국어이다. 교착어로서 국어는 다양한 조사와 어미의 목록을 가지고 있다. 조사와 어미를 문법형태소라고 부른다면 이들 문법형태소는 문법적으로 각각 하나의 기능을 가지고 있는 것이 특징적이다. 문법형태소는 문법적인 기능뿐만이 아니라 음운론적으로도 어간과의 결합에서 음절구조와 관련해서 패러다임의 규칙화에 동참한다. 소위 복수기저형으로 알려진 많은 요소들이 어간과 문법형태소 사이에서 발생하는 결과물들이다. 언어를 의미와 소리의 자의적 결합체로 정의한다면 소리와 의미가 1:1로 대응되는 것이 가장 합리적이다. 초기의 생성음운론은 이러한 정신에 충실하게 일그러진 다양한 표면형을 추상적인 하나의 기저형에서 도출하였다. 그러나 심리적 실재나 음성학적인 자연성의 문제의 제기로 구체음운론의 등장을 불러왔다. 구체음운론은 표면의 교체형에서 기저형을 설정하자는 것이었다. 그런데 국어의 경우에 이러한 추상성의 배제는 복수기저형이라는 특이한 모형으로 발전하기에 이르렀다. 하나의 어휘에 여러 가지 음성형식을 가지는 것을 허용한 것이다. 그러나 이는 언어의 근본적인 가정인 경제성의 원칙을 크게 훼손하는 것이다. 의미와 형식이 1:1로 대응하지 않는다면 언어 사용의 효용성이 크게 감소할 것이다. 소위 복수기저형은 분포가 상보적이다. 하나의 기저형을 세워서 도출하는 것과 두 개의 기저형을 설정하는 것 사이에 어느 것이 더 효율적인지 언어 보편성의 입장에서 생각해 보아야 한다. 필자는 하나의 기저형을 세우고 도출하는 방식을 선택했다. 비록 그러한 방법은 기저형의 연결이 음성학적으로 매끄럽지 못하지만 분포가 음운론적이기 때문에 크게 문제가 되지 않는다고 생각한다. 근본적으로 기저형은 음소단위가 아닌 형태소 이상의 단위이기 때문에 하나의 기저형에서 도출하는 것이 합리적이다.

한편 조사와 어미의 결합체인 어절은 통사부의 출력 이후에 발생한 것이다. 그런데 통사부의 출력이 음운부로 바로 넘어와서 음운규칙이 적용되기 어렵다. 왜냐하면 통사론은 구조적인 과정을 거친 어휘들의 결합에 의한 문장규칙의 적용이고 음운론은 그와는 다른 선형적인 발화와 관련된 부분이다. 어절이라는 단위는 통사부의 단위가 음운부의 단위로 재조정되는 과정을 거쳐서 나타난 것이다. 국어처럼 교착어의 성격을 가진 언어는 조사와 어미와 같은 문법요소의 결합이 활발하고 다양하기 때문에 음운론적 단위로의 재구성은 필수적이다. 어절을 형성하는 부분을 '통사음운부'라고 한다면 음운단어는 음운부의 중심요소로 음절을 하위 구성으로 하고 상위단위는 음운론적 구와 문장이 될 것이다. 음운단어 형성과정에서는 다양한 음운규칙이 적용된다. 어간과 어미, 어간과 조사의 결합에서 발생하는 이러한 음운규칙은 용언이나 체언이라는 범주에 의존되어 있다. 순수음운규칙이 인접음소에 전적으로 의존하는 것과는 차이가 난다.

第1章

소위 복수기저형에 대하여

1. 서론

생성음운론은 표면에 나타나는 형태소의 다양한 교체형을 하나의 기저형에 의해서 음운규칙을 통하여 나타나는 것으로 설명한다.[1] 그러나 국어에는 '이/가', '을/를'과 같은 일부 격조사의 교체처럼 하나의 기저형을 세우기 어려운 경우가 있다. 특히 활용 어간은 어휘의 통시적 변화에 의해서 교체형이 불규칙적으로 나타나는 경우가 많다. 소위 불규칙동사의 어간을 하나의 기저형(이하 단일기저형)이 아닌 둘 이상의 기저형(이하 복수기저형)으로 다루어서 어휘부에 등재하고 선택규칙이나 분포의 표시 등으로 다루려는 논의가 있었다(최명옥 1985, 최명옥 1988, 한영균 1985, 김성규 1988, 엄태수 1994, 이진호 2002, 김현 2003 김봉국 2003, 신승용 2007).[2]

---

[1] 최적성 이론에서는 표면형을 음운규칙이 아닌 제약에 의한 평가로 나타낸다. 복수기저형과 관련해서는 어떤 보편적인 제약을 세우기 어렵고, 규칙에 의해 도출하는 것이 보다 합리적이라고 생각하기 때문에 여기에서는 기저형과 표면형을 음운규칙에 의해서 도출하는 표준생성음운론의 관점에서 기술하려고 한다.
[2] 이에 대한 용어는 쓰는 사람에 따라 약간의 차이가 있다. 단일기저형은 유일기저형,

복수기저형에 대한 논의는 여러 측면에서 검토될 수 있다. 통시적인 관점에서 복수기저형이 어떤 형태소에 어떻게 형성되었는가를 살펴볼 수도 있고(김봉국 2003, 2010), 통시적 변화와 공시적 기술과의 관계나, 사전의 처리 등에 대해서도 연구할 수도 있을 것이다(이진호 2002, 신승용 2007).

이 장의 목적은 복수기저형의 공시적 연구로서 기존 논의의 문제점을 지적하고 하나의 기저형에서 규칙에 의해 도출하는 대안을 제시하고자 한다. 복수기저형은 교체형의 패러다임이 상보적 분포를 가지는 경우만을 의미하고 중복분포를 보이는 경우는 음운론적인 원인이 아닌 다른 요인에 의한 것으로 보고 여기의 논의에서 제외할 것이다.[3]

혹은 단수기저형 등으로 불리기도 한다. 하나를 가리킨다는 점에서 어떤 것을 써도 무방할 것이다. 복수기저형은 두 개 이상의 기저형이라는 의미이다. 여기에는 다중기저형(엄태수 1994), 복합기저형(최명옥 2004:225)등의 용어가 있다. 쌍형기저형도 쓰였는데 이는 오직 두 개의 기저형이라는 의미로 복수기저형의 교체형식을 볼 때 세가지 이상도 가능하기 때문에 부적절한 용어이다. 다중기저형, 복수기저형, 복합기저형은 모두 가능할 것으로 보인다.

3) 여기는 복수기저형에 대한 김봉국(2003)의 분류와 정의를 따른다. 김봉국(2003:168)에서는 복수기저형을 다음과 같이 분류했다. 아래의 예들은 설명의 편의를 위해서 몇개만 인용했다. 김봉국(2003)에 여러 예들과 설명이 있다

	중복분포	1.두 패러다임이 완전한 경우
복수기저형		2.한 패러다임이 불완전한 경우
	상보적분포	3.음운론적으로 조건된 경우
		4.형태론적으로 조건된 경우

1. 무엇 : 무어시, 무어슨, 무어슬, 무얼꽈, 무어스로
   무어 : 무어가, 무어는, 무어를, 무어와, 무어로
2. 가자- : 가지다, 가진다, 가지니, 가저
   갖 : 갖다, 갖는다, *가즈니
3. 나모, 남기, 남글, 남근, 남기, 나모도
4. 골루구, 골르지, 골르니, 골르믄, 골라

여기에서도 김봉국(2003)과 동일하게 중복분포를 보이는 1과 2의 경우는 쌍형어간으로 보고 복수기저형과 다른 성격으로 다루고자 한다. 이들은 중세국어에 나타나는 쌍형어간(바다ㅎ ~바룰)과 성격이 동일한 것이다(이숭녕 1957 참고). 쌍형어간의 성립은 방언, 문체, 차용어, 통시적 변화 등 다양한 원인에 의해서 성립된 것으로 보기

제2장은 본론으로 2.1장에서는 기존논의의 문제점을 논의하고 2.2장에서는 이들 기저형의 특징과 도출의 과정을 하나의 기저형에서 유도하는 방안을 제시하고자 한다. 2.3장에서는 복수기저형의 유형을 살펴보고 2.2장에서 논의된 많은 규칙을 통합하는 방안을 마련하고자 한다. 2.4장에서는 이들 규칙의 성격과 국어음운부의 조직에 대해서 간단히 언급할 것이다. 제3장은 결론으로 본론의 논의를 요약하는 것으로 마무리 할 것이다.

2. 본론

2.1 기존 논의의 문제점

복수기저형에 대한 선택규칙의 논의는 최명옥(1985)에서 본격적으로 거론되었다.[4] 여기에서는 불규칙 동사에 대한 기저형의 문제에 대해 논의하였다. 예를 들면 '짓다~지으니', '듣다~드르니', '가볍다~가벼우니'에서 보이는 불규칙활용은 '씻다 ~ 씨스니', '걷다~거드니', '잡다~자브니' 등의 규칙동사에서 보이는 활용과 다르다. 전자의 경우는 모음계 어미와 자음계 어미 앞에서 어간의 기저형에 대한 변화가 심해서 서로의 연관성을 음운규칙으로 연결하기가 쉽지 않다. 불규칙 동사의 기저형을 세우는 방식에 대해서 생성음운론이 도입된 이래로 오랜 논의의 대상이 되었다. 김

때문에 한 형태소의 공시적 교체와 다른 것으로 본다. 4의 경우는 이진호(2002)에서 활용형 자체를 어휘부에 등재할 것을 주장했다. 하나의 어휘에만 관련된다면 사전에 등재하는 것과 음운규칙으로 다루는 것은 동일할 것이다. 그러나 두 개 이상이 될 때는 음운부에서 다루는 것이 효과적이다. 김봉국(2003)과 달리 이들은 여기의 논의에 포함하고자 한다.

4) 한영균(1985)에서도 복수의 기저형에 대해서 논의하고 있다. 활용형의 형성과 관련된 문법부문에 대한 고민은 여기의 통사음운부 설정에 대한 단초를 제공하였다.

진우(1973), 김영기(1974), 이병건(1976:127) 최태영(1983:85)등에서 논의된 것은 약간의 방법의 차이가 있지만 추상적 기저음소를 설정해서 단일 기저형으로부터 표면형을 도출하는 방식이었다.

최명옥(1985:149-188)에서는 기존의 논의를 비판하고 두 개의 교체형을 어휘부에 등록해야 하고 기저형에 대한 선택규칙이 있다고 주장했다.[5] 대표적으로 'ㅂ'변칙동사에 대한 논의를 보기로 하자.

〈표 1〉

〈기저형의 표시〉
p-변칙동사: /X{p-u}-/
〈선택규칙〉
p-변칙 : $\left\{ \begin{array}{c} p \\ u \end{array} \right\}$ → $\left\{ \begin{array}{l} p/\underline{\qquad}] \text{ vst } C \\ u \text{ elsewhere} \end{array} \right\}$

〈표 1〉이 의미하는 것은 'ㅂ'불규칙동사는 기저에 /X{p~u}-/로 표시되고 선택규칙에 의해서 자음계 어미가 오면 'ㅂ'이 나타나고 모음계 어미가 오면 어간말이 '우'가 된다는 의미를 지니고 있다.

---

5) 'ㅅ,ㄷ' 불규칙 용언의 기저형을 각각 /x{t~∅}-/, /x{t~l}-/로 정했다. 그러나 ㅅ불규칙은 xt와 x으로 그리고 ㄷ불규칙은 xt와 x르로 정해야 할 것이다. '짓다'에서 온 교체형 '지으니'는 '으'를 가짐에 비해서 '지다(負)'에서 온 것은 '지니'로 '으'가 필수적으로 탈락하는데, '지으니'도 마찬가지로 '으'가 탈락해야 하지만 탈락하지 않는다. 그러므로 전자에서는 '지으+으니'로 해서 두 '으'중 하나가 살아남는 것으로 해석하면 된다. '듣다'에서 온 '드르니'도 '들'도 가능하지만 위의 두 동사어간이 모두 모음으로 끝나는 것에 평행하게 '드르-'로 정하는 것이 합리적이라고 생각한다. 그런데 '깨달아'에서 '깨달어'로 변하는 것으로 보아 처음에는 종성에 'ㄹ'을 가지고 있는 것으로 기저형이 되어 있다가 나중에 '르'형으로 변한 것이 아닐까 한다. 이 변화는 모음조화와 관련이 있다고 본다. 모음조화는 현대국어에서는 적용이 안 되는 어휘가 늘어나고 있다. 'ㅅ,ㄷ,ㅂ'불규칙 어간의 기저형에 대한 일관성에 대해서는 김성규(1987:29)에도 논의되었다.

이에 대해서 김현(2003:17-21)에서는 복수기저형은 "함께 하나의 어휘 항목을 이루고 있고, 그 안에서 상보적 분포 관계로 연결되어서, 종단교점이 처한 문법적 · 의미적 · 형태음운적 맥락에 맞추어 삽입되기 때문에 따로 선택규칙이 필요치 않다"고 말하면서 단일기저형과 복수기저형의 어휘 표시에 대해서 아래 예를 통해 설명하고 있다. 규칙동사 '벗-'과 불규칙동사 '듣-'의 기저 분포관계를 다음과 같이 나타내었다.6)

(1) "벗-" v. //벗// <u>모든 환경</u>
"듣-" v. //듣// <u>환경A</u> & // 드르 // <u>환경B</u>

이와 같은 선택규칙과 분포에 의한 표시는 다음과 같은 문제점을 가진다. 우선 선택규칙의 문제점을 살펴보기로 하자.

첫째, 최명옥(1985:185)에 의하면 복수기저형의 선택규칙은 비생성적이고, 기저형을 배열하는 규칙이라고 말한다. 어휘부에서 기저형을 배열한다는 것은 기저형의 환경에 맞게 복수기저형을 배치한다는 것을 의미할 것이다. 그런데 이러한 선택규칙은 음운규칙이라고 할 수도 없고, 형태규칙도 아니다. 이미 복수기저형을 설정한 것은 음운규칙이기를 포기한 것이기 때문에 음운규칙일 수 없다. 또한 형태론이 단어의 생성이나 의미, 혹은 구조와 관련된 것이라면 복수기저형의 선택규칙은 한 형태소의 기저형을 상보적 환경에 배치하는 것이기 때문에 형태규칙이라고 말할 수도 없는 것이다. 어휘의 특이한 음운형식을 기록한다는 면에서 어휘부이거나

---

6) 표기의 방식을 인쇄의 편리를 위해 변경해서 수록했다. //X//는 형태음소표시이고, /X/음소표시이다. 여기는 형태음소표시는 음소표시와 동일한 것으로 보고 하나의 음소표시로 통일한다. &는 한 형태소에 대한 다른 환경을 나타내는 복수기저형의 표시이다.

음운부의 어디에 위치할 것이지만 규칙이 어떤 성격인지는 불분명한 문제로 남는다.

둘째, 선택규칙은 'ㅂ'불규칙용언의 경우 'X{p~u}'형식으로 나타나는데 'X'에 대한 규정이 문제가 된다. 'X'는 모든 음운형식을 의미하게 될 것인데, 규칙적인 활용을 배제해야하기 때문에 모든 음운형식을 의미할 수는 없다. 또한 불규칙어간 사이에도 차이점을 드러내야 하는데도 불구하고 모두 'X'로 표기하고 있다. 'ㅂ'불규칙어간을 'X'로 나타내고 'ㄷ'을 'Y'로, 'ㅅ'을 'Z'로 나타낸다면, X 하나로 표기한 것보다는 합리적이지만 'ㅂ'을 'X'로 나타낸다고 해서 문제가 해결된 것은 아니다. 예를 들면 '고맙다, 아름답다'는 불규칙용언인데 '고마, 아름다'가 'X'에 해당될 것이다. 그러나 이들 'X'는 어떤 공통점도 없다. 규칙동사와의 구분을 위해서 어차피 어휘부에 어휘개별적인 표시를 해두어야 할 것이다.

셋째, 복수기저형은 중복분포의 경우를 배제해야 한다. 김봉국(2003)에서 논의되었듯이 중복적인 패러다임을 보이는 쌍형어간과 다른 것으로 구분해야 한다. '하-'동사는 '하다-하니-하여서'와 '하다-하니-해서'의 두 패러다임을 보인다. 전자는 문어체이고 후자는 구어체이다. 만일 여기에 선택규칙을 적용한다면 두 가지 종류 이상이 될 것이다. 또한 '하여-'는 문어체에서, '해-'는 구어체에 나타난다고 어휘부에 기술해야 하는 문제가 발생한다. 즉 선택규칙을 설정한다면 이 선택규칙이 중복분포를 보이는 것에도 적용이 되는지 안 되는지 등, 어디에까지 적용되어야 하는지 제약이 없다.

넷째, 선택규칙은 몇몇 기저형의 경우 예측력이 전혀 없고 잘못된 표면형을 도출한다. 예를 들면 어미 '-씀니&-ㅁ 니'와 '-는다&-ㄴ 다'는 복수기저형인데 '-씀니'와 '-는다'는 자음으로 끝나는 어간과 결합하고, '-음니'와 '-ㄴ 다'는 모음계어미와 결합한다. 그런데 어간에 복수기저형이 온다면 어떻게 될 것인가? 예를 들면 불규칙동사 {짓-}은 '/짓/+C&/지으/+V'의 복수기저형과 선택규칙을 가지게 된다.7) '짇씀니다, 진는다'의 경우는 올바르지만 '지으+ㅁ 니, 지으+ㄴ 다'의 경우는 나타나지 않는다. 즉 두 가지 기저형은 상보적 분포를 보이지만 어간과 어미에 동시적으로 두 개가 적용될때는 오직 하나의 경우만 나타난다. 이는 선택규칙이 아니고 어휘부에분포표시를 한다고 해서 해결될 것이 아니다. 새로운 규정이 요구되는 것이다.8)

다섯째, 국어의 복수기저형은 대부분 조사와 활용어미의 결합에서 나타난다. 그런데 조사와 활용어미는 생성문법에서 문장의 생성과 관련이 있다. 즉 어휘부의 작용이라기보다는 통사부 이후에 나타나는 현상이다. 그러므로 복수기저형에 대한 어휘부 선택규칙은 부적절한 것이다.

여섯째, 김봉국(2003:172-173)에서 논의된 것처럼 '놓-(放)'의 경우에 패러다임은 '논다, 놈니다, 노쿠, 노치, 노니, 놔'이므로, /놓+C&노+V/의 복수기저형을 설정할 수 있다.9) 여기서 '좋다, 낳다' 등의 ㅎ종성 용언은 '조씀

---

7) &는 복수기저형의 표시로 사용한다. 김봉국(2003:170)에 ∽표시가 음운론적으로 조건된 복수기저형의 표시로 제안되었으나 글자판에 없는 불편함이 있고 &는 and의 의미가 있기 때문에 복수기저형의 표시로 합당한 것으로 보인다.
8) 현대국어에서는 활용에서만 이러한 문제가 발생한다. 그러나 중세국어에서는 체언어간도 복수기저형을 가지기 때문에 이 문제는 조사와 어미 모두에 해당하는 문제로 확대될 수 있다. 예를 들어 '남ㄱ~나모'가 '을~를'조사와 결합한다면 위의 용언활용과 동일한 문제에 봉착한다.
9) 여기서 이 단어의 장모음 표시는 생략한다. 음소 기능이 약화되었다는 문제와 더불어

니다, 나씁니다, 난는다'처럼 활용하여 '놓-'와는 다른 패러다임을 보여 준다. 이렇게 되면 ㅎ종성을 하나의 단위로 묶기가 어렵다. 즉 어휘개별적인 현상이 된다. 어휘 개별적인 현상은 '하-, 푸-' 등의 용언에서도 보여준다.

다음으로 분포 표시에 의한 해결의 문제점을 생각해 보자.

첫째, 분포의 표시는 모든 복수기저형에 해당하는 것으로 하나의 기저형으로부터 규칙에 의해서 도출하는 것보다 나을 것이 없다. 하나의 기저형에서 규칙에 의해 도출하는 것이 비록 형태소 도출규칙이라 하더라도 분포에 의해서 표현하는 것보다 다음 장에 보듯이 많은 장점이 있고 분포표시에 의한 것보다 나쁠 것이 없다.

둘째, 분포에 의해 복수기저형을 표시한다면 정칙인 경우에도 '모든 환경'에 기저형이 분포한다는 잉여적이고 불필요한 명세를 해야 한다. 즉 복수기저형의 분포표시는 매우 값비싼 규정이 되고, 정칙에 그러한 표시를 해야하는 것은 오직 불규칙한 복수기저형 때문에 발생한 것이다. 정칙에 분포를 표시해야 하는 것은 복수기저형처럼 불규칙한 것과 구별하기 위해서 필수적으로 요구된다.

셋째, 복수기저형의 분포표시는 중간단계의 음운표시를 요구한다. 복수기저형의 분포를 표시하기 위해 단일기저형이 음소로 표시되는 것과는 다른 층위가 필요하다. 복수기저형은 하나의 형태소에 대한 두 개 이상의 기저형이다. 하나의 추상적 형태소와 그것을 맺어주는 층위를 위해서는 다시 중간 표시의 층위가 필요하다. 필자는 형태소의 표시는 음운을 통해서 충분히 표시되기 때문에 중간표시 층위가 불필요하다고 본다.

넷째, 위에서 언급한 '짓+C&지으+V', 'C+씁니&V+음니'의 선택규칙처럼

여기서의 논제와 무관하고 설명의 편의 때문이다.

어간과 어미 모두 복수기저형인 경우에는 분포표시로도 해결되지 않는다. 강제적인 할당규칙 혹은 배정규칙이 필요하다.

다섯째, 복수기저형의 분포가 동등하지 않는 경우가 상당수 있다. 예를 들면 '하다-하니-해'의 패러다임을 가지는 경우에 두 개의 기저형 '하&해'가 필요하다. 그러나 '해-'의 경우는 '하'에 비해서 협소한 분포 '아/어'계 어미와만 결합하고 있다. 여기에는 두 개의 기저형이 동등한 가치를 가지지 않고 있다는 것을 암시하고 있다. 분포표시는 이러한 분포의 불일치에 대한 것을 예견할 수 없다.

또한 선택규칙이든, 분포표시든 한 어휘에 대한 두 가지 이상의 기저형 표시는 서로에 대한 관계의 유사성을 보여주지 못하고 있다. 예를 들어 '아름답&아름다우'는 한 어휘의 기저형 표시인데, 마지막 음소만 다르고 모두 동일하다. 두 가지 기저형을 설정한다는 것은 이와 같은 유사성을 포착하지 못하고 있다. 두 가지 기저형은 전혀 다른 것이 아니고 역사적으로 동일한 형식에서 변화해 온 것이 대부분이기 때문에 두 가지 기저형의 표시가 합당하지 않다는 것을 의미한다.

한편 최적성 이론에 의해서 복수기저형을 다룬 논의도 있었다. 복수기저형 전체에 대한 논의는 아니고 일부분이지만 오정란(1996)은 격조사에 대한 논의이고, 이세창(2004)는 '르'불규칙동사에 대한 논의였는데, 복수기저형의 교체에 대해서 설득력있게 설명했다고 보기 어렵다. 입력형과 후보형, 제약의 설정 등에서 많은 문제점을 보이고 있다. 오정란(1996)에서 예를 들면 공동격조사의 경우 '와'가 입력형이 되는데 이들의 교체가 주격조사 '이/가'의 경우와 다르기 때문에 다른 제약위계를 설정한다. 동일한 격조사 범주인데 교체의 양상이 다른 것을 설명하기 위해 다른 제약을 설정하는 것은 제약의 순서로 문법이 결정되는 최적이론의 근본정신에 맞지 않는다. 또한 위의 두 논의에서 복수기저형이 아닌 단일 기저형의 경우와 대비하지 않고 있어서 왜 복수기저형 중의 하나가 입력형이 되는지 알기 어렵다. 역으로 단일 기저형은 왜 둘을 가지지 않는지 설명되지 않는다. 이세창(2004)에서 국어에 특수한 제약으로 *ln, *vlv를 세웠는데 그러한 제약의 보편성이 의심스럽다. 또한 불규칙동사 어간이 두 모라를 가지는 것으로 입력형을 보았는데, 이는 불규칙하다는 결과를 보고 결정된 것으로 이에 대한 실체적 근거가 무엇인지 알기 어렵다.

2.2 소위 복수기저형 교체의 특징과 도출

복수기저형의 교체는 어떤 어휘에 속한 개별 음운의 규칙적인 교체라기보다는 해당 어휘자체의 특수한 교체라는 특징이 있다. 복수기저형은 단일기저형처럼 표면의 교체형이 상보적 분포를 보이지만 그 교체형들의 관계가 다르다. 예를들면 'ㄷ 불규칙' [듣다]와 [드르니]는 동일한 형태소 {듣-}의 교체형으로 규칙적인 {믿-}의 교체형 [믿다], [미드니]와 다르게 교체한다. 후자는 기저형 /믿/에 의해서 음운론적 설명이 가능하다. 그러나 전자는 /ㄷ/이 /ㄹ/로 변하는 규칙을 설정해야 하는데 동일한 환경을 가진 다른 경우에 이러한 현상이 일어나지 않기 때문에 국어에서 공시적인 음운규칙으로 인정하기 어려운 교체이다. /ㄷ/의 /ㄹ/로의 교체는 특정한 환경에서, 특정한 형태소에 한해서 일어난다. 즉 체언어간이 아닌, 용언어간에서 발생하고 일부의 어간에서 발생하기 때문에 이들에 대해 'ㄷ 불규칙어간'이라는 이름을 붙인 것이다. 말 그대로 어휘 개별적 현상이다. 이는 음운의 문제라기보다는 그 음운이 속한 어휘의 문제인 것이다. 물론 ㅂ, ㅅ 불규칙어간이 중세국어의 'ㅸ, ㅿ' 등의 소실에 의한 음운의 문제이지만 용언어간말이라는 특정한 범주에 속하는 것이고, 통시적인 음운변화는 어휘별로 많은 예외를 가지게 된다.

　복수기저형의 어휘 개별적인 특징은 다음에서도 확인된다. '푸다-푸고-퍼'의 패러다임을 통해서 우리는 '푸-'와 '퍼-'의 두 가지 기저형을 설정해야 한다. 이러한 교체는 오직 이 하나의 형태소에서 발생하는 것이다. 물론 '바쁘다' '나쁘다'의 기저형을 '바뿌-' '나뿌-'로 본다면 유사한 경우로 확대될 것이지만 이 경우에도 '바빠서, 나빠서'처럼 '퍼서'와 끝 모음이 동일하지 않다.

　주격조사 '이'와 '가'의 교체는 오직 주격조사에 한정된 것이다. 이는 음운의 문제가 아닌 개별 형태소의 교체에 관련된 것이다. '와/과', '을/를', '은/는' 등의 교체도 음소의 교체가 아닌 개별 형태소의 교체이다.

　표면형을 기저형에서 도출한다는 생성음운론의 기본 가정 하에서, 또한 심리적 실재를 강조하고 추상적 기저형을 배제하는 설명의 방식을 취할 때는 교체형 중에서 기저형을 선택하고 표면형을 설명하는 것이 가장 합리적이다.

　주격조사 '이'와 '가'의 교체는 어휘 개별적이기 때문에 그리고 분포가 상보적이기 때문에 다음과 같은 개별 형태소 규칙으로 도출할 수 있을 것이다.10)

---

10) 이와 같은 규칙에서 어느 것을 기저형으로 선택할 것인지가 문제가 된다. 특별한 이유가 없다면 역사적으로 어원을 따져서 하나를 선택하는 기준이 있고, /이/처럼 먼저 발생한 것을 기저형으로 선택할 수 있다. 또한 분포가 넓은 것을 기저형으로 선택하는 것이 합리적이라고 생각한다. 오정란(1996)에도 기저형 설정에 대한 논의가 있다.

(2) 가. 이 →가 / _____ 모음(V)

나. 가 →이 / _____ 자음(C)

규칙(2)는 하나의 음운과 관련된 음운규칙이 아니라 주격조사라는 형태소에 관련된 규칙이다. 그러나 형태론에서 말하는 형태규칙이 단어의 생성이나 문법 범주의 변경과 같이 단어의 구조와 기능 등에 관련된 것인데 반해서 규칙(2)는 오직 형태소의 소리에 관련된 것이다. 음운론이 단어나 문장의 소리와 관련된 규칙적 현상을 다루는 것으로 정의한다면 규칙(2)는 음운론에 소속될 것이다.

음운규칙을 'A→B/X-Y'의 형식으로 나타낼 때, 'A'와 'B', 'X'와 'Y'는 성격이 다르다. 전자는 교체의 내용이고 후자는 교체의 환경이다. 음운론을 크게 순수히 음운과 관련된 것과 형태소에 관련된 것으로 구분할 때 'A, B, X, Y' 모두 음운이면 순수히 음운규칙이 되는 것에는 모두 동의할 것이다. 그런데 이 중에서 일부만이 형태소이거나 용언이나 체언과 같은 특정한 범주 내에서 일어나는 경우에 대해서는 논쟁의 여지가 있을 것이다.[11]

---

11) 송철의(1992:57-62)에서는 교체의 내용이 형태소이면 당연히 형태규칙이고, 나아가 교체의 환경이 형태소이면 형태규칙으로 규정하고 있다. 형태론을 조어법과 더불어 형태소의 음성형식의 변경을 포괄하는 개념으로 규정하고 있다. 이처럼 음운규칙을 순수한 음운의 교체만을 한정할 수도 있지만 여기에서처럼 더 확장하여 형태규칙을 오직 단어의 형성이나 구조와 기능의 파악만으로 한정하고 기저형의 음운현상 모두를 음운론에 포함시키는 방안도 있을 것이다. 여기는 음운론을 최대한 확장한 것으로 보고 복수기저형의 교체를 음운론에서 다루고자 한다. 이러한 교체를 음운론에서 다루어야 할 이유는 복수기저형의 교체가 모두 활용이나 곡용에서 발생하기 때문에 생산적인 순수한 음운규칙과 생산성에서 차이가 없을 뿐 아니라 교체형의 상위 단위가 어절(음운론적 단어)로서 국어의 조사와 어미의 결합방식은 형태론이 아니라 통사론의 과정으로 인식하기 때문이다.

복수기저형은 교체 내용도 동일하지 않고 교체 환경에서 차이가 많다. 교체의 내용인 'A'와 'B'는 형태소로서 동일하지만 하나의 형태소도 있고 더 많은 부류를 이루고 있는 것도 있다. 교체의 환경도 모음계니, 자음계니 하는 음운으로 넓은 범위를 가지는 것이 존재한다. 우리는 이 모두를 하나의 성격으로 파악하고자 한다. 그 이유는 모두 다 교체 내용이 동일하게 어떤 특정 형태소나 형태소의 그룹이라는 것이고, 교체의 환경에 있어서 음운론적으로 크게 자음계와 모음계로 나누어진다는 특징 때문이다. 모음계는 다시 '으'계와 '아/어'계로 구분된다. 이는 순수한 음운규칙이 음운론적으로 조건된 음운교체인 것에 비해서 이들은 음운론적으로 의존된 형태소나 형태소 부류의 교체가 될 것이다.

복수기저형의 교체에 대한 음운규칙의 성격을 살피기 위하여 교체 내용과 교체 환경을 음운과 형태소로 나누어서 생각해 보기로 하자.[12]

(3) 가. 음운(교체내용)/음운(교체환경): 음운론적으로 조건된 음운교체
    나. 형태소/음운: 음운론적으로 조건된 형태소의 교체
    다. 음운/형태소: 형태소에 조건된 음운의 교체
    라. 형태소/형태소: 형태소에 조건된 형태소의 교체

(3가)를 순수하게 음운과 관련된 음운규칙이라고 한다면 나머지는 형태소와 관련된 음운규칙이라고 할 수 있다. (3나)는 여기에서 논의 중인 복수기저형과 관련된 것이다. (3다)의 경우도 국어에 다수 존재한다. 용언에

---

12) 여기서 교체환경에서 형태소뿐만 아니라 용언어간, 체언어간, 복합명사 등의 특정 형태·통사적 범주를 구분해서 논의할 수도 있다. 교체환경의 형태소와 형태소의 그룹, 즉 특정 문법범주내의 음운현상은 통시적 현상을 강하게 반영한 것으로 동일한 것으로 보이지만 여기서는 자세한 논의를 줄이고 잠정적으로 교체환경의 특정 문법범주에 한정된 음운현상도 '형태소'로 대표하기로 한다. 그러나 교체내용은 음운이거나 형태소이지 문법범주가 될 수 없다.

서 보이는 'ㄹ'탈락은 특정 형태소와 관련된 경우가 있다. '-으오', '-읍니다', '-세' 등에서 용언어간말 'ㄹ'이 탈락한다. 하나의 형태소와 더불어 특정 형태소 그룹, 예컨대 용언이나 체언과 같은 범주로 확장된 것도 (3다)와 동일한 것으로 볼 가능성이 있다. (3라)는 보충법 형식으로 알려진 것이다. 예를 들면 '오-'에 명령형 어미 '-거라' 대신에 '-너라'가 붙는 경우를 말한다.

초기의 생성음운론은 기저형의 결합에서 발생하는 음소의 변경에 대한 규칙적인 도출에 관심을 가졌기 때문에 특정 형태소의 교체에 대해서는 관심이 없었다. 단지 음운의 변경이라고 하더라도 특정 형태소 그룹에 관련된 것은 경계표시를 두어서 음운규칙의 범주에서 다루기도 하였다. 즉 (3나)와 (3라)는 관심이 없었고, (3다)의 경우에 형태소가 아닌 '용언어간말'처럼 특정 문법 범주에 속하는 경우에 형태·통사론적으로 조건된 음운교체로 다루기도 하였다.

(3나)를 생성음운론의 기저형과 도출의 개념에 가장 가깝게 표현한다면 (1)처럼 개별 형태소의 도출 형식으로 표시될 것이다. 이처럼 두 개 이상의 기저형을 세우지 않고 하나의 기저형으로부터 표면형을 도출한다면 유일기저형에 대한 생성문법의 근본 틀을 바꾸지 않아도 된다는 장점이 있다. 또한 복수기저형을 세웠을 때 제기된 여러 문제점이 사라진다. 문법을 복잡하게 하지도 않고 어휘부에 특별한 규칙을 만들지 않아도 된다.

분포표시나 선택규칙의 방법으로는 어간과 어미가 복수기저형일 때 표면형을 나타나는 방식이 해결되지 않는 것도 있었다. 예를 들면 '짓+C&지으+V', 'C+씁니&V+읍니'에서 오직 [진씁니다]를 도출할 방법이 없었다. 그러나 '짓→지으/___V'와 '씁니→읍니/V___' 두 규칙이 존재한다면 [진씀니다는 기저형의 결합으로 특별한 규칙의 적용 없이 바로 도출이 가능하다.

한 어휘에 대한 복수기저형을 세우는 것은 그 소리가 서로 관련이 없다는 것을 의미할 것이다. 그러나 몇몇 어휘를 제외하고는 모두 하나의 기저형에서 변해온 것인데 복수기저형의 표시는 두 형식이 같다는 것을 포기하는 것이다. 하나의 기저형을 세운다면 그러한 문제는 없을 것이다. 한 어휘의 복수기저형은 때에 따라서 분포의 불일치를 보인다. '하다-하니-해'의 패러다임을 설명할 때 '하→해/__어'의 규칙을 설정하면 오직 '-어'계 어미 앞에서 '하'가 '해'로 되고 다른 환경에서는 '하'임을 보여준다. 규칙의 설정은 이러한 형태소가 특정한 환경에 의해서 교체된다는 것을 보여주고 있다. '-어'계 어미가 모음계 어간과의 결합에서 보여주는 특별한 교체 양상은 이러한 사실이 진실에 가깝다는 것을 의미한다.[13] 분포로 표시한다면 이러한 성질을 포착하지 못한다.

한 어휘에 대한 하나의 기저형 표시는 언어형식의 효율성을 유지시킬 수 있는 최상의 방법이다. 언어가 최소의 노력으로 최대의 효과를 가져오는 경제성의 원칙을 유지하는 것은 의미와 형식이 1:1 대응의 원리를 준수하기 때문일 것이다. 만일 하나의 의미를 전달하기 위해서 여러 형식을 허용한다면 하나의 형식을 허용하는 것보다 효율적이라고 말하기 어렵다.

단지 하나의 기저형을 세워 도출로 이 현상을 설명하면 복수기저형만큼의 개별 형태소의 음운규칙으로 인해서 음운부가 복잡해진다. 즉 개별 형태소관련 음운현상을 많은 규칙으로 설정해야 하는 문제가 남는다. 이에 대한 대안으로 규칙을 더 간소화하는 방안을 마련하기 위해 우선 복수기

---

13) '많다'는 '만타, 만으니, 만아도'처럼 규칙 활용을 하지만 '-아'계어미와 만나면 '만애도'처럼 발음되기도 한다.

저형의 유형을 살펴보기로 하자.

2.3 복수기저형의 유형과 규칙의 형식화[14)]

복수기저형에 대한 전반적인 모습은 김봉국(2003)에 많은 종류가 조사되어 있다.[15)] 이진호(2002)도 참고가 된다. 여기는 유형의 분류와 도출의 방식에 대한 설명에 목적이 있기 때문에 다양한 어휘와 굴절어미 등에 나타나는 복수기저형의 예들은 주로 기존의 논의를 참고했다. 다음의 예들은 표준어를 중심으로 살펴본 것이다.

〈표 2〉

	유형	복수기저형	예	설명
①	조사A	'이&가'[16)], '을&를'[17)], '은&는', '아&야'[18)]	집이/바다가, 집을/바다를, 집은/바다는, 영숙아/철수야	앞 성분이 자음(C)으로 끝나면 모음(V)으로 시작하는 조사와 어울리고, 앞 성분이 모음(V)으로 끝나면 자음(C)으로 시작하는 조사와 어울린다.
②	조사B	'와&과'[19)]	바다와/집과	앞 성분이 자음(C)으로 끝나면 자음(C)으로 시작하는 조사와 어울리고, 앞 성분이 모음(V)으로 끝나면 모음(V)으로 시작하는 조사와 어울린다.
③	용언어간A (ㅂ,ㅅ,ㄷ 불규칙어간)	'xT&x으', 'xT& x르, 'xP& x우'[20)]	짓다/지으니, 듣다/드르니,덥다/더우면[21)]	자음으로 끝나는 어간은 자음으로 시작하는 어미와 어울리고 모음으로 끝나는 어간은 모음으로 시작하는 어미와 어울린다.
④	ㄱ 용언어간B ('르, 러 불규칙)	'x으&x ('르' 또는 '을')	'흐르다, 흐르니/흘러', '푸르다, 푸르니/푸르러'	모음으로 끝나는 어간은 자음계 어미, '으'계 어미와 어울린다. 자음으로 끝나는 어간은 '아/어'계 어미와 어울린다.

14) 사실 여기에서는 위에서 논의되었듯이 복수기저형을 인정하지 않고 유일기저형에서 규칙에 의해 표면형을 도출한다. 그러므로 복수기저형이라는 용어를 쓰기 어렵게 되었다. 그러나 이 용어를 설명의 편의를 위해서 통사음운부의 표면의 두 가지 교체 형식을 지시하는 의미로 임시로 사용하고자 한다. 통사음운부의 의미에 대해서는 아래에서 논의될 것이다.
15) 김봉국(2003)에서는 형성의 요인에 의해서 복수기저형의 유형을 분류하였다. 여기에서는 음운의 변화, 음운과정의 변화, 재분석, 불규칙교체, 기타의 경우 등으로 분류하였다.

		기저형	활용형	설명
ㄴ	하다22)	'하 &해'	'하다, 하니/해'	'하다', '푸다'는 (4ㄱ)과 동일한 분포를 보인다(특정 어휘형태소에 대한 논의는 후술 및 각주 참고).
ㄷ	푸다23)	'푸&퍼'	'푸다, 푸니/퍼서'	
⑤	용언어간C(ㅎ 불규칙동사)24)	'xㅎ&x&x이'	파랗다/파라니/ 파래서	자음계 어미, '으'계어미, '아/어'계 어미와 어울릴 때 각각 다른 기저형이 설정되어서 설명되었다.
⑥	용언어미(현재형,경어법어미)	'은다& 는다,' 음 니& 씀니	본다/먹는다, 봅니다/먹습니다	앞 용언어간이 자음으로 끝나면 '-는다// 씁니다'를 모음으로 끝나면 '-은다//음니다'와 결합한다.25)
⑦	체언어간	'꼿&꽃, 밧&밭'	꼬시/꼬체, 바시/바테	마찰음화에 의해서 '꽃, 밭' 등이 '꼬시, 바시' 등으로 변하는 경우.26)

---

16) &는 복수기저형을 의미하는 표시로 사용한다. 병렬, 혹은 나열의 의미가 있기 때문에 적절한 것으로 본다.

17) '은', '을'은 '집은/집을'에서처럼 자음뒤에 오지만 간혹 '바단/바달'처럼 모음뒤에서 'ㄴ, ㄹ'이 나타난다. 이는 이런 용법은 빈도수가 높은 어휘들에서 사용되기도 하고, 빠른 발화나 구어체에서 자주 사용된다. 이러한 이유는 '은'과 '을'로 기저형이 단일화하려는 경향 때문으로 해석할 수 있다. 그렇게 되면 '바단'은 '바다+은'에서, '바달'은 '바다+을'에서 국어의 활발한 모음뒤 '으'탈락규칙에 의해서 설명될 수 있다.

18) 아/야는 '철수야/영숙아'처럼 자음뒤에서는 '아', 모음 뒤에서는 '야'로 나타난다. 대부분의 논의에서 '야는 이중모음으로 취급된다. 그런데 전통적로 이중모음의 첫 음에 대해서 'y,w'를 부여하며, 반모음, 혹은 반자음이라는 용어로 써 왔다. '아/야'의 교체는 주격조사, 목적격조사와 평행하게 앞에 자음이 오느냐, 모음이 오느냐에 따라 달리 선택된다. 즉 '야는 자음처럼 행동한다. 이 교체는 순수 음운규칙으로 설명될 수 없다. 국어에서 모음과 모음의 결합에서 y가 삽입되거나, 탈락할 수 없다. 물론 '이'모음 뒤에서 y삽입이 일어나지만 이 경우는 다르다.

19) 조사 '와/과'는 중세국어 시기에 활발한 음운규칙 'ㄱ'딜락에 엉향을 받은 것이다.((이기문 1972:156), 엄태수(1996), 김남미(2005) 등 참고)

20) 여기서 'x'의 의미는 단순히 미확정적이라는 의미다. 어휘부에 어휘마다 각각 불규칙의 종류에 따라서 다른 표시를 하여야 한다. 규칙의 설정에서는 불규칙의 종류에 따라 X1, X2 등으로 하였으나 마찬가지로 X는 동일하지 않다.

21) 'ㅂ'불규칙 활용어간 중에서 '아름답다-아름다우니-아름다와'처럼 활용하는 어휘들이 나타난다. 이때 기저형은 '아름답&아름다우-&아름다오-'의 세가지 유형이 될 것이다. 이렇게 되면 아래에서 논의하는 5형의 유형이 된다. '맵다-매우니-매와'도 해당한다. 이러한 이유는 모음조화 규칙이 적용되지 않고 어그러지기 때문에 나타나는 현상이다. '뵙다-뵈니-뵈어라'도 불규칙하다. 그런데 '뵈오니-뵈니'는 중복분포로 논의에서 제외된다. 다만 '뵈니'에서 보듯이 어간말 'ㅂ'의 흔적이 완전히 사라진 것이 특징적이다.

22) '아'계 어미와 결합할 경우에 '하여서, 하여라'로 활용하기도 한다. 구어체에서는 잘

《〈특징의 정리〉》

1. 조사의 복수기저형은 초성이 모음계냐, 자음계냐로 양분된다.
   가. 조사A형은 어간말과 결합하여 CV(자음+모음)음절구조를 형성한다.
   나. 조사B형은 /ㄱ/의 약화에 의한 것으로 어간말과 CC(자음+자음), VV (모음+모음)의 음절구조를 가진다.
2. 용언어간의 경우는 세 가지 유형의 용언어미에 따라 다르다.(자음계, '으'계, '아/어'계)
   가. 용언어간A형(ㅂ,ㄷ,ㅅ 불규칙형) : 용언어미가 자음계와 모음 계에 따라 구분된다. 용언어간말이 자음과 모음으로 끝나는 것으로 구별된다. 용언어미와 결합의 결과 CC, VV의 음절구조를 가진다.

쓰이지 않고 주로 문어체에서 사용된다. '여'는 '보여라, 먹여라' 등의 '이'로 끝나는 어간과 결합할 때 주로 일어나는데, 여기에서 유추되어 나타난 형식으로 보인다. '여라'를 새로운 형식으로 인정한다면 명령형 어미는 '아라, 어라, 여라'의 세가지 종류가 될 것이다. '여라'는 오직 '하'에만 결합되는 형식이 된다.

23) '퍼'의 기저형을 역사적인 과정을 인정하여 '프'로 볼 수도 있지만 표면에 나타나지 않기 때문에 표면에 나타나는 '퍼'로 하는 것이 더 합리적이다.

24) 'ㅎ'불규칙동사에 속하는 동사는 '파랗다, 노랗다'등의 색채를 나타내는 형용사와 '높다랗다, 커다랗다' 등의 '다랗-'이 결합하는 형용사들이다. 이들은 '으'계어미와 결합할 때 규칙동사와 다른 행동을 보인다. '놓다, 놓으니, 좋다, 좋으니'에서 보듯이 규칙동사는 '으'계 어미와 결합할 때 어간의 모습이 변함이 없으나 'ㅎ'불규칙동사는 '파랗다, 파라니'에서 보듯이 그렇지 못하다. 안상철(1985:139-150)에서는 이 두 경우를 'ㅎ'탈락은 동일하지만 '으'탈락만이 다르다고 주장한다. 그는 이 경우 '으'탈락이 형용사에만 적용되는 어휘규칙이라고 주장한다. 그의 주장은 결국 '파랗다'와 '파라니'는 같은 기저형을 가진다는 주장이다. 그러나 '파래서, 파래'등의 '아/어'계 어미와의 결합된 예들을 고려하면 그러한 주장은 성립되기 어렵다. '파랗+어'에서 '파래'를 유도하는 음운규칙을 설정하는 것은 공시적으로나 통시적으로 보았을 때, 합리적이라고 보기 힘들다. '놓다'의 경우에 '놓다, 노니, 노면, 나서'로 활용하여 '놓&노'로 볼 수 있다.

25) 표면에서 '본다//봅니다'처럼 '은//읍'이 나타나지 않지만 어미가 하나의 분절음으로 시작하는 기저형이 국어의 경우에 없기 때문에 패러다임의 균형을 볼 때 이렇게 정하는 것이 합리적이라고 생각한다. '먹읍시다'에서 '읍'이 나타나는 것으로 볼 때, 불가능한 것으로 보이지 않는다.

26) 결합하는 조사에 따라 체언의 변화가 심하다. 아직 고정된 교체형이 나타나지 않은 것으로 보이기 때문에 여기의 논의에서 제외한다.

나. 용언어간B형(르,러불규칙) : 용언어미가 자음계와 '으'계가 묶이고, 그리고 '아/어'계가 다르게 행동한다. 용언어간말을 자음으로 끝나는 것과 모음으로 끝나는 것으로 구분할 수 있다.

다. 용언어간C형(ㅎ불규칙) : 용언어미가 자음계, '으'계, '아/어'계에 따라 각각 다르게 나타난다. 어간말이 자음으로 끝나는 경우는 자음계와 모음으로 끝나는 경우는 모음계와 어울린다. CC, VV 구조를 형성한다.

3. 용언어미의 경우 앞쪽 어간말이 자음이냐 모음이냐에 따라 다르게 나타난다. 복수기저형의 초성이 모음이냐 자음이냐로 구별된다. 기저에서 어간말과 어미초가 CC, VV 구조를 형성한다.

4. '하다,푸다'는 한두 개 어휘에 한정되어 나타난다. 7번 체언어간말 마찰음화는 화자들 사이에 유동성이 심하고, 어휘들 사이에도 차이가 심하다.

정리된 것을 규칙으로 나타내면 다음과 같이 될 것이다.

(4) 조사A형

　　가. 이 → 가 / V___　　　　나. 을 → 를 / V___

　　다. 아 → 야 / V___　　　　라. 은 → 는 / V___

(5) 조사B형

　　과 → 와 / V ___

(6) 용언어간A형

　　가. {X1(ㅅ불규칙어간)}ㄷ →으 /___V

　　나. {X2(ㄷ불규칙어간)}ㄷ →르 /___V

　　다. {X3(ㅂ불규칙어간)}ㅂ →우 /___V

(7) 용언어간B형

　　가. {X4(르불규칙어간)}으 → 르 /___ 어

나. {X5(러불규칙어간)} ø → 러 /＿＿ 어

　　나. 　　　　　　　　하 → 해 /＿＿ 어

　　다. 　　　　　　　　푸 → 퍼 /＿＿ 어

(8) 용언어간C형

　　가. {X6(ㅎ불규칙어간)} Vㅎ →V / ＿＿ 으

　　나. {X6(ㅎ불규칙어간)} Vㅎ →애/ ＿＿＿어

(9) 용언어미

　　가. 씁니 → 읍니 /V＿＿

　　나. 는다 → 은다 /V＿＿

　위의 규칙에서 X는 어휘부에 개별적으로 표시 되어야 한다. 예를 들면 모든 ㅅ불규칙동사의 어간에 X1의 표시가 필요하다. 이와 같은 복수기저형의 도출규칙은 복수기저형의 수만큼 많지만 교체환경이 유사한 것이 많기 때문에 이를 묶는다면 규칙의 수를 줄일 수 있을 것이다. (4),(5),(9)의 교체환경이 동일하기 때문에 동일한 것으로 묶는다면 크게는 네 개의 복수기저형에 대한 규칙이 있다고 할 수 있다.

(10)　가. 규칙1[27)]

　　　　{/이/→/가/, /은/→/는/, /을/→/를/, /아/→/야/, /과/→/와/, /씁니/→/읍니/, /는다/→/은다/} /V＿＿＿＿＿

　　나. 규칙2

　　　　{/(X1)ㄷ/→/(X1)으/, /(X2)ㄷ/→/(X2)르/, /(X3)ㅂ/→/(X3)우/} ＿＿＿V

---

27) { } 안의 내용은 모두 세로로 수직으로 배열해야 하지만, 인쇄의 편의상 가로로 배열했다. 하나하나 선택적인 규칙이 된다.

다. 규칙3

/(X4)으/→/(X4)르/, /(X5)/→/(X5)러/, /하/→/해/, /푸/→/퍼/

/,/(X6)Vㅎ/→/애/ㅓ / /_____어

라. 규칙4

/(X6)Vㅎ/ →/(X6)V/ / /____ 으

2.4 규칙의 성격과 국어 음운부

(10)에 논의된 규칙들은 순수한 음운규칙과는 다른 성질의 것이다. 어휘 개별적인 규칙이라고 할 수 있다. 어떤 이론적인 틀을 가지는가에 따라서 형태규칙으로 볼 수도 있고, 형태음운부를 설정하여서 음운론과 형태론의 결합으로 볼 수도 있다. 어휘음운론처럼 형태론과 음운론의 상호작용으로 파악할 수도 있을 것이다.

여기는 이를 음운규칙으로 파악하고자 한다. SPE(Chomsky&Halle 1968)에서 음운론은 통사부의 출력을 입력으로 하여 재조정부를 거쳐서 작동하는 것으로 가정하고 있다. 국어의 어미와 조사의 결합이 통사부의 작동이고, 형태론이 파생과 합성과 관련된 것으로 가정한다면 위에서 언급한 복수기저형의 문제는 통사부의 결과이고 형태론과는 상관이 없는 것이다. 또한 이들의 교체가 문장이나 단어의 구조나 기능, 혹은 의미에 영향을 미치는 것이 아니다. 오직 상보적 분포에 의한 음운의 교체가 있을 뿐이다. 단지 그 음운의 교체 내용에 있어서 음운론적인 동인이 없기 때문에 하나의 기저형에서 도출되기 어렵다는 문제가 있다. 그러나 교체의 환경을 보면 순수한 음운규칙과 전혀 다르지 않고, 이들의 교체가 국어의 규칙적인 굴절패러다임을 유지하려는 원인에 있음을 알 수 있다. 예를 들면 '뵙다-뵈니-뵈어서'의 활용은 '뵙다-뵈오니-뵈어서'의 활용도 가능한데, 전자가 최근의 발음형이라면 후자는 고형이라고 볼 수 있다. 고형은 '뵙&뵈오&뵈'의 형식을 가지고 있다고 볼 수 있는데 이는 다른 'ㅂ'불규칙어간과 유사하다. 그런데 신형은 '뵙&뵈'로 바뀌고 있다. 기원적으로 ㅂ순경음을 가진 경우를 단일한 것으로 본다면 신형의 '뵈'는 고형에 비해서 더욱 멀어 진 것이다. 그러나 구형의 형식은 '뵙&뵈오&뵈'를 상정해야함에 비해 신형 은 두 개만 상정해도 되기 때문에 더욱 단순해질 뿐만 아니라 교체 환경도 자음과 모음으로 더욱 단순해지고 있다. 이러한 변화는 기저형의 역사를 반영하면서 패러다임을 규칙화하려는 국어의 특징이라고 말할 수 있다.[28]

순수음운규칙이 국어의 음절구조의 형성과 표면음소배열제약과 관련 이 됨에 비해서 형태소 관련 음운규칙은 성격이 다르기 때문에 국어 음운 부를 두 가지로 분리하는 것이 합당하고 생각한다.

    (11) 국어 음운부
        가. 통사음운부(음운단어 형성부)
        나. 순수 음운부

(11가) 음운단어 형성부는 기저형들의 결합에 의해서 상위 단위인 음운 론적 단어를 형성하는 과정에서 발생하는 음운현상으로 보는 것이다. (11 나)는 위에서 언급한 것과 마찬가지로 음절형성과 그 결과에 따른 음소배 열제약을 준수하려는 것이다.[29]

---

28) 위에서 언급한 '놓다'의 경우도 동일한 과정을 거치고 있다.
29) 국어의 형태음운론적으로 조건된 음운현상 중에서 굴절과 관련된 현상을 통사음운부 규칙으로 설정하고 순수 음운규칙과 구분해서 두 가지로 나누는 주장에 대해서는 엄태수(1994), 최정순(1995)에 자세하게 논의되었다. 간단히 요약하면 순수음운부는 통사음운부에서 형성된 음운론적 단어의 발화를 위한 단계이고, 통사음운부는 기존 의 논의에서 통사음운부로 불리던 것을 확장한 것이다. 그러므로 통사음운부는 음운 론적 단어형성과 관련된 것으로 위에서 논의한 복수기저형의 선택규칙과 형태·통사 적으로 의존된 음운규칙으로 구분될 것이다. 순수음운부는 음절구조제약과 음절연 결제약을 가진다. 특히 음절연결제약은 음절의 종성이 음절초성보다 공명도가 높다

(11가)의 규칙들은 통사부의 출력에 바로 작동하는 것으로 음운부로 넘어가는 시작에서 작동되는 것으로 보인다. 그것의 역할은 바로 음운론적 단어를 구성하는 것이다. 소위 복수기저형을 적절한 환경에 위치시키는 규칙도 순수음운부에 가기 전에 재조정하는 과정이라고 볼 수 있다. 복수기저형이 아닌 경우는 통사음운부에서 할 일이 없기 때문에 공전하고 순수음운부로 들어가서 음운규칙이 작동을 한다고 보는 것이다.

마지막으로 언급할 것은 (3다), (3라)처럼 교체환경이 형태소인 경우이다. 이 때 (3라)처럼 교체내용이 형태소이고 교체의 환경이 하나의 형태소인 경우는 사전에 등재되는 것도 무방할 것이다. 예를 들어 '오너라'는 '-너라'가 오직 '오-'하고 결합한다. 그러나 복잡한 경우도 많이 있다. 먼저 어휘가 공시적으로 유동적인 변화를 겪고 있는 경우가 있다. 이진호(2002: 48-49)에서 '꼬시, 꼬슬, 꼬슨, 꼬츠로, 꼬체'와 같은 유동적 시기가 있음을 가정해서 '꽃+(구격조사, 처격조사)&꼿+(그외 환경)'처럼 분포표시를 할 때 교체환경에 대한 일반화가 어려움을 지적하고 있다. '바시, 바슬, 바슨, 바테'의 경우도 '바테' 하나의 곡용형이 존재하기 때문에 어휘부에 이 곡용형이 들어 있을 가능성이 있다고 말한다. 이는 조사의 기저형이 유동적이기 보다는 바로 어간인 명사의 기저형이 유동적이기 때문에 발생한 것으로 이들 어간의 유동적인 변화는 조만간 하나의 형식으로 정리될 것으로 본다.

이진호(2002:166-171), 신승용(2007)에서 일부 어휘에 대해 복수기저형을 두지 말고 활용형을 사전에 등재하자는 주장이 있다. 신승용(2007: 97-100)에서 논의된 것을 보기로 하자.

는 공명성연쇄원리를 준수하는 특징을 가지고 있다.

(12) 알다, 알고, 알지, 알면, 아니, **아오, 아오**며, **아오**니, **아마**[30]

위의 '아니'에서의 'ㄹ'탈락은 국어의 공시적인 규칙으로 탈락을 예측할 수 있지만 '아오-, 아마'에서의 'ㄹ'탈락은 예측할 수 없기 때문에 '알'과 더불어 두 가지 기저형이 되는데, 이들 활용형은 예측할 수 없기 때문에 '알'과 '-으오'를 사전에 등재하지 말고 그 결합형인 '아오'를 등재하자는 주장이다.[31] 이 주장 속에 (3다)와 같은 형태소에 의존된 음운규칙은 활용형 모두를 사전에 등재하자는 주장이 된다.

(13) 가. 알+으니→아니 〈ㄹ 뒤 '으'탈락, 'ㄴ'앞 'ㄹ'탈락〉
　　나. 알+으오→아오 〈ㄹ 뒤 '으'탈락 '오'앞 'ㄹ'탈락〉

(13가)은 음소 /ㄴ/이 뒤에 오면 활용형에서 모든 어휘에서 자동적으로 발생한다. 이는 동기관적 이화라는 음성학적인 동기로 설명할 가능성이 있다.[32] 그러나 '오' 앞에서의 'ㄹ'탈락은 공시적으로 음운론적 동기를 찾기 힘들다. (13나)는 형태소에 의존된 규칙이다. 아래에서 형태소에 의존된 음운규칙의 특성을 보기로 하자.

(14) 가. **가로**되, **더불**어, **오너라**, 데**리고**
　　나. 아오, 먹으오, 잡으오
　　　　아오며, 먹으오며, 잡으오며
　　　　아오니, 먹으오니, 잡으오니
　　　　아마, 먹으마, 잡으마

---

30) 밑줄친 부분중 검정부분이 '아오, 아마' 만이 사전에 등재된다고 말한다.
31) 사전의 등재를 여기에서는 심리적 어휘부의 등재와 동일한 의미로 보고 다음의 예들을 설명해 보기로 한다.
32) 이병근(1981)참고

다. 우오, 사오, 부오, 나오

　(14가)와 (14나)는 성격이 다르다. (14가)는 오직 하나의 형식만이 존재한다. 이는 '오솔길'의 '오솔', '아름답다'의 '아름'처럼 유일형태소와 유사하다. (14가)는 사전에 활용형 자체가 등재되어서 기억된다고 볼 수도 있다. 그러나 (14나)의 '아'는 '알'과 관련이 있다. 즉 (14가)처럼 형태소 자체의 문제가 아니라 'ㄹ' 종성을 가진 모든 단어와 관련된다. 핵심은 '알-'과 '-으오'의 형태소 결합의 문제가 아니라 어간말 'ㄹ'과 '으오'가 결합할 때 발생하는 문제이다. (14가)는 전체가 기억될 수 있지만, '아오'의 문제는 좀 더 복잡하다. 만일 '아오, 아마'가 등재되어야 한다면 모든 'ㄹ'을 종성으로 가지는 모든 용언어간이 등재되어야 할 것이다. 그리고 더욱 중요한 것은 잠재적인 'ㄹ' 종성 어휘도 등재되어야 한다는 것이다. 만일 이러한 것이 어휘부에 등재된다면 어휘부는 엄청난 양을 등재해야 하는 부담이 있다. 무엇보다도 하나의 기저형을 세워서 규칙으로 많은 활용형들의 표면형이 예측 가능함에도 이를 모두 기억해야 하는 것은 비합리적이다.

　이 장의 해결방법은 형태소의존 음운규칙을 통사음운부에 두자는 것이다. 어휘부에는 다지 '알-'과 '-으오'가 있고, 그들이 '아오'가 되는 것은 '-으오' 앞에서 'ㄹ'이 탈락하는 어휘에 의존된 음운규칙으로 처리되는 것이 모든 활용형이 어휘부에 등재되어 기억된다고 하는 것보다 합리적이다. 음운규칙 중에는 (14나)처럼 특정한 형태소에서만 작동하는 음운규칙이 있다고 할 수 있다.

　(14나)를 고려하면 (3다)의 형태소 의존음운규칙과 유사한 경우는 범주의존음운규칙이다. 위에서 보았듯이 (13가)는 'ㄴ'앞에서 예외없이 'ㄹ'이 탈락하는데 용언어간말이라는 범주에 한정된 음운규칙이다. 이 둘은 유사하여 (3다)로 묶일 수 있을 것이다. 이는 (3가)의 순수음운규칙과 달리 교

체의 내용이 음운임에 비해서 교체의 환경이 형태소이거나 형태소의 부류가 된다. 이에 대한 형성과정의 종합적 고찰은 이 글의 범위를 벗어나는 것으로 단지 공시적으로는 이에 대해서 통사음운부에서 다룰 수 있을 것이다.

지금까지 논의된 복수기저형들의 교체와 관련해서 국어의 공시적 음운현상을 보면 적용되는 범위의 크기가 다른 것을 느낄 수 있다.

〈표 3〉

〈-넓은 범위	협소한 범위→
순수음운규칙 - 범주의존음운규칙 -형태소의존음운규칙 or 음운론적으로 조건된 복수기저형의 교체규칙-형태소에 의존된 복수기저형의 교체규칙-특정형태소에 의존된 형태소의 교체	

(음운부 내의 적용 범위의 정도)

꼬츠로, 꼬체, 바테 등의 형태소에 의존된 경우나 '오너라'처럼 하나의 형태소가 하나의 형태소에 고정된 경우는 사전에 등재하여 처리하는 방식을 선택하고, (3가)는 순수음운부에서 (3나), (3다)와 같은 형태소의존 음운규칙이나 음운의존 복수기저형의 교체는 통사음운부에서 처리하고자 한다. 통사음운부의 조직과 이와 구분되는 순수음운규칙과 관련된 상세한 논의는 이 글의 범위를 벗어나는 것이지만 다시 형태소의 범주에 의존된 음운규칙과 음운범주에 의존된 형태소의 규칙은 구분되어 논의되어야 할 것이다.

3. 결론

이 글의 목적은 격조사나 불규칙 동사 등에 나타나는 소위 복수기저형의 교체에 대해서 하나의 기저형을 설정해서 설명하는 것이었다. 이를 위해서 순수하게 인접 음운에 의해서 교체하는 순수음운부와는 다른 통사음운부를 설정하여 규칙에 의해서 도출하는 것으로 설명했다. 복수기저형을 설정하여 이들 교체를 설명하는 방식은 하나의 내용을 가지는 어휘에 두 개 이상의 형식을 배당하는 기형적 설명방식이라고 볼 수 있다. 대신에 하나의 기저형에서 도출하는 방식은 형식과 내용이 1:1 대응되는 언어의 보편성을 살린 논의로 이 글의 성과라고 볼 수 있다.

지금까지 논의된 것을 간단히 요약하면 다음과 같다. 먼저 서론에서는 복수기저형에 대한 기존의 논의를 살펴보고 그에 대한 문제점을 지적했다. 기존의 논의는 복수기저형에 대한 어휘부의 선택규칙이나 분포 표시로 하자는 것이었다. 이에 대한 문제점은 어휘부가 복잡해지고 다른 유일기저형의 어휘와의 관계를 올바로 포착하기 힘들었는데 이와 관련된 여러 문제점을 지적하고 하나의 기저형을 설정하여 규칙에 의해서 도출할 것을 주장했다. 하나의 기저형에서 도출하는 규칙으로 이 문제를 접근하게 되면 이는 형태소 하나하나에 해당하는 규칙이 된다. 규칙의 수가 많아지고 이러한 규칙에 대한 성격이 무엇인지 문제로 남게 된다. 이에 대한 해결 방안으로 본론에서는 통시음운부를 세우고, 국어의 다양한 복수기저형의 교체형을 최대한 규칙화해서 네 가지 정도로 규칙의 수를 줄이려고 노력했다.

소위 복수기저형과 관련된 음운현상은 국어의 교착어적인 특징을 여실히 보여주는 것이다. 이에 대한 연구는 음운론, 형태론, 통사론과 연관된 것이기 때문에 쉽게 결론이 나기 어려운 점이 많다. 여기에서는 하나의 기저형을 세우고 규칙을 설정하여 도출하는 방식을 선택했다. 그러한 원인은 근본적으로 두 개나 세 개로 표시되는 복수기저형의 음성형식이 그렇게 다르지 않고, 교체의 환경이 음운론적이라는 소박한 생각에서 출발했다. 그러나 이러한 규칙의 성격이 표준생성음운론의 방식과는 달라서 어떻게 처리하는 것이 합리적인지 판단하기가 쉽지 않다. 이러한 교체만을 따로 분리해서 소위 형태음운부를 설정할 수도 있을 것이다. 그러나 그렇게 되면 형태론, 통사론, 음운론 등의 다른 문법부문과의 관계 설정이 쉬운 문제가 아니다. 여기에서는 전통적인 문법 부문을 고수하면서 해결하는 방법을 선택했다. 단지 음운부가 좀 더 복잡해지는 결과를 가져왔다. 이들 현상이 오직 조사나 어미의 결합에서 발생하고, 상위의 단위인 음운론적 단어의 형성시에만 발생하기 때문에 통사음운부를 설정하는 방안을 선택했다. 이 부분에 대해서는 기존의 엄태수(1994), 최정순(1995)에서 논의된 통사음운부를 확장한 것이다. 앞으로 이 부분의 성립 가능성에 대한 심도 있는 논의를 필요로 한다. 특히 직관적으로 주격조사 '이/가'의 교체형은 두 개의 기저형을 어휘부에 등재하는 것이 합리적인 것처럼 보인다. 그러나 모든 복수기저형의 교체는 음성학적인 설명이 불가능하다. 이는 국어의 굴절 패러다임이 갖는 독특한 특징이라고 할 수 있다. 단지 그것을 어떻게 합리적으로 설명하는가 하는 점이 문제다.

第2章

용언 어간말 비음 뒤 경음화규칙

국어의 경음화현상은 오랫동안 국어음운론자의 관심을 집중시킨 분야이다. 국어의 된소리는 역사적으로 평음에서 발달된 사실이 여러 학자에 의해서 밝혀졌다. 이 글의 대상은 경음의 역사적 발달이 아니라 공시적인 교체현상으로서 평음이 된소리로 발음되는 것을 대상으로 한다. 이러한 공시적인 교체도 생성문법이 논의되기 전부터 기술되었다. 이희승(1955/72, 1959/76)에 의하면 국어의 규칙적인 경음화 현상은 다음 다섯 가지가 있다고 말한다.

첫째, 자음과 자음사이의 동화현상으로 파열, 파찰, 마찰자음이 서로 만날 경우에는 두 번째 음은 경음화하는 경향이 있다.

둘째, 용언 어간말 비음 뒤에서 경음화한다.

셋째, 관형사형 'ㄹ'다음에 경음화한다.

넷째, 한자어 복합어에서 'ㄹ'다음에 경음화 한다.

다섯째, 복합된 두 명사 사이에 사이시옷(중간ㅅ)이 개입할 때 제2요소의 첫 자음이 경음화한다.

규칙성을 보이는 이러한 음운의 교체현상은 생성문법의 방식으로 형식화되었다. 김영기(1975;102-81)에 의하면 이들 경음화현상은 다음과 같이 규칙화되었다.

(1) a. $\begin{bmatrix} \text{+rel} \\ \text{-son} \end{bmatrix} \rightarrow$ [+tense] / [-rel] —

   (평자음은 불파자음 뒤에서 경음화 한다)

   b. $\begin{bmatrix} \text{+rel} \\ \text{-son} \end{bmatrix} \rightarrow$ [+tense] / [+nas] & — (&;용언어간경계)

   (평자음은 용언어간말 비음 뒤에서 경음화 한다)

   c. $\begin{bmatrix} \text{+rel} \\ \text{-son} \end{bmatrix} \rightarrow$ [+tense] / l= — (=;수식어경계)

   (평자음은 관형사형 'ㄹ'뒤에서 경음화 한다)

   d[1] $\begin{bmatrix} \text{+rel} \\ \text{-son} \end{bmatrix} \rightarrow$ [+tense] / l! — (!;한자어경계)

   (평자음은 한자어 'ㄹ'뒤에서 경음화 한다)

   e[2]. ø $\rightarrow$ t / [+son] — c/$\begin{bmatrix} \text{+son} \\ \text{-tense} \end{bmatrix}$ (c/;복합어 경계)

   ('ㄷ'이 복합어에서 제1요소가 공명음으로 끝날 때, 복합어 경계 앞에 삽입된다)

---

1) 최태영(1983;52)에 의하면 이 규칙은 아래와 같이 표시된다.

$\begin{bmatrix} \text{-son} \\ \text{+cor} \end{bmatrix} \rightarrow \begin{bmatrix} \text{+tense} \\ \text{-asp} \end{bmatrix}$ / [+liquid] ++ sino —

거기에서 한자어 'ㄹ'의 기저형을 /r?/로 설정하기 어렵다고 말한다. 그 이유는 변화항이 'ㅂ,ㄱ'일 때는 경음화하지 않기 때문이라는 것이다. 여기에서는 이 현상은 음운규칙이 존재하는 것이 아니라고 본다. 이에 대해서는 3.1절에서 논의되었다.

2) 사실 이 규칙은 경음화규칙이 아니다. 'ㄷ'삽입규칙이다. 이 규칙을르 적용받는 복합어는 일반적인 경음화규칙 (1)a의 적용을 받도록 순서화된다.

표준어의 음운현상에 대한 연구

그런데 (1d)의 현상은 어휘 내부의 현상으로 규칙에서 제외될 수 있다. 실질적인 경음화 현상은 (1a,b,c) 세 가지 이다. 이 세 가지 경음화현상은 하나의 규칙으로 묶일 수 없다. 그 이유는 첫째 (1a)는 어떤 범주에서나 이런 음운론적인 환경만 만나기만 하면 규칙이 작용하지만 (1b)와 (1c)는 특별한 문법범주를 요구한다. 둘째, 문법범주의 차이뿐 아니라 조건이 되는 음운론적인 환경도 서로 다르다.

이러한 사실에 의지해서 우리는 (1a), (1c)는 순수음운부의 규칙으로 처리하고 (1b)만을 통사음운부의 규칙으로 취급한다.[3] 물론 경음화현상은 이러한 규칙적인 사실 이외에도 어두 경음화, 한자어에서 일어나는 경음화, 사이시옷에서 일어나는 경음화 등, 많은 불규칙적인 경음화현상이 존재한다. 이들에 대해서는 부분적으로 이미 언급되었다.

(1a,c)는 다음 장에서 보기로 하고, 여기서는 (1b)의 경우만을 보기로 한다. 다음의 예를 보기로 하자.

(2) 감다   감자   감고
    심다   심자   심고
    안다   안자   안고
    굶다   굶자   굶고
    삶다   삶자   삶고
    신다   신자   신고
    넘다   넘자   넘고

---

3) (1)c는 관형사형이란 통사범주가 요구되는 규칙이므로 당연히 어휘부의 규칙이라는 생각을 갖게 한다. 그러나 이는 'ㄹ'의 기저표시가 표기에 반영되지 못한 결과 생긴 것으로 우리는 이의 기저표시를 일반적인 'ㄹ'과는 다른 것으로 생각한다. 자세한 논의는 다음 장의 순수음운부의 규칙에서 다룰 것이다.

위의 예들은 표기와는 달리 제2음절 초성의 발음이 된소리로 발음된다. 이들의 환경은 용언 어간말 비음 뒤라는 것으로 묶을 수 있다. 다음의 예들은 동일한 비음 뒤임에도 불구하고 명사에서는 경음화 현상이 일어나지 않는다.

(3) 감자　　남자　　감기
　　남도　　산도　　산장
　　담장　　공기　　만기

(3)의 예를 통해서 다른 범주에는 음운론적인 환경이 동일해도 경음화 현상이 발생되지 않는다. 그러므로 (2)의 예들은 용언어간과 굴절어미가 결합할 때 발생한다고 말해야 한다. 그런데 이를 최태영(1983;50)에서는 다음과 같이 규칙화하고 있다.

$$\begin{bmatrix} +cons \\ -son \end{bmatrix} \rightarrow \begin{bmatrix} +tense \\ -asp \end{bmatrix} / \text{[+nasal]]V.A.stem + —]ending}$$

('ㄴ,ㅁ,ㅇ'으로 끝나는 활용어간에 평저해음을 두음으로 하는 활용어미가 연결될 때 이를 경음으로 바꾼다)

여기서 ending 이란 종결어미를 의미하는 것이 틀림없다. 그러나 다음의 예에서 보듯이 용언 어간말 비음 뒤의 경음화 현상은 종결어미에서만 발생하는 것이 아니다. 다음을 보기로 하자.

(4) a. 남기다　　b. [남- + -기]n →[남끼]　　c. 밤+도→[밤도]
　　감기다　　　[감- + -기]n →[감끼]　　　사랑+도→[사랑도]
　　안기다　　　[안- + -기]n →[안끼]　　　시간+도→[시간도]
　　굶기다

(4a)의 예들은 파생과 관련된 예들이고 (4b)는 동명사형 '-기'가 결합될 때 발생하는 현상이다. (4c)는 체언의 곡용이다. 경음화현상은 (2)와 (4b)에서만 일어나고 다른 환경에서는 일어나지 않는다. 이러한 차이는 음운론적인 환경만으로는 해결할 수 없는 것이다. 형태·통사적인 요인에 의해서만 해결될 수 있다. 생성문법에서 (2)는 용언의 굴절이고, (4b)는 명사화로 형태·통사론에서 논란이 있지만 관계화와 동일하게 통사부에서 처리하는 것으로 이해되었다. 음운론은 이러한 상위의 문법적인 사실을 반영한다고 보아야 한다. 이 경음화는 체언의 곡용에서는 일어나지 않는다. 이를 어떻게 형식화할 수 있는가?

만일 어휘음운론의 단계화 가설을 고집한다면 다음처럼 순서화할 수 있을지 모른다.

(5) a.

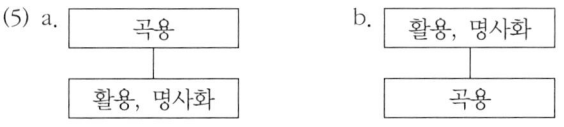

(5a,b)의 단계화는 둘 중 어느 것을 선택해도 잘못이 없다. 이렇게 될 때 단계화는 의미가 없어진다. 비음 뒤의 경음화현상은 단지 어간의 어휘범주의 차이라고 보여 진다. 즉 활용이나 명사화의 동일성은 오로지 통사론이 아닌 통사음운부의 재조정된 단위에서만 확인될 수 있다. 예를 들면 '물건이 남고'와 '물건이 남기를 바란다'에서 '남고'와 '남기를'에서 동일하게 경음화된다. 그런데 이들 '남기'와 '남고'라는 문법단위의 동일성은 형태·통사론적으로 볼 때, 어형성부가 아닌 통사부에서 처리한다는 장소 이외에는 없는 것 같다. 그렇다면 음운론에서 동일하게 경음화한다는 사실을 어떻게 설명할 수 있는가? 이는 제2장에서 제안한 재조정부를 가정한다면

이러한 사실을 설명할 수 있다. 만일 통사부가 다시 통사음운부에 입력이 되어 음운론적 단어로 재조정된다면 '남-'은 어간으로 동사범주가 되고 '기'와 '고'는 접사로 처리하면 될 것이다. 곡용어미는 재조정부에서는 명사범주와 관련되는 접사로 처리된다.

활용, 명사화, 곡용에서 보여주는 경음화의 차이점은 이제 통사음운부의 재조정에 의해 어간이 N(명사)이냐 V(동사)냐에 의해 단순히 구분된다. 그런데 간혹 파생어미도 이러한 용언 어간말 비음 뒤 경음화현상이 있다고 주장된다. 다음을 보자.

(6) 줄넘기 → [줄넘끼]
    실감기 → [실감끼]

(6)은 파생어로 이 파생이 어휘부에서 일어난다면 동일한 현상이 어휘부와 통사부에서 일어나는 것으로 설명해야 한다. 그러나 우리는 (6)도 통사부에서 일어난다고 주장한다. 그 이유는 (6)의 구조를 [N+N]으로 보지 않고[[N+V]+기]로 보기 때문이다. 우리는 [N+V]복합이나 그와 관련된 파생이 통사부에서 일어난다고 본다. (6)과 같은 통사부파생 적용 후에 통사음운부에 입력되어 경음화규칙의 적용을 받는 것으로 해석한다. 그러나 여기서 (6)의 통사부파생과 (2)의 굴절에 상호 관련된 형태·통사적인 문제를 다룰 처지가 못 된다. 이는 형태·통사론 연구의 몫으로 돌린다.

이상의 논의를 통해서 용언 어간말 비음 뒤에서 발생하는 경음화는 통사음운부에서 발생하는 것으로 보아도 무방하다. 통사음운부는 아래에서 논의하는 순수음운부의 음운현상과는 달리 특정한 어휘에서 예외가 발생하기도 한다. 예를 들면 '신다'에서 파생된 '신기다'는 [신끼다]로 발음된다. '-기-'가 결합한 다른 어휘의 파생에서는 경음화가 발생하지 않지만 '신기다'에서는 예외적으로 발생한다. 이러한 예외의 원인은 아직 명백하게 알수 없지만 그 어휘의 빈도수 때문에 통사음운부의 음운현상에 유추되어 어휘부에 저장된 것으로 보인다.

第3章

'으' 탈락규칙

국어는 다양한 환경에서 '으'탈락이 발생하고 있다. Kim-renaud, Young-Key (1986;103-17)에 의하면 '으'탈락 현상이 네 가지가 있음을 논의하고 그것을 다음처럼 규칙화했다.

(1) 어미 '으'탈락

으 → ø   / V + ___

(모음으로 끝나는 어간 뒤에서 어미 '으'는 탈락한다)

(2) 동사어간 '으'탈락

으 → ø / ___ & V

(모음으로 시작하는 어미 앞에서 동사 어간말 모음'으'는 탈락한다)

(3) Casual(일상적) '으'탈락(수의적)

X V 으 Y

1 2 3 4

1 2 ø 4

[+long]

(일상 언어에서 모음 뒤의 '으'는 탈락되는 경향이 있다. 이때 남아
있는 모음은 장음화한다)

(4) 자음 사이의 '으'탈락(수의적)

$$으 \rightarrow \emptyset \ / \ 1 \ \& \ - \left\{ \begin{matrix} M \\ l \end{matrix} \right\}$$

(예) 울+으면 → 울면)

그런데 (3)의 경우는 수의적이기도 하지만 음성학적 층위에서 일어나는
것으로 규칙적인 음운현상으로 말하기 어렵다. 왜냐하면 아래 (5)에서 보
듯이 어떤 규칙을 발견하기 어렵기 때문이다. (5가)는 고유어 자립형식인
데, 사용빈도수가 많은 어휘에서는 수의적인 현상이 있다고 할 수 있지만
다른 어휘는 꼭 그렇다고 말하기 어렵다. (5나) 한자어는 '으'탈락을 상정
하기 힘들고, (5다) 'ㅅ'불규칙 어간과 '으'계 어미가 결합해서 발생하는 것
과 (5라) 'ㅎ'종성이 탈락해서 다시 '으'가 탈락하는 경우에 '으'탈락을 상정
할 수 있으나 몇 어휘를 제외하고 이 현상이 자연스러운 현상은 아니라고
생각한다.

    (5) 가. 마음→[맘:], 그을음→?[글:음], 이윽고→?[익:고]

        나. 미음(米飮)→*[밈:], 소음(騷音)→*[솜:]

        다. 지으니→?[지:니], ?이으니→[이:니]

        라. 조흐니→?[조:니], 나흐니→[나:니]

그러므로 이 글에서는 위의 (3)과 같은 모음 뒤의 '으'탈락은 순수음운부
를 통과한 어휘가 개인적으로 유추에 의해서 어휘 개별적으로 수의성을
획득한 경우로 해석하고자 한다. (3)은 규칙화에서 배제하고 나머지의 경
우에 대해서 차례대로 논의하기로 한다.[1]

1. 굴절어미초 '으' 탈락

(1)과 같은 굴절어미초 '으'탈락규칙은 조사나 어미의 '으'가 탈락한다는 점과 기저형 내부에서는 동일한 환경의 '으'가 탈락하지 않기 때문에 통사 음운부의 음운규칙이라 할 수 있다. 우선 다음과 같은 교체형에 대한 설명으로 논의를 시작하자

(6)   A   B
 가. 가니 가면   이으니~이:니 이으면~이:면(連)
 나. 보니 보면   지으니~지:니 지으면~지:면

A항의 어휘들은 음운의 교체현상을 보이지 않으나 B항의 어휘들은 수의적으로 장음화현상이 일어난다.[2] 우리는 이 현상에 대해서 "으"가 탈락하면서 발생하는 것으로 규칙화할 수 있다. 즉 장모음화 현상은 "으"탈락과 밀접한 관계가 있다고 볼 수 있다.[3] 활용의 경우인데 "으"가 탈락하지 않는 다음 현상을 보자.

(7) 먹으니 먹으면
  잡으니 잡으면
  믿으니 믿으면

(6A)와 (7)를 비교하면 '으'가 어떤 환경에 나타나는지 분명하다. (6A)

---

1) (3)의 경우는 아래에 수의적인 장모음화를 논의하면서 계속해서 언급하기로 한다.
2) 장모음화 현상은 이병근(1979) 참고.
3) (6B)의 경우는 '짓-지으'의 복수기저형에서 '지으'가 선택된 다음에 어미 '으니'가 결합하여 즉 '지으+으니'의 환경에서 하나의 '으'가 탈락한 다음에 그 나머지 하나가 나중에 수의적으로 탈락하는 것으로 해석한다. 이에 대해서는 아래에서 다시 언급될 것이다.

는 어간이 모음으로 끝나고 (7)는 어간이 자음으로 끝난다. 어떤 규칙이 존재하는 것이 분명하다. 두 가지의 경우가 가능하다. 하나는 '으'가 탈락하는 규칙이고 다른 하나는 '으'가 삽입되는 규칙이다.

가장 좋은 규칙이란 간단한 방식으로 가장 많은 경우를 설명하고 예측할 수 있는 것이어야 할 것이다. 우선 '으'탈락 규칙은 모음으로 끝나는 동사 어간 아래서 '으'모음이 탈락한다고 말할 수 있다. 한편 '으' 삽입규칙은 자음 뒤에서 '으'가 삽입된다고 말하면 된다. 어떤 규칙이 더 좋은가? 다음을 보자.

(8) 먹고   먹자
    살고   살자
    씻고   씻자

(8)의 예들은 어간이 자음으로 끝났는데도 '으'가 없다. 이와 같은 사실에 의해 우선 '으'삽입규칙은 예측력이 크게 떨어진다고 말할 수 있다. 그렇지만 삽입규칙을 고집하기 위해 '으'의 앞쪽 환경을 고려하지 않고 '으'의 다음 환경에 의지하여 규칙을 만들 수 있다. '으'가 나타나는 다음 환경을 보자.

(9) 가. 입으니   입으면   입으시고   입으리라
       먹으니   먹으면   먹으시고   먹으리라
       묻으니   묻으면   묻으시고   묻으리라
       씻으니   씻으면   씻으시고   씻으리라

'으'의 뒤에 나타나는 '니', '면', '시', '리' 의 공통성은 무엇일까? 어떤 음운론적 자질을 동원한다 해도 이들의 공통자질은 발견되지 않는다. 그러

므로 '으'의 다음 환경을 고려해서 규칙을 만든다 해도 특수한 형태소에만 한정된 규칙이 될 것이다. 또한 어미가 'ㄴ'으로 시작해도 '으'가 없는 아래 (9나)의 경우도 있다.

(9) 나. 먹니   먹느냐
       잡니   잡느냐
       씻니   씻느냐

이와 같은 사실에 의해서 우리는 '으'삽입규칙을 버리고 '으'탈락규칙을 설정하기로 하자. '으'탈락규칙의 설정은 어미 "으니, 으면, 으시, 으리"를 기저형으로 삼는 것을 의미한다. 이와 비슷한 유형의 기저형은 종결어미인 "으쇼서, 으렴, 으려마, 으마, 으냐, 으소", 연결어미인 "으면서, 으며, 으라, 으므로, 으매, 으나, 으려, 으러, 으려면", 전성어미인 "은, 을, 음", 선어말어미인 "읍" 등이 될 것이다.

위에서 논의한 '으'탈락규칙은 모음으로 끝나는 어간과 '으'로 시작하는 어미의 결합에서 발생할 뿐만 아니라 또한 '으'로 끝난 어간과 모음으로 시작하는 어미에서도 발생한다. 다음을 보자.

(10)   크 +어도 ─ 커도
       쓰 +어도 ─ 써도
       담그 +아도 ─ 담가도

이병건(1976)에서는 (10)의 예와 (1A)의 예는 거울영상규칙에 의해 동일한 적용을 받는 것으로 표시되었다. 이를 규칙화 하면 다음과 같다.

(11) '으'탈락 규칙

$$\text{으} \rightarrow \emptyset \;/\; \left\{ \begin{array}{c} \text{모음 +} \underline{\quad} \\ \underline{\quad} \text{+ 모음} \end{array} \right\}$$

그러나 (1A)의 '으'계 어미의 탈락과 (10)은 다른 것으로 보인다. 그 이유는 첫째, (10)에서 보듯이 어간말 '으'탈락 후에는 장모음화를 경험하지 않지만 굴절어미초 '으'계 어미의 '으'탈락은 장모음화 현상이 발생한다. 둘째, 어미나 조사의 첫 모음 '으'는 모음 다음에서 필수적으로 '으'가 탈락하지만 체언어간말 '으'의 경우에는 (12)처럼 필수적으로 탈락하는 것이 아니라 탈락이 의심스럽고 또한 탈락 후에 모든 어휘가 일률적으로 수의적인 장모음화를 경험한다고 보기도 어렵다.

(12) 버스 + 에 → * [버세:]
      보트 + 에 → * [보테:]
      그 + 에게 → ? [게:게]

(12)는 (10)과 동일하게 체언 어간말이 '으'로 끝나지만 탈락하지 않는다.

한편 용언어미의 필수적 '으'탈락은 체언어간과 결합하는 조사 '으로'의 경우에도 동일하게 탈락한다. 필수적 '으'탈락을 체언이든 용언이든 '으'계 어미로 한정하면 우리는 체언어간에 결합하는 조사 '으로'의 경우도 용언어미의 '으'탈락과 동일한 현상으로 보아 범주규정을 없앨 수 있다. 이와 같은 사실에 의지해서 우리는 거울영상규칙을 배제하고 필수적 '으'탈락현상은 어간말이 아니라 굴절어미초 '으'에 한정하는 것으로 보고자 한다. 이 현상은 통사음운부에서, 즉 체언이든 용언이든 음운론적인 단어를 형성하는 과정에서 발생하는 것으로 보면 될 것이다.

  그러면 다시 처음으로 돌아가서 (6B)는 어떻게 설명해야 하는가? 이들은 표면적으로 (6A)와 환경이 비슷한데도 불구하고 '으'가 필수적으로 탈락하지 않고 수의적으로만 탈락한다. 분명히 (6A)와 다른 음운론적 행동을 보인다. 이들의 활용표를 보자.

(13) 이으니   지으니
      이으면   지으면
      잇고   짓고
      잇자   짓자

  이들은 전통적으로 불규칙동사라고 부르는 유형들이다. 이들의 특징은 어간의 모습이 규칙동사들과 다르다. 규칙동사들은 어떤 유형의 어미가 와도 어간의 모습이 일정한데 비하여 불규칙동사는 그렇지 않다. (13)에서 보듯이 '으'계통의 어미와 그렇지 않은 계통의 어미와 관련된 어간의 모습이 뚜렷이 다르다. 이와 같은 사실은 '으'계통의 어미와 관련해서 뿐만 아니라 '어라/아라', '어서/아서'등 모음으로 시작하는 어미와 관련할 때의 어간과 자음 계통의 어미가 관련했을 때의 어간의 모습이 다름을 보여준다. 즉, 불규칙동사의 어간의 모습은 그 뒤의 상보적인 환경에 따라 그 모습이 대칭적으로 다름을 보여준다.

  (13)은 이미 앞에서 논의되었듯이 '짓'과 '지으', '잇'과 '이으' 중에서 통사 음운부의 도출규칙을 통해서 결정될 것이다. 만일 '짓'과 '지'를 표면형으로 삼아서 도출한다면 (6A)와 (6B)의 현상을 설명하기 힘들다. 표면적으로 동일한 환경인데도 결과가 다르기 때문이다. 그런데 '지으니'의 '으'가 어미에 속하는 것이 아닌 것 같다. 다음을 보자.

(14) 크+으니   → 크니
    뜨+으니   → 뜨니
    잠그+으니 → 잠그니

(14)의 예는 '으'탈락규칙이 한번만 적용되는 것을 보여준다. 즉 '으'가
두 개 있을 때 어떤 '으'를 탈락시키는지는 알 수 없지만 하나만 탈락시킨
다. 이와 같은 사실에 의해 '지으니'는 /지으+으니/에 의해 도출되었다고
말할 수 있다. 이러한 과정을 설정함으로써 (14)의 '으'탈락과 '지으니'의
음운현상을 동일하게 파악할 수 있을 뿐 아니라 또한 '으니'의 음운행위도
동일하게 파악할 수 있다. (14)의 사실은 또한 '으'탈락이 단 한번만 적용될
뿐만 아니라 필수적 '으'탈락규칙은 (6B)의 장모음화와 무관함을 보여준
다. '이으니, 지으니'는 필수적 '으'탈락을 경험했지만 장음화하지 않는다.
또한 필수적 '으'탈락은 수의적 '으'탈락에 이은 장음화를 선행한다.[4] 만일
수의적 '으'탈락에 이은 장음화가 필수적 '으'탈락에 선행한다면 '크+으니,
뜨+으니, 담그+으니'등이 [크:니], [뜨:니], [담그:니] 등, 수의적 '으'탈락에
이은 장모음화를 경험해야 할 것이다. 그러나 실제 발음은 그렇지 않다.
그러므로 다음 규칙의 순서가 적용될 것이다.

(15)
필수적 '으'탈락규칙
수의적 '으'탈락규칙에 이은 장모음화

장모음화 현상에 대한 논의를 계속하기로 하자.

---

4) 두 규칙의 순서는 김영기(1975)참고

(16) 마음 ~맘:

고을 ~골:

나흘 --나을 ~날:

가을 ~갈:

모으(다) ~모:(다)

고으(다) ~고:(다)

(16)의 현상은 장모음화가 범주에 상관없이 고유어 어간에서 발생함을 보여준다. (16)만을 보면 이 현상이 어휘부의 기저형에서 일어나는 것으로도 주장할 수 있다. 그러면 (15)의 규칙 순서는 다른 것으로 조정되어야 할 것이다.

(15)은 사실 다음 순서를 가지는 것을 간략히 표시한 것이다.

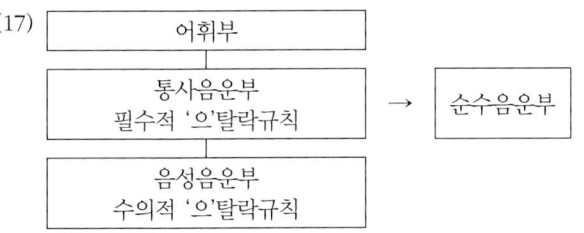

만일 (16)이 어휘부에서 발생한다면 우리는 동일한 수의적 장모음화현상을 어휘부에서 한번 적용하고 또 음성음운부에서 다시 적용하는 과정을 거쳐야 한다. 그러나 본질적으로 어휘부는 예측할 수 없는 특이한 자질만 존재하는 곳이다. 다음 현상도 이들이 어휘부가 아닌 음운부에서 작용한다는 것을 보여준다.

(18) 낳 +으니 → 나흐니 → 나으니 ~냐ː니

놓 +으니 → <u>노흐니</u> → 노으니 ~노ː니

닿 +으니 → 다흐니 → 다으니 ~다ː니

(18)은 수의적 'ㅎ'탈락에 이은 수의적 '으'탈락과 장모음화를 경험한다. 이때 'ㅎ'탈락은 '으'탈락 다음에 일어날 수 없다. 그러한 공시적 규칙이 국어에 존재하지 않기 때문이다. 이와 같은 사실에 의해 (16)과 (18)은 동일한 현상으로 도출의 마지막 과정인 음성음운부에서 화자에 따라 수의적으로 적용된다고 본다.

이제까지 우리는 필수적 '으'탈락규칙과 수의적 '으'탈락규칙에 이은 장모음화를 논의하면서 필수적 '으'탈락이 수의적'으'탈락규칙에 선행한다는 것을 보았다. 이제 필수적 '으'탈락규칙의 논의를 확대해 보자. 필수적 '으'탈락규칙은 반드시 어간과 '으'계 어미라는 환경을 필요로 한다. 이 규칙이 다른 '으'탈락규칙과 합해질 수 있는지 검토해 보자.

(19) a. 울며(울+으며)   b. 우니(울+으니)   c. 우시(울+으시)

불며(불+으며)   부니(불+으니)   부시(불+으시)

알며(알+으며)   아니(알+으니)   아시(알+으시)

d. 울(울+을)   e. 운(울+은)

불(불+을)   분(불+은)

알(알+을)   안(알+은)

(19)에서 보듯이 '으'탈락 현상은 용언어간이 'ㄹ'로 끝날 때도 일어남을 보여준다. 물론 (19a)항을 제외한 다른 예들은 '으'탈락에 이은 'ㄹ'탈락이 적용됨을 보여준다. 'ㄹ'탈락현상은 다음 절에서 논의될 것으로 지금의 논의 대상이 아니다.

김완진(1972), 이병건(1976)에서 모음 뒤 '으'탈락과 (19)의 현상은 동일한 것으로 생각해서 하나의 규칙으로 해석했다. 김영기(1975)에서는 다른 규칙으로 보았다. 다른 규칙으로 본 이유는 'ㄹ'뒤 '으'탈락이 곡용과 활용에서 다르기 때문이다. (20)의 예가 그러한 것을 보여 준다.

(20) 불(火) + 으로→불로 불을(불+을) 불은(불+은) 바다를 바다는
       물(水) + 으로→물로 물을(물+을) 물은(물+은)

(20)은 소위 격조사 '은, 을'에서는 '으'가 탈락되지 않음을 보여 준다. 이는 (19d, e)의 관형사형 어미와 결합할 때 '으'가 탈락하는 현상과 대조된다. 이러한 현상을 동일하게 처리할 수도 있고 다르게 처리할 수도 있다. 만일 다르게 처리한다면 규칙이 복잡해진다. 'ㄹ'뒤 '으'탈락이 곡용과 활용이 다르다고 해야 할 것이다. 최태영(1983;108)에서는 다음과 같이 규칙화 해서 동일하게 취급했다.

(21) '으'탈락규칙

$$ \textup{ㅡ} \rightarrow \emptyset \; / \left\{ \begin{array}{l} \textup{[+liquid]]n} + \_\_\_ \textup{CV1} \\ \textup{[+liquid]v.a.stem} + \_\_\_ \textup{]cnding} \end{array} \right\} $$

('ㄹ'로 끝나는 체언에 2음절 이상으로 된 '으'를 頭音으로 하는 조사가 올 경우 그 조사의 頭音 '으'가 탈락하며, 'ㄹ'로 끝나는 용언어간에 '으'로 시작하는 활용어미가 올 경우 '으'가 탈락한다.)

규칙(21)은 (20)에서 발생하는 '으'탈락과 (19)에서 일어나는 '으'탈락을 하나로 합한 규칙이다. 그러나 이런 규칙의 합치는 단지 '으'가 탈락한다는 것 이외에 어떤 동일성도 우리에게 제공하지 못한다. 위의 두 현상은 범주가 다르고 또한 음운론적 환경이 다르다. 단지 '으'가 탈락한다는 것만이

동일할 뿐이다. 그렇다면 다르다고 해야 하는가? 직관적으로 볼 때 곡용어미 '으로'에서 '으'가 탈락하는 것이나 활용어미에서 '으'가 탈락하는 것이나 다를 것이 없는 것처럼 보이지만 '은', '을'에서 탈락하지 않는 것이 다르기 때문에 동일하게 취급될 수 없는 것이다. 김완진(1972)에서는 [+긴장성]자질을 '을'과 '은'에 부여하였다. 이 방법은 만일 국어에 [+긴장성]자질이 변별자질로서 인정된다면 아주 훌륭한 해결처럼 보인다. 그러나 그런 자질이 국어에 변별성 있는 자질로 인정될 수 없으므로 포기하지 않을 수 없다. 한편, 요사이 젊은 화자 중에서 용언어간말 'ㄹ'뒤 환경에서 나타나는 어미초 '으'를 탈락시키지 않고 (25)처럼 보존시키려는 경향을 보여준다. 그러나 모음으로 끝난 어간 아래에서는 그런 현상이 없다.

(22) 알으시고, 우르니까, (줄이) 기르니까(長), (하늘을) 나르는

또한 이 현상이 음운론적 규칙이라면 '흐르(다),기르(다)'등에서 보듯이 어간 내부의 'ㄹ'뒤에서는 정작 '으'가 탈락하지 않고 존재하는 이유가 밝혀져야 한다. 물론 필수적 '으'탈락규칙의 경우에도 모음 뒤에서 '으'가 존재하는 어간이 있지만(지으니) 이 경우는 수의적 '으'탈락을 경험하므로 'ㄹ'뒤의 '으'가 그 'ㄹ'때문에 전혀 탈락하는 일이 없는 것과는 대조된다. 이러한 이유로 인해서 어간말 'ㄹ' 뒤의 '으' 탈락을 모음 뒤의 '으'탈락과 분리해서 생각하는 것이 합당하다고 생각한다.

다시 말하면 용언과 체언을 분리해서 용언의 경우는 'ㄹ'과 모음을 합해서 [+voc]자질 아래에서 '으'가 탈락하는 것으로 기술하고, 체언의 경우는 'ㄹ'과 모음을 분리해서 설명하면 될 것처럼 논의할 수도 있을 것 같지만 용언의 경우에도 위의 (22)에 보듯이 모음과는 달리 'ㄹ'뒤에서 '으'가 탈락하지 않으려는 현상이 발생하는 것으로 보아서 모음과 'ㄹ'을 합해서 기술

하는 것이 합당하지 않음을 보여준다. 그러므로 굴절어미초 '으' 탈락은 모음 뒤에서만 필수적으로 탈락하는 것으로 기술하는 것이 합당하다. 그 규칙은 다음과 같을 것이다.

    (23) 으 → ø   / V]stem + ─]ending

이 현상과 더불어 덧붙일 것은 'ㄹ'과 모음을 동일하게 묶으면 왜 체언 조사가 '은' '을' 앞에서 다른 행동을 하는지 분명하게 설명해야 한다. 다시 말하면 체언어간 모음 뒤에서 '는', '를'이 선택되고 'ㄹ'뒤에서는 다른 자음 처럼 '은', '을'이 선택되는지 설명해야 한다. 또한 국어의 경우는 'ㄹ'과 모 음은 유사점보다는 차이점이 많다. 국어에서 'ㄹ'은 자음에 속해서 음절정 점을 이룰 수 없지만 모음은 음절정점을 이룬다. 파생명사는 (24)처럼 'ㄹ' 뒤에서 '으'가 탈락하지 않지만 동명사는 (25)에서와 같이 수의적으로 탈락 한다(송철의1992:151).

    (24) 파생명사
        울- + -음 → 울음(*욺)
        얼- + -음 → 얼음(*엶)
    (25) 동명사
        울- + -음 → 울음 (욺)
        얼- + -음 → 얼음 (엶)

그러나 모음 뒤에서는 (26), (27)에서 보듯이 파생명사든 동명사든 '으' 가 탈락한다.

    (26) 파생명사 : 자- + 음 →잠(*자음)

(27) 동명사 : 자- + 음 →잠(*자음)

그러므로 'ㄹ'뒤 '으'탈락과 모음 뒤 '으'탈락은 다르다고 주장할 수 있다.

지금까지의 논의는 굴절에 한정된 것이었다. 이 규칙이 용언의 파생에
도 적용되는지 생각해 보자.

(28) a. 뜨 +이(다) →뜨이다 ~ 띄다 ~ 띠:다
　　　　쓰 +이(다) →쓰이다 ~ 씌다 ~ ?씨:다
　　b. 담그 + 이(다) → 담기다 ~ *담그이다
　　　　잠그 + 이(다) → 잠기다 ~ *잠그이다

(28a)의 두 예는 일음절일 경우에 수의적인 '으'탈락을 보이지만, (28b)
의 2음절일 경우를 보면 필수적으로 '으'가 탈락한다. 이는 '으'계 어미의
필수적인 탈락과 달리 음절과 관련 있음을 보여준다. (26)과 (28a) 1음절
어간처럼 '으'탈락 현상이 파생에는 잘 적용되는 것이 아님을 보여 준다.

이번에는 용언의 다른 모음탈락과 동일한 성격으로 확대될 수 있는지
생각해 보자.

(29) (가)　보 + 았(다)　→ 봤다　　　입히 + 었(다) → 입혔다
　　　　　　보 + 아라　　→ 봐라　　　입히 + 어라　→ 입혀라
　　　　　　보 + 아서　　→ 봐서　　　입히 + 어서　→ 입혀서
　　　(나)　서 + 었(다)　→ 섰다　　　없애 + 었(다) → 없앴다
　　　　　　서 + 어라　　→ 서라　　　없애 + 어라　→ 없애라
　　　　　　서 + 어서　　→ 서서　　　없애 + 어서　→ 없애서

푸 + 었(다) → 펐다

푸 + 어라 → 퍼라

푸 + 어서 → 퍼서

(29)를 보면 필수적 '으'탈락과 비슷한 환경에서 모음탈락 혹은 모음축약 현상이 일어남을 보여 준다. 더 정확히 말하면 (29가)는 모음축약이 일어나고 (29나)는 동일모음의 경우와 '-애-' 다음이나 '푸-'의 경우에 모음탈락이 일어난다. 그러나 (29)의 현상이 조사나 어미의 필수적 '으'탈락과 더 이상 어떤 공통자질로 묶이는지 알 수 없다. 한 가지 분명히 할 것은 이 경우도 '으'탈락과 마찬가지로 어간과 굴절어미로 환경을 제한해야 한다. 파생에서는 이런 현상이 잘 일어나지 않는다. 예를 들면 '모이+었다'는 '모였다'로 발음되지 '뫼었다'로는 발음되지 않을 것이다.

2. 용언어간말 '으'탈락규칙

아래 (31)의 예에서 보듯이 체언어간말의 경우에 (30)과는 달리 '으'가 잘 탈락하지 않는 것을 볼 수 있다. 그러므로 용언어간말 '으'탈락은 따로 분리해서 다루어야 한다.

(30) 크 + 어도 → 커도

쓰 + 어도 → 써도

담그 + 아도 → 담가도

(31) 버스 + 에 → *버세:

보트 + 에 → *보테:

그 + 에게 → ?게ː게

위의 (30) (31)을 보면 '으'탈락이 곡용과 활용에서 다름을 알 수 있다. 이는 다른 '으'탈락과 동일하지 않음을 보여준다. 기존의 논의에서는 다른 '으'탈락과 구분하지 않는 경우를 보게 된다. 최태영(1983;106)에 의하면 이 현상을 다음과 같이 규칙화 하였다.

(32) '으'탈락규칙1

$$ ㅡ \rightarrow \emptyset \Big/ \left\{ \begin{array}{l} [+\text{syll}] + \underline{\quad} \\ \underline{\quad} + [+\text{syll}] \end{array} \right\} $$

규칙 (32)는 형태소 경계를 한 모음 전후에 '으'가 올 경우 무조건 탈락하는 것으로 규칙화 되었다. 그러나 이는 잘못된 관찰이다. 우선 현대국어에서 규칙적인 '으'탈락은 두 가지 종류로 나눌 수 있다. 하나는 지금 논의되는 어간말 '으'탈락이고 다른 것은 이미 논의한 모음 뒤 어미초 '으'탈락이다. 어간말 '으'탈락을 다른 현상과 구분해야 하는 이유는 첫째 '어간말'이라는 환경이고 다음으로 그 어간말이란 환경이 용언에만 한정되는 규칙이라는 것이다. (31)에서 보는 것처럼 체언의 곡용에서는 '으'탈락이 의심스럽다. 또한 '그 이가' 등의 구 경계에서는 음운론적 단어가 되어 [그이가]로 되어도 아예 '으'탈락이 일어나지 않는다. 그런데 용언어간말이란 환경은 완벽하지 못하다. 왜냐하면 '쓰이다'는 *[씨]다로 발음되지 않는 것으로 보아서 어간말 '으'는 파생의 경우에는 탈락하지 않는 것으로 보인다. 이런한 사실에 입각해서 용언어간말 '으'탈락이 어휘부에서 일어나는 것이 아니라 통사음운부에서 일어나는 것으로 본다. 즉 '쓰+이-'는 파생어로 어휘부에 저장된 단어이기 때문에 '쓰이-'가 어간이 되어 통사음운부에 입력된다.

3. 'ㄹ' 뒤 '으'탈락

위에서 논의 되었듯이 'ㄹ'뒤에서의 '으'탈락과 모음 뒤에서의 '으'탈락은 구별된다. 그런데 체언과 용언의 'ㄹ'을 동일하게 취급할 수 있는지가 문제다. 체언어간말 'ㄹ'은 조사 '으로'와 결합에서는 '으'탈락을 경험하지만 조사 '은'이나 '을'과의 결합에서는 '으'가 탈락하지 않는다. 이는 용언어간말 'ㄹ'이 '으며, 으니, 으므로, 으시, ...' 등등 '으'로 시작하는 어미와 결합에서 예외 없이 '으'를 탈락시키는 것과 대조된다. 관형사형 '-을, -은'과의 결합에서도 '으'가 탈락하기 때문에 체언의 조사 '-을, -은과 차이가 난다. 아래에서 구체적인 예를 보기로 하자.

(33) 가. 집으로, 밭으로, 산으로, 강으로 // 바다로, 나무로, 오기로 //
          물로, 불로, 나물로
     나. 집을, 밭은, 산을, 강은   // 바다를, 나무를, 오기는 //
          물을, 불은
(34) 가. 잡으면, 씻으니, 놓으시고   // 가면,   보니,   오시니 //
          울면, 사니, 아시고
     나. 잡을 것, 씻은 것   // 갈 것, 본 것   //
          울 것, 산 것, 알 것

(33)은 체언의 경우이고, (34)는 용언의 경우이다. (33)에서 제일 마지막 항이 'ㄹ'로 끝나는 체언인데 조사 '으로'와 결합하는 경우(가)와 '을', '은'이

결합하는 경우(나)가 다르게 나타난다. (34)는 용언의 경우인데 '르'로 끝나는 어간은 어미가 '으'로 시작하면 어떤 경우에도 탈락한다. 그러나 용언 파생의 경우는 (24) '울음', '얼음' 등에서 이미 보았듯이 탈락하지 않는다. 결론적으로 '르'뒤 '으'탈락은 파생 이후의 통사음운부의 음운현상으로 용언과 체언이 다른 현상이라고 말할 수 있다. 남은 문제는 용언의 경우에 '르'과 모음 다음에 동일하게 '으'가 탈락하기 때문에 이를 합할 수 있는가 하는 점이 문제인데, 이에 대해서는 이미 (22)에서 논의되었듯이 '르' 뒤의 경우에 탈락하지 않는 쪽으로 어휘가 변화해 가는 현상으로 보아서 다른 것으로 보는 것이 합당다고 할 수 있겠다.

第4章

용언 어간 말 /ㄹ/탈락규칙

1. 'ㄴ' 앞에서의 'ㄹ'탈락규칙

국어의 /ㄹ/탈락현상은 용언, 체언 등 광범위하게 발견되는 현상이다.
현대국어뿐만 아니라 중세국어에도 활발한 음운현상의 하나이다.

(1) 알+니→[아니]
    살+니→[사니]
    가물+니→[가무니]
    기울+니→[기우니]

(1)의 현상은 용언어간말의 /ㄹ/이 어미 /ㄴ/앞에서 탈락됨을 보여준다.
이를 표준생성음운론의 방식으로 규칙화하면 다음과 같다.

(2) /ㄹ/→　∅　/——] v.stem　+ /ㄴ/

(2)의 규칙이 /ㄴ/ 이외의 다른 자질도 포함할 수 있는지 살펴보자.

(3) 알+으오→아오
   알+읍니다→압니다
   알+으시고→아시고
   알+지 (못하고)→아지

(3)의 현상은 (1)과 마찬가지로 용언어간말에서 /ㄹ/탈락을 경험한다. 앞 장에서 이미 논의되었듯이 (3)은 'ㄹ' 뒤에서 먼저 '으'탈락이 발생한다. 그런 후에 'ㄹ'과 남은 '오, ㅂ, 시, 지' 앞에서 'ㄹ'이 탈락한다고 말할 수 있다. 전통문법에서는 (3)과 (1)을 동일하게 취급했으나 표준생성음운론에서는 (3)의 환경이 예측력이 없고 그 환경이 자연군을 이루지 못하기 때문에 동일하게 취급할 수 없었다. 여기에서도 (1)의 현상과 (3)의 현상이 전적으로 다르다고 본다. (3)은 엄태수(1988)에서 논의되었듯이 15세기 설정음 앞에서 'ㄹ'탈락 규칙이 적용되다가 옛날 규칙이 사라지고 난 후의 잔영이 남은 것으로 보인다. 이에 대해서는 아래에서 다시 논의하기로 한다.

(2)규칙은 어미초 '으'탈락규칙과 관련이 있다. /알+으니/에서 '으'가 탈락된 다음에 'ㄹ'이 탈락된다. 그런데 김영기(1975:76)에서는 /ㄹ/이 모음과 모음사이에서 먼저 탈락하고 그 다음에 모음 아래에서 /으/가 탈락하는 것으로 규칙 순서를 정했다. 한편 /알면/, /알소냐/ 등에서는 /ㄹ/이 탈락하지 않으므로 /으/탈락만이 존재하는 것으로 보았다. 그러나 이것은 표면의 교체 모습만을 보여주는 것일 뿐 용언어간말 'ㄹ'과 어미의 전체적인 교체 모습을 합리적으로 보여주지 못하고 있다. 김영기(1975)는 (1), (3)처럼 /ㄹ/이 탈락하고, '알고, 알면, 알소냐, 알기' 등에서 /ㄹ/이 탈락하지

않는 두 현상을 설명하기 위해 엄격한 외재적인 규칙 순을 요구한다. 즉 거기서 /ㄹ/이 탈락하는 경우를 설명하기 위해서는 먼저 /으/ 탈락이 적용되어서는 안 되고, /ㄹ/탈락부터 적용되어야 한다. /ㄹ/이 탈락하지 않는 항목을 설명하기 위해서는 /으/탈락이 먼저 적용되어야 한다. 이러한 규칙 순서의 조작은 인위적이다. 또한 /ㄹ/이 탈락하지 않기 때문에 만든 후자의 /으/탈락규칙은 과연 이러한 규칙이 존재할 수 있는지 의심스럽다. 그 규칙은 다음과 같이 표시되었다(김영기1975:78).

  (5) /으/→∅ /[ㄹ___+ㄹ,ㅁ]

  /ㄹ/이 탈락하지 않고 존재하는 것을 설명하기 위해 만든 이 규칙은 /ㄹ/과 /ㅁ/앞에서만 /으/가 탈락한다는 용언어간과 관련된 규칙이다. 그러나 /ㄹ/과 /ㅁ/이 어떤 자연부류로 묶일 수 있는지 알 수 없다. 또한 /으면/, /으리/ 등만이 이런 음운행위에 참여하고, 동일한 용언의 굴절어미인 /으니/, /으시/ 등은 다른 음운행위에 참여하는 것이 어떤 음운현상을 의미하는지 의심이 가지 않을 수 없다.
  이런 부자유스러운 음운규칙을 설정하지 않을 수 없었던 근본적인 이유는 (3)의 현상을 동일한 현상으로 보고자 했기 때문에 일어났던 것이다. (3)의 현상은 'ㄴ'앞에서의 규칙과는 다른 현상으로 본다면 (5)와 같은 특수한 규칙을 만들지 않아도 되고, 외재적인 규칙순을 세울 필요도 없을 것이다. 이제 (2)의 규칙이 체언에도 확대될 수 있는지를 보자.

  (4) 솔나무→[소나무], 불나비→[부나비], 불삽→[부삽]

(4)는 마치 이 현상이 체언의 복합에도 확대될 수 있는 것처럼 보인다.

그러나 복합에서는 이 규칙이 적용될 수 없다. 동일한 구성인 '물놀이', '불놀이' 등에서 /ㄹ/탈락을 보여주지 않을 뿐 아니라 /소나무/도 요즈음은 '솔나무'와 통용되고 있다. 이는 체언의 /ㄹ/탈락이 죽은 규칙임을 보여준다. 여기서 주의할 점은 음운규칙은 죽었지만 '솔'과 '나무'를 결합하는 형태규칙은 살아있다는 것이다. 음운규칙과 형태규칙의 불일치를 보여준다.

이제 우리가 세운 규칙 (2)는 반드시 체언어간까지 확대될 수 있는지 생각해보자. 활용에서는 'ㄹ'이 'ㄴ'앞에서 탈락하는 예가 있으므로 규칙으로 만들 수 있었다. 그런데 곡용어미는 'ㄴ'으로 시작하는 것이 없다. 필수적인 결핍인지 우연한 결핍인지, 'ㄴ'으로 시작하는 곡용어미가 존재하지 않으므로 그러한 사실을 확인해 볼 수 없다. 우리는 규칙간의 순서에 의한 유추에 의해서 이 현상을 우연한 결핍으로 보고자 한다. 통사음운부에서 활용과 곡용에 관계없이 작동하는 것으로 볼 것이다. 또한 'ㄹ'탈락규칙과 어미초 '으'탈락규칙은 내재적인 순서 관계에 있다고 본다. 'ㄹ'탈락이 적용되기 위해서는 반드시 '으'탈락이 앞서서 적용될 것이다.

2. 기타 형태소 의존 'ㄹ'탈락 규칙

위의 (3)에서 보았듯이 'ㄴ' 앞에서의 'ㄹ' 탈락과는 달리 '-으오, -으시, -읍니, -지, -도록, -세' 등에서 'ㄹ'이 탈락한다. '으'계 어미는 'ㄹ' 뒤에서 '으'가 탈락하기 때문에 'ㄹ'이 탈락하는 경우는 '오, 시, ㅂ, 지, 도, 세' 등인데 '오, ㅂ'을 제외하면 [+설정음]이라는 공통성이 나타난다. 이미 엄태수(1988)에서 보았듯이 'ㄹ'과 설정음의 결합에서 'ㄹ'탈락은 15세기 국어에서 나타나는 현상으로 이들은 이에 대한 역사적인 변화의 결과라고 볼 수 있다. '으오, 읍'의 경우에도 중세국어 경어법 선어말어미 '습'의 변화형이기 때문에 특별히 다른 것은 아니다. 단지 공시적으로 이들의 결합은 통사부 이후에 통사음운부에서 나타나기 때문에 이들 하나하나가 다른 음운현상으로 기술될 수밖에 없다. 즉 특정한 형태소 앞에서 'ㄹ'이 탈락하는 형태소 의존 음운규칙으로 분류될 수 있을 것이다.

그런데 이들 형태소 의존 음운규칙은 각각의 형태소에 따라서 변화가 심하다. '으오'는 요즈음의 구어에서는 듣기 힘들다. 간혹 인터넷 상에서 특정한 상황에서 이러한 담화체가 유행하기도 한다. 그러나 일상어에서는 이제 사라져 가는 형식이라고 할 수 있다. '읍, 으시, 지' 등은 현대국어에서는 /ㄹ/이 탈락되는 것이 아니라 오히려 유지되는 경향을 보인다. /알으시고/, /알지/ 등은 어린이 발화에서 자연스럽게 들을 수 있다. 간혹 /알읍니다/와 같은 발음도 심심찮게 목격할 수 있다. 이와 같은 사실들은 (3)의 예들이 공시적으로 형태소 의존 음운규칙이기는 하지만 이런 환경에서 /ㄹ/을 탈락시키는 것보다 보존하려는 경향으로 변화하고 있음을 보여준다.

第5章

활음(glide)형성(축약, 이중모음화)규칙

1. 도입

국어의 활음(Glide)을 y와 w로 나타내기로 하면 y와 w는 다른 모음과 결합하여 하나의 음절핵을 형성한다. 활음과 결합된 모음의 덩어리를 이중모음이라고도 한다. 국어의 활음은 모음 앞 쪽에 위치하여 다음 모음과 상향성 이중모음을 형성한다. 국어에는 하향성 이중모음은 성립하지 않는다. 모음과 모음의 결합에서 활음이 형성되어 이중모음화가 일어난다.

최현배(1937/61;120)에서는 음의 생략으로 파악해 음절이 줄어든다고 보았다. 허웅(1956/85;260)에서는 형태소 경계에서 두 모음이 중모음으로 변하여 두 음절이 한 음절로 바뀌는 축약으로 보았다. 이병건(1976;22-23)에서는 형태소경계에서 /i/는 /y/로 /u/및 /o/는 /w/로 변한다고 보고 다음과 같이 규칙화 하였다.

(1) 활음형성규칙;

$$
\begin{bmatrix} +\text{syll} \\ \alpha\text{back} \\ \alpha\text{round} \\ \beta\text{high} \end{bmatrix} \rightarrow \begin{bmatrix} -\text{voc} \\ +\text{high} \end{bmatrix} \ / \ \langle +\text{syll} \rangle \ \underline{\quad} \ ] \ \langle N \rangle \ VA \ + \begin{bmatrix} +\text{syll} \\ +\text{back} \\ -\beta\text{low} \end{bmatrix}
$$

〈조건; 이규칙은 모음조화규칙을 뒤따라야 한다.〉
(형태소경계를 사이로 하고, i및u는 ə앞에서, o는 a앞에서, 명사(N)일
경우에는 동시에 모음 다음에서, 그 밖의 경우 즉 동사(V)와 형용사(A)
의 경우에는 이런 제약없이 i는 y로, u및o는 w로 변한다)

최태영(1983;98-105)의 논의도 이와 비슷하다. 이들의 논의는 모두 모음
약화에 의한 이중모음화로 처리했다. 그러나 최정순(1986:64-80)에서는 모
음약화에 의한 이중모음화를 인정하지 않고 활음삽입에 의해서 이중모음
화가 일어난다고 주장한다. 거기서는 /y/삽입과 /w/삽입의 두 가지로 나
누어 설명한다.

(2) 활음 /y/ 삽입
(가) MS 단계에서는 /이/모음 아래서 그리고 '아/어' 앞에서 삽입된다.
(나) SS 단계에서는 /이,에,애/ 다음에 그리고 '아/어' 앞에서 삽입된다.
(다) 이 규칙에 뒤따르는 minor 규칙으로 활음 선행 /이/모음 탈락규칙이
　　 존재한다.

(3) 활음 /w/ 형성(활용과 곡용이 다르다)
a.활용　부수어 →부수워→ 부숴
　　　　쏘아→ 쏘와→ 쏴
　　　　놓아→ 노아→ 노와→ 놔
b.곡용　누구에게→ 누구웨게 →*누궤게

오후에→ 오후웨→ *오훼

c. 규칙

"굴절에서 /오/, /우/가 선행하고 /아,어,에/가 후행하면 /w/가 삽입된다."

이제 모음약화에 의한 이중모음화가 타당한지 아니면 활음삽입에 의한 이중모음화가 타당한지 검증해 보자. 먼저 모든 이중모음화를 모음약화에 의해서 설명하려고 한다면 (3b)에서 보여주는 음운현상을 설명할 수 없을 것이다. 즉 모음약화에 의한 이중모음화라면 '누구웨게', '오후웨' 등의 예는 약화될 모음이 없으므로 그런 발음이 불가능하다고 말해야 한다. 그러나 (3a)에서 도출의 중간 단계에 '쏘와', '부수워' 등의 예를 우리가 일상어에서 발음한다고 가정하면 이는 활음삽입에 의해 형성되었다고 말해야 합당하다. 만일 그러한 현상이 모음약화에 의한 것이라면 약화될 모음이 존재하지 않기 때문이다. 더구나 계사 '이'와 관련된 음운현상을 보면 활음삽입의 경우가 존재함을 인정해야 한다. '책+이+어서'의 경우는 '책이어서'라는 발음이 가능하다. 그런데 이 경우 모음약화에 의해 이중모음화가 형성되었다면 무슨 모음이 약화되었는지 알 수 없다. 그러므로 이 경우는 활음삽입에 의해 이중모음화가 형성되었다고 말해야 합리적이다. 그렇다면 모든 이중모음화 현상을 활음삽입에 의한 이중모음화라고 설명할 수 있는지 보기로 하자. 만일 이를 인정하면 다시 두 가지 경우로 나누어진다. 우선 (2), (3)에서 보듯이 활음에 선행하는 '이'와 '오', '우'가 탈락하는 경우가 있고, 그렇지 않은 경우가 있다. 활용은 탈락이 이루어져야 하고, 곡용의 경우는 탈락규칙이 적용되어서는 안 된다. 즉 모든 경우에 활음삽입을 인정할 때는 '이'나 '오', '우'탈락규칙을 경험하는 경우와 그렇지 않는 경우로 나누어야 한다. 이 방법은 복잡한 설명을 요구한다. 최정순(1986)에서 보듯이 /w/에 의한 이중모음화는 곡용과 활용의 차이가 존재한다. 그 논의에서는 /w/삽입만이 차이가 있으나 사실은 /y/삽입도 차이가 있다. 예들 들면 곡용의 '저기+에'에서 '저기예'는 가능하지만 '*저계'는 불가능하다. 또한 특정한 범주에서 반드시 '이'나 '오', '우'의 탈락규칙을 순서화해야 한다. 그리고 다양한 범주에서 활음삽입규칙만이 적용되는데, 모든 경우를 삽입에 의해서 처리하면 이러한 범주 차이에 따른 규칙 적용의 차이가 왜 존재하는지 설명할 방법이 없다.

그런데 활용에서 /y/삽입을 인정하면 그 도출형이 자연스럽지 못한 경우가 있다. '그리-'나 '쓰이-' 등의 어휘에 '어'로 시작하는 어미가 결합한 '그리+어', '쓰이+어'등은 '그리여', '쓰이여'라는 발음이 어색하다. '그려', '쓰여'가 자연스럽다. 이러한 사실은 모든 경우를 삽입에 의해서 처리하는 것보다 차라지 삽입에 의한 이중모음화와 모음약화에 의한 이중모음화로 나누어 생각하는 것이 바람직할 수 있음을 암시한다. 만일 이렇게 나누면 '이'나 '오', '우'탈락규칙이 적용되어야 하는 범주를 명시하지 않아도 될 것이다. 나아가 다양한 범주에서 삽입규칙만이 적용되고 탈락규칙이 적용되지 않는 사실을 자연스럽게 설명할 수 있다.

이제 모음약화에 의한 이중모음화를 활용에서 '쓰이+어라'나 '보+아라'가 '쓰여라', '봐라'로 발음되는 것처럼 어간말의 '이'나 '오', '우'가 '아/어'계 어미와 결합하여 두 음절이 하나의 음절로 줄어들면서 이중모음으로 발음되는 것으로 정의하고, 삽입에 의한 이중모음화를 곡용에서 '저기+에'가 '저기예'로 발음되는 것처럼 경계 앞의 '이'나 '오', '우'가 다음 모음에 영향을 미쳐 그와 동일한 계통의 이중모음이 형성되는 것으로 정의하기로 하자. 필자는 모음약화에 의한 이중모음화는 통사음운부의 규칙으로 보고 활음삽입에 의한 이중모음화는 순수음운부의 규칙으로 설명한다. 그러한 이유는 아래에서 논의된다.

이제 이중모음화는 두 가지로 나누어진다. 하나는 활용에서만 일어나는 모음약화에 의한 활음형성이고 다른 하나는 순수음운부에서 일어나는 활음삽입에 의한 이중모음화 형성이다. 모음약화의 경우 '이'모음은 /y/로, '오'나 '우'모음은 /w/로 변한다. 삽입의 경우도 '이'모음 뒤에는 /y/가 '오'나 '우'모음 뒤에는 /w/가 삽입된다.

우선 모음약화에 의한 이중모음형성과 활음삽입에 의한 이중모음형성의 차이를 보기로 하자.

    (4) 겨누+어라 → 겨눠라 ~ ?겨누워라
        보 +아라 → 봐라 ~ ?보와라

(4)에서 '겨눠라'는 '우'와 '어'가 결합하여 하나의 '워'가 되므로 '우'가 /w/로 약화되어 '어'와 결합하여 '워'가 되므로 약화에 의한 이중모음화라고 말할 수 있다. 그런데 '겨누워라'는 만일 그러한 발음이 가능하다면 이는 약화에 의한 이중모음화라기 보다는 /w/의 삽입에 의한 이중모음화라고 보아야 한다. (4)는 용언이 활용할 때 발생하는 현상이다. 이 경우는 약화에 의한 이중모음화가 분명하고 삽입에 의한 이중모음화는 가능할 것도 같지만 잘 사용하지 않는 듯하다. 그런데 계사 '이'와 관련된 음운현상은 이들과 차이를 보인다.

    (5) 책 + 이 + 어서 → *책여서 ~ 책이여서
        봄 + 이 + 어서 → *봄여서 ~ 봄이여서

(5)는 계사 '이'와 어미가 결합할 때 모음약화에 의한 이중모음화는 불가능한데 활음삽입에 의한 이중모음화는 가능함을 보여준다. 이러한 사실은

이중모음화가 두 가지로 분리되어야 함을 보여준다.

2. 모음약화에 의한 이중모음화규칙

먼저 모음약화에 의한 이중모음화 현상부터 논의하기로 하자.

    (6)활용   a. 모음 약화에 의한 y형성

                보이+어라 → 보여라

                먹이+어라 → 먹여라

                남기+어라 → 남겨라

                이으+어라 → 이+어라→?여라

            b. 모음약화에 의한 w형성

                보+아라 → 봐라

                부으+어라 → 부어라 → ?붜라

                놓+아라 → 노+아라 → 놔라

                좋+아라 → 조+아라 → *좌라

    (7)곡용   a. 모음약화에 의한 y형성

                저기+에 → *저계

                우리+에게 → *우례게

                가지+에 → *가계

            b. 모음약화에 의한 w형성

                나무+에 → *나뭬

위의 (6), (7)을 비교해 보면 약화에 의한 이중모음화는 곡용에서는 안

되고, 활용에서만 성립함을 알 수 있다. 그러므로 약화에 의한 이중모음화는 범주의 제약을 받는 것이고 우리의 논의에 의하면 굴절에서 발생하는 것으로 활용에서 발생하는 통사음운부에 적용되는 음운규칙이다. 약화에 의한 이중모음화가 통사음운부에서 발생하는 음운규칙이 분명한 이유는 기저형 내부의 연결에서 동일한 음운론적 환경의 음운연쇄를 허용하고 있기 때문이며 또한 약화에 의한 이중모음화는 형성되지 않기 때문이다. 다음을 보기로 하자.

(8) 단일어 내부[1]
    미어지다 → *며지다
    주어(主語) → *줘 ~ ?줘;
    조어(造語) → *좌
    보어(補語) → *붜 ~ *붜;
    노안(老眼) → *놘
    보안조사 → *봔조사

(8)은 단일어 내부에서 모음약화가 발생하지 않는 것을 보여준다. 오직 (6)의 활용에서만 발생함을 알 수 있다.

---

1) 단일어 내부에서 일어나는 축약은 모음조화와 미묘한 관련이 있는 듯하다. 모음조화에 어긋나는 형식들은 축약에 방해가 일어난다. '주어'는 [줘;]를 그런대로 인정할 수 있는데 비해 '보어'의 경우는 [붜;]를 전혀 인정할 수 없다. 이러한 사실은 /w/축약에 좀더 정밀한 고찰을 요구한다.

3. 활음삽입에 의한 이중모음화규칙

활음삽입에 의한 이중모음화는 어느 범주에서나 일어난다. 다음을 보기
로 하자.

(9) a. 활용: 보이+어라→[보이여라], 보+아라→[보와라]
  b. 곡용: 저기+에→[저기예], 나무+에→[나무웨]
  c. 복합: 오리+알→[오리얄]
  d. 구경계: 이 어른→[여;른], 우리 아이→[우리야;이], 이 애→[애;]

어느 범주에나 일어나는 음운현상은 우리의 논의에 의하면 순수음운부
의 음운현상이다. 그런데 필자는 다음의 제4부 도입부에서 순수음운부의
규칙으로 존재하기 위해서 단일어 내부에 그러한 연쇄가 존재하지 않아야
한다는 강력한 조건을 음절음운규칙의 성립기준으로 제시하고 있다. 삽입
에 의한 이중모음화가 순수음운부의 규칙이 되기 위해서는 단일어 내부에
'이'모음과 다른 모음의 연쇄나 '오', '우' 모음과 다른 모음의 연쇄가 존재하
지 않아야 한다. 그러나 (8)에서 보듯이 우리는 그러한 연쇄가 단일어 내
부에도 존재하는 것을 보았다. 그렇다면 우리의 기준을 포기해야 하는가?
필자는 다음과 같은 이유로 '기저형 내부의 연쇄에 존재하는 음운의 연쇄
는 음절음운규칙의 입력이 되는 연쇄가 될 수 없다'는 음절음운규칙의 성
립 기준이 계속 유효한 것으로 보고자 한다. 먼저 다른 모든 음절음운규칙
이 단일어 내부에 그러한 연쇄를 허용하지 않는데 왜 삽입에 의한 활음형
성은 그러한 연쇄를 허용하는가 하는 점이다. 필자는 이러한 원인이 규칙
의 공시성과 어휘의 통시적 현상에서 빚어진 것으로 본다. 다시 말하면
활음삽입규칙은 최근에 발달한 규칙이고 어휘들은 오래전에 만들어졌기

때문에 보수성을 인정해야 한다는 것이다. 이와 같은 일은 일반적인 경음화현상에서도 존재한다. 예를 들면 '국수, 각시' 등에서 교체하지 않는 어휘의 기저형을 어떻게 잡느냐 하는 문제가 있다. 이들의 기저형은 표면에 나타나는 '국쑤, 각씨'로 잡는 것이 당연하다. 그 이유는 이들 어휘는 절대 중화의 예로서 화자는 교체하지 않는 어휘의 기저형을 표면형이 아니고는 알 수 있는 방법이 없다고 말할 수 있다. 그러므로 표면형을 기저형으로 잡아야 한다. 활음삽입에 의한 이중모음화의 경우도 이와 동일하다. 만일 '미어지-'라는 단어가 항상 '미여지-'라고만 발음한다면 이 단어의 기저형은 표면형과 동일하다고 해석한다.

第6章

활용어미 '아/어'탈락규칙

국어는 용언어간말 모음 '애, 에' 아래에서 어미초 '아/어'가 예외 없이 탈락한다. 이 현상은 거의 예외가 없는 통사음운부의 규칙이다.

(1) 없애+어라→ 없애라, 없애서

해+어라→ 해라, 해서

(그 사람 이름을)대+어라→ 대라, 대서

(자로 길이를)재+어라 → 재라, 재서

다른 예로 '개어서 → 개서, 캐었다 → 캤다, 베어도 → 베도, 보내어서 → 보내서' 등

(1)은 용언의 활용에서 '아/어'가 탈락함을 보여준다. 이 현상은 특별한 형태범주를 요구하고, 또 이런 음운의 연쇄가 기저형 내부에도 존재하므로 통사음운부의 규칙이다. 예를 들면 어휘 내부에서는 '개악(改惡)→*객, 제어(制御)→*제'처럼 '아/어'탈락현상이 발생하지 않는다. 곡용은 '아/어로 시작하는 조사가 없음으로 확인할 수 없다. 용언의 파생이나 복합등

다른 범주에서는 이런 환경을 발견하기 힘들다. 다음 (2)처럼 체언의 복합이나 구에서도 발생하지 않는다.

(2) a.복합: 배+앓이→[배알이]
b.구 경계: 새+옷 →[새옫]

그러므로 다른 범주에서는 이런 현상이 일어나지 않고 단지 용언의 활용에서 어미초의 '아/어'가 탈락된다고 가정한다. 용언어간말 '애' 다음의 '아/어' 탈락은 통사음운부규칙이라고 말할 수 있다.

허웅(1956/85;263)에서는 용언어간말 '애', '에' 다음에 어미초 '아/어'는 탈락한다고 말했다. 최태영(1983;109)에 의하면 다음과 같은 탈락규칙을 가정했다

(3) '어'탈락규칙
"용언어간이 '어, 아, 에, 애'로 끝날 경우에 부사형어미 '어'는 탈락한다"

그러나 규칙 (3)은 수정되어야 한다. 용언어간말 '아/어'는 활음형성에서 보듯이 무조건 탈락하는 것이 아니라 활음이 형성되어 이중모음화를 수행하므로 단순한 탈락과는 다르다. 여기에서는 용언어간이 '애, 에'로 끝날 경우에만 그 다음에 오는 어미 '아/어'는 탈락한다고 본다.

第7章

단어경계에서의 중화,
자음군단순화규칙

명사 복합에서 발생하는 것으로 중화현상과 자음군단순화 현상이 있다. 다음을 보기로 하자.

(1) 가. 옷+안→[오단], 옷+옷→[우돋], 팥+알→[파달]
  나. 값+있다→[가빋따], 닭+우리→[다구리]

(1)의 현상은 복합어의 첫 요소가 중화와 자음군단순화 현상이 일어나는 것을 보여준다. 이 두 현상은 비슷한 환경에서 발생하기 때문에 대표적으로 중화현상인 (1가)를 중심으로 논의하기로 하자.

국어의 전형적인 중화는 음절말 폐쇄음이 다음 폐쇄자음 앞에서 순수자음으로 변하는 현상을 말한다. 전통문법에서는 말음법칙 혹은 받침법칙으로 불려진 것이다. 기존논의에서는 복합어에서 일어나는 중화와 폐쇄자음 앞에서 일어나는 중화를 동일한 것으로 설명한다. 이병건(1976;73)에서는 다음과 같은 규칙으로 중화를 설명한다.

(2)중화규칙

$$
\begin{bmatrix} +\text{obst} \\ \langle +\text{cor}\rangle \end{bmatrix} \rightarrow \begin{bmatrix} -\text{strid} \\ -\text{asp} \\ -\text{cont} \\ -\text{glot} \\ +\text{ant} \\ -\text{high} \end{bmatrix} \Bigg/ \text{------} \left\{ \begin{matrix} [-\text{voc}] \\ \# \end{matrix} \right\}
$$

(저해음은 비모음성 쎄그멘트나 단어 경계 앞에서 비스트라이던트, 비기
식, 비연속, 비성음화, 저해음으로 변하며 나아가서 설정적이며 [+high]인
저해음은 [+ant]와 [-high]로 변한다)

이와 비슷하게 최태영(1983;33)에서도 다음과 같이 규칙화 한다.

(3)

$$
\begin{bmatrix} +\text{cons} \\ -\text{son} \end{bmatrix} \rightarrow \begin{bmatrix} -\text{tense} \\ -\text{strid} \\ \text{implosive} \end{bmatrix} \Bigg/ \text{------} \left\{ \begin{matrix} \# \\ [+\text{cons}] \end{matrix} \right\}
$$

(자음성을 가진 저해음은 어말이나 자음성을 가진 음소 앞에서 폐쇄음의
평음으로 바뀌며 동시에 내파화한다)

이러한 논의의 문제점은 단어경계(#)와 분절음([+cons])을 하나의 자연
부류로 묶어서 처리한 것이다. 그런데 (1)에서 보이는 중화는 최태영
(1983)의 논의처럼 단순히 단어말을 의미하지는 않는다. (1)은 복합어의
내부에서 발생하는 현상이다. 단어말과 분절음이란 환경으로 고정될 수만
있다면 음절 개념을 도입하여 '음절말'이라는 환경을 설정할 가능성도 있

지만 복합어에서 일어나는 경우는 그러한 설명을 불가능하게 한다.

그러므로 이 글은 (1)의 복합어에서 나타나는 중화현상과 폐쇄음 앞에서 일어나는 중화를 엄격히 구분하고자 한다. 후자에 대해서는 순수음운부에서 논의하고 여기서는 전자에 대해서만 논의하기로 한다. 필자는 (1)의 현상이 어휘부와 통사음운부에 걸쳐서 일어나는 음운현상이라고 생각한다. 다음을 보기로 하자.

    (4) 맛없다, 멋없다, 옻오르다

(4)는 어간의 내부구조가 [N+V]형식을 가진 구조이다. 이들의 구조가 통사부의 구 결합과 동일한 의미관계를 보이므로 통사적 복합어라 한다면 이와 관련된 중화현상도 통사음운부에서 일어난다고 해야 한다. 그렇다면 (1)의 현상은 통사부에서 일어나는 것인가? (1)의 내부구조는 [N+N]의 형식을 가지고 있다. 이에 대한 형태론의 입장은 일정하지 않은 것처럼 보인다. 만일 어휘부에서 (1)의 결합이 일어난다면 (4)를 포함하여 생각할 때 중화는 어휘부와 통사부에 걸쳐서 일어나는 것으로 설명될 것이다. 본고는 이휘부의 파생과 복합의 현상을 어휘화된 것으로 보기 때문에 구 구성에서 발생하는 중화와 자음군단순화를 통사음운부의 현상으로 보고자 한다. 그런데 중화는 '이'모음 앞의 'ㄴ'첨가와 밀접한 관련을 가지는 것으로 보인다.[1]

    (5) 밭+이랑→바디랑 ~ 반니랑
        꽃+이름→꼬디름 ~ 꼰니름

---

1) 'ㄴ'첨가는 이미 제2장에서 논의된 것으로 두 가지 종류가 있다. '이'모음 앞에서의 'ㄴ'첨가는 어휘화된 것으로 가정하고 논의했다. 'y'앞에서의 'ㄴ'첨가는 활발한 현상으로 통사음운부의 규칙에서 점차 순수음운부의 규칙으로 확대되는 것으로 보인다.

낮+일 →나딜   ~ 난닐

(5)는 [N+N]구조를 가진 복합어인데 이들은 특이하게 중화현상과 '이'
모음 앞의 'ㄴ'첨가현상을 수의적으로 보여준다. 그렇다면 복합어 중화는
'이' 모음 앞의 'ㄴ'첨가와 동일층위에서 일어나는 것인가? 그런데 [N+V]
복합에서도 'ㄴ'첨가현상이 존재함을 (6)에서 보여준다.

(6) 낮+익다→나딕다 ~ 난닉다
끝+잇다→끄딛다 ~ 끈닏다

이처럼 중화와 '이'모음 앞에서의 'ㄴ'첨가는 구 경계에서도 동일하게 나
타난다.[2]

(7) 못+잇다→모딛다 ~ 몬닏다
푹+익다→푸기근 ~ 풍닉다

이상의 논의를 표로 보이면 다음과 같다.

(8)
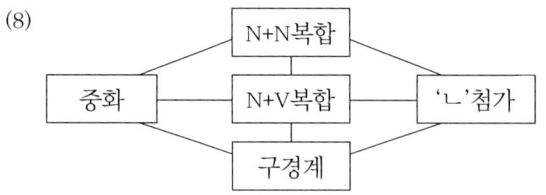

그러나 중화와 'ㄴ'첨가가 언제나 동일한 환경에서 일어나는 것은 아니

---

2) '잇다'의 경우는 예외적이다. 예를 들면 '맛잇다'는 중화만 가능하고 'ㄴ'첨가는 불가능
하다. 이는 '잇-'이 어휘형태소에서 문법형태소로 약화되는 과정에 있는 것을 보여
주는 것이라 생각된다. 문법형태소에서는 중화와 'ㄴ'첨가가 일어나지 않기 때문이다.

다. 다음을 보기로 하자.

(9) 덧+이불→던니불(*더디불)
    겉+익다→건닉다(*겨딕다)
    풋+익다→푼닉다(?푸딕다)

(9)는 첫 요소가 접두사일 때를 보인 것이다. 이 경우는 중화가 잘 일어나지 않는 것으로 보인다. 여기에는 제2요소의 첫소리가 활음이냐 아니냐에 따라 미묘한 차이가 있는 것처럼 보인다. 제2요소가 이중모음일 때는 중화가 힘든 것처럼 보인다. 그러나 이는 절대적인 기준은 아닌 것 같다. 예를 들면 '꽃+양말'의 경우는 [꼰냥말]로 발음되지만 [꼬댱말]도 불가능한 것은 아닌 것처럼 보인다.[3]

접두사 파생 이외에도 사이시옷 현상에서도 차이성을 보인다. 다음을 보자.

(10) 나뭇잎→나문닙 ~ *나무딥
     밖엣일→바껜닐 ~ *바께딜
     대굿역→대군녁 ~ *대구뎍

(10)은 사이시옷이 개입된 현상이다. 여기서는 'ㄴ'첨가는 가능하지만 중화는 불가능한 것처럼 보인다. 생산적이냐 아니냐의 문제가 있지만 사이시옷이 어휘부에서 일어난다고 가정하면 'ㄴ'첨가는 어휘부의 깊은 곳

---

3) 그러나 접두사의 경우에는 생산적인 접사인지 아닌지 분간하기 힘들고 접사의 수가 적기 때문에 확인하기 힘든 점이 문제로 남는다. 여기서 '홑+이불'의 경우 '홑'은 예외이다. 이러한 예외는 자주 쓰이는 접사냐 아니냐의 차이에 있는 것으로 보인다. 이는 중화와 'ㄴ'첨가의 역사에 대한 암시를 준다.

에서도 발생하지만 중화는 불가능하다는 것을 보여 준다. 즉 'ㄴ'첨가는 어휘화된 것으로 어휘부에 그 단어가 표면의 교체형이 등재된다. (10)의 경우는 어휘화된 'ㄴ'첨가 형이 방벽으로 작용한다고 볼 수 있다. 그렇지만 (5)의 경우는 어휘화의 정도가 약하여 어휘부에 두 가지 형이 공존하는 것으로 해석된다. 즉 복합에서의 중화도 어휘화된 것이지만 'ㄴ'첨가와 공존하는 경우도 존재하는 것이다. 그러나 구 경계에서의 중화는 'ㄴ'첨가와는 달리 예외가 없기 때문에 통사음운부의 규칙이라고 할 수 있다. 이는 다음 예를 통해서 분명하게 알 수 있다.

(11) a. 주격조사   b. 계사 '이'
     밭(田)+이→*바디 ~ *반니   꽃+이다→*꼬디- ~ *꼰니-
     낯(顔)+이→*나디 ~ *난니   잎+이다→*이비- ~ *임니-
   c. 파생
     먹-이다(使食) →*먹니다, 먹이(食料)→*먹니

(11)을 통해서 알 수 있는 것은 중화나 자음군단순화, 'ㄴ'첨가 현상이 오직 구 경계나 복합어에서 발생하고 굴절이나 파생에서는 불가능함을 보여준다. 한편 복합어는 어휘화된 것으로 본다면 구경계에서의 중화나 자음군단순화만이 통사음운부의 현상이 된다고 말할 수 있다.

'ㄴ'첨가와 중화는 환경이 완전히 일치하는 것이 아니므로 분리해서 논의하는 것이 합당하다. (12)는 예들을 범주별로 나타낸 것이다.

(12)   중화   'ㄴ'첨가
    파생접두사 :   X   O
    사이시옷   :   X   O
    N+N복합   :   O   O

N+V복합 :	O	O
구경계 :	O	O
파생접미사 :	X	X
곡용 :	X	X
계사'이' :	X	X

기존의 논의는 중화와 마찬가지로 'ㄴ'첨가의 경우도 복합어에서 일어 나는 것으로 보았다. 허웅(1956/85)에서는 복합명사에서, 사이시옷이 비 음화할 때 첨가된다고 보았다. 김진우(1970)나 정국(1981)의 주장도 마찬 가지다. 그런데 최정순(1986:81-94)에서는 구 경계에서도 'ㄴ'첨가가 일어 난다고 말한다.

'ㄴ'첨가는 중화와는 다른 환경에서 발생하고, 중화나 자음군단순화와 는 달리 많은 예외를 가지고 있다. 이러한 사실은 엄태수(2010)에서 논의 되었듯이 '이'모음 앞에서의 'ㄴ'첨가는 어휘화된 것으로 보아야 중화와 자 음군단순화와의 차이점에 대해서 설명이 가능하다.[4] 파생과 복합에서의 음운현상을 어휘화된 것으로 가정한다면 중화와 'ㄴ'첨가, 자음군단순화 의 경우에도 마찬가지로 취급할 수 있다. 문제는 구 경계에서 발생하는 음운현상에 대한 것을 어떻게 처리하는가 하는 문제이다. 자음군단순화와 중화는 순수음운부에서도 활발하게 발생하는 음운현상이다. 여기에서는 'ㄴ'첨가를 어휘화된 것으로 간주하고 단어 경계 앞에서 발생하는 중화와 자음군단순화는 통사음운부의 현상으로 보고자 한다.

자음군단순화 현상도 중화와 비슷하다. 예를 들면 '값있다'는 단어 경계 앞에서의 자음군단순화에 의해 [가빋때로 발음된다. 그런데 자음군단순

---

4) 엄태수(2010)에서 논의되었듯이 '이'모음 앞에서의 'ㄴ'첨가는 어휘화 되었지만 'y' 앞에 서의 'ㄴ'첨가는 점차 영역을 확대해 가는 음운현상으로 보인다. 'y'앞에서의 'ㄴ'첨가 는 통사음운부의 규칙에서 점차 확대되는 경향이 있는 것으로 보인다.

화가 접두사 파생이나 사이시옷에서는 구조적으로 일어날 수 없다. 기저형구조조건에 의해서 접두사는 자음군을 허용하지 않는 것으로 보인다. 사이시옷의 경우에도 모음으로 끝나는 명사와 유성음 사이에 개입되므로 자음군이 형성될 수가 없다. 이는 자음군단순화의 환경이 중화와 동일하다는 것을 의미한다.

제 4 부

제 4 부   순수음운부의 음운현상

음운론적 단어는 그 하위 범주로 음절을 가진다. 음절의 상위단위인 음운론적 단어는 문장에서 자립적으로 활동한다. 통사음운부는 순수음운부로 입력이 되는데 이때 운율음운론이 적용될 것이다. 운률 단위로서 음운론적 문장이나 음운론적 구가 형성될 것이다. 여기에서는 단지 음운론적 단어만을 중심으로 논의하고자 한다. 국어는 어절 단위로 발화되는데 어절이 바로 음운론적 단어가 된다. 음운론적 단어는 표면의 발화 가능한 음절형성을 위해서 기저형의 다양한 변화를 겪는다. 이미 통사음운부를 거치면서 음운론적 단어를 형성한 후에 다시 음절화를 경험하는 것이다. 음절화는 순수음운부의 핵심 활동으로 통사음운부의 출력인 음운단어를 입력으로 하고 각종 순수음운규칙의 적용을 받아 음절화된 음운단어가 출력이 된다. 국어의 음절은 초성과 중성, 그리고 종성을 기본구조로 이루어진다. 국어의 음절화는 최초로 순수음운부에서 이루어진다. 어휘부나 통사음운부에서는 음절화와 관련된 어떤 구체적 증거가 없기 때문에 음절화는 순수음운부에서 시작된다고 가정한다. 순수음운규칙들은 공명성연속의 원리를 준수한다. 어떤 제약을 준수한다는 점에서 순수음운부는 최적성 이론이 가정하는 제약의 원리로 설명되어질 수 있을 것이다. 예를 들면 자음군단순화규칙은 복잡한 종성을 싫어하는 제약(complex제약)과 동일한 정신을 가진다. 통사음운부는 국어의 특이한 음운규칙에 관련이 있기 때문에 보편적 제약을 내세우기가 불가능하다. 최적성이론은 통사음운부에는 적용될 수 없다. 순수음운부를 이 글에서는 제약이론으로 다루지 않고 논리의 일관성을 위해서 도출에 의한 방식을 선택했다.

순수음운부는 음절음운부와 음성음운부로 나누어진다고 가정한다. 여기에서는 분절음의 교체에 관심을 가지고 논의할 것이다. 순수음운부에서 발생하는 변별자질의 변화만이 대상이 되고 음성음운부의 음성자질에 관련된 논의나 수의적인 교체 현상은 제외한다. 이제 음절음운부의 특징을 요약해 보면 다음과 같다*.

① 최초로 음절화가 시작되는 모듈이다. 음절화는 발화단위의 배정에서 시작한다. 음절화는 아래의 음절형성규칙(1a)과 음절투사원리(1b)의 적용을 받는다. 통사음운부의 출력이 순수음운부에 입력되면서 운율적 문장, 즉 발화단위를 배정받는다. 발화단위는 음운론적 단어의 상위 범주이다. (예) [밥]pw [먹는다]pw〈→[밥먹는다]ps, (pw: 음운론적 단어, ps: 음율적 문장, 발화단위))

② 순수음운부의 규칙은 발화단위 내에서 일어나는 규칙으로 예외가 없다. (예) [밥][먹자]와 [밥먹자]의 비교)

③ 발화와 관련된 제약으로 기저형 내부에 순수음운부에서 연결 불가능한 음운의 연쇄가 존재하지 않는다. (예: 폐쇄음+비음의 연쇄가 기저형 내부에 없다)

④ 순수음운부의 제약은 음절구조의 제약이다. 음절구조제약에는 단일음

---

* 엄태수(1994:171-174)의 내용을 요약한 것이다. C, V는 자음류, 모음류의 범주를 말하는 것이고, C, V는 그것의 상위범주를 의미한다.

절의 구성 제약과 음절이 연속적으로 발음되기 위한 음절연쇄제약이
존재한다.
⑤ 음절연쇄는 공명성연속의 원리(SSP)를 준수해야 한다.

(1) A. 음절형성규칙

　　　 S→(C')V'(C')

　　　 C'→C

　　　 V'→(G)V　(C', V'는 엄태수(1994)에서 논의된 것으로 C,V의 상위
　　　　　　　　　　　범주다)

B. 음절투사규칙

"통사부의 출력은 최대의 발화단위인 음운론적 문장으로 재조정되고
음운론적 문장은 음론론적 단어로, 음운론적 단어는 음운부의 음절
구조에 투사된다."

순서; 1. V는 V'에 연결된다.

　　　 2. 음절초 우선의 원리--V왼쪽의 C가 먼저 V' 왼쪽의 C'에 연
　　　　　 결된다.

　　　 3. 나머지 C는 V' 오른쪽의 C'에 연결된다.

C. 단일음절구성제약

　　ⓐ. 음절초 C 아래에는 /ŋ/을 제외한 모든 자음이 올 수 있다.

　　ⓑ. 음절말 C 아래에는 7개의 자음이 온다.

　　ⓒ. V아래 모음이 온다.

　　ⓓ. G아래 활음이 온다.

D. C1C2연쇄의 제약 ; 비음화, 유음화, 경음화, 변자음화, -- 등등.

제4장에서 논의하는 음절음운규칙은 (1D)와 관련된 분절음의 연쇄제약에 속한다. 다음에서 우리는 허용 가능한 C1C2의 분절음 연쇄와 불가능한 분절음 연쇄를 논의하였다. 그러한 논의는 (1D)와 관련된 것인데 다시 풀어서 설명하면 아래 (2)와 같다.

(2) 가. 성립가능한 분절음의 연쇄

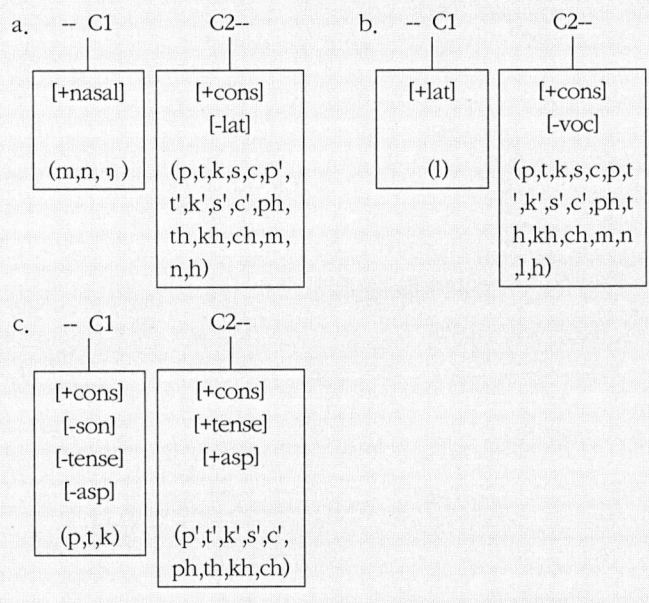

a. -- C1   C2--   b. -- C1   C2--

[+nasal]	[+cons] [-lat]
(m,n,ŋ)	(p,t,k,s,c,p', t',k',s',c',ph, th,kh,ch,m, n,h)

[+lat]	[+cons] [-voc]
(l)	(p,t,k,s,c,p,t ',k',s',c',ph,t h,kh,ch,m,n ,l,h)

c. -- C1   C2--

[+cons] [-son] [-tense] [-asp]	[+cons] [+tense] [+asp]
(p,t,k)	(p',t',k',s',c', ph,th,kh,ch)

나. 불가능한 분절음의 연쇄**

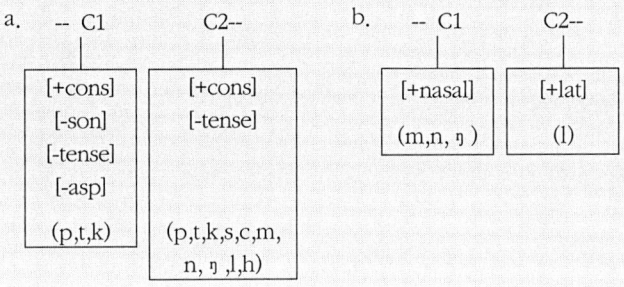

(2가)는 허용 가능한 C1C2의 연쇄이고 (2나)는 허용 불가능한 분절음의 연쇄이다. 허용가능한 C1C2의 연쇄를 긍정음절구조조건이라 하면 국어의 긍정음절구조조건은 다음과 같을 것이다.

(3) 긍정음절구조조건

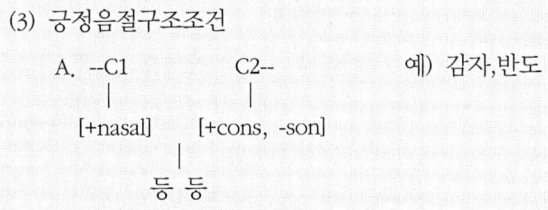

(3)의 긍정음절구조조건은 허용 가능한 음운의 연쇄로서 이들의 연쇄가 순수음운부에 입력되면 아무런 변화를 입지 않는다. 그러나 만일 허용되지 않는 음운의 연쇄가 순수음운부에 입력되면 긍정음절구조로 변화되어야 한다. 예를 들면 [잡과대의 연쇄를 발음하면 '평음+평음'의 연결로서 불가능한 음절구조연쇄이다.

** C1C2를 분절음이 아닌 자질로 나타낼 때 문제가 되는 것은 C2에 [+asp]자질을 어떻게 처리할 것인가 하는 문제가 있다. C1에 장자음이 올 경우에 C2에 'ㅎ'이 올 수 없다. 그러나 거센소리는 올 수 있다. 이를 자질로 구분할 수 없다. 여기에서는 'ㅎ'의 경우를 위해서 이 경우에 한해서 [asp]자질을 사용하지 않고 'ㅎ'으로 나타내기로 한다.

긍정음절구조와 불가능한 음절구조의 연쇄는 모두 공명성연속의 원리 (SSP)에 의해 분절음의 강도에 지배받는다. 공명성연속의 원리는 다음과 같다.

(4) 수정된 공명성연속의 원리(SSP: Sonorant Sequence Principle)
　　가. 일반원리
　　　-VC1C2V-의 연쇄에서 C1의 강도는 C2보다 높아서는 안된다.
　　나. 하위원리
　　　A. (4가)의 일반원리를 어기는 연쇄는 먼저 C1의 강도를 조정하라.
　　　B. C1, C2가 [-son]일 때 C2의 강도는 C1보다 높아야 한다.
　　　C. C1, C2가 [+son]일 때 두 강도는 낮은 강도로 일치시켜야 한다.

(5) 음운변화의 원리
　　(4)의 원리를 어기는 음절 연쇄는 (4)를 준수하도록 변경하라.

예를 들면 비음화, 중화, 내파화--등은 음절말이 변경되는 것이다. 경음화, 유기음화는 음절말의 변경으로도 (4나A)를 만족하지 못하므로 다시 음절초가 변경된 것이다. 유음화는 (4나B)를 만족시키기 위해서 변경되는 것이다.

(6) A. 분절음 강도1
　　　모음 〈 활음 〈 유음 〈 비음 〈 순수자음 〈 유기음, 경음
　　B. 분절음 강도2
　　　후부 〈 전부 〈 중앙

第1章

경음화규칙

1. 음절음운규칙의 원리와 경음화

제2부, 제3부에서 논의한 어휘부나 통사음운부에서 발생하는 경음화현상 이외에도 순수음운부에서 일어나는 경음화현상이 존재한다. 폐쇄음 뒤의 경음화현상이 그것이다. 아래의 환경에서 일어난다.

(1) a. 복합

북소리→북쏘리

월급봉투→월급뽕투

밭갈이→밭깔이

b. 활용

잡다→잡따

익다→익따

짖다→짖따

c. 곡용

집도→집또

언덕도→언덕또

낮도→낮또

d. 구경계

꼭 잡아라→[꼭짭아래]

막 부어라→[막뿌어래]

위의 현상은 생성음운 방식으로 다음과 같이 규칙화할 수 있다.

(2) 경음화 규칙

$$\begin{bmatrix} C \\ +con \\ -asp \end{bmatrix} \rightarrow [+tense] \ / \ [-son] \ —$$

(평자음은 폐쇄음 뒤에서 경음화 한다)

폐쇄음 뒤의 경음화는 종성의 폐쇄음이 내파화되면서 그 영향에 의해서
다음 평음이 경음화된다고 알려져 왔다. 이제 폐쇄음과 평음의 연결에서
일어나는 경음화가 어떻게 음절음운규칙으로 해석될 수 있는지 생각해 보
자. 우선 '폐쇄음+평음'의 연쇄가 순수음운부에서 음절음운규칙을 적용받
아야 하는 이유는 다음과 같다.

(3) 가. 그 연쇄는 기저형의 내부 연쇄에 존재하지 않는다.[1]
    나. 형태·통사적 범주의 제한을 받지 않는다.
    다. 발화단위의 내부에서만 음운변화를 경험한다.

---

1) 그런데 몇 개의 어휘가 기저형 내부의 연쇄에 존재하는 것처럼 보인다. '국수, 각시,
낚시' 등이 그러한 예이다. 이들 예는 'ㄱ'과 'ㅅ'의 연결이란 공통점을 가진다. 이 글은
이들의 기저형을 'ㄱㅆ'으로 본다. 이는 '국쑤'의 기저형이 '국수'인지를 아는 방법이
없기 때문이다. '국쑤'는 다른 형식으로 교체하지 않는다. 주지하다시피 국어의 경음
은 역사적으로 평음에서 변해 왔다. 맞춤법이 이러한 형식을 '국수'와 같은 종류로
기저형을 삼은 것은 옛날의 형식을 기저형으로 삼았기 때문이다.
국어의 화자가 이런 단어의 기저형을 'ㄱㅆ'의 연쇄로 언뜻 인정하기 힘든 이유는
학습의 결과도 있지만 아마 이들의 규칙이 순수음성제약에서 변해 온 역사가 얼마
되지 않았기 때문으로 보인다. 기저형 내부의 '폐쇄음+평음'의 연결은 기저형을 모두
'폐쇄음+경음'의 연결로 바꾸었다고 보아야 한다. 우리는 이러한 경음화 현상이 발화
의 속도에 영향을 받지 않는 것으로 본다. 순수음성제약이 발음의 속도에 민감하다는
사실과 대조된다. 필자는 이 현상을 음절연결에서 분절음연쇄제약으로 보아도 무리
가 없다고 주장한다.

라. 음운변화의 결과는 공명성연속의 원리를 지킨다.

그런데 종성은 중화에 의해서 순수자음 밖에 올 수 없다. 그러므로 사실 경음화는 '순수자음+순수자음'이란 환경에서 일어난다. 예를 들면 '꽃+도'는 기저형에서는 종성이 유기음이고 초성이 순수자음이지만 중화를 거쳤다고 가정하면 '꼳+도'가 되어 '순수자음+순수자음'의 환경이 된다. 그런데 음절음운규칙은 공명성연속의 원리를 지켜야 한다는 것을 보았다. '순수자음+순수자음'의 연속은 종성과 초성의 강도가 동일하므로 공명성연속의 원리를 어기고 있는 것이 아니다. 그렇다면 경음화는 음절음운규칙의 원리에 지배되는 것이 아니고 다른 원리에 지배되는가? 그렇지 않으면 공명성연속의 원리 이외의 다른 원리가 존재하여 경음화를 지배하는가? 우리는 다른 원리가 존재하는 것이 아니고 공명성연속의 원리만이 음절음운규칙의 원리라고 주장한다. 그렇다면 경음화는 어떻게 해석되는가?

우리의 직관에 종성의 순수자음과 초성의 순수자음은 음성학적인 가치가 다른 것으로 보인다. 즉 오랫동안 국어 음운 학자들은 내파(불파)화 현상을 인식하고 있었다. 초성과 종성은 같은 음운이라는 우리의 직관과 또 다른 소리라는 우리의 두 가지 직관을 동시에 만족시키는 형식은 무엇인가? 엄태수(1994)에서 논의되었듯이 그것은 C-bar층위의 표시로 가능하다고 생각한다. 예들 들면 '꽃도'는 [꼳또]로 발음되는데, 표면음성으로 유도하기 전의 '꼳'의 불파된 종성 'ㄷ'은 다음과 같은 범주생성규칙에 의해 나타나는 것으로 표시할 수 있다.

(4) ¢생성규칙

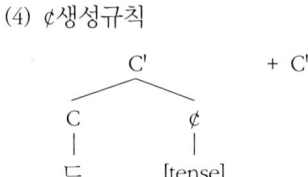

(4)는 다음 초성의 순수자음과 만나면 ¢범주와 [tense]자질을 연결하는 선이 사라지는 과정을 거쳐 남아있는 [tense]자질이 다음 초성의 순수자음과 연결되어 경음화될 것이다.

(5) C ¢ + C ─연결선절단규칙 → C ¢ + C ─경음화─
     │ │   │   │ │   │
     ㄷ[tense] ㄷ   ㄷ [tense] ㄷ

→ C ¢ + C
       [tense]   ㄷ

(5)와 같은 경음화 과정의 표시는 경음화가 종성의 내파화에 의해 유도된다는 종래의 직관을 형식화한 것이다. 만일 이러한 사실을 인정한다면 이제 경음화는 음절음운규칙의 원리인 공명성연속의 원리를 위반하는 것이 아니다. 연결선절단규칙에 의해 남아있는 [tense]자질이 인접한 두 순수자음 중에서 종성의 순수자음에 결합하는 것이 아니라 초성의 순수자음에 연결되는 것은 바로 공명성연속의 원리에 부합되는 것이다. 그러나 [tense]자질이 초성에 결합하는 과정을 유도하는 공명성연속원리의 하위규칙이 필요할 것이다.

(6)공명성연속원리의 하위규칙 1
-VC1C2V-의 연쇄에서 C1과 C2사이에 새로운 자질이 있어 인접요소와

표준어의 음운현상에 대한 연구

결합할 경우는 공명성연속의 원리를 준수하라

경음화의 경우는 C1+[tense]+C2로 표시될 것이다. 공명성연속의 원리를 준수하기 위해서는 가운데 [tense]자질은 C1과 결합하면 안 되고 C2와 결합해야 한다. 왜냐하면 C1과 결합하면 종성이 경음이 되어 강도가 C2보다 높아지기 때문이다.

2. 자음군단순화와 경음화

자음군단순화는 국어의 자음군이 음절화 과정에서 하나의 자음만이 표면에 발음되고 다른 하나는 탈락하는 현상이다. 우리는 엄태수(1994)에서 자음군을 가진 기저형의 표시는 CV층위에서 탈락되는 자음의 경우 [+C,+V]자질을 가진 범주와 연결된다고 가정했다. 이러한 이유는 탈락되는 자음은 기저에 표시되어야지 음운론적인 유도의 과정에서 예측될 수 없다는 사실 때문이었다.

그런데 자음군단순화와 경음화는 모종의 관계를 가진 것으로 보인다. 예를 들면 '핥다'는 [할때]로 발음되는데, 그렇게 되기 위해서는 두 기지의 음운론적 과정을 거쳐야 한다. 하나는 자음군단순화이고 다른 하나는 경음화이다. 여기에는 순서가 작용함을 알 수 있다. 용언의 'ㄹ'아래에서는 경음화되지 않으므로 경음화가 먼저 일어나고 자음군단순화가 일어난다고 해야 옳다.

(7) /핥+다/
    핥 따   경음화
    할 따   자음군단순화

(7)의 경음화 과정이 위에서 논의한 일반적인 경음화인 폐쇄음 뒤 경음화와 동일하다고 볼 수 있는가? 하는 점이 문제다. 동일하다고 가정하면 그 음절구조표시는 다음과 같이 될 것이다.

(8) a./ㄹㅌ/의 기저표시　　b.경음자질의 생성

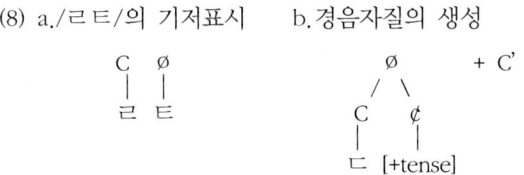

(8a)는 제2장의 기저형의 음절구조표시에서 가정된 것이다. (8b)는 경음화의 논의 과정에서 제기된 경음자질의 생성규칙인 것이다. 여기서 (8b)는 명백히 잘못된 것임을 알 수 있다. 우선 경음자질생성규칙은 엄태수(1994)에 의하면 C'+C'의 구조에서 발생하는 것인데 여기서는 ø 범주와 C가 만날 때 발생하는 것으로 되어있다. 다음에 C와 ¢가 결합한 상위범주는 ø 범주일 수가 없고 C'범주여야 한다.

이러한 사실에 의해서 (8b)를 버리고 새로운 경음자질생성규칙을 제안한다. 이를 "경음자질생성규칙2"라고 하자.

(9) 경음자질생성규칙2

$$\begin{matrix} C & \text{ø} & + C \rightarrow & C & \text{¢} & + C \\ & | & & & | & \\ & \begin{bmatrix} +cons \\ -son \end{bmatrix} & & & [+tense] & \end{matrix}$$

이제 종전의 내파화규칙은 경음자질생성규칙1로 자음군단순화는 경음자질생성규칙2로 된다. (9)는 종래의 방식보다 간편하게 경음화를 설명한다. 경음화시키고 탈락된다는 설명은 내파화에 의한 경음화와 다른 것으로 보이게 한다. 그러나 내파화나 자음군단순화는 경음자질의 생성에 관련된 것일 뿐이다.

3. 중화와 경음화

국어의 공명성연속 원리란 종성의 강도는 초성의 강도보다 높으면 안된다는 것이다. 이는 두 가지 방향으로 진행될 것이 예상된다. 하나는 종성의 강도를 낮추는 방법이고 다른 하나는 초성의 강도를 높이는 방법이다. 중화는 바로 종성의 강도를 낮추는 방법이다. 중화와 관련된 경음화는 공명성연속의 원리를 준수하기 위해 두 가지 방법을 동시에 사용하는 것으로 보인다. 예를 들면 '꽃도'는 [꼳또]로 발음되는데 여기에는 두 가지 과정, 즉 중화와 경음화가 개입된 경우이다. 만일 중화만이 적용된다면 [꼳도]로 발음될 것이다. 그런데 여기에 다시 경음화가 적용된 것은 무엇인가?

이러한 과정을 유도하는 '공명성연속 원리의 하위 원리'가 필요하다.

(10) 공명성연속 원리의 하위 원리 1
음절화 과정에서 공명성 연속 원리를 준수할 때, 종성과 초성이 [-son]일 때는 반드시 초성의 강도가 인접한 종성의 강도보다 높아야 한다.

(10)의 원리가 주어지면 경음화의 동기는 공명성연속이라는 음절구조의 일반적인 원리를 준수하기 위해 발생하는 것으로 설명할 수 있다.

4. 관형사형 'ㄹ' 뒤 경음화

관형사형 'ㄹ'뒤의 경음화 현상은 이미 오래전부터 국어학자의 관심의 대상이 되었다. 최태영(1983;49)에 의하면 다음과 같이 규칙화 된다.

(11) 경음화 규칙

$$? \begin{bmatrix} +\text{cons} \\ -\text{son} \end{bmatrix} =\rangle \quad 1 \quad 2$$

$$1 \quad 2 \quad \emptyset \begin{bmatrix} +\text{tense} \\ -\text{asp} \end{bmatrix}$$

(관형사형 'ㄹ'의 기저형은 /tr?/ 이다. /?/다음에 [-son]의 음소와 결합하여 경음이 된다. 모음 앞에서 탈락한다.)

엄태수(1994)에서 논의한 대로 관형사형의 기저형을 아래의 모습으로 잡고 일반적인 경음화와 동일한 현상으로 취급한다.

(12) V C ¢
　　　| |　|
　　　으 ㄹ [+tense]

'갈 사람'에서 일어나는 경음화현상의 도출과정은 다음과 같이 표시될 수 있다.

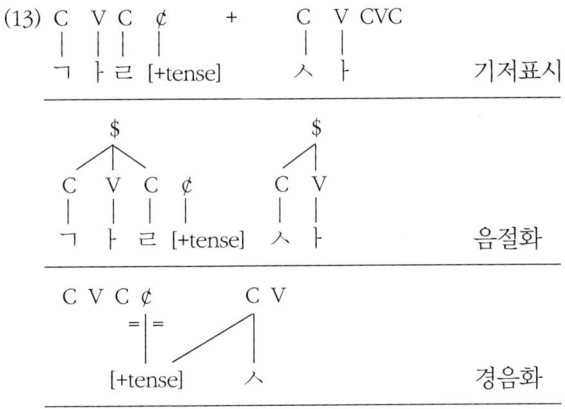

(13) C V C ¢   +   C V CVC
　ㄱ ㅏ ㄹ [+tense] 　　ㅅ ㅏ 　　　　기저표시

音절화 (음절화)
C V C ¢ 　　 C V
　ㄱ ㅏ ㄹ [+tense] 　ㅅ ㅏ 　　　　음절화

C V C ¢ 　　 C V
　[+tense] 　ㅅ 　　　　　　　경음화

5. 불칙적인 경음화

　국어에는 지금까지 논의한 규칙적인 경음화현상 이외에도 불규칙적인 경음화현상이 많다. 어두에서 일어나는 경음화, 한자어에서 일어나는 경음화, 사이시옷현상과 관련된 경음화 등이 그것이다. 한자어에서 일어나는 경음화, 사이시옷현상과 관련된 경음화 등은 이미 앞에서 논의되었다. 어두 경음화 현상에는 역사적인 음운의 변천과 사회언어학적인 측면, 심지어 심리적인 현상이 가미된 것으로 보인다.

　(14) 두부→[뚜부], 소주→[쏘쥐, 과자→[꽈자]

　고대어에 존재하지 않았던 된소리가 15세기에는 확인 된다고 한다(이기문1972/80:47-55,91). 그런데 어두 경음화 현상은 15세기 문헌에 이미 확인되는데 이기문(1972/80;53)에 의하면 '인상적 가치가 격렬한 행동의 표현에 이용된 중요한 증거로서 위에 말한 된소리화의 예들도 결국 그 원인은 여기에서 찾을 수 있음'을 말한다. 그러나 위의 예에서 보듯이 현대국어 어두 경음화현상도 그런지는 앞으로 계속 논의되어야 할 사항으로 보인다. 경음화현상 가운데 가장 변화가 심하고 예측할 수 없는 부분이 한자어에서 일어나는 경음화현상이다.

> (15) 가. 效果→[효꽈], 事件→[사껀]
> 나. 心的→[심쩍], 社會性→[사회씽]

우리는 한자어에서 일어나는 경음화현상을 크게 (15가)와 같은 2음절한자어(혹은 하나의 단어로 인식하는 경우), (15나)와 같은 접미사기능의 한자어로 구분해서 논의할 수 있을 것이다. (15가)는 어휘 하나하나의 문제인 것으로 보인다. 만일 이들 단어가 어휘화되어 어형성규칙이 존재하지 않는다면 단일어로 취급할 수 있다. 이들은 사전에 경음화된 것으로 기저형을 바꾸어 등록되어야 할 것이다. (14나)에 대해서는 이미 앞에서 충분히 논의되었다.

아직 해결되지 않는 현상 가운데 하나가 사이시옷 문제이다. 우선 사이시옷은 어떤 환경에서 일어나는지 예측하기 힘들다. 앞에서 논의한 대로 대체적인 경향은 파악되었지만 아직도 많은 예외를 가진다. 사이시옷의 어떤 경향을 파악한 대표적인 논의는 정국(1980)과 임홍빈(1981)이다. 이들은 의미적 기준으로 사이시옷이 개입됨을 보였다. 그러나 의미란 해석 여하에 따라 많은 논쟁거리를 가진다. 임홍빈(1981)에서 의미의 특수화를 경험하거나 통사적 파격의 구성에는 사이시옷이 개입된다고 보았다. 그 논의는 많은 설득력을 가지지만 '처녀머리', '개소리', '여왕벌' 등은 의미의 특수화를 경험해도 경음화되지 않고, '라디오방송'은 '영어+한자어'이므로 통사적 파격이지만 경음화되지 않는다. 사이시옷 문제는 계속 논의되어야 할 것이다.

第2章

유기음화규칙

1. 서론

유기음화란 종성이나 초성의 'ㅎ'이 'ㅂ,ㄷ,ㄱ' 등을 만났을 때, 'ㅍ,ㅌ, ㅋ'으로 발화되는 현상을 말한다. 이는 국어의 'ㅎ'이 종성이나 어중에서 인접음에 쉽게 영향을 받기 때문이다. 'ㅎ'은 국어의 여러 자음 중에서 가상 변동이 심하다고 말할 수 있는데, 어중의 초성에서만 안정적이다. 체언 말에는 아예 존재하지 않는다. 공명음 사이에서도 탈락이 심하다. 다시 말하면 국어의 'ㅎ'은 다양한 음운현상을 발생하게 하는 원인이 된다고 말할 수 있다. 관련된 음운현상은 평음의 유기음화, 'ㅎ'의 탈락, 'ㅅ'의 경음화, 'ㅎ'의 비음화 등이 있다. 유기음화만 하더라도 다음과 같이 다른 환경에서 발생하는 것을 보여준다.

  (1) 좋다, 좋고, 좋지
  (2) 입학, 각하, 묻히다,

(1)은 종성의 'ㅎ'이 다음 폐쇄음과 만나 유기음화 하므로 순행적 유기음화라 할 수 있고, (2)는 종성의 폐쇄음이 다음 'ㅎ'을 만나 유기음화 하므로 역행적 유기음화라 할 수 있다.

유기음화 현상에 대한 언급은 이미 유희(1824;8)에 두 소리가 합해서 차청이 된다고 언급되어 있다. 이러한 이해는 주시경(1906), 허웅(1985)에도 변함이 없다. 그런데 마틴(1954;53)에서는 전후의 소리가 바뀌는 음위전환(Metathesis)으로 설명하고 있다. 예를 들면 '좋다'는 [조타]로 발음되는데 'coh+ta→cotha'의 과정을 상정하고 있는 것이다. 이러한 설명 방식은 김진우(1985;101)과 허웅(1985;265)에서도 볼 수 있다. 김윤학(1987)에서도 비판되었듯이 국어의 유기음화를 음위전환(Metathesis)으로 설명하는 것은 하나의 음운인 'ㅋ,ㅌ,ㅊ,ㅍ'를 두 개의 음운으로 생각하는 잘못이 있다. 그런데 음위전환으로 이해한 경우는 적어도 두 가지의 유기음화를 다른 것으로 이해한 것으로 보아야 한다. 왜냐하면 순수자음과 'ㅎ'이 만나서 발생하는 유기음화는 음위전환으로 설명될 수 없기 때문이다. 예를 들어 '각하'를 'kak+ha→kahka'와 같은 음위전환으로 설명해서는 '가카'라는 표면형을 얻을 수 없다.

Young-key Kim-Renaud(1974;122)에서는 순행적 유기음화는 유기음 동화와 종성 'h'의 탈락 또는 'h'의 't'로의 중화로, 역행적 유기음화는 축약으로 처리하여 보다 적극적으로 두 현상을 구분하였다. 이외의 생성음운론적 접근은 두 현상을 하나의 과정으로 보고 거울영상 규칙으로 처리하였다. C.-W. Kim(1967;8), 이병건(1976;64), 최태영(1983;40-2)에 비슷한 형식의 유기음화 규칙을 볼 수 있다.[1]

---

1) 유기음화 규칙
 -son % h =〉 +asp ø
  1   2   1 2

한편 이승재(1980;55)에서는 동일하게 두 과정을 하나의 현상으로 이해하고 있으면서 'h'의 비음화는 중화를 거치지 않고 직접 동화한다는 주장을 한다.

두 과정을 동일한 현상으로 파악한 경우는 다음에도 있는데, 김윤학(1987)에서는 'ㅎ'의 동화로, 오정란(1988)에서는 자립적인 후두음 층렬을 설정하여 기존의 논의와는 다른 설명을 시도하였다. 그러나 전자에서 순행적 유기음화는 동화로 이해할 수 있으나, 역행적 유기음화에 대해 전혀 설득력이 없어 보인다. '먹히다'를 'mək+hita→məkhhita'로 설명하고 있으나 이는 올바른 표면형이 아니다. 표면형에서 kh를 종성으로 h를 초성으로 가정하거나 'khh' 모두 초성으로 인정한다 해도 국어의 표면음성에 존재할 수 없는 유형이다. 오정란의 후두음층렬의 문제에 대해서는 김경아(1989)에서도 그러한 층렬의 자립성이 의심을 받았지만, 공시적으로 유기음과 경음체계의 존재는 다른 음소와 마찬가지로 독자적인 음소로 존재하고 있어서 후두자질과 같은 독립적인 자질의 층위가 존재할 수 없는 것이 분명하다. 또한 'ㅎ'과 유기성 자질은 동일시 할 수 없는 것이다. 전자는 독립적인 음소이고 후자는 음소에 의존하는 자질이다.

엄태수(1994;185)에서는 다시 두 현상을 다른 것으로 보고, 순행적 유기음화는 'ㄷ'과 [asp]자질의 재구조화에 이은 자질 합류로 역행적 유기음화는 'ㅎ'의 [asp]로의 자질축소와 인접음의 합류로 설명한 바 있다.[2] 송하균(1995)에서는 자리 마디의 동화와 유기음 자질의 합류로 두 현상을 동일한 과정으로 설명하였다.[3]

([-son]의 자질을 가지는 음소는 그 앞이나 또는 뒤에 있는 /h/와 축약되어 유기음을 형성한다.)
2) 엄태수(1994;185)의 경우
/놓+다/ → [논태]의 도출과정

한편, 이승재(1980;48)에서는 유기음화의 예외에 대해서 형태소 경계와 단어 경계의 차이에 기인하는 것으로 해석하였다. 김경아(1998)은 순행적 유기음화와 역행적 유기음화를 동일한 축약의 과정으로 이해하고, 'h' 뒤의 경음화와 비음화에 대해 이승재(1980)의 견해에 동의하면서 음성학적인 해석을 덧붙였다. 엄태수(1996)에서는 최적성 이론의 제약중심으로 간략히 언급한 바 있다.

지금까지 살펴본 바대로 기존논의의 문제는 다음과 같이 정리될 수 있다. 첫째, 순행적 유기음화와 역행적 유기음화를 동일한 음운과정으로 보았다는 점이다. 다르게 본 경우도 적극적으로 그 차이를 해명하지 않았다. 둘째, 'h'의 유기성 자질이 합류하는 것은 언급하면서, 다른 유기성 자질, 즉 'ㅋ, ㅌ, ㅊ, ㅍ'에 존재하는 유기성 자질에 대해서 언급하지 않았다. 셋째, 'h'와 's', 'n'이 만나서 발생하는 음운현상, 즉 경음화와 비음화에 대해 많은 언급을 하면서 그 역의 경우인 's', 'n'과 'h'가 만나서 일어나는 음운현상에 대해서는 분명한 설명을 하지 못했거나, 서로 모순되는 설명을 하고 있다.

'h'와 관련된 모든 현상을 모순 없이 설명하려면 다양하게 가능한 표면형을 인정하고, 그러한 표면형을 최대한 합리적으로 설명하는 방법을 찾

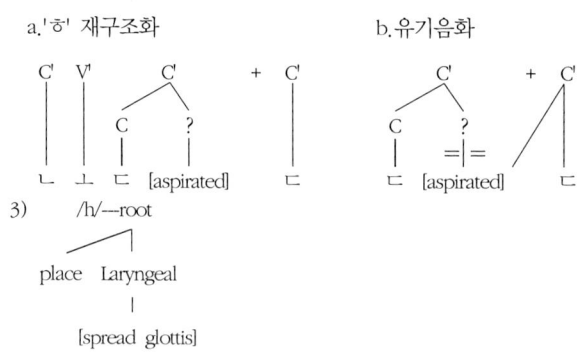

아야 할 것이다.

2. 순행적 유기음화와 역행적 유기음화

순행적 유기음화와 역행적 유기음화가 다르다는 사실은 Young-key Kim-Renaud(1974;122-9)에 적극적으로 표명되어 있다. 즉 순행적 유기음화는 'h'의 인접동화와 함께 수의적으로 말음 'h'가 't'로 중화된다고 가정했다. 이런 가정은 예를 들어 '좋다'에 대한 표면형이 단순히 '조타'만이 아닌 '졷타'가 존재하는 것을 설명하는데 필요해서였다. 그러나 역행적 유기음화는 이러한 수의성이 존재하지 않는다. 예를 들어 '착하다'은 언제나 '차카다'인데, 여기서는 순행적 유기음화 때와는 달리 사라진 'h'자리에 중화된 새로운 음소가 수의적으로나 필수적으로 존재하지 않는다는 점이다.[4]

여기에서는 'h'의 't'중화 때문이 아니라, 다른 증거들 때문에 순행적 유기음화와 역행적 유기음화가 전혀 다른 것이라는 사실을 주장하려 한다. 다시 한번 이 현상을 살펴보기로 하자.

 (1) 묻히다, 착하다, 잡히다
 (2) 좋다, 좋고, 좋지

(1)은 역행적 유기음화이고, (2)는 순행적 유기음화이다. 이들 전형적인 유기음화의 예에서는 동일한 유기음화를 실현한다. 이들 현상만을 살피면

---

4) 예를 들어 '좋다'는 '졷타'가 될 때, 수의적으로 도출의 중간과정 '졷타'를 가정하는데('h'의 't'로 중화 규칙이 있으니까), '착하다'는 도출의 중간과정 '착카다'를 상정할 수 없다는 말이다. 여기서는 '차카다'가 수의적으로 '착카다'가 되는 경우는 가정하지 않는다.

두 현상이 거울영상 규칙으로 통합되어도 아무런 이상이 없는 것처럼 보인다. 그러나 다른 현상을 고려하면 그렇지 않다. 첫째는 수의적 현상이 존재하는데 'ㅎ'이 종성에 있을 때와 초성에 있을 때 다르다. 예를 들어 (2)의 경우에 '좋고'는 [조코]만이 아니라, [족코], [졷코]로 발음되기도 한다. 그런데 이와 대칭 상황에 있는 '착하다'의 경우에 [차카다], [착카다]는 가능하지만 [찯카다]는 불가능하다. 전자에서 종성 'ㅎ'이 'ㄷ'으로 변하기도 한다는 사실이 중시되어야 한다.

다음으로 (3)에서 보듯이 파찰음 'ㅈ'과 결합할 때 종성의 'ㅎ'과 초성의 'ㅎ'은 행동이 다르다.

　(3) 좋지, 낮하고

(3)은 파찰음 'ㅈ'의 경우인데, 전자와 후자의 표면형이 다르게 나타난다. 전자인 순행적 유기음화에서는 (1), (2)와 동일하게 초성 'ㅈ'의 동일 계열인 'ㅊ'이 나타나지만 후자인 역행적 유기음화에서는 'ㅈ'과 다른 계열인 'ㅌ'이 표면형에 나타난다. 이는 'ㅈ'이 먼저 'ㄷ'으로 중화되는 음운규칙을 적용 받은 다음에 다시 유기음화를 경험하는 것으로 해석된다. (3)의 경우를 보면 종성에서 'ㅎ'과 'ㅈ'이 동일하게 중화를 경험하지 않는다는 것을 보여준다. 국어는 종성에 7개의 자음만이 올 수 있다. 'ㄱ,ㄷ,ㅂ'를 제외한 설정의 비공명자음들은 'ㄷ'으로 중화된다. 그런데 종성 'ㅎ'은 특이한 행동을 보인다. 종성 'ㅎ'에 대한 특징은 다음 장에서 자세히 설명된다. 이제 마찰음의 경우를 보자.

　(4) 놓소, 못하다

(4)는 마찰음 'ㅅ'의 경우인데, (3)과 유사하다고 볼 수 있다. 전자는 'ㅆ'으로 나타나고 후자는 'ㅌ'으로 나타난다. 물론 '놓소'의 경우에 유기음화를 경험하지 않기 때문에 다르다고 해석할 수 있다. 그러나 'ㅅ'의 경우는 체계적인 이유로 마찰음의 유기음이 존재하지 않는 것이기 때문에 'ㅎ+ㅅ'의 마찰유기음이 경음으로 합류했다고 설명하는 방법이 있다.[5] 또 다른 방법은 종성 'ㅎ'의 'ㄷ'으로 중화를 거쳐 'ㅅ'이 경음화 했다고 설명하는 것인데, 이는 다른 순수자음을 만날 때와는 달리 오직 마찰음의 경우만 그러하다고 설명해야 하는 부담이 있다. 종성 'ㅎ'의 행동에 대해서는 아래에서 다시 한번 살피기로 한다.

또한 공명음과 만날 때의 'ㅎ'의 행동도 종성과 초성에서 완전히 다르다.

(5) 놓네, (좋으면)
(6) 말하다. 논하다. 청하다. 범하다.

(5)는 'ㅎ'이 종성에 있을 경우인데, '으'나 '아/어' 없이 공명음인 유음 'ㄹ'이나 비음으로 시작하는 어미가 'ㄴ'을 제외하고는 국어에 없기 때문에 다른 예들을 볼 수 없다. (5)는 표면형이 [논네]인데, 중간에 [논네]의 중화 과정을 거쳐왔다고 주장되기도 한다.[6] 그런데 (6)에서 이와 대칭 관계에 있는 '논하다'의 경우를 보면 표면형이 [논하다]이거나 [노나다]로 된다. 즉 'ㅎ'이 그대로 변화 없이 있거나 탈락한다. 이는 (6)의 예에 보이는 다른 단어에도 동일한 현상이다. 그렇다면 (5)와 (6)을 통해서 보더라도 거울영상 규칙으로 묶일 근거는 없는 셈이다.

---

5) 최태영(1983;40-2)에서도 유사한 설명이 있다.
6) Young-key Kim-Renaud(1974;120)에서 'h'의 음절앞 불파와 연이어 자동적인 't'로의 중화규칙을 설정하고 있다.

이상의 논의를 통해서 확실해진 것은 순행적 유기음화와 역행적 유기음화가 동일한 과정이 아니며 또한 거울영상 규칙이라는 동일한 형식으로 묶일 수도 없다는 것이다. 순행적 유기음화는 일차적으로 'ㅎ'이 우선 다음 자음과 합류하려고 하는 것이 우선적이다. 'ㅅ'처럼 합류할 수 없을 때는 제3의 방법을 택하는 것으로 보인다. 그러므로 종성 'ㅎ'의 행동은 중화를 먼저 경험하는 것이 아니라 합류를 먼저 경험한다고 볼 수 있다. 또한 유기성이 인접음에 확산된 후에도 그 흔적이 남는다는 특징도 주목할 사실이다. 그러나 'ㅎ'이 아닌 다른 자음이 종성에 와서 초성 'ㅎ'과 역행적 유기음화를 경험하는 경우에는 합류가 우선 발생하는 것이 아니라 중화를 먼저 경험한다. 이는 종성 'ㅅ', 'ㄷ', 'ㅈ', 'ㅊ' 등이 초성 'ㅎ'과 만날 때 동일하게 'ㅌ'으로 표면형이 나타나는 것으로 분명하다. 나아가 이 경우는 유기성 자질이 인접음에 확산된 후에 'h'자리에 대한 흔적을 보기 힘들다.

3. 결론

ㅎ종성과 초성의 차이에 의한 순행적 유기음화와 역행적 유기음화의 차이는 분명하다. 그러나 유기음 계열인 'ㅋ, ㅌ, ㅊ, ㅍ'가 종성에서 보여주는 행동은 ㅎ종성과 다르다. 이러한 차이는 음소와 그 상위범주인 음절구조와 관련 속에서 파악되어야 할 것으로 계속된 연구가 필요하다.

최적이론에 의한 유기음화의 설명은 엄태수(1999)에서 논의되었다.

여기에서는 이에 대한 논의는 생략했다. 유기음화에 대한 제약중심의 설명은 ㅎ종성과 초성과 관련된 다양한 제약이 고려되어야 한다. 이러한 제약의 언어 보편적인 제약과 어떻게 관련이 될 것인지는 아직 불분명하다.

중화규칙

국어의 중화는 다음과 같은 환경에서 일어난다.[1]

    (1). 덮+다 →[덥다]   b. 밭+도 →[받도]

          같+다 →[갇다]   꽃+도 →[꼳도]

          웃+다 →[욷다]   부엌+도 →[부억도]

          있+다 →[읻다]

허웅(1956/85;243)에서는 우리말의 음절 종성에 올 수 있는 자음은 일곱 개로 /p/, /t/, /k/, /m/, /n/, /ŋ/, /l/ 이라고 말한다. 거기에서 일곱 이외의 자음 또는 자음군으로 끝난 기본형태를 가진 형태소가 단독으로 쓰이거나, 휴지를 두거나, 자음으로 시작되는 조사 또는 어미가 그에 연결될 때는 일곱 자음 중의 어느 하나로 바뀌는데 이를 '귀착'이라고 불렀다. 복합에서도 이런 귀착이 일어난다고 본다. 이 원리 때문에 자음군단순화, 중화

---

1) 여기의 예들은 논의의 편의를 위해 중화현상만을 보인 것이다. 이들은 사실 경음화현상도 경험한다.

등이 생긴다고 설명하고 있다. 그러나 (1)처럼 순수음운부에서 일어나는 자음군단순화는 음절화의 과정이다. (1)의 중화는 음절구조조건의 음운연쇄제약의 조정을 받는 것이다. 순수음운부의 중화는 이미 논의된 통사음운부의 규칙인 중화와 다르다.

이병건(1976;73)에 의하면 중화규칙은 다음과 같이 규칙화 된다.

(2) 중화규칙

$$\begin{bmatrix} +obst \\ \langle +cor \rangle \end{bmatrix} \rightarrow \begin{bmatrix} -strid \\ -asp \\ -cont \\ -glot \\ +ant \\ -high \end{bmatrix} \bigg/ \underline{\quad} \left\{ \begin{matrix} [-voc] \\ \# \end{matrix} \right\}$$

(저해음은 비 모음성 쎄그멘트나 어 경계 앞에서 비스트라이던트, 비기식, 비연속, 비성음화, 저해음으로 변하며 나아가서 설정적이며 [+high]인 저해음은 [+ant]와 [-high]로 변한다)

최태영(1983:33)에서도 이와 비슷하게 다음과 같이 규칙화 한다.

(3)

$$\begin{bmatrix} +cons \\ -son \end{bmatrix} \rightarrow \begin{bmatrix} -tense \\ -strid \\ implosive \end{bmatrix} \bigg/ \left\{ \begin{matrix} \underline{\quad} \# \\ [+cons] \end{matrix} \right\}$$

(자음성을 가진 저해음은 어말이나 자음성을 가진 음소 앞에서 폐쇄음의 평음으로 바뀌며 동시에 내파화한다)

여기서 조건 항을 [-voc]로 제한할 수 있으나 그럴 필요가 없다. 모든 자음 앞에서 중화가 일어나고 다시 비음화나 유음화가 일어난다고 순서화 하면 된다. 여기에는 내재적인 순서화가 존재한다. 예를 들면 '갚는-중화 →[갑는]-비음화→[감는]'과 같은 순서를 가진다고 볼 수 있다.

그런데 (2), (3)의 논의는 단어경계(#)와 분절음의 자질([+CONS])를 자연부류로 묶었다는 것이 문제로 남는다. 단어 경계 앞에서의 중화와 자음 앞에서의 중화는 서로 다르다. 우선 단어 경계 앞에서의 중화는 형태·통사적인 범주규정이 존재하지만 자음 앞에서의 중화는 그런 규정이 필요 없다. 또한 단어 경계 앞에서의 중화는 음절연쇄제약인 공명성연속의 원리와 무관하지만 자음 앞에서의 중화는 이를 지키고 있다.

중화현상은 이미 논의한 단어 경계 앞에서의 중화를 제외하면 순수음운부의 규칙이다. 자음 앞 중화는 예외가 없고 형태·통사범주의 제약을 가지지 않는다. 자음 앞 중화는 종성에 폐쇄음이 올 때 다음에 자음이 오면 예외 없이 일어난다. 기존의 논의에서는 #경계와 [C]이라는 자질 앞에서 일어나는 것으로 생각한다. 그러나 #경계와 C는 자연부류를 이룰 수 없음이 지적되어 왔다. 이는 복합이라는 형태론적인 범주를 고려하지 않는다면 음절이라는 개념을 가지고 통일될 수 있는 것처럼 보인다. 예를 들면 조사와 결합된 [끋도]에서의 발음이나 단독형 [끋]의 발음은 음절화 과정을 거쳤다고 보면 동일한 음절말이 되는 것이다. 그러나 단어 경계 앞에서의 중화는 이러한 설명이 불가능하다. 단어말이 아니지만 (4)처럼 구나 복합어 내부에서도 중화가 일어난다.

(4) 맛없다→[마덥다], 못잊다→[모딛다], 옷안→[오단], 꽃이름→[꼬디름], 부엌안→[부어간]

자음 앞 중화는 또한 단순히 음성학적으로도 해결될 수 없는 것이다. 왜 종성에 경음자질이나 유기음자질이 올 수 없는지 음성학적인 지식으로는 알 수 없는 것이다. 중화는 국어음절구조와 관련된 것으로 국어 종성에는 7개의 분절음만이 올 수 있다는 제약에 따른 현상이라고 보아야 한다.

폐쇄음 앞 중화가 음절화 과정이 명백한 또 다른 이유는 이 현상이 공명성연속의 원리를 준수하기 위해서 발생하는 것이란 점이다. 국어의 공명성연속 원리란 종성의 강도는 초성의 강도보다 높으면 안 된다는 것이다. 이는 두 가지 방향으로 진행될 것이 예상된다. 하나는 종성의 강도를 낮추는 방법이고 다른 하나는 초성의 강도를 높이는 방법이다. 중화는 바로 종성의 강도를 낮추는 방법으로 순수음운부의 음절화 과정에서 나타나는 규칙이라고 할 수 있다.

자음군 단순화규칙

다음과 같은 환경에서 자음군이 존재하고 이러한 자음군은 다음 자음 앞에서 탈락한다.

(1) a. /ps/; 없어, 값도
　　　/ks/; 몫이, 넋이
　　　/nc/; 앉다. 얹어라
　　　/rth/; 훑다, 핥다
　　b. /rk/; 읽다, 긁다
　　　/rm/; 곪다, 굶다, 삶다
　　　/rp/; 넓다,
　　　/rph/; 읊다
　　c. /rh/; 싫다, 곯다, 앓다
　　　/nh/; 끊다

최태영(1983;35-8)에 의하면 이러한 자음군단순화는 다음과 같이 규칙화될 수 있다고 말한다.

(2) 자음군단순화규칙 1

$$\begin{bmatrix} +cons \end{bmatrix} \begin{bmatrix} +cons \\ +cor \end{bmatrix} \begin{bmatrix} \# \\ +cons \\ \langle -son \rangle \end{bmatrix} \rightarrow \begin{bmatrix} +cons \end{bmatrix} \quad \emptyset \quad \begin{bmatrix} \# \\ +cons \\ +tense \\ -asp \end{bmatrix}$$

　　1　　2　　3　　　　　1　　2　　3

(음절말 자음군중 뒷 자음이 설정적이면 그 앞자음의 자질에 상관없이
그 설정적 자음은 그 뒤에 오는 자음을 경음화시키고 탈락한다)

(3) 자음군단순화규칙 2

$$\begin{bmatrix} +cons \end{bmatrix} \rightarrow \quad \emptyset \quad / \begin{bmatrix} +cons \\ -cor \end{bmatrix} \left\{ \begin{matrix} \# \\ [+cons] \end{matrix} \right\}$$

계속해서 최태영(1983;35-8)에서는 다음과 같이 논의한다. "종래에 음절
말자음군에서 뒷자음이 [+cor]을 가지고 있으면 다만 이 자음이 탈락하는
것으로 규칙을 세우고 있는데 (이병건1976;101, 김영기1975a;137), 그렇게
하면 옳지 못한 *[hulgo], *[hulji] 등의 도출을 막을 수 없다. 이 경음화규칙
은 다음에 상론할 /p/, /k/ 다음의 경음화규칙과 우연히 합치될 뿐이다."
　이러한 논의의 문제점은 먼저 두 규칙이 단지 자음이 탈락한다는 결과
에 대해서는 일치하지만 탈락의 동기가 되는 세 자음 연속불가의 원리에
대해서는 아무런 언급도 못한다. 이에 대한 근본 원인은 기저형을 음절구
조로 파악하지 않기 때문이다. 두 번째로 탈락하는 자음의 동일성의 파악
에 실패하고 있다. 설정음이 탈락하고 탈락하지 않고에 따라 두 가지 규칙
으로 분리하고 있으나 이는 표면적인 관찰이고 구조적인 동일성을 포착하

지 못하고 있다. 또한 표면적인 관찰에 있어서도 /ㄴㅎ/, /ㄹㅎ/ 자음군에 대한 논의가 없다. 다음으로 유기음화와 경음화가 자음군단순화와 어떤 관계에 있는가를 파악하지 못하고 있다. 음운현상은 개별적인 것이 아니고 상호관계를 가지고 있다. 종합적인 관찰 속에서만 음운현상은 이해될 수 있다.

복합이나 구에서 발생하는 자음군 단순화는 앞에서 논의되었다. 여기에서 논의되는 자음군 단순화는 자음 앞에서의 자음군 단순화 현상이다. 이 현상의 특징은 발음할 때 세 자음이 연속해서 발음될 수 없다는 것이다. 이는 기저형에 관련된 것이 아님이 분명하다. 기저형에서는 세 자음의 연속이 가능하기 때문이다. 발음과 관련된 현상을 순수음운부라고 가정한다면 음절화는 바로 통사음운부 이후의 순수음운부에서 일어나야 한다. 자음군단순화는 음절과 관련된 현상이라고 설명해야 자연스럽게 설명될 수 있다. 왜냐하면 자음군단순화를 단순히 분절음의 연속에서 발생하는 자질에 관련된 것으로만 형식화해서는 여러 가지의 분리된 현상으로 나타낼 수밖에 없다. 또한 탈락되는 분절음이 자연군을 이루지도 못하므로 각각의 탈락현상은 다른 현상으로 파악되어야 한다. 그러나 직관적으로 이는 세 자음이 연속해서 발음될 수 없다는 국어의 음절현상에 대한 반영으로 보인다. 이러한 직관을 형식화하는 방법은 음절구조를 가져 옴으로써 가능하다.

엄태수(1994)에서 제안한 자음군단순화에서 탈락하는 자음에 대한 표시 방법은 다음과 같았다. 기저에 CV층위까지만 표시되는데, 음절구조에 의해서 탈락하는 자음은 C와 V범주가 아닌 ø 범주에 관련된 것으로 설명했다. 사실 ø 범주는 범주가 없다는 의미가 아닌 [+C,+V]로 표시되는 것으로 간주했다.

[+C, +V]범주의 자음은 음절화 과정에서 탈락한다. 예를 들면 다음과
같다.

(4)/앉+다/의 도출과정

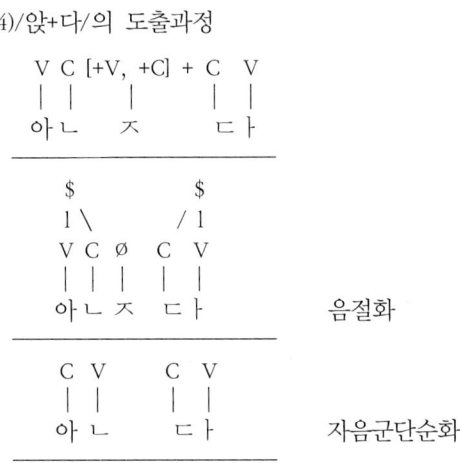

그런데 음절구조의 형상화에 의해서 세 자음 연속을 막는다 해도 어떤
자음이 탈락하는가 하는 문제는 또 다른 문제다. '앉-'에서는 나중의 [+cor]
자음이 탈락하지만 '읽-'에서는 앞쪽의 'ㄹ'이 탈락한다. 단순히 [+cor]자음
이 탈락한다고 말할 수도 없고 그렇다고 앞쪽 자음이나 뒤쪽 자음이 탈락
한다고 말할 수도 없다. 이는 어휘 개별적으로 표시되어야 하는 것이다.
우선 표준어 규정에 의하면 'ㄳ, ㄵ, ㄼ, ㄽ, ㄾ, ㅄ'의 경우
는 앞쪽의 자음으로 발음하고, 'ㄺ, ㄻ, ㄿ'의 경우는 뒤 쪽의 자음
으로 발음하도록 규정되었다. 그런데 예외가 많아서 '밟-'의 경우는 'ㄼ'
으로 끝났지만 'ㅂ'으로 발음하도록 했다. 또한 '넓-'은 'ㄹ'로 발음하지만

'넓죽하다, 넓둥글다'에서는 'ㅂ'으로 발음하도록 했다. 또한 'ㄹㄱ'의 경우는 체언에 한하고 용언의 경우는 'ㄱ' 앞에서만 'ㄹ'로 발음하도록 했다. 이러한 사실을 반영해서 탈락하는 자음을 모두 형식화하는 방법은 없을 것이다. 표준어 규정처럼 자음군 별로 표시하고 예외를 규정하는 방법밖에는 없을 것이다.

그런데 자음군 단순화는 경음화를 논의하면서 밝혔듯이 경음화현상과 밀접한 관련을 맺는다. 경음화현상을 위해 단순한 탈락이 아닌 새로운 ¢범주 생성 규칙을 제안했다. 자음군 중에서 '널따'에서 발생하는 경음화와 '넙따'에서 발생하는 경음화가 결과는 같지만 다른 과정을 거치는 것을 의미한다. 우리는 경음화현상에 대한 논의에서 일반적인 경음화는 [경음자질]생성에 의해서 이루어지는 것으로 설명했다. 이는 종전의 내파화에 대한 직관을 형식화한 것이었다. 그런데 자음군단순화의 경우는 음절화의 과정에서 탈락을 경험하므로 위의 일반적인 경음화처럼 [경음자질]생성에 의한 설명은 상당히 복잡한 과정을 거쳐 도출되어야 한다. 그러므로 자음군단순화에서 발생하는 경음자질 생성은 일반적인 경음자질 생성과는 다른 규칙이라고 본다.

(5) [널따]의 도출

```
C  V  C  ø  + C  V
|  |  |  |     |  |
ㄴ ㅓ ㄹ ㅂ    ㄷ ㅏ        기저표시
─────────────────────

  $               $
 / |             / |
C  V  C  ø     C  V
|  | \ |  |     |  |
ㄴ ㅓ  ㄹ ㅂ    ㄷ ㅏ        음절화
─────────────────────
```

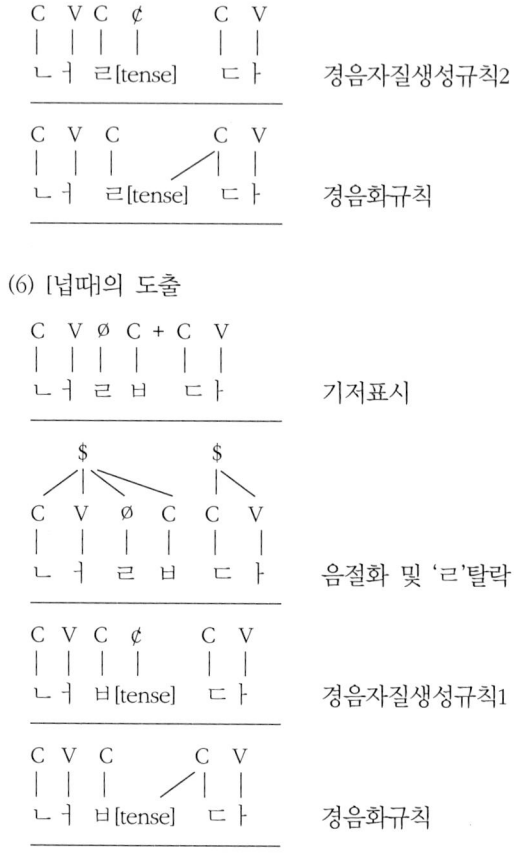

C V C ¢   C V
| | | | | |
ㄴㅓ ㄹ[tense] ㄷㅏ   경음자질생성규칙2

C V C   C V
| | | ╱| |
ㄴㅓ ㄹ[tense] ㄷㅏ   경음화규칙

(6) [넙따]의 도출

C V Ø C + C V
| | | | | |
ㄴㅓ ㄹ ㅂ ㄷㅏ   기저표시

    $ $
  ╱|╲╲   ╱|
C V Ø C C V
| | | | | |
ㄴㅓ ㄹ ㅂ ㄷㅏ   음절화 및 'ㄹ'탈락

C V C ¢   C V
| | | | | |
ㄴㅓ ㅂ[tense] ㄷㅏ   경음자질생성규칙1

C V C   C V
| | | ╱| |
ㄴㅓ ㅂ[tense] ㄷㅏ   경음화규칙

위의 사실에서 알 수 있듯이 우리는 '널따'와 '넙따'가 두 가지 다른 경음
자질생성규칙의 적용 결과에 의한 것으로 본다.

第5章

유음화규칙

1. 기존의 논의

가. 유음화규칙에 대해 김완진(1972;281-2)에서 다음과 같이 논의되었다. "흔히 올는지→올른지, 갈는지→갈른지 등의 예를 들어 'ㄹ'이 'ㄴ' 앞에서 동화를 시켜 'ㄴ'을 'ㄹ'로 만든다고 하나 이는 정확한 관찰이 되지 못한다. 'ㄴ'에 선행하는 'ㄹ'에는 오직 탈락이 있을 뿐이다. 외견상 'ㄹㄴ→ㄹㄹ' 로 보이는 것은 그 사이에 자음을 가지고 있을 때 그 자음을 건너뛰는 순행동화인 것이다. '훑는다', '앓는다' 등이 그러한 예이다. '갈는지'의 경우에도 현대 정서법에 반영되지 않는 형태음소 /ʔ/(여린이응)이 존재하기 때문이다."

나. 이병건(1976;154-6)에서는 유음화규칙에 엄격한 순서가 요구된다고 하면서 'ㄹ'의 비음화규칙과 유음화규칙을 다음과 같이 규칙화 했다.

(1)

$$ㄹ \rightarrow ㄴ \ / \ \left\{ \begin{matrix} \# \\ C \end{matrix} \right\} \# \_\_\_$$

('ㄹ'은 어두에서나 자음을 앞세우는 어경계 다음에서 'ㄴ'으로 바뀌어진다)

(2) ㄴ → ㄹ % ‖[-seg]----

('ㄴ'은 경계기호를 사이에 하고 'ㄹ'의 전 또는 후에서 'ㄹ'로 바꾸어진다)

(1)규칙은 반드시 (2)규칙 다음에 오도록 순서화 되어야 한다고 말한다. 그렇지 않고, 예를 들어 만리(萬里)에 (1)규칙이 먼저 적용되면 *[만니] 가 되고, (2)규칙이 먼저 적용되면 [말리]가 된다고 하고, 또한 '핥는다'의 경우를 위해서 자음군 단순화 규칙을 뒤따라야 한다고 말한다.

다. 이병근(1979;13-17)에서는 다음과 같이 설명한다.

"생성음운론에서 거울영상규칙으로 설명했으나 한자어는 단어경계를 요구한다. 필자는 형태소 경계만을 고려한다. 김완진(1972)은 형태소경계 를 고려할 때 개재자음을 고려해야 하는 순행동화를 주장했다. 음운규칙 으로서 유음화규칙은 순행동화만을 가지는 가역적인 것이다. 이는 자음을 개재시키므로 간접동화의 성격을 가진다." 이러한 논의는 결국 김완진 (1972)를 따르는 것으로 보인다.

라. 최태영(1983;61-4)에서는 곡용이나 활용의 경우는 형태소경계(+)를 설정하고, 복합어의 경우는 단어경계(++)를 설정하여 둘을 구분한다. 형 태소 경계에서 일어나는 유음화도 다시 개재자음의 성격에 따라 두 가지 로 구분한다.

(3) 유음화규칙1

$$\begin{bmatrix} +\text{cor} \\ +\text{ant} \\ +\text{nasal} \end{bmatrix} \rightarrow [+\text{liquid}] \ / \ [+\text{liquid}] \begin{bmatrix} -\text{son} \\ +\text{cor} \end{bmatrix} + \underline{\quad\quad}$$

(형태소경계에서 /ㄴ/앞의 'ㄹ'은 다만 탈락이 있을 뿐이다. 그러므로 유음화는 그 사이에 자음이 개재할 때만이라는 조건이 필요하다(김완진 1972a;281). 여기서 비음화규칙을 거쳐 중복 'ㄴ'이 형성되고 이 중복 'ㄴ' 은 'ㄹ'에 동화되어 유음화된다)

(4) 유음화규칙2

$$\begin{bmatrix} +\text{cor} \\ +\text{ant} \\ +\text{nasal} \end{bmatrix} \rightarrow [+\text{liquid}] \ / \ [+\text{liquid}] \begin{bmatrix} -\text{cons} \\ -\text{son} \end{bmatrix} + \underline{\quad\quad}$$

('앓는, 잃는' 등에서 유음화가 일어나고 관형사형 'ㄹ'뒤에서도 유음화가 일어난다. /ㅎ/, /ʔ/ 뒤에서 유음화가 일어난다)

(5) 유음화규칙3

$$\begin{bmatrix} +\text{cor} \\ +\text{ant} \\ +\text{nasal} \end{bmatrix} \rightarrow [+\text{liquid}] \ / \ \left\{ \begin{matrix} +\text{liquid} \ ++ \ \underline{\quad\quad} \\ \underline{\quad\quad} \ ++ \ +\text{liquid} \end{matrix} \right\}$$

(복합어 전후에서 'ㄴ'은 'ㄹ'로 변한다

2. 기존논의의 문제점과 이 글의 설명

기존의 논의는 단어경계와 형태소경계를 엄격히 구분한 경우와 그렇지 않은 경우로 크게 구분된다. 그러한 구분이 없는 논의(이병건1976)는 규칙의 엄격한 외재적인 순서가 요구된다. 표준생성음운론 방식으로 형식화된 거울영상규칙은 한자어라는 범주로 제한하지 않으면 인정될 수 없다. 왜냐하면 용언의 활용에서 'ㄹ'은 'ㄴ'앞에서 탈락하기 때문이다. 경계를 엄격히 구분한 논의는 활용 범주 내에서 'ㄹ'이 탈락하고, 개재자음이 있는 경우에만 유음화를 경험한다고 주장한다. 이러한 논의(김완진1972, 이병근1979)도 유음화나 'ㄹ'탈락에 대한 모든 경우를 설명한 것은 아니다. 한자어의 문제가 그대로 남는다. 그리고 고유어의 복합어와 파생어의 경우에도 유음화현상이 존재한다. 이들을 논의의 대상에서 제외하는 것은 규칙의 일반성을 획득하는데 도움이 되지 않는다. 단어경계와 한자어를 제외한 이유는 'ㄹ'탈락 때문이다. 'ㄹ'탈락은 이미 앞에서 논의되었듯이 활용에서 'ㄹ+ㄴ'의 구성은 유음화되는 것이 아니고 'ㄹ'이 탈락되므로 활용에서 유음화규칙을 설명하기 위해서는 'ㄹ'과 'ㄴ'사이에 개재자음이 있다고 말해야 한다. 그러나 이는 다른 환경에서 발생하는 유음화를 제외시키는 결과를 가져온다. 현대국어에서 활발히 유음화현상을 보이는 복합어의 '물놀이, 솔나무' 등과 한자어에서의 유음화 등을 제외시키고 있다. 그러나 이는 직관적으로 동일한 유음화현상으로 보인다. 동일한 발화단위에서 일어난다고 보면 범주로 제한하여 제외시킬 이유가 없다. 단지 'ㄹ'탈락규칙을 어휘규칙으로 제한하여 통사음운부로 한정하면 유음화는 순수음운부에 적용되는 것으로 보면 문제가 없다.

여기에서는 유음화현상을 순수음운부에서 발생하는 예외 없는 음운규칙이라고 본다. 그리고 'ㄹㄴ'구성과 'ㄴㄹ'구성에서 일어나는 음운현상을 다른 것으로 취급한다. 이 둘을 나누어 그들의 분포를 생각해 보자

(6) '르+ㄴ'구성

　　기저형 내부; 한자어 - 찰나[찰래]

　　　　　　　　고유어 - 해당어휘 없음

　　파생; 한자어 - ???

　　　　　　고유어 - 달님(달림), 별님(별림)[1]

　　복합; 물놀이(물롤이), 불놀이(불롤이), 솔나무[2]

　　굴절; 곡용 - 해당경우 없음

　　　　　　활용 - 자음군을 가진 용언어간의 경우는 자음군단순화 후에

　　　　　　유음화된다(핥는다→[할른다]). 단순히 '르+ㄴ'구성은 통

　　　　　　사음운부에서 '르'이 탈락한다.

(7) 'ㄴ+ㄹ'구성

　　기저형 내부; 한자어 - 신라 (실라)

　　　　　　　　고유어 - 해당경우 없음

　　파생: 한자어 - 신선로(신설로)

　　　　　　고유어 - 해당어휘 없음

　　복합: 해당어휘 없음

　　굴절: 해당경우 없음

　(6)을 순행유음화라 하고, (7)을 역행유음화라고 하자. (6)과 (7)의 예들

---

1) 이들은 이병근(1979;15)에서 시어적 기능을 가진 단어로서 일상어와는 구분해야 한다
　고 주장했다. 그러나 이는 올바른 해석이라고 볼 수 없다. 시어가 일상어와 다른 음운
　규칙을 가진다는 주장이 일반화될 수 있는지 의문이다. 일상어와 시에 쓰는 언어가
　따로 구분되어 있다고는 생각할 수 없다. 시어가 일상어에서 일탈하는 것은 개인적인
　쓰임에서나 가능하다. 그러나 '별님, 달님'은 누구나 일상적으로 말하는 단어다.
2) 이 단어는 '르'탈락을 경험하여 '소나무'로 발음된다. 그러나 현대국어에서 특히 젊은
　이의 발화에서 '르'을 탈락시키지 않고 오히려 다음 'ㄴ'을 유음화시키는 경향이 강하
　다. 이는 '르'탈락규칙이 소멸하고 그 대신 유음화규칙이 자리 잡는 것을 보여주는
　것으로 해석해야 한다.

이 보여주는 것은 국어의 경우 유음화의 동기가 되는 구성이 한자어를 제외하면 기저형 내부에 존재할 수 없음을 보여준다. 특히 역행유음화는 오직 한자어에서만 해당하고 이것도 어휘화되어서 생산성이 있다고 하기 힘들다. 이는 이러한 연쇄를 본질적으로 거부하는 국어의 음절연결제약 때문에 발생하는 것으로 해석된다. 필자는 이미 제2장의 한자어 음운현상에서 논의된 것처럼 오직 순행유음화현상만이 생산적인 순수음운부의 규칙이라고 주장한다. 활용의 경우에 'ㄹ'탈락이 먼저 적용된다. 통사음운부의 규칙이므로 음절규칙에 당연히 앞서야 한다. 'ㄹ'탈락규칙은 앞에서 논의되었지만 여기에 다시 가져오면 다음과 같다.

(8) 'ㄹ'탈락규칙(영역; 통사음운부)

$$\text{ㄹ} \rightarrow \emptyset \ / \ \text{—]v.stem} \begin{bmatrix} +\text{nasal} \\ +\text{con} \end{bmatrix}$$

(동사 어간말 'ㄹ'은 활용어미 'ㄴ'앞에서 탈락한다.)

(9) 유음화규칙(영역; 순수음운부)

$$\text{ㄴ} \rightarrow \text{ㄹ} \ / \ ][\text{-seg}]\text{—}$$

('ㄴ'은 경계기호를 사이에 하고 'ㄹ'의 뒤에서 'ㄹ'로 바꾸어 진다.)

(8)과 (9)의 규칙순서는 단계적 적용의 원리를 채용함에 의해서 자연스럽게 지켜진다. 활용에서 유음화규칙은 자음군단순화에 뒤 따라야 한다는 순서도 자연스럽게 지켜진다. 이 글의 논의에 의하면 자음군단순화는 순수음운부의 규칙이기 때문이다.

(9)규칙은 순행적 유음화의 음운규칙을 말한다. 역행적 유음화의 경우는 한자어가 전부이다. 고유어는 형태소구조조건에 의해서 기저형의 첫

요소로서 'ㄹ'을 가지지 않기 때문에 'ㄴ+ㄹ'의 역행적 유음화의 구조를 가지지 못한다. 그런데 한자어의 경우는 좀 더 심도 있는 논의가 필요하다. 한자어의 경우 기저형의 첫 분절음 'ㄹ'이 현대국어에 존재하지 않고 모두 'ㄴ'으로 재음소화 되었다고 말할 수 있는가 하는 점이다. 그러한 사실이 인정되기 위해서는 다음과 같은 사실이 올바르게 규명되어야 한다. 그것은 형태소의 동일성과 차이성의 문제로 예를 들면 '도로(道路)'의 '路'가 '노선(路線)'의 '路'와 관련이 있는가 없는가 하는 점이다. 전자는 [도로]로 발음되지만 후자는 [노선]으로 발음된다. 우리가 '路'를 하나의 형태소로 생각하고 그 기저형을 /로/로 본다면 [노선]에서는 'ㄹ→ㄴ'의 변화를 입은 것이다. 그러나 '도로'를 하나의 단어로 생각하고 '노선'을 하나의 분리할 수 없는 단어로 생각한다면 고유어가 가지는 형태소 구조조건을 유지할 수 있을 것이다.

2음절 한자어는 위와 같이 처리한다 해도 접미사적인 성격을 가진 형태소에 이르면 난관에 봉착한다. '鐘路'는 하나의 분리할 수 없는 단일어라고 말할 수 있다 해도 '율곡路', '세종路'에 이르면 이는 분명히 단일어에 결합되어 생산성을 갖는 하나의 접미사로 인식된다. '종로'의 경우는 [종노]로 하나의 기지형을 잡을 수 있다 해도 '율곡로'나 '세종로'의 경우는 전체를 단일한 기지형으로 잡을 수 없고 '로'를 분리해서 하나의 기지형으로 잡아야 한다.

우리는 접사적 성격을 갖는 한자어를 위해 [+한자어]란 형태소 자질을 인정한다. 또한 'ㄹ'이 기저형의 첫소리로 못 오는 형태소 구조조건은 고유어에 한정한다. 그러므로 'ㄴ+ㄹ'구성에서 일어나는 유음화는 (10)처럼 한자어접미사가 결합된 경우에 한정 된다.[3]

---

3) '신선로'의 경우에 '신선노'가 되지 못하는 것은 이 어휘 전체가 어휘화되어 '음운론'의 '론'과는 달리 '로'가 분리될 수 없기 때문일 것이다. 즉 '신선로'는 음식의 이름으로

(10) /神仙+爐/→[신설로] ~ *[신선노], 음운+론→[음울론] ~ [음운논]

'ㄴ+ㄹ'의 연쇄는 음절구성에서 반드시 지켜야 하는 공명성연속의 원리를 어기고 있다. 'ㄴ'은 비음으로 유음보다 강도가 높다. 이를 해소하는 방법은 비음의 강도를 낮추거나 유음의 강도를 높이는 방법이다. 공명성 연쇄원리에 의해서 [+son]의 연쇄는 낮은 강도로 일치시키도록 해야 하므로 'ㄴ'이 유음으로 변하거나 뒤 쪽의 'ㄹ'이 'ㄴ'으로 변하게 될 것이다. 이에 대해서는 제2장 'ㄹ'초성 한자어에 대한 논의에서 자세하게 논의되었다. 결론적으로 말하면 'ㄹㄹ'의 변화는 2자어 문법이고 'ㄴㄴ'의 변화는 3자어 문법에 영향을 받은 것이다. 즉 'ㄴㄴ'의 변화만이 국어 문법현상임을 말하는 것이다.

(6)처럼 'ㄹ+ㄴ'의 경우는 활발한 국어의 유음화현상이다. 그런데 'ㄹ'과 'ㄴ'사이에 제3의 자음이 있는 경우가 있다. 간혹 그것을 분리해서 설명하는 경우를 본다. 즉 '물놀이'의 경우와 '핥는다'의 경우를 보면 둘 다 유음화되는데, 전자는 'ㄹ'과 'ㄴ'사이에 다른 자음이 개입하지 않지만 후자는 'ㅌ'이 개입하고 있다. 우리는 둘 다를 분리하지 않고 동일한 유음화로 본다. 단지 전자는 음절음운규칙으로 유음화를 바로 적용받는 것이고 후자는 자음군단순화의 적용 뒤에 유음화되는 것으로 본다. 즉 둘 다 음절음운부에서 발생하는 것으로 이제 유음화는 자음군단순화와 아래의 (11)와 같은 순서관계를 가지게 된다.

(11) 유음화의 순서
    자음군단순화 → 유음화

굳어져서 이제 3자어 화자에게 더 이상 분석되기 힘들기 때문에 오직 'ㄹㄹ' 구성만이 허용되는 것이다.

'르+ㄴ'에서 발생하는 유음화는 공명성연속의 원리 중에서 둘 다 공명음이라면 공명성이 동일해야 한다는 원칙에 따른 것이다. 즉 '르'의 강도가 'ㄴ'보다 낮지만 [+son]자음이 연속할 경우에는 낮은 강도의 동일계통의 분절음과 일치시켜야 한다는 원리를 지키기 위한 것이라고 해석한다.

第6章

비음화규칙

국어에서 가장 활발한 음절음운규칙 중의 하나가 비음화규칙이다. 이 규칙은 예외가 없이 발화단위인 음운론적인 단어가 주어지면 작용한다. 이 규칙은 방언의 차이가 없이 전국적으로 일어난다. 또한 그 역사가 오랜 것으로 추정된다. 이기문(1972a:135)에 의하면 15세기에 'ㄷ'은 'ㄴ' 위에서 'ㄴ'으로 동화된다고 한다. 전광현(1967:72)에서도 17세기에 주로 's(t)'가 'n' 위에서 'n'으로 동화된다고 한다.

이 규칙이 일어나는 환경을 보면 다음과 같다.

(1) a.파생 ; 맏며느리, 짓누르다

　　 b.복합 ; 국물, 꽃노래

　　 c.활용 ; 먹는다, 익네, 받는다, 잡는다

　　 d.곡용 ; 밥만, 벽만, 빛만

　　 e.구 경계 ; 목마르다, 밥먹다

(1)은 비음화현상이 어떤 특별한 환경에 한정해서 적용되는 것이 아님

을 보여준다. 이 현상은 음절화와 관련된 순수음운부의 규칙이다. 이 규칙은 음운론적 단어만 주어지면 예외 없이 적용된다. '밥 많이 먹어라'에서 [밥많이]란 단위는 형태·통사론적 단위가 아니다. 이는 음운론적 단위이다. 이 글은 이러한 단위를 '음운론적 단어'라는 단위를 설정하여 설명한다. 음운론적 단어는 통사음운부에 나타난 것으로 순수음운부에 들어와 음절화를 위해 준비하는 것으로 가정한다. 음운론적 단어는 재조정부에서 결정되고 그 이후에 음절화가 결정된다. 한편 음운론적 단어는 휴지에 민감하다. 그러므로 만일 '밥 많이'가 '[밥] [많이]'로 휴지가 개입하여 발음된다면 여기에는 비음화규칙이 적용되지 않는다.

여기서 종성이 초성의 비음을 만나 변하는 것은 강도에 있어서 종성의 강도가 초성보다 크기 때문이다. 순수자음의 강도는 비음보다 높으므로 이러한 연쇄는 순수음운부의 공명성 연속의 원리에 어긋난다. 그러므로 C1인 순수자음이 낮은 강도의 비음으로 바뀐다. 반대로 종성에 비음이 오고 초성에 [-son]자음이 오면 아무런 변화를 입지 않는 것은 비음화규칙이 국어의 음절구조조건의 하나인 강도에 민감하다는 것을 보여준다.

비음화규칙은 세 가지로 구분된다. 순음[+labial], 설정음[+coronal], 후음 [+back]의 경우가 다르다. 이는 위치에 따라 비음화규칙이 세 가지로 구분됨을 의미한다. 순음[+lab]인 'ㅂ,ㅍ'이 비음을 만나면 동일위치의 비음인 'ㅁ'으로 변한다. 설정음인 'ㅅ, ㅈ, ㄷ, ㅌ,ㅡ' 등과 후음인 'ㄱ, ㅋ, ㄲ'도 마찬가지다. 표준생성음운론식의 방법으로는 이들 세 규칙을 하나로 묶기가 어렵다. 예를 들어 최태영(1983;55-61)에서는 다음과 같이 규칙을 설정한다.

(2)비음화규칙

$$[-son] \rightarrow [+nasal] \ / \ \underline{\quad} \left\{ \begin{array}{c} + \\ ++ \end{array} \right\} [+nasal]$$

그러나 이 규칙은 포괄적이어서 제약되어 있다고 볼 수 없다. 즉 규칙으로서 예측이 불가능하다. 비공명음([-son])인 'ㅂ, ㄷ, ㄱ'등이 비음을 만나면 비음으로 변화된다는 것은 말하지만 그 이상은 예견할 수 없다. 그런데 비음화현상은 'ㅂ'은 언제나 'ㅁ'으로 'ㄷ'은 언제나 'ㄴ'으로 'ㄱ'은 언제나 'ㅇ(ŋ)'으로 변화된다.

비음화규칙을 하나의 규칙으로 통합하기 위해서는 '자질기하학(geometry of features)'의 방식으로 처리하는 것이 바람직하다. Clements(1985)에 의하면 CV층위 아래에 후두음 층열, 조음방식 층열, 조음위치 층열을 배정한다. 이들 층열은 각자 독립적으로 행동한다. 이는 종래의 변별자질이 무질서하게 하나의 묶음으로 되어있다는 생각을 버리고 구조화되어 있다는 것을 보여준다. 이 방식에 의하면 국어의 비음화규칙은 다음과 같이 표시될 것이다.

(3) /잡는/→[잠는]
  a. 'ㅂ+ㄴ'의 기저형 표시

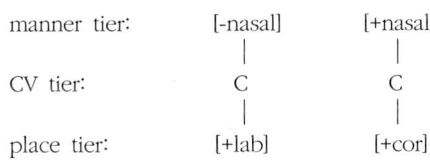

  b. 표면형 표시

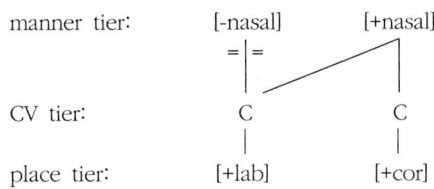

(3)이 보여주는 것은 '잡는'의 경우인데 '잡'의 'ㅂ'이 뒤의 분절음 'ㄴ'의 [+nasal]자질에 동화되어 자신의 조음방식자질인 [-nasal]을 버리고 인접한 [+nasal]에 동화되는 것을 보여준다. 이처럼 조음방식과 조음자질의 위치를 다른 곳에 둔다면 비음동화는 다음처럼 하나의 규칙으로 성립될 것이다.

(4) 비음화규칙

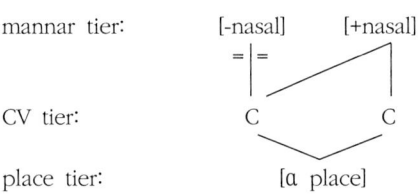

그런데 이 현상은 순수음운부에서 발생하는 음운규칙과 상호순서의 관계를 가진다. 먼저 중화규칙과 이 규칙과의 관계를 보자.

(5) a. 활용: 닭는다, 있느냐, 빛나다
    b. 곡용: 잎마다
    c. 복합: 옷매무시

(5)의 예는 비음화를 경험한다. 그런데 (1)처럼 단순히 비음화만을 경험하는 것이 아니다. 물론 (5)의 경우도 (1)처럼 '비공명음+비음'의 환경에서 비음화가 일어나므로 비공명음의 [-son]자질이 [+nasal]자질로 변한다고 하면 될 것처럼 보인다. 그러나 설정음([+cor]자음)위치에서 발생하는 비음화를 설명할 때 문제가 된다. 이 위치의 모든 자음이 모두 비음 앞에서 'ㄴ'으로 변한다고 하면(예를 들어 '낫만, 낮만, 낯만' 등이 동일하게 [난만]으로 발음되는 것을 설명한다면), 이들의 공통자질인 [+coronal]을 설정할

것이다. 그런데 [+cor]자음은 'ㄹ'도 포함되므로 이를 제거하기 위해서 다른 자질이 필요하다. 그러나 중화 후에 비음화 되는 것으로 규칙화 한다면 단지 'ㄷ'이 'ㄴ'으로 바뀌는 것이 된다. 이는 (4)의 비음화규칙으로 충분히 설명된다. 우리의 문법이 (4)를 올바른 것으로 받아들인다면 중화규칙과의 순서를 외재적으로 정할 필요가 없다. (3)의 환경은 장소자질에 민감한 규칙임을 보여준다. 그런데 중화 후의 환경은 바로 장소자질에 의해 정비된 상태를 보여준다. 중화는 성격상 음절화가 시작되고 바로 적용되어야 하는 규칙이다. 국어의 종성은 단지 7개 이외는 발음되어서는 안된다는 표면음절구조제약을 적용받아야 하기 때문이다. 이는 보편적인 음절제약이 아니라 국어에 특수한 규칙이다. 특수한 규칙은 보편적인 규칙보다 앞서 적용되어야 함을 보여준다.

다음으로 자음군단순화와의 관계를 살펴보자.

(6) 흙내, 값나가다, 없네

(6)의 예는 자음군단순화와 비음화규칙이 관련된 어휘들이다. 만일 비음화규칙이 먼저 적용된다고 하면 국어에는 불가능한 자음군인 'ㄹㅇ, ㅂㄴ' 등이 도출의 중간 과정에서 발생할 것이다. 또한 올바른 표면형을 도출하기 위해 자음군단순화를 거쳐야 하고 다시 비음화규칙을 거쳐야 하는 복잡한 과정이 필요하다. 그러나 자음군단순화가 먼저 적용된다면 이런 복잡한 과정을 경험하지 않아도 된다. 자음군단순화를 음절화와 동시에 적용되는 규칙으로 설정하면 비음화는 음절화 이후에 적용되는 규칙이 될 것이다.

한편 '놓네, 좋네'등에서 발생하는 비음화를 해결하기 위해서 이미 논의한 대로 /ㅎ/이 자음 앞에서 재음소화 되어 'ㄷ'과 [+asp]연속으로 변하는 것으로 가정한다. 만일 중화를 거쳐 비음화된다면 유기음화를 해결할 수 없다.

第7章

기타 수의적인 음운현상

1. 변자음화규칙

변자음화란 이병근(1979:6)에서 논의된 것으로 순음이나 연구개음의 공통성을 [+grave]자질로 부여하여 붙인 이름이다. 이에 대하여 [-grave]자질을 가지는 자음은 'ㄷ,ㄴ'과 같은 중자음이 될 것이다. 여기에서는 이와 비슷한 성질을 가지는 [coronal]자질을 사용하기로 한다. 그런데 국어에는 중자음이 변자음을 만나면 해당 변자음으로 변하는 현상이 있다. 다음을 보기로 하자.

(1) /논만/-[놈만], /벗(벝)보다/-[법보다], /돈보다/-[돔보다], /낮보다/-[남보다], /듣고/-[득고], /닫고/-[닥고]

(1)의 현상은 중자음([+cor])이 변자음([-cor]자음)을 만나면 그 위치의 변자음으로 변하는 것을 보여준다. 이는 이병근(1979:6)에서는 다음과 같

이 규칙화된다.

(2) 〈변자음화규칙〉

$$\left\{\begin{matrix} C \\ \text{[-grave]} \end{matrix}\right\} \rightarrow \left\{\begin{matrix} \text{[+grave]} \\ \alpha \ \text{point} \end{matrix}\right\} \Big/ \underline{\quad} + \left\{\begin{matrix} \text{[+grave]} \\ \alpha \ \text{point} \end{matrix}\right\}$$

([-grave]의 자음(치음.연구개음)들이 [+grave]의 순음을 만나면 순음으로,
[+grave]의 연구개음을 만나면 연구개음으로 닮아 버린다-수의적)

이와 비슷하게 최태영(1983;72-7)에서는 다음과 같이 규칙화 한다.

(3)
$$\begin{bmatrix} \text{+cons} \\ \text{+cor} \\ \text{-liquid} \end{bmatrix} \rightarrow \begin{bmatrix} \text{-cor} \\ \alpha\text{back} \end{bmatrix} \Big/ \underline{\quad} \left\{\begin{matrix} + \\ ++ \end{matrix}\right\} \begin{bmatrix} \text{+cons} \\ \text{-cor} \\ \alpha\text{back} \end{bmatrix}$$

(C1C2의 연결에 있어서 C2가 변자음인 연구개음이나 참자음이고 C1이
유음을 제외한 설정적 자음일 경우 이 C1은 연구개음 앞에서는 연구개음
으로 순자음 앞에서는 순자음으로 변한다.)

최태영(1983)에 의하면 이 현상은 후부변자음화와 더불어 위치동화라
할 수 있고, 위치동화는 중부방언에서는 임의적인 성격이 강하지만 전주
지역에서는 필수적인 현상이라고 한다. 그리고 단일어내부, 형태소경계,
복합어경계, 한자어 등에서 활발하게 일어난다고 말한다.

위의 사실은 변자음화규칙이 조음방식으로 만들어진 강도에 지배 받는
것이 아님을 보여준다. 예를 들어 '듣고'는 [득꼬로 발음되는데 'ㄷ+ㄱ'의
연속은 동일한 참자음이므로 조음방식의 강도는 동일하다. 이러한 이유로
새로운 방식의 강도를 제안하게 된다. 이 현상을 설명하기 위해서는 중자
음의 강도가 변자음의 강도보다 높다는 규정이다. 이러한 규정을 두면 '중

자음+변자음'의 연속은 국어의 공명성연속의 원리를 어기게 되어 중자음이 변자음으로 변하게 된다.

그런데 이 규칙은 비음화규칙 다음에 순서화될 것이다. 예를 들어 '밭만'은 중화규칙을 거치면 '받만'이 될 것인데 여기서 만일 변자음화규칙이 먼저 적용된다면 '밥만'이 될 것인데, 적절하지 못한 표면형을 도출하게 될 것이다. 'ㄷ'이 비음인 'ㅁ'앞에서 'ㅂ'으로 변한다는 것은 위치는 같아지지만 조음방식이 다른 자질을 바꾸는 것이 되어, 중화된 'ㄷ'이 'ㄴ'으로 변하는 것처럼 동일한 조음방식자질을 가지는 것을 바꾸는 것보다 부자연스러운 규칙이다. 그러므로 일단 비음화되어 동일한 조음방식자질을 가진 다음에 위치 자질을 바꾸는 것으로 순서화 하는 것이 자연스러운 규칙순서가 된다.

한편, 설정음이 순자음을 만나는 경우를 양순음화라 하고, 설정음이 연구개음을 만나서 변하는 경우를 연구개음화로 구분하는 경우도 있으나 여기서는 동일하게 후부변자음화로 처리했다. 그러한 이유는 비음동화도 위치에 따라 다르게 변하지만 구분하지 않고 동일하게 비음동화로 부르는 관례를 따른 것이다.

2. 후부변자음화규칙

변자음화규칙이 설정음과 변자음이 만날 때 발생하는 규칙이라면 변자음과 변자음이 만날 때 발생하는 음운현상이 있다. 즉 순음이 연구개음을 만날 때 연구개음으로 변하는 현상이다. 이는 변자음 사이에도 강도의 차이가 있음을 보여준다. 다음을 보자.

(4) /잡고/→[작고], /집고/→[직고], /집까지/→[직까지]]

(4)의 예는 '순음+연구개음'의 연속에서 순음이 연구개음으로 변하는 것을 의미한다. 이는 순음의 강도가 연구개음의 강도보다 높다는 것을 의미한다. 종성에 높은 강도의 순음이 오고 초성에 낮은 강도의 연구개음이 오면 국어의 공명성연속의 원리를 어기는 것이 되어 종성의 강도를 낮추는 것이 후부변자음화규칙이다.

이병근(1979:9)에서는 다음과 같이 규칙화 한다.

(5) 〈후부변자음화규칙〉

$$\left\{ \begin{matrix} C \\ [\text{+grave}] \end{matrix} \right\} \rightarrow [\text{+back}] \; / \; — \; + \left\{ \begin{matrix} C \\ \left[\begin{matrix} \text{+grave} \\ \text{+back} \end{matrix} \right] \end{matrix} \right\}$$

이와 비슷하게 최태영(1983:76)에서는 다음과 같이 규칙화 한다.

(6) 연구개음화 규칙

$$\left[\begin{matrix} \text{+cons} \\ \text{-cor} \\ \text{-back} \end{matrix} \right] \rightarrow [\text{+back}] \; / \; — \left\{ \begin{matrix} + \\ ++ \end{matrix} \right\} \left[\begin{matrix} \text{+cons} \\ \text{-cor} \\ \text{+back} \end{matrix} \right]$$

(순자음인 /ㅂ,ㅁ/이 연구개음인 /ㄱ,ㅇ/으로 바뀌는 현상이다)

3. 동서열자음탈락규칙

일상적인 발화에서 동일 위치의 참자음이 연속할 때는 뒤의 자음을 경음화시키고 종성의 자음이 탈락하는 현상이 있다. 다음을 보기로 하자.

(7) /먹고/→[머꼬], /섞고/→[서꼬], /붙지/→[부찌], /잡고/→[자꼬], /옆
반/→[여빤]

(7)의 현상의 공통점은 '동일 위치'라는 조건을 필요로 한다. 예를 들면 다른 위치의 참자음 연속인 '독도'는 *[도또]로 발음되지 않는다. 이러한 이유로 최태영(1983:48)에서는 다음과 같이 규칙화 한다.

(8) 동서열자음탈락규칙

$$
\begin{bmatrix} +\text{cons} \\ -\text{son} \\ i\ \text{place} \end{bmatrix} \rightarrow \emptyset\ /\ \underline{\quad}\ \begin{bmatrix} +\text{tense} \\ -\text{asp} \\ i\ \text{place} \end{bmatrix}
$$

(C1C2에 있어서 C2가 경음이면 C1에는 그와 같은 서열의 저해자음은 탈
락된다. iplace는 동일한 조음위치를 가리킨다)

그런데 (8)의 규칙을 적용시키기 위해서는 여러 단계의 규칙이 순서화 되어야 한다. 예를들면 /붙지/가 [부찌]로 도출되기 위해서는 우선 중화규 칙의 적용을 받아 '붇지'가 된 다음에 경음화규칙의 적용을 받아 '붇찌'가 되고 최종적으로 동서열자음탈락규칙을 받아 [부찌]가 도출될 것이다.

동서열자음탈락규칙은 전형적인 공명성연속의 원리에 충실한 규칙으 로 여겨진다. 종성이 사라짐으로써 구조가 훼손되는 위험이 있지만 경음 화에 의해 구조가 어느 정도 보장됨으로 종성의 탈락도 가능한 것으로 보인다. 어떤 종성이나 탈락되는 것이 아니고 '동일위치'라는 조건을 부과 함으로써 다시 한번 구조를 보존하려는 제한을 가한다. 어느 정도 구조가 보존된다는 가정하에 종성의 자음마저도 탈락시킴으로써 핵(V')의 강도를

높이고 주변(C')의 강도를 낮추려는 순수음운부의 공명성연속의 원리가 강력하게 작용하고 있음을 보여준다.

第8章

음운규칙의 강도와 음운론적 단어

1. 서론

음운 규칙이 음운론의 어느 영역에서는 민감하게 반응하는 것이 있고, 그렇지 않은 것도 있다. 초기의 생성음운론에서는 이러한 문제에 특별히 신경을 쓰지 않고 지나갔다. 통사론의 입력이 단순히 음운론의 입력이 된다는 SPE의 가설에 따라서 모든 음운규칙은 통사론에서 만들어진 형태소나 단어에 민감하다는 정도로 인식하고 있었다. 그러나 음운규칙의 기술이 정밀화되면서 규칙의 순서에 대한 해석과 관련하여 많은 이론이 나타났다. 그 중에서 어휘음운론은 기존의 음운규칙과 형태규칙을 어휘규칙과 후어휘규칙으로 재해석하는 계기를 마련했다. 후어휘규칙은 다시 다양한 음운론적 범주에 민감하다는 사실이 포착되었다. 물론 어휘음운론이 만들어진 이후에 이런 운율적인 사실이 포착된 것은 아니다. 운율음운론이라고 일컬어지는 이 분야에 대한 관심은 아주 오랜 역사를 가지고 있다고 해야 할 것이다.

Selkirk(1980), Nespor and Vogel(1982), Selkirk(1984), Nespor and Vogel(1986), Kang, Ongmi(1992), 곽동기(1992), Han, Eunjoo(1994), 전선아(1993), 신지영(1999) 등에서 운율영역과 음운현상에 대한 논의를 하고 있다. 그런데 음운현상을 자세히 살펴보면 이러한 관찰이 너무나 피상적이라는 생각을 지울 수 없다. 물론 어떤 음운현상은 운율영역에 민감하다. 그러나 또 다른 많은 규칙들은 운율에 민감하지 않을 수도 있다. 이러한 복잡성을 완전히 이해하는 데는 시간이 걸리겠지만 우선 자세한 관찰을 통해서 대강의 윤곽을 파악할 수 있으리라고 본다.

기본적으로 많은 논의에서 언급된 것이지만 어휘규칙과 후어휘규칙은 많은 부분에 있어서 현저히 다르다.[1] 운율영역에 있어서도 대부분의 어휘규칙은 이와 무관하다고 보는 것이 타당할 것이다. 물론 몇몇 논의에서 접두사나 복합어의 부분이 새로운 운율단위로 지정되어야 한다는 주장을 펴고 있지만 그 부분이 그러한 독자성을 갖는 이유를 곰곰이 생각한다면 어휘화 되었기 때문에 그런 특이성을 갖는 것이라고 이해할 수 있다. 즉 어휘규칙은 일단은 어휘화 되었다고 보는 것이 타당하다. 물론 일부의 복합어처럼 구로 다시 재분석 될 수 있는 것은 전혀 다른 문제이다. 구에서 복합어로 생성과정을 거치는 것은 운율에 민감하다가 어휘화되는 과정을 거치게 된다. 이에 대한 복잡한 과정은 다시 본론에서 논의해 보기로 한다.

운율과 관련된 것은 순수음운부 규칙이라고 생각하는 것이 별로 무리가 없을 것이다. 그런데 이러한 순수음운부 규칙이 운율의 영역과 관련해서 다시 다양한 해석을 낳게 하고 있다. 여기에서는 이러한 문제를 본격적으로 논의해 보고자 한다. 운율의 영역은 음절, 음보, 음운론적 단어, 음운론적 구, 억양 등 엄격한 계층구조를 가지는 것으로 알려지고 있다. 이러한

---

1) 이 책에서는 통사음운부의 규칙과 순수음운부의 규칙으로 구분했다.

여러 음운 영역 중에서 한국어의 순수음운부 규칙과 가장 관련이 깊다고 생각되는 음운론적 단어에 관심을 집중시키기로 하겠다.

2. 본론

단어를 엄격하게 정의하기는 어렵다는 것은 형태론에서나 통사론에서 뿐만 아니라 음운론에서도 마찬가지다. 일반적으로 통사론에서 단어란 사전에 등재된 어휘를 일컫는 것으로 자립성에 근거를 둔 것으로 말해지고 있다. 그런데 국어의 발화에서 음운론적으로 자립적인 단위는 대개 어절 단위가 된다. 그러므로 어절은 하나의 음운론적인 단어로 간주될 수 있다. 이는 통사론적인 단어의 정의와 다를 수 있다. 요컨대 하나의 형태론적 자립성을 갖춘 어휘라 하더라도 음운론적 관점과 통사론적 관점은 차이가 있다. 아직까지 국어의 음운론에서는 이러한 단어의 정의에 대해서 심각하게 논의된 적은 없다고 할 수 있을 것이다. 우리는 소박하게 음운론적 단어를 하나의 문장을 자연스럽게 발화할 때 끊어서 읽는 휴지의 단위라고 생각하기로 한다. 예를 들면 "나는 밥을 먹었다"라는 문장은 세 개의 음운론적 단어 [나는], [밥을], [먹었다]로 구성되어 있다고 본다. 이는 전통적으로 어절이라고 말해진 단위와 같은 것이다.

국어의 다양한 음운현상들은 대개 이런 음운론적 단어 내부에서 발생하는 것이 일반적이다. 국어는 형태론적으로 교착성을 그 특징으로 하는데 조사와 어미의 다양한 결합 과정에서 많은 음운현상이 발생한다. 구조주의 방식의 논의에서나 초기 생성음운론식의 논의에서는 음운현상의 발생에 대한 영역의 문제는 크게 관심을 가지지 않았다. 일반적으로 국어의 음운현상은 그 발생환경에 따라 자질이나 음소, 음절과 같은 순수한 음운론적인 환경에 영향을 받는 것이 있고, 음운론적 환경과 더불어 형태나 통사적인 정보를 요구하는 음운현상이 있다. 음운규칙을 이렇게 단순하게 둘로 나누었을 때, 형태·통사적 정보에 의존하는 음운규칙들은 예외없이 음운론적 단어 안에서만 발생하지만 순수히 음운론적 환경에 의존하는 일군의 음운규칙들 중에서는 단어 경계를 넘어서도 그러한 음운현상이 발생하는 것이 존재한다. 즉 순수히 음운론적 환경에 의존하는 음운규칙은 또 다른 기준에 의해 해석되어야 하는 것이다.

앞에서 논의된 통사음운부의 규칙들은 운율영역과 무관하다고 판단되기 때문에 여기에서는 논의하지 않기로 한다.

음절의 형성과 관련된 것으로 분류한 순수음운규칙은 순전히 음운론적 환경에 영향을 받는 규칙으로 폐쇄음 뒤의 경음화 규칙, 유기음화 규칙, 중화 규칙, 자음군 단순화 규칙, 유음화 규칙, 비음화 규칙, 변자음화 규칙, 후부변자음화 규칙, 동서열자음 탈락 규칙 등이다.

순수히 음운론적 환경에 영향을 받는 음운규칙이라 하더라도 그러한 음운규칙과 음운론적 단어의 관계는 미묘하다. 음운론적 단어를 어떻게 구성하는가 하는 점에 적극적으로 관련이 있는 규칙이 있고 그렇지 않은 규칙이 있다. 이미 언급하였듯이 일반적으로 문법적 범주를 요구하는 규칙들은 음운론적 단어 내에서 발생하기 때문에 음운론적 단어의 경계와는 무관하다. 문법 범주를 요구하지 않는 동화와 같은 순수한 음운규칙들은 음운론적 단어의 경계에 민감하다.[2] 이러한 차이는 경음화 현상에서 아주

---

2) 순수음운규칙도 다시 수의적으로 적용되는가 아니면 의무적으로 적용되는가에 따라 분류될 수 있다. 수의적 규칙은 범주의존적인 음운규칙에는 존재하지 않는다. 수의적 규칙이 순수음운규칙에만 존재하는 것은 이러한 규칙의 생성과정과 관련이 깊을 것이다. 즉 수의적 음운규칙은 생성된 시기가 얼마 되지 않아서 아직 언중의 의식에 확고한 자리를 잡지 않았기 때문에 그러한 수의성이 발생하는 것이다. 이러한 수의적

명확하게 관찰된다. 경음화 현상은 다양한 환경에서 발생하고 있다. 예를 들면 용언어간말 비음 뒤에서 경음화는 항상 음운론적 단어 내에서 발생 하기 때문에 음운론적 단어의 경계와는 무관하다.

　(1) 가. 감다, 감고, 감지 // 남다, 남고, 남지
　　　　나. 감기다, 감기고, 감기지 //남기다, 남기고, 남기지

　(1가)에서는 경음화 하고, (1나)에서는 경음화가 일어나지 않는다. 그런 데 이 둘의 차이는 음운론적 단어냐 아니냐의 차이가 아니라 제2요소가 파생접사인가 굴절접사인가에 따라 달라진다.

　그러나 폐쇄음 뒤의 평음의 경음화 규칙은 음운론적 구에서 발생되는 것으로 말해진다(강옥미(1992), 신지영(1999)). 만일 '방학숙제'라는 어휘 를 하나의 음운론적 단어 [방학숙제]와 다른 음운론적 단어 [방학] [숙제]로 발화할 때 그 경음화 현상이 달리 나타나게 된다. 이것은 어떤 음운론적 영역 내에서 음운규칙의 적용을 보여준다. 그런데 '국가'에서는 언제나 경 음화 되므로 이 현상이 음운론적 단어 내부에서는 예외 없이 경음화된다 고 말해도 되겠다.

　이처럼 음운규칙은 음운론적 단어를 구성하는가 아닌가에 따라 사이가 난다. (1)처럼 음운론적 단어와 관계없는 규칙은 어휘음운규칙이라 하고, 후자처럼 음운론적 단어를 어떻게 구성하는가에 민감한 규칙을 운율음운 규칙으로 구분해 보자.

　규칙은 다시 의무적 음운규칙으로 바뀌고 나아가 오랜 시간이 흐르면 이러한 의무규 칙의 일부는 다시 범주 의존적인 규칙으로 바뀌는 것으로 생각된다.
　국어에도 /입+고/→[익꼬], /옷+보다/→[업뽀다], [익꼬→이꼬] 에서 보듯이 연구개 음화나 양순음화, 동서열자음 탈락과 같은 비교적 익숙한 수의적 음운규칙이 상당히 존재한다. 여기에서는 이러한 수의적 음운규칙은 논의하지 않기로 한다.

폐쇄음 뒤의 이러한 관점이 관형사형 'ㄹ' 뒤의 경음화 현상에서도 유지될 수 있는지를 생각해 보자[3]. 관형사형 'ㄹ' 뒤의 경음화는 그 환경을 보면 범주의존적 규칙으로 어휘규칙으로 보이기도 한다. 그러나 단어 경계를 넘어서 경음화 한다는 점에서 순수음운 규칙의 특징을 가지기도 한다. 이러한 이유로 이미 앞에서 논의되었듯이 관형사형 'ㄹ'의 순수음운 규칙으로서의 성격은 기저음소의 변화에서 원인을 찾아야 할 것이다.

예를 들면 [갈사람] // [갈] [사람]의 경우는 폐쇄음 뒤의 경음화와 동일한 것으로 보인다. 즉 음운론적 단어에서는 경음화되고 그것을 넘어서서는 안 되는 것으로 보인다. 그런데 [갈껏] // [갈][껏]의 경우는 그것이 음운론적 단어의 경계를 넘어도 경음화 되는 것으로 보인다. 음운론적 경계에 상관없이 경음화 한다. 한편 [뛸 개구리] // [뛸][개구리]의 경우는 음운론적 단어 안에서조차 경음화 되지 않는다.

그러므로 'ㄹ'뒤 경음화 현상은 세 가지 경우가 있다.

1. 음운론적 단어 뿐만 아니라 음운론적 단어를 넘어서도 언제나 경음화 하는 경우
   (예; 할껏, 할수, 할지, 갈곳, 갈데)

2. 음운론적 단어 내에서는 경음화하고 그것을 넘어설 때는 경음화 하지 않는 경우

---

3) 경음화 현상 중에서 한자어에서만 발생하는 것이 있는데, 'ㄹ' 뒤에서 설정음이 경음화 하는 경우이다. '갈등', '발전', '실수' 등에서 제2요소가 경음으로 발음된다. 그런데 '부실 도구', '건설 자재', 등에서 보듯이 복합어의 경우에는 경음화가 일어나지 않는다. 이처럼 2음절 한자어라는 특정한 어휘범주를 요구하는 음운규칙은 어휘규칙으로서 운율어와 무관한 것으로 보인다.

(예; 할 방법, 할 생각, 갈 대학, 갈 지역)

3. 음운론적 단어 내에서도 언제나 경음화 하지 않는 경우
   (예; 달려갈 다람쥐, 정차할 부산역, 올라올 거북선)

그런데 이러한 세 가지 경우는 자세히 살펴보면 각각 'ㄹ'뒤의 단어의 사용빈도 혹은 음절수와 관련이 있는 것으로 보인다. 대체로 언제나 경음화하는 경우는 제2의 요소가 주로 1음절의 의존명사이거나 1음절 단어로 사용빈도가 높은 것이 그 특징이다. 그리고 언제나 경음화하지 않는 세 번째의 경우는 3음절 이상으로 사용빈도가 낮은 경우이다. 경음화 하기도 하고 하지 않기도 하는 두 번째의 경우는 2음절의 경우로 중간 정도라고 생각된다.

이상의 경우에서 논의된 음운론적 단어와 경음화의 경우를 다시한번 살펴보면 다음과 같다. 폐쇄음 다음의 경음화는 두 가지로 2음절 단어는 음운론적 단어로 이루어진 것으로 언제나 경음화 한다. 다음으로 복합어의 경우는 음운론적 단어를 구성하면 경음화하고 그렇지 않으면 경음화하지 않는다. 2음절 단어는 그 속성상 언제나 음운론적 단어로만 발음되기 때문에 폐쇄음 뒤의 경우는 음운론적 단어를 이루면 경음화고 그렇지 않으면 경음화하지 않는다고 말해도 되겠다.

위에서 언급되었듯이 관형사형어미 'ㄹ' 다음에서의 경음화가 실제로 어떤 의미를 가지는지 음미해 보자. 그것은 세 가지로 요약될 수 있을 것이다. 첫째는 관형사형어미 'ㄹ' 다음의 요소가 의존명사의 경우이거나 빈도수가 높은 1음절 단어일 경우에 음운론적 단어와 관계없이 언제나 경음화 한다. 둘째 2음절 단어의 경우는 음운론적 단어를 이루면 경음화하고 그렇지 않으면 경음화하지 않는다. 셋째 3음절어 이상의 경우는 음운론적

단어와 관계없이 경음화 하지 않는다. 그런데 의존명사의 경우나 빈도수가 높은 1음절 단어의 경우는 그 속성상 대체로 앞쪽의 관형어와 더불어 음운론적 단어를 이루어 발음한다. 그것을 분리하여 두개의 음운론적 단어로 발음하는 경우는 특수한 경우일 것이다. 예를 들면 '할 것'이라는 단위는 일반적으로 하나의 음운론적 단어 [할껏]으로 발음하지, 두 개의 음운론적 단어 [할][것]으로 발음하기는 쉽지 않을 것이다. 그러므로 관형어 다음의 피수식어가 3음절 이상일 때를 제외하면, 음운론적 단어를 이루면 경음화하고 그렇지 않으면 경음화하지 않는다고 말할 수 있다.

그런데 3음절의 경우는 일반적으로 두개의 음운론적 단어로 발음하는 것이 자연스럽다. 예를들어 '뛸 개구리'는 [뛸][개구리]로 두개의 음운론적 단어로 발음하는 것이 자연스럽고 [뛸개구리]처럼 하나의 음운론적 단어로 발음하는 것은 어색하다. 이처럼 3음절 이상의 단어는 하나의 음운론적 단어를 구성하는 것이 자연스럽지 않아 보인다. 그러므로 관형구성에서도 음운론적 단어를 이루느냐 그렇지 않느냐가 경음화를 결정하는데 중요한 요인임을 알 수 있다.

그런데 2음절 단어 '국가'처럼 '할 것'도 언제나 경음화 하는데 이는 음운론적 단어의 차원에서 보면 하나의 단위라고 가정할 수 있을 것이다. 그러나 형태론에서나 통사론에서는 이를 용납하기 힘들 것이다. '국가'의 경우는 두개의 음운론적 단어로 분리한다는 것은 억지로 보인다. '할 것'의 경우는 두개의 음운론적 단어로 발음할 수도 있다고 주장하기도 한다. 아마도 그러한 발음은 특수한 경우에 한할 것이다.

그런데 '할 것'의 역사적인 생성을 생각해 본다면 처음에는 [할][것]처럼 두개의 음운론적 단어로 발음되다가 나중에 하나의 음운론적 단어로 굳어졌다고 생각하는 것이 합리적이다. 현재의 상태는 이러한 굳어진 상태가 자연스럽고 다시 두개의 음운론적 단어로 분리해서 발음하는 것은 부자연스럽다고 보아야 한다. 즉 어휘 형성의 역사적인 과정이 음운론적 단어를 결정하는데 작용한다고 보아야 한다.

그런데 공시적으로 이런 음운론적 단어와 통사적 단어와의 관계를 어떻게 정립하는 것이 올바른 것인지는 논의할 것이 많아 보인다. '할 것', '뛸 개구리' 구성은 음운론적 단어의 관점에서 두 단계의 과정을 구분해 볼 수 있다. 일차적으로 자연스런 구성인 [할껏]과 [뛸][개구리]의 단계와 부자연스러운 구성인 [할][껏], [뛸개구리]의 단계가 그것이다. 전자는 자연스런 운율어 구성이지만 후자는 의도적인 구성으로 보인다. 그러므로 전자의 음운론적 단어는 공시적으로 자연스러운 무표적 운율어 구성으로, 후자의 구성은 의도적인 유표적 운율어 구성으로 부르기로 하자. 자연스러운 무표적 운율어 구성은 음운부에서 일차적으로 만들어지고, 의도적인 유표적 운율어 구성은 무표적 운율어 구성이 만들어진 다음에 2차적으로 음운부에서 구성되는 것으로 가정한다. 여기에서는 특별한 사유가 없는 한 자연스러운 무표적 운율어 구성을 주로 논의할 것이다. 의도적인 유표적 운율어 구성도 논의의 가치가 있지만 우선은 자연스러운 무표적 구성을 우선적으로 논의하는 것이 합리적이라고 생각하기 때문이다. 자연스러운 무표적 운율어 구성을 대상으로 한다고 볼 때, 결론적으로 관형사형 'ㄹ' 뒤의 경음화 현상은 음운론적 단어를 이루면 경음화 되고, 그렇지 않으면 경음화 되지 않는다고 말할 수 있겠다.

이제 이러한 논의를 바탕으로 다른 음운규칙들은 관형사형 'ㄹ' 뒤의 경음화 현상과 어떤 차이를 가지는지 음미해 보기로 하자.

평폐쇄음의 비음화는 국어에서 가장 활발한 동화현상으로 순수한 음운규칙에 속한다. 비음화는 음운론적 단어만 구성되면 예외없이 발생하는 것으로 볼 수 있다.

    (2) 가. 파생 ; 맏며느리, 짓누르다
       나. 복합 ; 국물, 닭날개
       다. 활용 ; 먹는다, 익네, 받는다, 잡는다
       라. 곡용 ; 밥만, 벽만, 빛만
       마. 구 경계 ; 목마르다, 밥먹다

  (2)는 다양한 환경에서 음운론적 단어를 구성하기만 하면 예외없이 비음화를 보여준다. 비음화는 위에서 살펴본 관형사형 'ㄹ' 뒤 경음화와는 미묘한 차이를 보여준다. 'ㄹ' 뒤 경음화 현상은 'ㄹ' 뒤의 요소가 무엇인가에 따라 차이가 있었다. 특히 'ㄹ' 뒤의 요소가 1음절 의존명사일 때와 3음절일 때 차이가 심했다. 3음절일 때는 무표적 음운론적 단어의 구성이나 유표적 음운론적 구성이나 모두 경음화 하지 않는다. 그런데 구경계에서 비음화의 경우에는 자연스러운 무표적 구성에서 3음절일 때 'ㄹ' 뒤의 경음화와 마찬가지로 비음화가 일어나지 않는다. 예를들면 '큰 짚 나른다'라는 구성은 자연스러운 구성으로는 [큰집] // [나른다로 발음될 것이다. 그러나 유표적 구성에서 만일 [큰짚나른다로 발음한다면 '짚'의 경우에 비음화를 경험하게 된다. 이는 'ㄹ' 뒤의 요소가 3음절일 때는 경음화가 유표적 구성이든 무표적 구성이든 잘 일어나지 않는 것과는 차이를 보여준다. 즉 비음화는 그만큼 음운론적 단어에 민감한 규칙이라는 것을 보여준다. 음운론적 단어를 기준으로 음운현상의 강도를 측정한다면 비음화가 'ㄹ'뒤 경음화보다 강하다는 것을 알 수 있겠다.
  강한 강도의 음운현상이란 의미는 의도적이든 무의식적이든 그러한 음운현상을 경험한다는 점에서 화자의 심리 속에 그러한 음운규칙이 강하게 자리 잡았다는 것을 의미한다. '르' 뒤의 경음화와 비음화에서 보여주는 이러한 차이는 음운론적 단어의 구성이 두가지 다른 단계가 있다는 것(무표적 구성과 유표적 구성)과 함께 중요한 점으로 부각된다. 필자가 과문한 탓이겠지만 이제까지의 음운론에서는 각각의 자음과 모음에 대한 공명도 (sonority)의 강도나 조음위치 자질에 대한 강도의 논의는 있어 왔지만 규칙 자체에 대한 강도를 구체적으로 비교한 논의는 없었던 것으로 안다[4]. '르' 뒤의 경음화와 비음화에서 보여주는 이러한 차이는 바로 음운규칙의 역사적 출현 시기를 추론하는데 중요한 근거가 될 수 있다고 본다. 즉 강도가 강한 규칙일수록 최근에 발생한 규칙으로 광범위한 적용 영역을 가지는 것으로 볼 수 있다. 이러한 주장은 문헌을 통한 역사적 연구를 통해서 증명되어야 하지만 공시적 연구를 통해서 충분히 추론이 가능하다고 본다. 강도가 약한 규칙은 적용의 영역이 그 만큼 축소된 것으로, 오래된 것을 의미한다[5].

이상의 논의를 바탕으로 두 음운현상의 강도 차이는 다음과 같이 나타낼 수 있다.

(3) 비음화 〉 '르' 뒤 경음화

---

4) 고전적인 강도의 논의는 정연찬(1997;107)을 참고하고, 그 외는 김차균(1990), 오정란 (1993), 엄태수(1994)를 참고할 것.
5) 여기서 적용 영역이 넓은 강도가 강한 규칙과 수의적인 규칙들과의 비교가 흥미를 끈다. "/웃보다/→ㅓ웁보다/, /듣고/→ㅓ득과ㅓㄷ꼬"와 같은 양순음화 규칙, 연구개음화 규칙, 동서열자음 탈락 규칙 등에서 보여주는 수의적 음운규칙은 얼마나 화자가 자주 사용하는 어휘인가에 따라 적용의 영역이 넓어진다. 즉 이들 수의적 규칙들은 이제 발생한 규칙으로 보여지는데 어휘를 사용하는 빈도수를 통해서 그들 규칙의 적용 영역을 넓혀가고 있다고 보여진다. 아마도 많은 화자에 의해서 이런 규칙이 익숙해지면 이제서야 이들 수의적 규칙은 필수적 규칙으로 변화하는 것으로 이해할 수 있을 것이다. 어떻게 수의적 규칙이 발생하고 이들 수의적 규칙들이 어떻게 필수적 규칙으로 변하는지는 매우 흥미로운 문제로 앞으로 연구해 볼 가치가 충분하다고 본다.

다음으로 위에서 간단히 언급되었던 폐쇄음 다음의 경음화의 경우를 좀더 자세히 살펴보자.

(4) 가. 책 가지고, 방학 숙제, 밀짚 가방
    나. 미국 도덕책, 사상적 딜레마

(4가)의 경우는 비음화처럼 음운론적 단어를 구성하기만 하면 언제나 경음화 하는 것처럼 보인다. 그러나 (4나)의 경우에는 그것이 비록 음운론적 단어를 구성한다고 해도 경음화가 잘 일어나지 않는 것으로 보인다. 이는 아마도 (4가)의 경우에는 제2요소가 2음절로 발음하기 쉽고, 일상적으로 많은 빈도로 사용되는 구성이기 때문이고, (4나)는 제2요소가 3음절로 발음하기 어려울 뿐만 아니라 빈도수에서 자주 사용되지 않는 구성이기 때문인 것으로 보인다. 비음화의 경우는 자주 쓰이지 않는 구성이라고 해도 음운론적 단어만 구성되면 예외없이 비음화를 경험하는 것과는 차이를 보여준다. 다시 음운론적 단어의 구성을 기준으로 음운규칙 사이의 강도를 구분한다면 다음과 같을 것이다.

(5) 비음화 〉 폐쇄음 뒤 경음화

이미 논의된 'ㄹ' 뒤 경음화와 여기서의 폐쇄음 뒤 경음화는 동일한 강도를 갖는다. '뛸 개구리', '달려갈 다람쥐'와 같이 'ㄹ' 뒤 경음화에서도 (4나)의 폐쇄음 뒤 경음화처럼 음절수가 길고 자주 사용되지 않는 구성은 경음화를 경험하지 않는다. 사실 'ㄹ' 뒤 경음화는 'ㄹ'의 성격을 어떻게 보느냐에 따라 폐쇄음과 동일한 규칙으로 설정할 수도 있을 것이다. 이는 이 글의 중심 논제는 아니지만 관형사형 'ㄹ'의 기저형에 대해서 이미 많은

논의가 있어 왔다.[6]

다음으로 유기음화 현상에 대해서 논의하도록 하자. 유기음화 현상도 음운론적 단어에 민감하다. '각하', '법학'에서처럼 2음절 단어에서는 예외 없이 유기음화가 일어난다. 단어 경계에서도 음운론적 단어만 구성되면 활발하게 일어난다. '낮 한번', '밥 하고' 에서 보듯이 자연스럽게 유기음화가 일어난다. 유기음화는 비음화와 동일한 강도를 가지는 것으로 보아도 무방할 것이다.

국어의 연음현상도 마찬가지로 음운론적 단어에 민감하다. 형태소 끝이 자음으로 끝나고 다음 음절이 조사나 어미와 같은 의존형태소로서 모음으로 시작되면 하나의 음운론적 단어를 구성하면서 예외없이 연음현상이 일어난다. '사람이', '집을' 등에서 그것을 볼 수 있다. 복합어나 구에서도 음운론적 단어만 구성되면 아주 자연스럽게 연음현상이 일어난다. 이 현상도 비음화와 동일한 강도를 보여준다고 볼 수 있겠다.

(6) 유기음화, 연음현상, 비음화 〉 폐쇄음 뒤 경음화, 'ㄹ' 뒤 경음화

자음 동화 가운데 비음동화처럼 유음화도 아주 활발하게 일어나는 음운 현상 중의 하나다. 두가지 경우의 유음화로 구분할 수 있다. 하나는 'ㄴ + ㄹ' 구성에서 일어나는 유음화와 'ㄹ + ㄴ' 구성에서 일어나는 유음화가 그것이다. 그런데 전자는 2음절 한자어에서 주로 일어나는 현상이다. 그 것은 'ㄹ'로 시작되는 형태소가 고유어에는 없기 때문이다. 또한 외래어의

---

6) 필자는 엄태수(1994;92)에서 추상음소를 배제한다는 취지의 논지를 편 바 있다. 관형 사형 'ㄹ'에 대해서는 엄태수(1994;33-6)에서 [tense] 자질을 생성하는 규칙을 설정했다. 그러나 추상음소로 내세우는 후두마찰음(?)을 배제하는 것과 [tense] 자질을 생성하는 새로운 규칙을 설정하는 것 중에서 어느 것이 더 합당한지는 계속 논의되어야 할 문제로 보인다.

경우에는 'ㄴ + ㄹ' 구성의 경우에 유음화가 적용되는 것이 아니라 'ㄹ'의 비음화가 적용된다. '예쁜 리본'의 경우에 뒤 형태소의 'ㄹ'이 비음화 된다. 그러므로 'ㄹ + ㄴ'의 구성만이 음운론적 단어의 경계에 민감한 유음화 규칙이라고 말할 수 있겠다.

  (7) 시골 남자, 겨울 나무, 가을 나그네

  (7)에서 보듯이 음운론적 단어만 구성되면 뒤 요소의 음절수에 영향을 받지 않고 예외없이 유음화 한다고 말할 수 있다. 결론적으로 'ㄹ+ㄴ'구조를 가지는 유음화는 비음화, 유기음화와 더불어 강도가 가장 강한 음운현상 중의 하나이다. 이상의 논의를 종합하면 다음과 같다.

  (8) 유음화, 유기음화, 연음현상, 비음화 〉 폐쇄음 뒤 경음화, 'ㄹ' 뒤 경음화

  국어의 순수한 음운규칙 중에서 많은 부분을 차지하는 것이 중화와 자음군단순화 규칙이다. 이들 규칙에 대한 세부적 존의는 이미 수많은 논의에서 다루어져 왔으므로 그곳으로 미루고, 여기에서는 단지 영역과 강도와 관련된 부분만 언급하기로 하겠다. 우선 중화란 /꽃도/→[꼰도]처럼 유기음, 경음 등이 종성에서 평음으로 발음되는 현상을 말한다. 이 현상은 그 출현 환경을 기준으로 할 때 자음 앞에서, 휴지 앞에서, 복합어에서와 같은 세가지 환경에서 발생한다. 종성에 오직 한 자음만 발음할 수 있는 국어에서 자음군단순화 규칙(/닭도/→[닥도])의 환경도 이들 중화의 환경과 동일하다. 이 두 현상은 궁극적으로 음절과 관련된 종성규칙이다. 아래에서는 중화에 대해서만 대표적으로 논의하기로 하고 자음군단순화는 이와 동일하다고 본다. 복합어에서의 중화와 자음군 단순화는 어휘부의 현

상으로 순수음운규칙인 자음이나 휴지 앞에서의 중화규칙과 다르다. 이에 대한 자세한 논의는 엄태수(1994), 엄태수(1998)을 참고하면 될 것이다.

자음 앞에서의 중화나 자음군단순화는 대부분 굴절어미와 결합에서 발생한다. 굴절어미와의 결합은 국어에서 하나의 어절 단위로 분리할 수 없는 하나의 음운론적 단어를 이룬다. 복합이나 파생의 경우도 자음 앞에서 중화가 발생할 수 있다. 예를 들면 /부엌살림/을 보면 이는 복합의 경우로 '/ㅋ/→[ㄱ]'의 중화를 경험한다. /옷안/, /맛없다/ 등에서 보여주는 중화와 /부엌살림/에서 보여주는 중화를 동일한 차원에서 다룰 수 있는지는 복잡한 경우로 좀 더 논의를 해야 한다. 이들 복합어의 중화는 일단 굴절어미와 결합된 구성(/꽃도/)과는 달리 두 개의 음운론적 단어의 구성이 가능하다. 만일 이들 복합어를 두 개의 음운론적 단어로 분리한다면 그 때는 휴지 앞에서의 중화와 환경이 동일하다. 두 개의 음운론적 단어로 분리해서 발음할 때 발생하는 중화는 휴지 앞에서의 중화로 보아야 한다. 즉 두 개의 음운론적 단어로 분리되면 다음 단어의 초성이 영향을 미치기 전에 먼저 휴지가 영향을 미친다고 보아야 한다. 휴지는 바로 음운론적 단어를 가르는 절대적 기준이기 때문이다. 그러므로 우리가 복합어에서의 중화현상이라고 말할 때에는 오직 하나의 음운론적 단어를 구성하는 환경의 경우만을 말하는 것으로 그 지시 대상을 엄격하게 제한해야 한다. /옷안/과 /부엌살림/의 경우에 전자는 모음 앞이고 후자는 자음 앞이다. 음소적 환경에서 볼 때 이 둘은 다르지만 복합어라는 입장에서 보면 이 둘은 동일하다. 겉으로 보면 이 둘이 동일한 중화인지 아닌지 판단하기가 힘들다. 전자의 경우에 분명히 중화를 경험한 후에 연음현상이 발생한다. 주지하다시피 연음현상이란 국어의 음절화와 관련이 있다. 음절화는 순수음운부의 대표적인 음운과정이다. 그런데 /부엌살림/의 경우에는 중화와 음절화의 순서를 추론하기 힘들다.

굴절어미와 관련된 /꽃도/의 경우에는 중화와 음절화가 순서대로 발생했다고 말해도 되고 동시적으로 진행되었다고 말해도 된다. /꽃이/에서 보여주는 음절화와 /꽃도/가 자음 앞에서 중화될 수밖에 없는 이유를 고려한다면 그것은 바로 음절화 때문에 발생하는 것으로 보아야 한다. 자음군 단순화도 바로 음절화 때문에 발생하는 것이다. 이러한 이유로 엄태수(1994)의 논의를 따라 굴절어미와 관련된 순수음운규칙들은 음절화와 동시적으로 진행된다고 생각한다.

복합어인 /부엌살림/에서도 이렇게 중화와 음절화가 동시에 이루어진다고 말할 수 있으나 복합어라는 범주를 고려한다면 그렇게 간단하지는 않다. /옷안/에서 보여주는 복합어의 중화는 분명히 음절화 이전에 발생해야 하기 때문이다. 그런데 고려해야 할 것은 모든 복합어가 이렇게 /옷안/처럼 어휘부 현상인 중화를 경험하는가 하는 점이다. 먼저 복합어가 어떻게 생성되는가를 생각한다면 처음에 [부엌]과 [살림]이라는 두 개의 음운론적 단어로 발음하다가 [부엌살림]이라는 하나의 음운론적 단어로 옮겨 갔다고 생각할 수 있다. 그러므로 /부엌살림/에서의 중화도 1단계에서 중화를 경험한 것이 되는 것이다. 즉 /부엌살림/에서의 중화 현상은 자음 앞에서의 중화가 아니고 휴지 앞에서의 중화를 경험한 후에 2단계 복합어 형성에서 [부엌살림]으로 발음된다고 말할 수 있다.

이상의 논의를 바탕으로 하면 복합어는 두가지가 존재할 수 있다. 하나는 하나의 음운론적 단어로 발음하는 경우이고, 다른 하나는 두 개의 음운론적 단어로 발음하는 경우이다. 하나의 음운론적 단어로 발음하는 경우(/옷안/→[오단], /부엌살림/→[부억살림])는 어휘화 되었다고 본다. 이들의 경우는 중화한 후에 음절화가 된 것이다. 이들은 어휘부에 이미 중화된 것이 입력되었다가 음운부에서 음절화 되었다고 말할 수 있다. 두 개의 음운론적 단어로 발음하는 경우([온]//[안], [부엌]//[살림])에는 이는 휴지 앞에서 중화된 경우인 것이다. 물론 어휘부에서 중화된 복합어가 다시 음운부에서 재분석 되어 두 개의 음운론적 단어가 되었다는 가정도 해볼 수 있겠지만 이는 특수한 경우가 아니면 상정하기 힘들다고 보아야 한다. 어휘부의 출력이 바로 음운부의 입력이 된다고 보는 것이 자연스러운 과정이기 때문이다. 휴지 앞에서의 중화는 음절화와 동시에 진행된다. 이는 음운부의 현상이라고 말할 수 있다. 휴지와 자음 앞에서의 중화는 순수음운부의 현상으로 음절화와 관련된 종성제약이다. 순수음운부에서 발생하는 중화와 자음군단순화는 자연스러운 무표적 음운론적 단어 구성이든지 의도적인 유표적 음운론적 구성이든지 예외없이 적용된다. 그러므로 이들 규칙은 유음화와 비음화처럼 강도가 강한 규칙이라고 말할 수 있다. 지금까지의 논의를 종합하면 다음과 같을 것이다.

(9) 중화, 자음군단순화, 유음화, 유기음화, 연음현상, 비음화 〉〉 폐쇄음 뒤 경음화, 'ㄹ' 뒤 경음화

3. 결론

이제까지 우리는 음운규칙의 영역과 강도에 대해서 논의했다. 음운규칙의 성격을 명확하게 결정하기는 쉬운 일이 아니다. 무엇보다도 분류의 기준이 명확해야만 그러한 분류가 성공할 수 있을 것이다. 국어의 음운규칙의 분류는 음운론의 역사와 맥락을 같이 해 왔다. 이론과 사실은 서로 분리되어 있을 수 없을 것이다. 사실에서 이론이 나왔다고 볼 때 그 이론이

합당하기 위해서는 정확한 사실의 관찰이 필수불가결하다. 우리는 많은 순수한 음운규칙들이 음운론적 단어와 같은 영역에 민감하다는 사실을 관찰을 통해서 알고 있다. 이 글을 통해 음운론적 단어와 음운규칙이 어느정도 밀접하게 관련이 있는지 약간의 윤곽을 파악할 수 있었다. 순수한 음운규칙들도 다시 무표적 발화와 유표적 발화로 나누어 논의해야 음운규칙의 성격이 분명해질 수 있다는 것을 알았다. 또한 순수한 음운규칙들도 같은 성격이 아니라 그들의 적용영역에 따라 다른 강도를 가질 수 있다는 것을 알았다. 이 논의를 마치면서 참으로 많은 문제가 제기될 수 있다고 본다. 우선 음운론적 단어란 정확히 어떤 기준으로 정의해야 하는가 하는 점이다. 형태·통사적 정보에 의존해야 한다는 것은 분명한 것으로 보인다. 어절의 단위와 휴지의 개입이 잠정적으로 음운론적 단어라 했다.[7] 그러나 더욱 세련된 기준이 나와야 할 것이다.

음운론적 강도의 의미는 아직 분명한 모습을 드러내지 않았다. 이는 다시 수많은 논의를 거쳐야 할 부분이다. 수의적 음운규칙들 중에는 점점 강도가 강해지는 규칙이 나올 것이다. 음운규칙의 시작에서 소멸까지를 강도의 관점에서 바라본다면 천천히 상승하다가 다시 하락하는 곡선의 모습을 보일 것이다. 수의적 음운규칙은 강도의 측면에서 상승기에 속하고 어휘규칙들은 하락기에 속한다. 여기에서 다룬 순수음운규칙들은 전체 음운규칙 가운데서 가장 강도가 강한 범위에 속할 것이다. 상승 → 정점

---

7) 음운론적 단어를 강세구라는 용어로 많이 사용한다. 주로 음성학을 연구하는 학자들에 의해서 주도적으로 쓰이는 것으로 보인다. 그런데 국어의 화자들이 얼마나 강세를 의식하고 있는지는 의문이다. 어절이나 휴지는 강세에 비교할 수 없을 정도로 강한 의식을 가지고 있다고 본다. 강세의 세기가 음파의 측정으로 증명되었다 해도 강세를 중요한 변별도구로 국어의 화자가 인식하지 못한다면 음운론에서는 그러한 용어를 사용하는 것이 별로 의미가 없을 것이다. 그러므로 국어의 화자에게 강세는 중요하지 않다는 의미로 계속해서 음운론적 단어라는 용어를 고집하고자 한다.

→ 하강의 순으로 음운규칙의 생성과 소멸을 경험하는 것으로 보인다. 아마도 수의적 음운규칙 이전에는 음성규칙의 시절이 있었을 것이라고 짐작할 수 있다. 이에 대한 논의는 계속되어야 할 것으로 본다.

음운규칙의 강도에 대한 기준으로 자연스러운 발화와 음운론적 영역을 제시했다. 자연스러운 발화란 빈도수와 상관관계를 가진다. 즉 많은 빈도로 사용된 어휘는 그만큼 언중에게 익숙하므로 자연스러운 발화로 받아들일 것이다. 이에 대한 기준의 마련도 필요하다. 어느 정도의 빈도가 자연스러움의 기준인가? 이는 통계적인 방법을 이용해야 할 것으로 보인다. 한편 음운규칙의 강도에는 이러한 두가지 기준 이외에는 없는진 연구해 보아야 한다. 사회언어학적인 요인이 영향을 미칠 수 있을 것이다. 어느 계층에서 먼저 시작하는지 어느 성별에서 또 어떤 나이엣 규칙이 강한지 약한지 조사해 볼 필요가 있다.

참고문헌

▶ 단행본

강명윤(1992), 한국어 통사론의 제문제, 한신문화사.

고영근(1974), 국어 접미사의 연구, 광문사.

고영근외(1985), 표준 국어 문법론, 탑출판사.

교육인적자원부(2002), 고등학교 문법, 서울대학교 국어교육연구소.

국립국어연구원(2003), 표준발음실태조사 Ⅱ, 학예연구사 김선철.

국어연구소(1988), 한글 맞춤법 해설, 서울: 국어연구소.

김선철(연구책임)(2003), 표준발음실태조사 2, 국립국어연구원 2003-1-8, 1-92쪽. 22~32쪽.

김영기(1974), Korean Consonantal Phonology. Ph. D. dissertation, Hawaii University. (1975, 탑출판사, 영인본).

김완진(1971a), 국어 음운체계의 연구, 일조각.

김창섭(1999), 국어 어휘자료 처리를 위한 한자어의 형태·통사론적 연구, 연구보고서, (국립국어연구원1999-1-5), 1-36쪽.

김형규(1955), 국어사, 백영사.

_____(1974), 한국방언연구, 서울대학교 출판부.

남기심외(1977), 언어학 개론, 탑출판사.

민현식(1999), 국어 국어정책 연구, 태학사. 313-320쪽, 329-32쪽, 333-47쪽.

배주채(2003), 한국어의 발음, 삼경문화사.

서정목·이광호·임홍빈(1984), 변형생성문법이란 무엇인가. 을유문화사.

_____(1990), (개정신판) 변형문법 -그 만남의 첫 강좌-, 을유문화사.

송철의(1992), 국어의 파생어형성 연구, 태학사.

_____(1992), 국어의 파생어형성 연구. 국어학총서18. 국어학회.

심재기(1982), 국어 어휘론, 집문당.

앤드루 래드포드(1981)에 대한 번역본- 서정목·이광호·임홍빈 공역(1984), 〈변형

문법이란 무엇인가?) 을유문화사, 129-159쪽.

엄태수(1999), 한국어의 음운규칙 연구, 국학자료원.

오정란(1988a), 경음의 국어사적 연구, 한신문화사.

유재원 엮음(1985), 우리말 역순사전, 정음사.

유창돈(1984), 이조어사전, 연세대학교 출판부.

유필재(2006), 서울방언의 음운론, 월인.

이기문(1959/1978), 16세기 국어의 연구, 탑출판사.

_____(1963), 국어 표기법의 역사적 연구, 한국연구원, 148-165쪽.

_____(1998), 국어사개설, 태학사, 221-229쪽.

_____(1961/1972a), 국어사 개설, 민중서관/탑출판사.

_____(1972b), 국어음운사연구. 탑출판사.

이기문외(1984), 국어음운론, 학연사.

이기석(1993), 음절구조와 음운원리, 한신문화사.

이명규(2000), 중세 및 근대국어의 구개음화. 한국문화사.

이병건(1976), 현대 한국어의 생성음운론, 서울: 일지사.

이병근(1979), 음운현상에 있어서의 제약, 탑출판사.

이상규(2003), 국어방언학, 학연사, 32-7쪽, 435-58쪽.

이숭녕(1981), 중세국어문법(개정증보판), 을유문화사.

이승욱(1973), 국어 문법 체계의 사적연구, 일조각.

이승재(2004), 방언연구-자료에서 이론으로, 태학사, 22-34쪽.

이은정(1988), 한글 맞춤법. 표준어 해설, 서울:대제각.

이익섭·임홍빈(1983), 국어 문법론, 학연사.

이익섭(1984), 방언학, − 대우학술총서, 인문사회과학13-, 민음사, 68-74쪽.

이익섭(1992), 국어 표기법 연구, 서울대학교 출판부, 357-414쪽.

이익섭·이상억·채완(1997), 한국의 언어, 신구문화사.

이호영(1996), 국어음성학. 태학사.

이희승(1955/72), 국어학개설, 민중서관.

_____(1959/63/76), 한글 맞춤법 통일안 강의, 신구문화사.

이희승·안병희(1989/1994), 고친판 〈한글 맞춤법 강의〉, 신구문화사.

전상범(1982), 생성음운론, 탑출판사.

전상범 역(1987), 생성형태론, 한신문화사.

정연찬(1976), 국어 성조에 관한 연구, 일조각.

_____(1980), 한국어 음운론, 개문사.

_____(1997), 개정 한국어 음운론, 한국문화사.

최명옥(2004), 국어 음운론 파주: 태학사.

최태영(1983), 방언음운론, 서울: 영운출판사.
최학근(1982), 한국방언학, 태학사.
최현배(1937/1961/1971), 『우리말본』. 정음문화사(깁고고침)
최혜원(연구)(2002), 표준발음 실태조사, 국립국어연구원 2002-1-28, 1-87쪽. 8~36쪽.
허 웅(1965), 국어음운학, 정음사.
_____(1956/85), 국어음운론, 정음사.
_____(1975), 우리 옛 말본, 샘문화사.
_____(1980), 언어학, 샘문화사.
_____(1983/1985), 국어음운학-우리말 소리의 오늘·어제-, 샘문화사.
홍윤표(1994), 근대국어연구1. 태학사.

Anderson, S.D.(1985), Phonology in the Twentieth Century, Chicago Univ.Press.
Aronoff, M.(1976), Word formation in Generative Grammar, The MIT Press.
Bauer, L.(1983), English Word Formation, Cambridge Univ. Press.
Chomsky, Noam & Morris Halle(1968), The Sound Pattern of English, New York: Haper & Row.
Chomsky(1981), Lectures on Government and Binding, Foris Publications. 번역 이홍배 (1987), 〈지배와 결속이론〉, 한신문화사.
_____(1986), Knowledge of language, 번역(1990), 이선우 〈언어에 대한 지식〉 민음사.
Clement & Keyser(1983), CV phonology: A Generative Theory of the Syllable, MIT press.
Durand,J.(1990), Generative and Non-linear Phonology, Longman·Linguistics·Library.
Goldsmith(1990). Autosegmental and metrical phonology. Oxpord: Blackwell publishers.
_____(1993). The Last phonological Rule, The University of Chicago Press.
Halle and Clement(1983), Problem book in phonology, The MIT Press.
Hockett, C.F.(1958) A Course in Modern Linguistics, Macmillan Press.
Hooper, J.B(1976), An Introduction to Natural Generative Phonology, Academic Press, New York.
Hyman, Larry, M.(1975), Phonology; Theory and analysis, New York; Holt, Rinehary and Winston.
Katamba, F.(1989), An Introduction to Phonology, USA, Longman Inc. New York.
Kenstowicz, M.(1994), Phonology in Generative Grammar, Blackwell Publishers.
Kenstowicz & Kisseberth(1979). Generative phonology: description and theory, Academic press.
Kim jong mi(1986), Phonology and syntax of Korean Morphology, Hanshin Publishing co.

Kim-Renaud, Young-Key(1975), Korean Consonantal phonology, 탑출판사.
_____(1986), Studies in Korean linguistics, Hanshin publishing co. Seoul, Korea.
Lyon, J(1968), Introduction to theoretical linguistics, Cambridge univ.Press.
Martins(1954), Korean Morphophonemics, Baltimore.
McCarthy, J. and A.Prince(1993a). Prosodic Morphology 1, University of Massachusetts.
_____(1993b). Generalized alignment, Yearbook of Morphology.
Mohanan, K.P.(1986), The theory of Lexical Phonology, D.Reidel Publishing Company.
Mohanan. K.P(1995). The Handbook of Phonological Theory, Blackwell.
Nespor, Marinar and Irene Vogel(1982), Prosodic Domains of External Sandhi Rules, in van der Hulst and Noval Smith (eds.), 『The Structure of Phonological Representations(part 1)』.
_____(1986), Prosodic Phonology, Dordrecht: Foris.
Nida, E.A.(1949), Morphology: The Descriptive Anslysis of Words, 2nd ed. University of Michigan Press.
Prince & Smolensky(1993). Optimality Theory. Rutgers University, New Brunswick.
Scalise, S.(1984), Generative Morphology, 〈Study in Generative Grammar〉, Foris Publications Holland.
Schane, S.A.(1973), Generative Phonology, Prentice Hall, Inc.
Selkirk, E.O.(1984), Phonology and Syntax, MIT Press.
Skousen, R.(1975), Substantive Evidence in Phonology, Mouton & Co.N.V., Publishers.
Sloat, Taylor and Hoard(1978), Introduction to phonology, Prentice-Hall,Inc.
Sommerstein, Alan.H(1977), Modern Phonology, University Park Press.
Trubetzkoy, N.S(1939), Grundzuge der phonologie, 번역 1991 한문희〈음운학 원론〉 민음사.

▶ 논문집
강명윤(1990), GB이론과 한국어 연구, 주시경학보 6.
강옥미(1994). 韓國語의 音節化, 어학연구30-3, 서울대어학연구소.
강창석(1982), 현대국어의 형태소 분석과 음운현상-활용, 곡용에서의 '으'를 중심으로, 석사학위논문(서울대).
_____(1984), 국어의 음절구조와 음운현상, 국어학13, 국어학회.
_____(1985), 활용과 곡용에서의 형태론과 음운론, 울산어문논집 2(울산대).
_____(1995), 한글과 한글 표기법 이론의 체계화에 대하여, 국어학 25.
_____(1997), 한글 맞춤법의 체제와 이론에 대하여, 오당 조항근 선생 화갑기념논총 간행위원회. 41-62쪽.

고광모(1991), ㄴ첨가와 사이시옷에 관하여. 『언어연구3』. 서울대 언어학과. 1~22쪽.

_____(1992), ㄴ첨가와 사이시옷에 대한 연구. 『언어학14』.한국언어학회. 199~228쪽.

고재설(1987), 국어의 합성동사에 대한 연구, 한국어연구(서강대) 13.

_____(1992), '구두닦이'형 합성명사에 대하여, 서강어문 제8집.

_____(1994), 국어 단어 형성에서의 형태·통사 원리에 대한 연구, 서강대학교 박사학위 논문. 6-18쪽.

곽동기(1992), 운율단위에 의한 국어 음운현상의 분석. 서울대박사학위논문.

곽충구(1980), 18세기 국어의 음운론적 연구, 석사학위논문(서울대).

_____(1985), '뼤'의 방언분화와 통시적 변화, 국어학14.

_____(1991), 함경북도 육진방언의 음운론, 박사학위논문(서울대).

_____(1994), 계합 내에서의 단일화에 의한 어간 재구조화. 『국어학연구』(남천박갑수 선생 화갑기념논문집). 태학사. 549-586.

구본관(1990), 경주방언 피동형에 대한 연구. 『국어연구』100. 서울대 국어연구회.

국경아·김주원·이호영(2005), 선호도 조사를 통한 'ㄴ'첨가 현상의 실현양상 연구. 『말소리 제53호』. 사단법인 대한 음성학회. 37~60쪽.

권용경(2001), 국어 사이시옷에 대한 통시적 연구, 박사학위논문, 서울대.

권인한(1987), 음운론적 기제의 심리적 실재성에 대한 연구, 석사학위논문(서울대).

기세관(1989), 국어 glide化의 제약성, 제효이용주박사회갑기념논문집.

_____(1990), 국어 단어형성에서의 /ㄹ/탈락과 /ㄴ/첨가에 대한 음운론적 연구. 원광 대, 박사학위 논문.

_____(1990b), 국어의 음운 탈락 및 음운첨가에 대한 연구. 『어학연구(순천대)2』.

_____(1991), 첨가음 /ㄴ/의 기능. 『어문논총(전남대)12.13』.

_____(1999), 첨가음 'ㄴ'의 성격. 『선청어문 (서울대 국어교육과)27』.

김경아(1989), 국어 후두음층렬의 정립을 다시 생각해 본다, 주기경학보 4.

_____(1992), 중세국어 종성표기 'ㅅ'에 대하여, 관악어문연구 17, 서울대국문과.

김계곤(1971), 현대국어 임자씨의 합성법, 한글학회 50돌 기념논문집.

_____(1972a), 현대국어 임자씨의 통사적 합성법, 인천교대 논문집 7권1호.

_____(1972b), 현대국어 임자씨의 비통사적 합성법, 국어국문학55,56,57통합호.

김귀화(1988), 국어의 격 연구, 석사학위논문(서강대).

김규철(1980), 한자어 단어형성에 관한 연구, 국어연구 41.

김남미(2005), '-거늘', '-거든' 통합형 표기와 음운론적 해석. 『한민족어문학』(한민족어 문학회) 47. 25-54.

김대복(1990), 국어 활용어미 '-게'에 대한 연구, 한국어연구(서강대) 22.

김동례(1998), 현대국어의 경음화 현상, 고려대학교 박사학위 논문.

김민수(1972), 표준어 문제사, 국어국문학 58,59,60.

_____(1978), 외래어 표기에 대한 반성과 문제점, 어문연구20.

김봉국(2003), 복수기저형의 유형(1). 「진단학보」(진단학회) 95. 165-199.

_____(2010), 삼척지역어의 조사 중가현상에 대하여. 「우리말연구」(우리말학회) 27. 95-119.

김성규(1987), 어휘소 설정과 음운현상, 석사학위논문(서울대).

_____(1996), 중세국어 음운, 국어의 시대별 변천. 실태연구1, 국립 국어 연구원.

김수곤(1976), /ㄴ/의 구개음화규칙, 어학연구 12-2.

_____(1978), 현대국어의 움라우트 현상-아기와 애기를 중심으로-, 국어학 6집.

김승곤(1985), 한국어 어중첨가음 'ㄴ'의 음성학적 고찰. 『미오당김형기선생 팔순기념 국어학논총』. 서울;창학사.

김승호(1992), 콧소리 덧나기. 『동아대국어국문학논문집 11』.

김영배(1991), 을해자본 능엄경언해 권3에 대하여, 국어학21.

김영송(1972), 된소리의 음성자질과 변별자질, 한글 169.

김옥영(2008), ㄴ-첨가 현상의 제약;강릉지역어를 대상으로.『음성.음운.형태론연구 제 14집 제1호』. 한국음운론학회. 53~75쪽.

김완진(1960), 능엄경언해에 관한 몇가지 과제, 한글127.

_____(1972a), 형태론적 현안의 음운론적 극복을 위하여, 동아문화 11집.

_____(1971b), 음운현상과 형태론적 제약, 학술원논문집 10.

_____(1975), 音韻論的 誘引에 依한 形態素 重加에 대하여, 국어학 3.

_____(1991), 한국에서의 외래어 문제, 새국어생활 제1권 제4호.

김유범(1999), 관형사형어미'- ㄹ'뒤의 경음화 현상에 대한 통시적 고찰(A diachronic study on the fortis phenomenon after adnominalizing ending ' - ㅣ'), 한국 어학, Vol.9 No.1.

김유범 · 박선우 · 안병섭 · 이봉원(2002), 'ㄴ'삽입 현상의 연구사적 검토. 『어문논집 제24집』. 민족어문학회. 41~71쪽.

김인균(1999), 국어사전(lexicon)과 형태부(morphology). 「서강어문」(서강어문학회) 15. 29-56.

_____(2002), 국어의 명사 연결 구성 연구, 박사학위논문, 서강대.

김정우(1984), 국어 음운론의 경계문제에 관한 연구, 국어연구 59.

_____(1994). 음운현상과 비음운론적 정보에 관한 연구. 서울대박사학위논문.

_____(1998). 'ㄴ'삽입의 음운론과 형태론,『방언학과 국어학』-청암 김영태 박사 화갑 기념 논문집』, 태학사.

김정태 (1992). 국어 글라이드음의 기능에 대한 연구. 충남대 박사학위논문.

김종규(1989), 중세국어 모음의 연결제약과 음운현상, 국어연구90.

김주필(1988), 중세국어 음절말 치음의 음성적 실현과 표기, 국어학17.

김준배(1977), 국어의 경음화 현상 연구(1), 새교육 25, 26.

김지홍(1992), 국어 부사형어미 구문과 논항구조에 대한 연구, 박사학위논문(서강대).

김진우(1973/1988), 소위 변격용언의 비변격성에 관하여. 「언어소전」. 탑출판사. 520-529.

김차균(1981), 음절이론과 국어의 음운규칙," 충남대 논문집 8-1.

_____(1985), 평시조의 운율, 어문논지 제4.5집(충남대학교).

_____(1987), 국어의 음절구조와 음절핵 안에서 일어나는 음운론적 과정, 말 12(연세대학교).

_____(1990), 국어음운론에서의 강도의 기능, 언어 15권, 한국언어학회.

김창섭(1994), 국어의 단어형성과 단어구조, 서울대 박사학위논문.

김충배(1974), Tensification revisifed, 어학연구 10-2.

김창섭(1994), 국어의 단어형성과 단어구조, 박사학위 논문, 서울대.

김 현(2003), 활용상에 보이는 형태음운론적 변화의 요인과 유형. 서울대 박사학위 논문.

노명희(1998), 현대국어 한자어의 단어구조 연구, 서울대학교 박사학위 논문.

도수희(1972), 한글 맞춤법의 개정 문제, 어문연구 8(충남대 어문연구회).

박갑수(1978), 한글 맞춤법의 문제점에 대하여, 어문연구 18,19(한국어문교육연구회).

박동근(2000), 「말머리에 나타나는 이유 없는 된소리 현상 연구」(Word - initial tensification in Seoul Korean), 언어학, Vol.27 No.1.

박명순(1976), A Study of Tensing Phenomena, 석사학위논문(이화여대).

박선우(2005), 위치적 유표성과 한국어의 'ㄴ'삽입. 『음성.음운. 형태론 연구. 11.2』, 한국음운론학회, 323~335쪽.

_____(2006), 국어의 유추적 음운현상에 대한 연구. 고려대박사학위논문.

박종희(1985), 국어의 비모음화 현상에 대하여, 국어학 14.

박진호(1994), 통사적 결합관계와 논항구조. 「국어연구」123. 서울대 국어연구회.

박창원(1986), 음운교체와 재어휘화. 「어문논집」(경남대 국문과) 2. 1-31.

_____(1987), 표면음성제약과 음운현상, 국어학 16.

_____(1991), 국어 자음군 연구, 서울대 박사학위 논문.

배양서(1969), 형태소 사이시옷의 소리값, 한글 144호.

배주채(1989), 음절말 자음과 어간말 자음의 음운론, 석사학위논문(서울대)

_____(1989), 음절말자음과 어간말자음의 음운론. 「국어연구」91. 서울대 국어연구회,

서보월(1981), 동기적 기능에 의한 경음화 현상, 문학과 언어 2.

서정수(1991), 우리말 이름의 로마자 표기에 관하여, 새국어생활 제1권 제1호.

서정목(1991), 한국어 동사구의 특성과 엑스-바 이론, 김완진선생 회갑기념논총.

서태룡(1987), 국어 활용어미의 형태와 의미, 박사학위논문(서울대).

성광수(1973), 국어 관형격 구성, 국어국문학58,59,60통합호.

성기철(1969), 명사의 형태론적 구조, 국어교육 15.

성낙수(1987a), 이른바 'ㄴ'덧나기에 대하여. 『한국어학과 알타이어학』. 대구; 효성출

판사.

_____(1987b), 이른바 한국어의 두음법칙 연구. 『한글197호』. 한글학회,

_____(1995), 구개음화되는 /n/의 표기에 대하여. 『동박학지(연세대) 제89.90집』.

손주일(1991), 동명사 (-ㄴ),(-ㄹ)형과 (-오/우-)와의 관련성, 석정 이승욱선생 회갑 기념 논총.

송기중(1992), 현대국어 한자어의 구조, 〈〈한국어문〉〉1, 1-85쪽.

송복승(1986), 국어 사동사 파생과 사동문 생성 연구, 석사학위논문(서강대).

송철의(1977), 파생어형성과 음운현상, 석사학위논문(서울대).

_____(1985), 파생어형성에 있어서 어기의 의미와 파생어의 의미, 진단학보 60.

_____(1987), 15세기 국어의 표기법에 대한 음운론적 고찰, 국어학16.

_____(1991)s, 국어 음운론에 있어서 체언과 용언, 김완진선생 회갑기념논총.

_____(1995). 국어의 활음화와 관련된 몇문제, 단국어문논집.

송철의·유필재(2000), 서울방언의 국어학적 연구, 서울학연구 제15호, 서울시립대부설 서울학연구소. 5-53쪽.

송하균(1990), 고흥지역어의 이중모음연구, 한국어연구 제23호(서강대).

_____(1995), 국어 /h/의 동화현상에 대한 고찰, 서강어문 제11호.

시정곤(1993), 국어의 단어형성의 원리, 박사학위논문(고려대).

신승용(2007), 사전(lexicon)과 복수기저형 및 활용형. 「한국어학」(한국어학회) 37. 75-104.

신지영(1999), 한국어의 운율 단위와 경음화 현상, 한국어학, Vol.10 No.1. 한국어학회.

신지영·차재은(2003), 『우리말 소리의 체계』, 한국문화사.

안병희(1959), 15세기 국어의 활용어간에 대한 형태론적 연구,국어연구4.

_____(1965), 「문법론」, 『국어학 개론(강좌)〈어문연구회편)』, 수도출판사.

_____(1965), 후기 중세국어의 의문법에 대하여, 건국대 학술지 6집.

_____(1968), 중세국어 속격어미 '-ㅅ'에 대하여, 이숭녕박사 송수기념논총, 을유문화사.

_____(1973), 중세국어 연구자료의 성격에 대한 연구-번역양식을 중심으로-,어학연구 9-1.

_____(1974), 석보상절의 교정에 대하여, 국어학2.

_____(1979), 중세어의 한글 자료에 대한 종합적인 고찰. 규장각3.

_____(1982), 국어사 자료의 서명과 권책에 대하여,

안상철(1988), A revised theory of syllabic phonology, 언어13-2(한국언어학회).

안소진(2005), '한자어 경음화'에 대한 재론, 〈〈국어학〉〉45, 국어학회, 69-92쪽.

안현기(2000), Revisiting post-stop tensification and nasalization in korean, 음성음운형태론 연구 6집1호. 한국음운론학회.

양순임(1996), 현대국어의 사잇소리 덧나기와 된소리 되기. 『우리말 연구6』.

엄태수(1986), 현대국어의 경음화 현상에 대한 연구, 석사학위논문, 서강대.

엄태수(1988), 국어 표면음성제약의 상위원리, 서강어문 제6집.

_____(1993), 비자동교체형의 선택원리, 서강어문 제8집.

_____(1994), 국어 기저형과 음운규칙에 대한 연구, 서강대 박사학위논문.

_____(1995b), 현대국어의 이중모음화 현상에 대하여, 언어20-4.

_____(1995a), 複合語의 音韻現象과 最適理論, 語文硏究 88호, 한국어문연구회.

_____(1995b), 최적이론에 의한 현대국어 음운현상의 설명, 음성 · 음운 · 형태론 연구 제2집, 한국음운론학회.

_____(1996), 15세기 국어의 자음군과 음절연결제약에 대하여, 서강어문12.

_____(1996), 15세기국어의 'ㄱ'탈락과 'ㄹ'탈락현상에 대하여. 「언어연구」(경희대학교) 14. 113-125.

_____(1998), 합성어의 음운현상, 서강어문 제14집, 서강어문학회.

_____(1999), 유기음화 현상의 연구, 국제어문 제20집, 국제어문학회.

_____(2001), 한글맞춤법의 원리에 대한 검토, 시학과 언어학 제1호, 시학과 언어학회.

_____(2006), 현대국어 사이시옷 현상의 검토, 국제어문 제38집, 국제어문학회, 165-200쪽.

_____(2007), 사이시옷 현상과 한글 맞춤법, 시학과 언어학 제13호, 시학과 언어학회.

_____(2010), 'ㄴ'첨가에 대한 표준어 규정의 연구, 국제어문 제50집, 국제어문학회, 2-28.

_____(2012), 한국어 음운론 교육의 몇 문제, 새국어교육 제91호, 한국국어교육학회, 79-104.

오미라(2006), ㄴ-삽입 환경의 재검토. 『언어학 제14권 제3호』. 대한언어학회. 117~135쪽.

오새내(2006), 현대국어의 형태음운론적 변이 현상에 대한 사회언어학적 연구, 고려대 박사학위논문.

오정란(1988), 국어 후두음층렬의 정립, 주시경학보 2.

_____(1993), 국어음운현상에서의 지배관계, 음성 · 음운 · 형태론 연구, 음운론연구회 창립10주년 기념, 한국문화사.

_____(1996), 국어 격조사의 상보적 분포와 최적성이론 분석. 「국어학」(국어학회) 28. 159-186.

_____(2002), 국어 부동음소의 설정과 그 음운현상. 『21세기 국어학의 현황과 과제』. 한국문화사.

우창현(1992), 제주도 방언의 경어법의 연구, 석사학위논문(서강대).

유동석(1993), 국어 매개변인 문법, 박사학위논문(서울대).

유재원(1985), 현대국어의 모음충돌회피현상에 대하여,한글189호.

유창돈(1963), 'ㄷ'첨가 현상의 연구, 동방학지7.

유필재(1994), 발화의 음운론적 분석에 대한 연구, 국어연구125.

이관수(1986), ㄷ, ㅅ 종성에 대하여, 약천김민수교수화갑기념, [국어학 신연귀, 탑출판사.

이강훈(1976), 국어의 복합어 및 한자어 내부에서 일어나는 경음화 현상, 논문집 5, 서울여대.

_____(1977), 국어의 복합어 및 한자어 내부에서 일어나는 경음화 현상(Ⅱ), 논문집 6, 서울여대.

_____(1978), 국어의 복합어 및 한자어 내부에서 일어나는 경음화 현상(Ⅲ), 논문집 7, 서울여대.

_____(1979), [+t-epenthesis inducement]([+"ㄷ"삽입유발])자질의 재검토, 논문집 8. 서울여대.

_____(1981), 국어의 복합어 및 한자어 내부에서 일어나는 경음화 현상(Ⅴ), 논문집 10, 서울여대.

_____(1982a), 국어의 복합어 및 한자어 내부에서 일어나는 경음화 현상(Ⅵ), 논문집 11, 서울여대.

_____(1982b), 국어의 (복합)명사에서의 경음화 현상, 언어 7.2.

_____(1984), 국어의 (복합)명사에서의 경음화 현상, 언어 9.1.

이광호(1993), 중세국어의 '사이시옷' 문제와 그 해석 방안, 국어사 자료와 국어학의 연구(안병희선생 회갑기념논총), 문학과지성사.

이기문(1955), 어두 자음군의 생성 및 발달에 대하여, 진단학보17.

_____(1968), 母音調和와 母音體系, 李崇寧博士 頌壽紀念論叢.

_____(1969), 중세국어 음운론의 제문제, 진단학보32, 진단학회.

_____(1976), 국어순화와 외래어 문제, 어문연구4.2.

_____(1983), 한국어 표기법의 변천과 원리, 이기문외 6인편, 〈한국어문의 제문제〉, 일지사. 47-77쪽.

이기백(1978), 외래어 표기법의 문제점, 어문연구18, 19.

이병근(1971), 운봉지역어의 움라우트 현상, 김형규박사송수기념논총.

_____(1973). 동해안 방언의 이중모음에 대하여, 진단학보36

_____(1975), 음운규칙의 비음운론적 제약, 국어학3.

_____(1977), 자음동화의 제약과 방향, 음운현상에 있어서의 제약」, 탑출판사, 1-22.

_____(1981), 유음 탈락의 음운론과 형태론. 「한글」(한글학회) 173 · 174. 223-246.

_____(1986), 발화에 있어서의 음장, 국어학 15.

_____(1988), 훈민정음의 초·종성 체계, 훈민정음의 이해(전남대 어연총서1), 한신문화사.

이병근 · 박경래(1988), 경기도 방언의 연구와 특징, 국어생활 12, 61-72쪽.

이봉원(2002), 현대국어 음성음운현상의 사용기반적 연구, 고려대 박사학위논문.

이상억(1979), 국어 음운론에 있어 공모성에 대한 재론, 한글 165.

_____(1991/1994), 현행 맞춤법 규정의 문제점, 〈국어 표기 4법 논의〉, 서울대 출판부.

이세창(2004), 음운과정의 불투명성과 어휘부의 최적화. 「언어」(한국언어학회) 29(1).

85-105.

이숭녕(1957), 어간쌍형설의 제기. 「논문집」(서울대학교 인문사회과학) 6. 81-106.

이승욱(1974), 문법사의 몇 문제, 국어학5.

이승재(1980), 구례지역어의 음운체계, 국어연구45.

이시형(1990), 한국어의 연결어미 '-어','-고'에 관한 연구, 박사학위논문(서강대).

이영민(1991), 보조동사 어순의 일고찰, 석정 이승욱선생 회갑기념논총.

이용재(1978), Lenis Obstruent Fortition in Korean, Texas Univ..

이윤하(1999), 문말첨사의 통사.의미적 특징에 대하여, 국어학34, 국어학회.

이은정(1986), 8종성에서의 '-ㅅ'에 대하여, 한글192.

이익섭(1965), 국어 복합명사의 IC분석, 국어국문학30.

_____(1968), 한자어 조어법의 유형, 이숭녕박사 송수기념논총.

_____(1969), 한자어 비일음절 단일어에 대하여, 김재원 박사 회갑기념 논총.

_____(1971), 문자의 기능과 표기법의 이상, 김형규박사송수기념논총.

_____(1975), 국어 조어론의 몇 문제, 동양학 제5집, 단국대 동양학연구소, 155-166쪽.

_____(1983), 한국어 표준어의 제문제, 이기문외 6인편, 〈한국어문의 제문제〉, 일지사.
　　　　　7-46쪽.

_____(1988), 국어 표준어의 형성과 변천, 국어생활 13, 17-23쪽.

_____(1987), 음절말 표기 'ㅅ'과 'ㄷ'의 사적 고찰,성곡논총18.

이인자(1984), 15세기 국어의 'ㄷ,ㅅ' 종성고, 동국대 석사학위논문.

이재인(1982), 부사의 통합 체계에 대한 연구, 석사학위논문(서강대).

_____(1991), 국어 복합명사 구성의 이해, 국어학의 새로운 인식과 전개(김완진선생
　　　　　회갑기념논총), 민음사.

이정민(1972), Boundary Phenomena in Korean Revisited, Papers in Linguistics2-1.

이진호(2002), 음운 교체 양상의 변화와 공시론적 기술. 서울대 박사학위논문.

_____(2007), 국어의 기저형 설정 조건. 「어문학」(어문학회) 96. 139-159.

이현복(1979), 외래어 표기법 개정 시안의 문제점, 어학연구 15.1.

_____(1979), 표준말의 재사정에 따른 문제점, 한글 163.

_____(1979), 한글 맞춤법 개정시안의 문제점, 한글 165.

이혜숙(1973), 국어 생성음운론의 시도, 한국문화연구원논총21(이화여대).

이희승・안병희(1989), 한글 맞춤법 강의, 신구문화사.

임홍빈(1981), 사이시옷 문제의 해결을 위하여. 『국어학10』. 국어학회.

_____(1989), 통사적 파생에 대하여, 어학연구25-1(서울대).

전광현(1967), 17세기 국어의 연구 -특히 표기・음운・형태의 문제점에 대하여-, 석사
　　　　　학위논문(서울대).

전상범(1976a), 현대국어에 있어서의 된소리 현상, 언어1-1.

_____(1976b), 음운론의 경계문제, 어학연구12-2.

_____(1980), Lapsus Linguae의 음운론적 해석, 언어5-2(한국언어학회).

전철웅(1979), 음소변동의 일고찰, 선청어문10.통사적 파생에 대하여, 어학연구25-1(서울대).

_____(1990), 사이시옷, 서울대 대학원 국어연구회편, 국어연구 어디까지 왔나, 동아출판사.

정 국(1980), Neutralization in Korean, 한신출판사.

_____(1981), A Positive Functional Analysis of Korean, 언어6-1.

_____(1982), 實在的 基底音韻, 어학연구18-2.

정승철(1988), 제주도 방언의 음운체계와 그에 관련된 음운현상, 석사학위논문(서울대).

정연찬(1968), 경남방언의 모음체계, 단국대 국어학논집 제2집.

_____(1981), 근대국어 음운론의 몇가지 문제, 동양학11.

_____(1986), 欲字初發聲을 다시 생각해 본다, 국어학16.

_____(1991), 현대국어 이중모음체계를 다시 생각하여 본다. 석정 이승욱선생 회갑기념논총.).

정인호(2010), 'ㄴ'첨가 관련 현상의 방언 비교, 『방언학 10호』, 한국방언학회. 195~219쪽.

채현식(2003), 유추최명옥(1974), 경남 삼천포방언의 음운론적 연구, 석사학위논문(서울대)

최명옥(1978), 동남방언의 세 음소, 국어학 7.

_____(1980), 경북 동해안 방언 연구, 영남대 출판부.

_____(1982), 경북 동해안 방언의 연구, 영남대 민족문화연구소.

_____(1985), 변측동사의 음운현상에 대하여: P-, S-, T-변측동사를 중심으로, 국어학14.

_____(1988a), 변측동사의 음운현상에 대하여: ㅐ-, lə-, ɛ(jə)-, h-변측동사를 중심으로, 어학연구(서울대)24-1.

_____(1988b), 국어 UMLAUT의 연구사적 검토, 진단학보 65.

_____(1989), 국어 움라우트의 연구사적 고찰, 주시경학보 3.

_____(1991), 어미의 재구조화에 대하여, 국어학의 새로운 인식과 전개, 민음사.

_____(1992), 경상북도의 방언지리학-부사형어미 '-아X'의 모음조화를 중심으로-, 진단학보 73호.

_____(1993), 어간의 재구조화와 교체형의 단일화 방향, 省谷論叢 제24집.에 의한 복합명사 형성 연구, 태학사.

최임식(1989), 국어 내파화에 관한 연구, 계명대 박사학위논문.

최정순(1987), 국어 음운규칙의 단계적 적용에 대하여, 서강대 석사학위논문.

_____(1991), 국어의 "NP+'-이-'"구성과 '-이-'의 형태/통사론적 특성, 석정 이승욱선생 회갑기념논총.

_____(1995), 국어통사음운론 연구. 서강대박사학위논문.

최태영(1976), 경음표기고, 전북대학교 논문집, 제18집.

최혜원(2002), 표준발음법 실태 조사, 국립국어연구언 2002-1-28, 1-78.

하세경(2006), 현대국어 사잇소리 현상의 형태론과 음운론, 박사학위논문, 서울대.

한동완(1984), 현대국어 시제의 체계적 연구, 한국어연구(서강대) 6.

_____(1986), 현재시제 선어말어미 ㅢ의 형태소 정립을 위하여, 서강어문 5.

_____(1991), 국어의 시제 연구, 박사학위논문(서강대).

한영균(1985), 음운변화와 어휘부의 재구조화. 「관악어문연구」(서울대 국문과) 10.
　　　　375-402.

_____(1987), 능엄경언해 주해, 계명문화사.

허　웅(1953), 이조초기 문헌의 표기법에 나타난 문법의식, 국어국문학3.

_____(1968), 국어의 상승적 이중모음 체계에 있어서의 빈간, 이숭녕박사송수기념논총.

허철구(1991), 국어의 보조동사 연구, 한국어연구20(서강대).

홍윤표(1986), 근대국어 표기법 연구, 민족문화연구 제19호.

_____(1987), 근대국어의 어간말 자음군 표기에 대하여, 국어학 16.

Ahn Sang-Cheol(1985), The interplay of phonology and morphology in korean Doctoral
　　　　dissertation, University of Illinois at Urbana-champaign.

Ahn, S.C. (1988). A multi-tiered Analysis of Syllable Structure. ICKL 6.

Bloch, B.(1941), Phonemic Overlapping, 『Phonological Theroy』 (Makkai;1972, Holt,
　　　　Rinehart and Winston Inc.).

Bloomfield, l(1939), Menomini Morphophonemics, 『Phonological Theroy』 (Makkai;
　　　　1972, Holt, Rinehart and Winston Inc.).

Buckley, Eugene.(1994), Alignment in Manam stress, 『Phpnology & Morphology』 20,
　　　　Hanshin Publishing Co. M.S.

Chin-W Kim(1965), On the autonomy of the tensity feature in stop classification,
　　　　『Word』 21.

_____(1968), The Vowel System of Korean, Language 44-3.

_____(1970/1988), Boundary Phenomena in Korean, Paper in Linguistic 2-1,
　　　　『Sojourns in Language Ⅱ』. 489-508.

_____(1973), Gravity in Korean Phonology, 어학연구,9-2.

Chung, Kook(1980), Neutralization in Korean. Doctoral dissertation. University of Texas
　　　　at Austin.

Cohn & McCarthy.(1994), Alignment and Parallelism in Indonesian Phonology, 『Phonology
　　　　and Morphology』20(Hanshin Publishing co.).

Donegan, P.J and Stampe, D(1979), The Study of Natural Phonology, 『Current
　　　　approaches to phonological theory』, Indiana Univ. Press.

Fudge, E(1987), Branching structure within the syllable, Journal of Linguistics 25.

Goldsmith(1976), Autosegmental Phonology, PhD dissertation, MIT.

Han, Eunjoo(1994), Prosodic Structure in Compounds, Ph. D. dissertation, University of Standford.

Harris, J.W.(1983), Syllable structure and stress in Spanish: A non-linear analysis. Linguistic Inquiry Monograph 8, MIT Press.

Hooper(1972), The syllable in phonological theory, Language 48;525-40.

Hooper, J.B(1979), Substantive Principles in Natural Generative Phonology, Current approaches to phonological theory, Indiana Univ. Press.

Hulst, H.van der & N.Smith(1982), An overview of autosegmental phonology and metical phonology, In Hulst,H.van der & N.Smith eds. 1982. Part I .

ItÔ, Junko.(1989), A prosodic theory of epenthesis, Natural Language & Linguistic Theory7.217-59.

Ito and Mester(1994). Japanese Phonology. To appear in J.Goldsmith(eds.). The handbook of phonological theory. Basil Blackwell.

Jun, S.-A.(1993), The Phonetics and Phonology of Korean Prosody, PhD dissertation: Ohio State University.

Kahn, D.(1976), Syllable Based Generalizations in English Phonology, Ph.D.dissertation, MIT.

Kang, Ongmi(1992), Korean Prosodic Phonology, Ph. D. dissertation, University of Washington.

Kang, Seok-keun.(1995), Korean consonantal phonology and Optimality Theory, 95' 여름 언어학회 발표요지.

Kang, Y.S.(1991), Phonology of Consonant-Vowel Interaction. Ph.D. dissertation. University of Illinois-Urbana-Champaign.

Kenstowicz, M.(1994), Phonology in Generative Grammar, Blackwell Publishers.

Kim, Chin-W(1970), Boundary phenomena in korea, 『Papers in Linguistics 2:1』. 489-508쪽.

Kim Young-Key(1974), Korean consonantal phonology, ph,D. dissertation, Univ.of of hawaii.

Kim-renaud Young-Key(1975), Korean Consonantal Phonology, Seoul:Tower Press.

Kiparsky, P.(1968a), Linguistic universals and language change, Foris Publications Holland, Reprinted in Kiparsky 1982, 13-44.

_____(1968b), How abstract is phonology? Foris Publications Holland, Reprinted in Kiparsky 1982, 119-64.

_____(1972), Explanation in Phonology, Foris Publications Holland, Reprinted in Kiparsky 1982, 81-118.

_____(1973), "Elsewhere" in phonology, A festschrift for Morris Halle, ed. by S.Anderson & P.Kiparsky, 93-106. New York: Holt, Rinehart and Winston.

_____(1982), Lexical Morphology and Phonology, Linguistics in the Morning Calm, Seoul, Hanshin Publishing Co.

Kisseberth, C.(1970). On the functional unity of phonological rules. LI 17, 177-83.

Lee, Jung-min(1972). Boundary phenomena in Korea Revisited. Papers in Linguistics 2:1.

Lee, Shin-Sook(1994). Theoretical issues in Korean and English phonology, Hanshin Publishing Co.

Lee, Yong-Sung(1995). Glide Formation in Korean,The Handout of LSK International Forum on Linguistics 95.

Lee, Yong-Jae(1978), Lenis obstruent fortition in Korean, Doctoral disseration, Texas University.

Lee, yongsung, and minkyung, Lee(2006), n-insertion as y-devocalization in korean. 『korean journal of linguistics 31.3』, 413~440쪽.

Leben, W. (1973). Suprasegmental Phonology. PhD dissertation, MIT.

Martinet.A(1952), Function,Structure and Sound chage, Word 8.

McCarthy(1986), OCP effects: gemination and antigemination, LI 17: 207-63.

Mohanan, K.P.(1982), Lexical phonology, Ph.D.dissertation, MIT.

Myers, S.(1993). OCP Effects in Optimality Theory. Phpnology & Morphology 20, Hanshin Publishing Co.

Nespor, Marinar and Irene Vogel(1982), Prosodic Domains of External Sandhi Rules, in van der Hulst and Noval Smith (eds.), 『The Structure of Phonological Representations(part 1)』.

Nespor, Marinar and Irene Vogel(1986), Prosodic Phonology, Dordrecht: Foris.

Russell, K.(1995), Morphemes and candidates in Optimality Theory. Phonology and Morphology 21(Hanshin Publishing co.).

Sang-Cheol Ahn(1985/1986), The Interplay of Phonology and Morphology in Korean, Hanshin Publishing Co.

Sapir.E(1925), Sound patterns in Language, Language 1.

_____(1933), The psychological reality of phonemes, Phonological Theroy(Makkai; 1972, Holt, Rinehart and Winston Inc.).

Selkilk, E. O.(1980), The Role of Prosodic Categories in English Word Stress, Linguisticc Inquiry 11.

_____(1982a), The syllable, In Hulst,van der & N.Smith.eds. 1982. PartⅡ.

_____(1982b), The Syntax of Words, Linguistic Inquiry Monograph 7.

Selkirk, Elisabeth(1986). On Deriving Rule Domains in Sentence, Phonology 3.

Shibatani, M(1973), The role of surface phonetic constraints in generative phonology, Language 49. 전상범 · 이승환 공편(1979), 생성음운론 논문선에 재록 (794-516).

Shin, seung-hoon(1997), constraints within and between syllables; syllable licensing and contact in optimality theory. seoul. thahaksa.

Shon Han(1977), Tensification in Compound Boundaries in Korean, Papers in Korean Linguistics.

Shon, H.S.(1987), Underspecification in Korean Phonology. Ph.D. dissertation. University of Illinois-Urbana-Champaign.

Stamp, D.(1973), A Dissertation in natural phonology,University of Chicago.

Vergnaud, J.R & M.Halle(1978), Metrical structure in phonology, In The Linguistic Society of Korea.ed. 1986. Phonology and Morphology. Seoul: Hanshin Publishing Co.

Yip, M. 1993. Phonological constraints, optimality, and phonetic realization in Chinese, Phonology and Morphology 21(Hanshin Publishing co.).

(ㄱ)

저자약력

1956년 전라남도 여수시에서 태어남
서강대학교 국어국문학과 졸업(1980년)
동대학원에서 석사 및 박사과정 졸업(1994년 문학박사학위 취득)
서강대학교 강사를 거쳐
현재 서경대학교 인문과학대학 국어국문학과 교수

저서 〈한국어의 음운규칙 연구〉와 다수의 논문을 발표함.

표준어의 음운현상에 대한 연구

초판1쇄인쇄 2013년 3월 02일
초판2쇄발행 2014년 7월 14일

저   자 엄태수
발 행 인 윤석현
발 행 처 도서출판 박문사
책임편집 이신
마 케 팅 권석동
등록번호 제2009-11호

우편주소 서울시 도봉구 창동 624-1 북한산현대홈시티 102-1106
대표전화 (02)992-3253
전   송 (02)991-1285
전자우편 bakmunsa@daum.net
홈페이지 http://www.jncbms.co.kr

ISBN 978-89-98468-02-6 93710   정가 26,000원